国家社科基金
GUOJIA SHEKE JIJIN HOUQI ZIZHU XIANGMU
后期资助项目

民法证据规范论

案件事实的形成与民法学方法论的完善

Norms of Evidence in Civil Law:
The Formation of the Civil Case Facts and the Perfection of
Methodology of Civil Law

王雷　著

中国人民大学出版社
·北京·

图书在版编目（CIP）数据

民法证据规范论：案件事实的形成与民法学方法论
的完善/王雷著．--北京：中国人民大学出版社，
2022.8
国家社科基金后期资助项目
ISBN 978-7-300-30922-4

Ⅰ.①民… Ⅱ.①王… Ⅲ.①证据-研究-中国
Ⅳ.①D925.O13.4

中国版本图书馆 CIP 数据核字（2022）第 156633 号

国家社科基金后期资助项目

民法证据规范论：案件事实的形成与民法学方法论的完善

王 雷 著

Minfa Zhengju Guifanlun：Anjian Shishi de Xingcheng yu Minfaxue Fangfalun de Wanshan

出版发行	中国人民大学出版社			
社　　址	北京中关村大街 31 号		邮政编码	100080
电　　话	010 - 62511242（总编室）		010 - 62511770（质管部）	
	010 - 82501766（邮购部）		010 - 62514148（门市部）	
	010 - 62515195（发行公司）		010 - 62515275（盗版举报）	
网　　址	http://www.crup.com.cn			
经　　销	新华书店			
印　　刷	唐山玺诚印务有限公司			
规　　格	165 mm×238 mm　16 开本		版　　次	2022 年 8 月第 1 版
印　　张	25.75 插页 2		印　　次	2022 年 8 月第 1 次印刷
字　　数	435 000		定　　价	98.00 元

国家社科基金后期资助项目
出版说明

后期资助项目是国家社科基金设立的一类重要项目，旨在鼓励广大社科研究者潜心治学，支持基础研究多出优秀成果。它是经过严格评审，从接近完成的科研成果中遴选立项的。为扩大后期资助项目的影响，更好地推动学术发展，促进成果转化，全国哲学社会科学工作办公室按照"统一设计、统一标识、统一版式、形成系列"的总体要求，组织出版国家社科基金后期资助项目成果。

全国哲学社会科学工作办公室

前　言

一

　　民法学方法论密切关注正义价值、民法规范和案件事实三要素，民法基本价值取向、民法规范论和民法证据规范论分别是正义、规范和事实在民法学方法论上的体现。民法适用方法是民法学方法论的核心，法律适用者在适用民法的过程中心中始终充满正义，目光不断往返流转于规范与事实之间。民法基本原则展现了司法三段论过程中法律适用者心中的正义追求，民事法律关系指引我们对司法三段论大前提法律规范的寻找，民事法律事实则指向司法三段论小前提案件事实的形成。概念法学视野中司法三段论成为简单的逻辑涵摄过程，法律适用好比是"自动售货机"交易。自由法学、利益法学、评价法学和法教义学虽然对司法三段论有所完善，但均聚焦于避免对大前提法律规范的僵化理解和适用。

　　小前提案件事实形成过程中蕴含着丰富的民法学方法论命题，给我们提供了深化民事法律事实理论以及对司法三段论再次反思完善的契机。长期以来，国内外民法学方法论更多关注通过请求权规范基础分析方法和法律解释方法对大前提法律规范的寻找、解释适用和完善，是在既定的、经审理查明的案件事实基础上，探讨大前提法律规范问题，而对小前提案件事实如何形成则关注较少。法学方法论不简单等同于法律解释学。案件事实形成环节蕴含着法学方法论的丰富命题，亟须归纳提炼。本书努力拓展"民法学方法论"的视野，着力从"民法证据规范论"的角度加深对学界长期忽略的案件事实形成过程中民法学方法论问题的发掘和讨论，发现司法三段论小前提长期被遮蔽的方法论光芒，展示笔者对案件事实形成环节中民法学方法论的理解。民法证据规范论是笔者所倡广义民法学方法论的有机组成部分。

法律适用实际上是一个寻找、界定并最终确定前提的思维过程与形式逻辑思维过程共同作用的结果，而非简单以"司法三段论"为核心的形式逻辑思考。法律适用的"小前提"案件事实形成环节蕴含了一个"小司法三段论"，案件事实形成过程展现出民事法律适用实质上是一个"双阶层司法三段论"。民法证据规范是"小司法三段论"的"大前提"。从裁判文书的展开顺序上看，司法三段论不是大前提、小前提和裁判结论依次展开的，而是具有"倒置"的司法三段论特点。对案件事实形成环节民法证据规范的发现、归类、解释适用和完善，是对民法规范论和传统民法学方法论体系的有益补充。民法证据规范丰富了民法规范的类型体系，提升了民事权利、民事义务和民事责任规范的可操作性与价值连贯性。民法证据规范不限于举证责任（本书在同等含义上使用"举证责任""证明责任""举证证明责任"这三个概念）一般规范，还包括民法证据方法规范、举证责任倒置规范、民事权利推定规范、民事法律事实推定规范以及民法证明标准规范等。民事举证责任一般规范通过举证责任一般条款集中规定，举证责任法定例外规范具体表现为法定化的民事权利推定规范、民事法律事实推定规范和举证责任倒置规范。并非所有民法证据规范在"小司法三段论"中都可以发挥裁判规范功能。证明标准的降低可以缓解民法举证责任一般规范和举证责任倒置规范的僵化，代表了这两类证据规范的发展方向。法律思维具有规范性和证据性的根本特征。民法证据思维有助于在案件事实形成中将民法证据规范落到实处。结合案件事实的特点，对民法证据规范类型化、精细化、动态化解释适用过程中，应该坚持两项论证规则，以真正实现"让事实说话"：一是在没有足够充分且正当理由的情况下，应该将民法证据方法规范作为行为规范、倡导性规范，而非裁判规范、效力性强制性规范。要式民事法律行为是推翻该论证规则的足够充分且正当的理由。二是在没有足够充分且正当理由的情况下，应该遵守民法举证责任一般规范、证明标准一般规定，而非径行举证责任倒置、事实推定、权利推定、提高证明标准或者降低证明标准。

二

司法三段论小前提具体要件事实的形成离不开民法证据规范的适用。

案件事实的形成过程本身就存在一个司法三段论的适用，举证责任规范贯穿于这个司法三段论的始终。法发〔2018〕10号最高人民法院《关于加强和规范裁判文书释法说理的指导意见》第5条第二句指出："民事、行政案件涉及举证责任分配或者证明标准争议的，裁判文书应当说明理由。"第6条指出："裁判文书应当结合庭审举证、质证、法庭辩论以及法庭调查核实证据等情况，重点针对裁判认定的事实或者事实争点进行释法说理。依据间接证据认定事实时，应当围绕间接证据之间是否存在印证关系、是否能够形成完整的证明体系等进行说理。采用推定方法认定事实时，应当说明推定启动的原因、反驳的事实和理由，阐释裁断的形成过程。"民法证据规范有助于将民事权利落到实处，也丰富了民法规范的类型配置。民事举证责任等证据思维是对传统民法适用方法中请求权规范思维和民事法律关系思维的有益补充。"权利的胜利很大程度上依赖于其可证明性。"权利需要被实现，否则其将无意义。在理论上说，每一个民事权利规范都须伴随一个民事证据规范，以增强其实效。略过证明责任等证据问题的民法是不完整的。

民法证据规范论丰富了民法规范论的类型体系。首先，以是否涉及举证责任分配为标准，民法规范可以区分为普通民事实体规范和民事举证责任规范，后者又属于民事证据实体规范。实际上，普通民事实体规范也往往包含民事举证责任规范的内容，如就民法任意性规范而言，主张与任意性规范不一致的当事人应该就其彼此之间"另有约定"承担举证责任。其次，结合举证责任配置理论，可以将民事权利规范创新分类为权利发生规范、权利妨碍规范、权利消灭规范和权利受制规范，以提升民事权利规范的可操作性。从民法角度出发对民法各部门法中的证据实体规范作民事一体化研究，将民事权利规范与民事证据实体规范作体系整合，以加强民事权利规范的诉讼实现，从证据规范的角度搭建民法和民事诉讼法沟通交流的平台。最后，民法中的证据规范不限于举证责任一般标准、举证责任法定特别标准和证明标准规范等证据实体规范，还包括少量证据方法规范等本属于证据程序事项的规定。

民法证据规范论有助于推动案件事实的查清和民事法律事实的动态化。一方面，当事人产生争议的具体生活事实并非自动涵摄到法律规范的抽象构成要件事实之下，"世界的真实性是建立在语言的描述之上"，作为事件的具体生活事实须先转化为作为陈述的案件事实，然后经由证据加以证明方可形成主体间性的法律真实以作为裁判的对象。民事司法纠纷中的要件事实是当事人产生争议的能够为构成要件事实所涵摄的具体生活事实。具体生活事实在纠纷解决过程中以作为陈述的案件事实之面目出现，其与抽象构成要件之间是评价对象和评价标准的关系，能够为法律规范构成要件所涵摄的具体生活事实就对应要件事实，要件事实即评价结果。另一方面，"法律要件分类说"是民法举证责任规范配置的主导标准，采用该学说有助于将民事法律关系规范动态化，能够具体化不同民事法律事实的举证责任分配。民事法律事实与民法举证责任规范相结合形成"要件事实论"，"要件事实论"使民法规范论动态化，将民法规范中的构成要件和法律后果具体化为诉讼过程中的请求原因、抗辩、再抗辩及相应的举证责任，使民法规范本身与案件事实有机勾连。要件事实论是对民法规范的动态解释方法，是一项重要的司法技术。

三

民法证据规范论不简单等同于《民法典》证据规范论。民法不简单等同于《民法典》，《民法典》是形式意义上的民法，本书讨论所及的《民法典》之前九部民事单行法已经被废止，相应司法解释也多被修正或者废止，但相关讨论结论对我们解读后民法典时代的民事立法和司法解释仍具有解释力。《民法典》之后的民事特别法、司法解释中的证据规范同样需要跟进关注。本书围绕"民法证据规范论"写作过程中对相应新旧法律、司法解释均会兼顾。本书第二分编"分论"中的民法总则、物权法、合同法、婚姻家庭法、继承法、侵权责任法均不局限于前"民法典"时代的民事单行法，还更主要及于《民法典》总则编、物权编、合同编、婚姻家庭编、继承编、侵权责任编及相应司法解释等。

《民法典》总则编中存在大量民事法律事实推定规范，这是该编证据规范的鲜明特色。总则编对自然人的出生和死亡时间，对宣告死亡制度中的死亡时间均配置了民事法律事实推定规范，对自然人住所配置了民事法律事实拟制规范。总则编强调法人外观原则和善意相对人保护，法人住所、法定代表人等实际情况与登记事项不一致的，不得对抗善意相对人。主张当民事法律行为存在各类效力瑕疵事由时，主张者须就存在相应瑕疵事由承担举证责任。在消费欺诈纠纷领域，应该通过对证据规范的妥当解释来适当减轻消费者对欺诈要件事实的举证责任。民事权利发生、变更、消灭或者受到限制的要件事实应当由主张者承担举证责任，这是民事权利要件事实举证责任一般规范。民事权利推定规范和民事权利举证责任倒置规范属于举证责任分配的法定例外情形。

物权诉讼过程中的举证责任是案件裁判的重点问题，《民法典》物权编中暗含大量的物权推定规范，这是物权编中证据规范的鲜明特色。从法律要件事实的角度，可以将物权编上的物权推定规范区分为三类：不动产登记簿的权利推定规范、占有的权利推定规范和不可反驳的物权推定规范。不动产和动产善意取得制度的构成要件及举证责任并不相同，前者要求相对较低，这是由不动产登记簿的公信力高于动产占有的公信力所决定的——相比于占有，不动产登记簿具有更高的可信度和更坚实的信赖基础。根据法释〔2020〕17号最高人民法院《关于审理买卖合同纠纷案件适用法律问题的解释》第6条、第7条等的规定，我国司法实践中对多重买卖合同确立了一系列物的归属判断规则以协调多方民事主体之间的利益冲突，由此也派生出相应的证据方法规范，这些不同的证据方法又可以分为证明力居先的证据方法和证明力居后的证据方法。需要系统解释理清这些不同证据方法在举证责任配置和证明力等方面存在的彼此制约关系。

合同要件事实的证明责任是案件裁判的疑难问题。从法律要件事实的角度，可以将《民法典》合同编的证据规范区分为四类：合同形式和合同内容所对应合同成立的证据方法规范、合同请求权及对之为抗辩的证据规范、就合同法律事实中的具体内容加以推定的规范即合同法律事实推定规范。利益动态衡量融合利益衡量和动态系统论两种方法，包括利益发现和利益证成两个阶段：该方法将价值判断考量因素揭示出来，动态权衡其论证力强弱，以形成论证的合力。违约金酌减的构成要件无法具体化，更宜将相关考量因素动态系统化。通过对违约金酌减案件的实证分析，将违约金酌减考量因素揭示出来，减少法院在个案中不理性的感觉判断，避免"一刀切"式的机械司法。对过高违约金进行酌减时，应当结合案件的具体情形，根据公平原则和诚实信用原则对多种考量因素进行利益动态衡量，作或多或少式而非全有全无式的个案分析。对违约金是否过高的要件事实也不宜采取全有全无式的举证责任分配方式，而应该采取"违约方初步举证—举证责任转移至守约方"的方式。这也实质上降低了违约方本证的证明标准。负有举证责任的合同当事人未尽到自己的举证责任时，法院不宜简单直接进行败诉判决。

事实认定难是借款合同纠纷，特别是民间借贷纠纷中的最大难题。应该对不同类型借款合同纠纷中的举证责任问题作具体分析，区分为借据真伪纠纷、只有债权凭证纠纷、只有转账凭证纠纷、名为买卖实为借贷纠纷等不同类型。借款合同纠纷与不当得利、越权担保、夫妻共同债务纠纷也会存在转化或者关联交叉关系，对其举证责任宜作实质解释。

婚姻制度在一定程度上服务于生育子女的功能，而未成年子女也能起到稳定夫妇之间婚姻关系的作用。不管是婚生子女推定规范，还是婚外亲子关系推定规范，其主要目的都是明确未成年子女之父母，以结合监护制度，使该未成年子女"幼有所养"。在适用亲子关系推定规范过程中应该本着保护妇女、儿童合法权益的原则，在身份关系的安定性和身份关系的真实明确性之间进行利益衡量。对亲子关系推定规范中的"必要证据"这一不确定法律概念需要进行价值补充。

理论和实务界对法释〔2003〕19 号最高人民法院《关于适用〈中华人民共和国婚姻法〉若干问题的解释（二）》第 24 条曾普遍存在形式主义的理解和适用，即对夫妻共同债务推定规范采取身份推定标准，只要是发生在夫妻婚姻身份关系存续期间的债务，就推定为夫妻共同债务。这就导致对当事人之间的利益衡量显失公平。结合目的性限缩解释方法和举证责任分配规则，对夫妻共同债务推定规范可以作请求原因、抗辩、再抗辩的动态化解释，以明晰不同要件事实及其相应举证责任的分配。主张适用夫妻共同债务推定规范的当事人应对该债务基于"夫妻共同生活所负"这一"基础事实"承担举证责任，非举债方可以反驳相关"基础事实"不存在或者举证证明存在法释〔2003〕19 号最高人民法院《关于适用〈中华人民共和国婚姻法〉若干问题的解释（二）》第 24 条第二句所规定情形。针对非举债方的抗辩，债权人可以继续证明该债务的形成符合夫妻日常家事代理、表见代理或者非举债方配偶同意，这就构成债权人的再抗辩。

在夫妻关系存续期间，一方以个人名义对外负担的债务，何时可以突破债的相对性原理被认定为夫妻共同债务？不能简单适用《民法典》合同编的有关规定。《民法典》婚姻家庭编应该本着夫妻身份共同体特点，坚持兼顾主观意思（共同意思论）和客观用途（用途论）的多元化夫妻共同债务认定标准，充分涵盖因民事法律行为和非民事法律行为所形成的夫妻共同债务，以实现夫妻一方财产权利、夫妻另一方财产权利与债权人债权之间的利益平衡。从民法价值判断出发，在夫妻共同债务制度立法条文安排上，应该注意区分基于日常家事代理形成的夫妻共同债务与非基于日常家事代理形成的夫妻共同债务，在非基于日常家事代理产生的夫妻共同债务问题上注意区分"共债共签"的原则与"共同用途论"、"单方用途论"的例外。法律适用过程中，结合要件事实论的民事司法技术，当事人围绕夫妻共同债务存在请求、抗辩、再抗辩的动态展开过程，对应的举证责任也各不相同。

《民法典》继承编以证据方法规范为鲜明特色，如遗嘱或者遗赠扶养协议均可由书证、证人证言、视听资料等证据方法表彰，此类证据方法规范的核心问题在于相应的证据能力和证明力。遗嘱的形式要件严格，是整个《民法典》中对法律行为形式规定最为详尽的部分。应该与时俱进地将遗嘱或者遗赠扶养协议的证据方法扩及与电子遗嘱对应的电子数据，规定遗嘱形式瑕疵补正制度，赋予各种遗嘱形式平等的法律效力（证明力）。

民法证据规范丰富了民法规范的类型，民事举证责任规范是待证事实真伪不明时法官进行裁判的方法论。《民法典》侵权责任编中的证据规范既包括根据法律要件分类说得出的侵权举证责任一般标准，也包括为法律所明确规范的侵权要件事实推定规范和侵权要件事实举证责任倒置规范。对侵权责任编中的证据规范的梳理，有助于将被侵权人的侵权请求权和侵权人的侵权责任落到实处。

消费者权益诉讼实践中存在对惩罚性赔偿制度中的"欺诈""明知"等要件事实的证明难题。在普通消费合同诉讼中，消费者主张经营者承担惩罚性赔偿责任，"欺诈"事实对应消费者权利发生的要件事实，但消费者对此仅承担初步举证责任，证明存在欺诈的可能性即可；是否构成"欺诈"取决于经营者是否对消费者尽到告知义务以满足消费者的知情权，经营者已经履行告知义务的事实对应惩罚性赔偿请求权受到妨害的要件事实，应当由经营者承担举证责任，经营者不能举证证明已尽告知义务的，即可推定其存在欺诈行为。至于经营者对产品或者服务的哪些相关信息承担告知义务，在法律、行政法规没有规定时，应该运用利益动态衡量方法、结合交易习惯判断何为消费者缔约的根本目的，只要是对消费者的消费选择（购买意愿）或者交易价格会产生重要影响的产品或者服务信息，都属于经营者告知义务的范围。此即"主观价值说"。最高人民法院 2018年在"豪车退一赔三案"中采纳关于告知义务的"客观安全性能说"并不妥当，"主观价值说"方符合消费者缔约的根本目的。应该对法释〔2022〕11 号最高人民法院《关于适用〈中华人民共和国民事诉讼法〉的解释》第 109 条规定的对欺诈事实"排除合理怀疑"证明标准的适用范围作目的性限缩解释，不宜提高消费合同诉讼中对"欺诈"要件事实的证明标准。

食品安全领域惩罚性赔偿也存在举证责任缓和的趋势，经营者销售过期食品等不符合安全标准的食品的，推定其为"明知"，不必另由消费者就经营者的主观方面承担举证责任。

综上，《民法典》各编的证据规范各有特色。总则编存在大量民事法律事实推定规范，这是该编证据规范的鲜明特色。物权编中暗含大量的物权推定规范。合同编中的证据规范以合同请求权及对之为抗辩的证据规范为主。婚姻家庭编中的亲子关系推定规范和夫妻共同债务推定规范属于民事法律事实推定规范。继承编以证据方法规范为鲜明特色。侵权责任编中的证据规范以举证责任倒置为特色。违约金酌减和惩罚性赔偿纠纷案件中还存在举证责任缓和、证明标准降低的现象。在多重买卖纠纷中物的归属判断问题上，不同证据方法的证明力有所不同。

四

我国民事立法中出现对举证责任等证据规范越来越重视的趋势，然而，在我国大多数民法规范配置过程中，立法者并无明显的举证责任等证据意识。举证责任规范是沟通民事实体法和民事程序法的重要桥梁，民法和民事诉讼法在举证责任问题上存在很多交叉，举证责任制度无法完全交由民事诉讼法规定，民法不可避免地需要作出一些相应的规定。"证明责任分配属于实体法问题。证明责任分配，实际上是分配事实真伪不明时的败诉风险，尽管这一问题发生在诉讼过程中，但它本质上仍然是一个实体法问题而非程序法问题。"世界上绝大多数国家都在实体法的范围内对举证责任进行规范。参与欧洲私法框架草案起草的学者也认为："欧洲私法示范法规范将证明责任问题归属于实体法问题。"本书对民法证据规范进行以解释论为主并兼顾立法论的规范解释、价值评价与体系化建构，以形成民法证据规范的教义学体系。如何有意识地、体系化地配置证据规范，仍然是我国未来民事立法中的重点和难点问题。

首先，从证据规范配置的具体类型上看，《民法典》中的证据规范以举证责任一般规范和举证责任倒置规范为重点。一方面，关于举证责任配置的"法律要件分类说"派生出《民法典》中的举证责任配置的一般标准，该一般标准无须均由民法典结合具体民事权利逐一作明确具体规定，其已经为法释〔2022〕11号最高人民法院《关于适用〈中华人民共和国民事诉讼法〉的解释》第 91 条所确认,并为民事诉讼法学的通说所支持。需要我们结合法律要件分类说完善对民事权利规范构成要素的立法表达,宜将该举证责任配置的一般标准落实为《民法典》总则编"民事权利"章的举证责任一般规范。另一方面,举证责任倒置规范并非将民事构成要件事实全部倒置,需要区分其倒置的是何种要件事实,而即使对被倒置的要件事实而言,基于当事人之间的利益平衡,也存在对方当事人的初步举证责任的问题。《民法典》中的举证责任倒置规范属于举证责任一般规范的例外。举证责任倒置规范具有法定性、强行性的特点,不允许当事人"另有约定"。

其次,从证据规范配置的具体立法技术上看,应该采取抽象原则和具体例外相结合的立法技术对相关证据规范进行规定。《民法典》中的举证责任倒置规范和民事权利推定规范、民事法律事实推定规范都属于举证责任一般规范的例外情形,例外情形均须一对一地加以明确规定。在举证责任配置的法定例外情形中,主张对自己有利要件事实的当事人之部分举证责任转由对方当事人来承担。民事权利推定规范、民事法律事实推定规范和举证责任倒置规范均然。

最后,法教义学无法摆脱价值评价,应该将民法正义观对应的基本价值取向内化到民法证据规范的具体条文配置中,使民法证据规范体系兼具逻辑稳定性和价值妥当性,避免个案事实认定时再诉诸,乃至纠缠于基本价值取向。《民法典》中的证据规范是案件事实真伪不明时法官进行裁判的方法论,其本质上是一个价值判断问题,涉及对负担证明责任一方和对方当事人之间的自由的保护及限制,不同的规范类型配置反映了不同的利益衡量结论。民法哲学方法主要运用矫正正义观和分配正义观等正义观,探求民法规范背后的"如流水潺潺不断的倾向",以解答法律是否公正的问题,故民法哲学更侧重于对实定法条文作解释论上规范目的(正义观方面的深层次目的)的探求和立法论上规则完善的考察。《民法典》中证据规范配置妥当与否的判断离不开民法哲学实质正义观、矫正正义观、分配正义观、公道正义观和程序正义观的指导与检验。

《民法典》中的证据规范是《民法典》和民事诉讼法交义及适用衔接很重要的体现之一。《民法典》中存在大量的证据规范,有些从形式上即可识别出,有些须从实质上判断。立法者在《民法典》中仍未对证据规范作有意识、体系化的配置。《民法典》中的证据规范包括证据方法规范、举证责任一般规范、举证责任倒置规范、推定规范和证明标准规范。基于案件事实的动态发展性，不同公权力机关、不同纠纷解决方式、不同诉讼阶段、不同审判阶段所采用的对案件事实的举证责任和证明标准会有差别。对《民法典》中证据规范的准确解读，有助于将民事权利、义务、责任规范落到实处。加快形成完备的法律规范体系离不开完备的法律规范理论，民法规范不简单等同于民事权利、义务、责任规范，略过举证责任等证据规范的民法是不完整的。

本书致力于对民法证据规范进行法教义学基础上的民法学方法论研究和"广义民法学方法论"研究，在法律适用过程中真正"让事实说话"。我们在解释回答民法证据规范"是什么"时，亦在回答民法证据规范"应当是什么"，二者融合于统一的解释过程。《民法典》中证据规范的配置，是一个立法论难题，在《民法典》实施过程中需要对民法证据规范从解释论上进行发现、归类、解释适用和完善。

缩略语表

《民法典》——《中华人民共和国民法典》

《婚姻法》——《中华人民共和国婚姻法》

《继承法》——《中华人民共和国继承法》

《民法通则》——《中华人民共和国民法通则》

《收养法》——《中华人民共和国收养法》

《担保法》——《中华人民共和国担保法》

《合同法》——《中华人民共和国合同法》

《物权法》——《中华人民共和国物权法》

《侵权责任法》——《中华人民共和国侵权责任法》

《民法总则》——《中华人民共和国民法总则》

《民事诉讼法》——《中华人民共和国民事诉讼法》

《消费者权益保护法》——《中华人民共和国消费者权益保护法》

《反家庭暴力法》——《中华人民共和国反家庭暴力法》

《公司法》——《中华人民共和国公司法》

《食品安全法》——《中华人民共和国食品安全法》

《保险法》——《中华人民共和国保险法》

《铁路法》——《中华人民共和国铁路法》

《电子商务法》——《中华人民共和国电子商务法》

《电子签名法》——《中华人民共和国电子签名法》

《民法典总则编司法解释》——法释〔2022〕6 号最高人民法院《关于适用〈中华人民共和国民法典〉总则编若干问题的解释》

《民法典物权编司法解释一》——法释〔2020〕24 号最高人民法院《关于适用〈中华人民共和国民法典〉物权编的解释（一）》

《民法典担保制度司法解释》——法释〔2020〕28 号最高人民法院《关于适用〈中华人民共和国民法典〉有关担保制度的解释》

《民法典婚姻家庭编司法解释一》——法释〔2020〕22 号最高人民法院《关于适用〈中华人民共和国民法典〉婚姻家庭编的解释（一）》

《民法典继承编司法解释一》——法释〔2020〕23 号最高人民法院《关于适用〈中华人民共和国民法典〉继承编的解释（一）》

1988 年《民法通则意见（试行）》——法〔办〕发〔1988〕6 号最高人民法院《关于贯彻执行〈中华人民共和国民法通则〉若干问题的意见（试行）》（已废止）

1999 年《合同法司法解释一》——法释〔1999〕19 号最高人民法院《关于适用〈中华人民共和国合同法〉若干问题的解释（一）》（已废止）

2009 年《合同法司法解释二》——法释〔2009〕5 号最高人民法院《关于适用〈中华人民共和国合同法〉若干问题的解释（二）》（已废止）

2001 年《婚姻法司法解释一》——法释〔2001〕30 号最高人民法院《关于适用〈中华人民共和国婚姻法〉若干问题的解释（一）》（已废止）

2003《婚姻法司法解释二》——法释〔2003〕19 号最高人民法院《关于适用〈中华人民共和国婚姻法〉若干问题的解释（二）》（已废止）

2011 年《婚姻法司法解释三》——法释〔2011〕18 号最高人民法院《关于适用〈中华人民共和国婚姻法〉若干问题的解释（三）》（已废止）

1985 年《继承法意见》——法〔民〕发〔1985〕22 号最高人民法院《关于贯彻执行〈中华人民共和国继承法〉若干问题的意见》（已废止）

2012 年《买卖合同司法解释》——法释〔2012〕8 号最高人民法院《关于审理买卖合同纠纷案件适用法律问题的解释》（已废止）

2020 年《买卖合同司法解释》——法释〔2020〕17 号最高人民法院《关于审理买卖合同纠纷案件适用法律问题的解释》

2015 年《民间借贷司法解释》——法释〔2015〕18 号最高人民法院《关于审理民间借贷案件适用法律若干问题的规定》（已废止）

2020 年《民间借贷司法解释》——法释〔2020〕17 号最高人民法院《关于审理民间借贷案件适用法律若干问题的规定》

2008 年《诉讼时效司法解释》——法释〔2008〕11 号最高人民法院《关于审理民事案件适用诉讼时效制度若干问题的规定》（已废止）

2018 年《关于审理涉及夫妻债务纠纷案件适用法律有关问题的解释》——法释〔2018〕2 号最高人民法院《关于审理涉及夫妻债务纠纷案件适用法律有关问题的解释》（已废止）

2015 年《民事诉讼法司法解释》——法释〔2015〕5 号最高人民法院

《关于适用〈中华人民共和国民事诉讼法〉的解释》（已废止）

2020 年《民事诉讼法司法解释》——法释［2020］20 号《最高人民法院关于适用〈中华人民共和国民事诉讼法〉的解释》（已废止）

2022 年《民事诉讼法司法解释》——法释［2022］11 号《最高人民法院关于适用〈中华人民共和国民事诉讼法〉的解释》

2001 年《民事诉讼证据规定》——法释［2001］33 号最高人民法院《关于民事诉讼证据的若干规定》（已废止）

2019 年《民事诉讼证据规定》——法释［2019］19 号《最高人民法院关于民事诉讼证据的若干规定》

《全国法院民商事审判工作会议纪要》——法［2019］254 号《全国法院民商事审判工作会议纪要》

目　录

第一编　总　论

第一章　民法的适用方法与案件事实的形成 ……………………… 3

一、案件事实形成中的民法学方法论 ………………………… 3

二、要件事实论与民法的适用方法 ………………………… 10

三、民事裁判中的案件事实观 ………………………… 15

四、不同法学流派对案件事实认定的态度 ………………… 21

五、小　结 ………………………………………… 26

第二章　对案件事实形成环节民法证据思维的反思 …………… 28

一、案件事实形成环节应着力矫正的五种常见证据思维 ……… 28

二、对民法证据规范的五种动态化解释适用 ………………… 39

第三章　民法证据规范概论 …………………………………… 46

一、案件事实的形成与司法三段论的完善 ………………… 46

二、民事立法和法律适用中的证据难题 …………………… 48

三、从民事权利规范到民法证据规范 ……………………… 53

四、民法证据规范的类型及规范性质 ……………………… 58

五、小结：略过证据规范的民法是不完整的 ……………… 63

第二编　分　论

第四章　《民法典》总则编中的证据规范 ……………………… 67

一、《民法典》总则编中证据规范配置的立法论与解释论 …… 67

二、对自然人出生和死亡时间及住所的民事法律事实推定规范 …… 70

三、法人外观原则与善意相对人善意事实的推定 ………… 74

四、民事法律行为要件事实的举证责任配置 ················ 82

五、民事权利要件事实的举证责任规范 ················ 88

六、小结：民事法律事实推定规范是《民法典》

总则编证据规范的鲜明特色 ················ 95

第五章　《民法典》物权编中的证据规范 ················ 97

一、物权诉讼中的举证责任一般规范 ················ 97

二、不动产登记簿之权利推定 ················ 99

三、占有之权利推定 ················ 106

四、善意取得制度中善意要件的证明 ················ 107

五、物权法上不可反驳推翻的权利推定规范 ················ 114

六、小结：物权推定规范是《民法典》物权编证据规范的

鲜明特色 ················ 115

七、多重买卖中物的归属判断规则及其举证责任配置 ················ 116

八、多重买卖合同中不同证据方法的举证责任配置及事实

推定规范 ················ 122

九、小结：多重买卖中的证据方法规范不是物权推定规范

而是在取得物权问题上多个买受人的优劣顺位规范 ················ 127

第六章　《民法典》合同编中的证据规范 ················ 129

一、《民法典》合同编中证据规范的类型与研究意义 ················ 129

二、《民法典》合同编中的证据方法规范 ················ 131

三、合同请求权及其证据规范概述 ················ 139

四、合同诉讼上的抗辩以及其证据规范 ················ 154

五、合同法律事实推定规范 ················ 163

六、超市自助存包丢失纠纷案件中的证据难题 ················ 165

七、小结：合同请求权及对之为抗辩的规范是合同编证据规范的

鲜明特色 ················ 168

第七章　违约金酌减纠纷中的举证责任配置 ················ 170

一、违约金酌减纠纷中的举证难题 ················ 170

二、违约金酌减的具体考量因素类型化 ················ 171

三、违约金酌减的利益动态衡量方法：对考量因素的

　　　动态权衡 ……………………………………………………………… 175

　　四、违约金酌减案件中的举证责任分配 ……………………… 180

　　五、法院依职权酌减违约金的相关程序法问题 ……………… 186

　　六、小结：违约金酌减纠纷中证明对象的新发展——不是要件
　　　事实具体化，而是考量因素类型化、动态化 ……………… 188

第八章　借款合同纠纷中的举证责任 ……………………………… 190

　　一、借款合同纠纷中的常见举证责任难题 …………………… 190

　　二、买卖型担保合同的性质认定与举证责任 ………………… 196

　　三、民间借贷纠纷转为不当得利纠纷后的举证责任承担 ……… 197

　　四、2018年《关于审理涉及夫妻债务纠纷案件适用法律有关问题的
　　　解释》对夫妻共同债务推定规范中基础事实的举证责任
　　　配置 ………………………………………………………… 199

第九章　《民法典》婚姻家庭编中的证据规范 …………………… 202

　　一、婚姻家庭编中的民事法律事实推定规范概述 …………… 202

　　二、亲子关系推定规范 ………………………………………… 203

　　三、2003年《婚姻法司法解释二》第24条对应的夫妻共同
　　　债务推定规范 ……………………………………………… 210

　　四、婚姻家庭诉讼领域其他常见证据难题 …………………… 222

第十章　《民法典》婚姻家庭编中夫妻共同债务制度的举证责任
　　　配置 ………………………………………………………… 228

　　一、夫妻共同债务规定属于民事法律事实推定规范 ………… 228

　　二、对《民法典》之前的夫妻共同债务举证责任制度的
　　　解释论 ……………………………………………………… 232

　　三、《民法典》婚姻家庭编中夫妻共同债务制度的应然安排 … 239

　　四、《民法典》第1064条坚持主、客观相结合的多元化
　　　夫妻共同债务认定标准 …………………………………… 245

第十一章　《民法典》继承编中的证据方法规范 ………………… 247

　　一、《民法典》继承编中的证据方法规范概述 ……………… 247

　　二、遗嘱形式对应的证据方法规范以及其证据能力 ……… 248

三、公证遗嘱的证明力绝对化之否弃 ……………………………… 252

四、接受、放弃继承和遗赠的意思表示之证明 ………………… 253

五、小结：证据方法规范是《民法典》继承编中证据规范的

鲜明特色 ………………………………………………………… 255

第十二章　《民法典》侵权责任编中的证据规范 …………………… 257

一、经由民事证据规范推动民事实体法和民事程序法的沟通 …… 257

二、侵权责任构成要件事实举证责任的类型化 ………………… 259

三、侵权责任抗辩事由的举证责任配置 ………………………… 264

四、侵权责任构成要件事实推定规范 …………………………… 270

五、侵权责任构成要件事实举证责任倒置规范 ………………… 274

六、小结：举证责任倒置规范是侵权责任编中证据规范的

鲜明特色 ………………………………………………………… 280

第十三章　消费者权益诉讼中惩罚性赔偿的证明难题及其缓解 ……… 282

一、惩罚性赔偿的制度功能与请求权基础规范变迁 …………… 283

二、惩罚性赔偿中"欺诈"和"明知"等构成要件事实

及其证明难题 …………………………………………………… 285

三、普通消费合同诉讼中"欺诈"要件事实及其证明 ………… 287

四、食品安全领域惩罚性赔偿的构成要件事实及其证明 ……… 293

五、小结：证明标准降低是惩罚性赔偿证明难题的

重要缓解之道 …………………………………………………… 298

第三编　结　　论

第十四章　《民法典》证据规范配置的立法论 …………………… 303

一、在我国民事单行法时代证据规范的配置及存在的问题 …… 304

二、《民法典》中妥当配置证据规范的意义 …………………… 310

三、《民法典》中证据规范的类型及配置技术 ………………… 313

四、《民法典》中证据规范配置的正义观 ……………………… 319

五、小结：民法证据规范是对民法规范的新发展 ……………… 328

第十五章　《民法典》证据规范配置的解释论 …………………… 330

一、认真对待《民法典》中的证据规范 ………………………… 330

二、《民法典》中的证据方法规范的解释论 ………………………… 332

三、《民法典》中的举证责任一般规范的解释论 ………………… 338

四、《民法典》中的举证责任倒置规范的解释论 ………………… 344

五、《民法典》中的推定规范的解释论 ………………………… 347

六、《民法典》中的证明标准规范的解释论 ………………… 351

七、小结：认真对待《民法典》中的证据规范，加快形成完备的

法律规范体系 ……………………………………………… 358

第十六章　结　语 ……………………………………………… 359

一、民法学方法论不简单等同于民法解释学 ……………… 359

二、司法三段论小前提案件事实形成环节蕴含着丰富的民法学

方法论命题 …………………………………………… 360

三、民事司法三段论本质上是一个"双阶层司法三段论" ……… 362

四、民法证据规范是"小司法三段论"的"大前提" ………… 363

五、民法证据思维有助于保障司法公正 ……………… 366

参考文献 …………………………………………………… 369

附　录 …………………………………………………… 387

后　记 …………………………………………………… 389

第一编 总 论

第一章　民法的适用方法与案件事实的形成

一、案件事实形成中的民法学方法论

(一) 民法的适用不简单等同于民事司法三段论

法律不能自动产生，法律也不能自动适用。"世界上的一切法都是经过斗争得来的。"① 有效的法律并不能当然获得实效，"徒法不足以自行"。"法律人从事的工作在于将抽象的法律适用于具体个案，涉及法律的解释、漏洞的补充或法律续造等法学方法的问题，而此实为法学教育及官方考试的重点。"②

法学方法包括法学学习研究方法、法学教学方法、探求什么是正确的法律的方法、法律适用方法，其中法律适用方法是法学方法的核心。法学方法主要回答法律适用的具体方法问题。

民法原理探究民法规范所调整的利益类型及其规范性质，以便于指导法律适用。从法律适用角度看，民法学方法是以现行民法秩序为基础及界限，借以探求民法问题答案的学问。民法典视野下以法律适用为指向的广义法学方法论不局限于民法解释学，还包括动态法源观、民法证据规范论、参照适用方法论和利益动态衡量论。从民法法律适用的角度看，民法的渊源（民法法源）属于民法学方法论的首要问题③，它关系到寻找法律适用的大前提。民法的适用过程是将抽象的民法规范适用于具体的个案事实中以得出裁判结论的过程。民法的渊源能够为我们指明到何处寻找裁判个案之大前提，但是这只完成了民法适用的第一步，民法的渊源不能将裁

---

① ［德］鲁道夫·冯·耶林：《为权利而斗争》，胡宝海译，北京，中国法制出版社，2004，第1页。

② 王泽鉴：《民法思维：请求权基础理论体系》，北京，北京大学出版社，2009，第16页。

③ 参见王雷：《民法典适用衔接问题研究：动态法源观的提出》，载《中外法学》，2021(1)。

判的大前提进一步明确化，也不能将之自动适用于个案事实中，这些就是民法适用方法进一步发挥作用的空间。

以法律适用为核心的法学方法论是民法学习研究的重要组成部分。"民法总则通常安排在法律系一年级的课程，其所讲授的，除民法的原理原则外，尚应包括法学方法论的基本问题。初习法律之人若不努力使自己具备或培养法律思维能力，条文的背诵，学说的记忆殆无益于实际案例的解决。此之所谓法学方法指法律适用的逻辑、评价及论证而言，首先发展于民法学，在一定程度亦可运用于'宪法'、'行政法'或'刑法'之上。"① 民法适用的逻辑表现为涵摄，即将特定的案件事实（Sachverhalt）置于民法规范的构成要件（Tatbestand）之下，以得出一定的裁判结论的一种思维过程。以涵摄为核心的法律适用过程，得以逻辑三段论的形式表现出来。典型的三段论形式是：所有的人都会死，苏格拉底是人，因此苏格拉底会死。尽管确定法律渊源、寻找裁判大前提的方式在大陆法系和英美法系会有差异，但在根据大小前提得出裁判结论的环节，"多数法律问题却还是以三段论方式解决的"②。"确定法律效果的三段论法"之合法性（validity）与真实可靠性（soundness）不同，其合法性取决于现代法治国家的法官应该依法裁判，司法权受到立法权的制约③；其结论之真假则取决于大小前提的正确性。司法三段论是形式逻辑在司法裁判中的具体运用，但是，即使单从形式上看，司法三段论也不完全等同于逻辑三段论，司法三段论在法院判决书中表现为先查清小前提对应的案件事实。民法的适用不仅仅是一个简单的以三段论为核心的形式逻辑思考过程，发现及准确界定或者明确法律适用的大小前提，是更为困难的任务。叔本华曾经说过："确定前提，而不是从前提中得出结论，才是真正的困难所在，也是易于出错的地方。从前提中得出结论是一个必然的、自发的过程。然而困难在于发现前提，在这里逻辑是不起作用的。"④ 民法的适用"实际上是一个寻找、界定并最终确定前提的思维过程与形式逻辑的思维过程共同作用

---

① 王泽鉴：《民法总则》，北京，北京大学出版社，2009，第 35 页。

② ［美］理查德·A. 波斯纳：《法理学问题》，苏力译，北京，中国政法大学出版社，2002，第 54 页。

③ 《中华人民共和国宪法》第 131 条规定："人民法院依照法律规定独立行使审判权，不受行政机关、社会团体和个人的干涉。"

④ 转引自［德］齐佩利乌斯：《法学方法论》，金振豹译，北京，法律出版社，2009，第 125 页。

的结果"①。

（二）民事司法三段论不简单等同于民法解释学

明确了民法适用的总体框架后，进一步讨论民法适用的具体步骤。一个民事判决书的主体部分一般包括：原告诉称、被告辩称，举证、质证、认证，经审理查明（认定）事实，法院认为（双方争议焦点在于），判决如下，等等。民法的适用过程主要包括小前提案件事实的形成、大前提法律规范的寻找和裁判结论的得出三个部分。《民事诉讼法》第 7 条规定："人民法院审理民事案件，必须以事实为根据，以法律为准绳。"在一定程度上，"以事实为根据"解决是非问题，"以法律为准绳"则着力解决对错问题。

第一，案件事实的形成。"解释是'规范文本工作'，法律适用方法力图成为它的理论向导。但是在这里，对于从事实务工作的法律适用者来说，不能忘记在很多案件中更为重要的'事实工作'领域，即查明和评价事实的领域。对此，我们的大学明显缺乏这方面的理论教育。"② "我们日常思考的事情，当然是用日常的语言来表述的。"③ 民法所调整的日常生活事实（social/concrete fact）中的利益纠纷需要转化为案件事实的陈述方可，这也就是从"未经加工的案件事实"转化为"作为陈述的案件事实"的过程，在法律适用过程中，"未经加工的案件事实"作为单纯的历史事件没有意义，"世界的真实性是建立在语言的描述之上"④，有意义的是由诉讼当事人所述并由法院认定的"作为陈述的案件事实"⑤。在案件事实的形成过程中，一方面，当事人的陈述是查清案件的起点，而不是终点，需要结合法律规范的构成要件作有针对性的取舍判断。并非当事人对案件细节的所有陈述都具有法律上的重要性，都能够转化为法律事实（legal fact），需要结合拟适用的法律规范来对当事人陈述的事实进行必要的剪裁。另一方面，对有法律上重要性的案件事实的陈述需要通过证据的方式加以展开，这个过程要根据举证责任规则、法官对证据形成和证明力的自由裁量等进行。比如，在狗咬伤人的案件中，狗的花色、被咬人的身份等

---

① ［德］齐佩利乌斯：《法学方法论》，金振豹译，北京，法律出版社，2009，第 125 页。
② ［奥］恩斯特·A. 克莱默：《法律方法论》，周万里译，北京，法律出版社，2019，第 4 页。
③ 陈嘉映：《无法还原的象》，北京，华夏出版社，2005，第 60 页。
④ 亓同惠：《"事实怀疑论"的背景、类型与矫正策略——兼论中国司法实践中的"事实"》，载《法学》，2013（3）。
⑤ ［德］卡尔·拉伦茨：《法学方法论》，北京，商务印书馆，2003，第 160～163 页。

就属于与案件裁判无关的事实，而狗的主人是谁、狗属于烈性犬还是非烈性犬、被咬人是否存在有意挑逗等则属于有法律重要性的案件事实，狗的主人是否具有主观过错也非被咬人需要举证证明的事实。

第二，法律规范的寻找（Rechtsfindung，Rechtsgewinnung）及内容与意义的确定。一方面，"法律渊源学说与法律适用方法之间有着紧密的联系"①，法官需要结合案件事实在民法渊源的体系之中寻找拟适用的民法规范。"只有完全的法律规定才具备完整的构成要件与法律效力，能充为法律之适用上的大前提……三段论法中，其大前提系由一个完全的法律规定所构成。"② 需要通过找法的过程，获得一个得以适用于具体个案的完全法条或法条组合。解决民事纠纷的主要工作，在于探寻一方当事人得向他方当事人有所主张的法律规范，这就是对请求权规范基础的寻找。"在某种意义上，甚至可以说，实例解答，就在于寻找请求权基础。请求权基础是每一个学习法律的人必须彻底了解、确实掌握的基本概念及思考方法。"③ 可以说，民法渊源理论和请求权规范基础分析方法是寻找民法规范的最重要方法。有学者指出："当找到了对此种义务或者（从原告的角度而言）与之对应的请求权（所谓'请求权方法'〔Anspruchsmethode〕）作出规定的规范之后，就找到了解决问题的突破口。"④ 另一方面，"法律适用是一个基于逻辑形式而为的评价，此乃是一种论证，即以必要充分的理由构成去支持其所作成法律上的判断"⑤。具体地，法律论证是指在现行有效法秩序的框架内进行的证成法律判决或法律判决所引述前提正确性的一种言语活动，前者可以称为根据法律的内部论证，后者可以称为关于法律的外部论证。⑥ 在法律适用的过程中，需要通过法律解释方法或者漏洞补充方法等使法律规范的含义得以明确和完整。法律须经解释，方能适用。当然，民法解释的前提是对拟解释的民法规范的性质加以明确，须明确待解释的民法规范属于概括条款还是引用性法条、属于自治规范还是管制规范、属于管制规范中的强行性规范还是禁止性规范、属于裁判规范还

---

① ［德］魏德士：《法理学》，丁晓春、吴越译，北京，法律出版社，2005，第287页。
② 黄茂荣：《法学方法与现代民法》，5版，北京，法律出版社，2007，第222～223页。
③ 王泽鉴：《民法思维：请求权基础理论体系》，北京，北京大学出版社，2009，第41页。
④ ［德］齐佩利乌斯：《法学方法论》，金振豹译，北京，法律出版社，2009，第127页。
⑤ 王泽鉴：《民法思维：请求权基础理论体系》，北京，北京大学出版社，2009，第165页。
⑥ 参见［德］罗伯特·阿列克西：《法律论证理论》，舒国滢译，北京，中国法制出版社，2002，第274～287页。

是行为规范等等。① 在狗咬伤人的案件中，狗的出借人和借用人何者为"动物饲养人或者管理人"，须经解释方得明确。古罗马人甚至还遇到过四脚动物的所有人对动物致害行为负责之规定得否通过补充以适用于二脚鸵鸟致人损害案件之中的问题。

第三，目光在案件事实与法律规范之间的往返流转。民法的适用过程并非形成案件事实和寻找法律规范的截然二分的过程，毋宁说需要法官在民法适用的过程中保持目光不断往返流转于事实与规范之间。② 在事实和规范之间的往返，这也是一种"诠释学意义上的循环"，提醒我们学习研究民法和适用民法一样，都需要不断地运用具体和抽象相结合的方法。

第四，裁判结论的得出。法官在法律适用的过程中，不能单纯凭借自己的法感觉判案，也不能机械地适用法律条文，要在保持法律的安定性（Rechtssicherheit）和妥当性（Rechtsgemessenheit）之间寻得平衡。"法律适用时没有精确的方法可以依循的。在法学三段论中，不管是在规范前提方面，还是在事实前提方面，都有可能出现法律适用的不确定性。换句话讲，不管是在法律解释方面，还是在事实认定方面，其一定程度的模糊性是无法完全消除的。"③ 不过，法官遵循法律适用的方法，在充分说理论证的基础上得出的裁判结果是一种具有主体间性的可被广泛接受的价值判断结论。

理论上，也形成了以法律适用问题为研究对象的法学方法论，而法学方法论反过来又能保障法律的正确适用，保障法官依法公正裁判。从法律适用的角度看，法学方法论超越了单纯的法律解释学，前者包含了以司法三段论为核心的更丰富的内容。④

（三）案件事实形成与民法学方法论的完善概论

以民法的适用为核心研究对象的民法学方法论，其重要功能在于保障民事法律的正确适用，保障法官依法公正裁判。在司法实践中，法官通常会以司法三段论的方法作出裁判，即以法律规范为大前提，以案件事实为小前提，然后通过涵摄得出结论。但民法的适用"实际上是一个寻找、界

---

① 参见王雷：《民法规范的性质——游走在自治和管制之间》，载《法学杂志》，2009（12）。
② 参见［德］卡尔·恩吉施：《法律思维导论》，郑永流译，北京，法律出版社，2004，第285页。
③ ［德］齐佩利乌斯：《法学方法论》，金振豹译，北京，法律出版社，2009，第145页。
④ 参见王利明：《法学方法论》，北京，中国人民大学出版社，2012，第170～215页。

定并最终确定前提的思维过程与形式逻辑的思维过程共同作用的结果"①，而并非简单以司法三段论为核心的形式逻辑思考过程。长期以来，我国民法学方法论的相关研究在很大程度上体现在民法规范理论之上，民法学方法论更多关注以法律解释方法为主的对大前提，即民法规范的寻找、定性和解释完善，而对小前提即案件事实（于何时何地，何人对何人做了何事）的形成过程关注较少。在一定程度上，民法学方法论被等同于民法解释学。

笔者认为，司法三段论的小前提民事案件事实形成环节蕴含了丰富的民法学方法论命题，亟须归纳提炼。民事案件事实的诉讼形成，实际上是从生活事实到民事法律事实，再到当事人描述并由法院认定的"作为陈述的案件事实"的过程。

一方面，生活事实不能当然引发民事权利或义务，它必须先上升为能够被涵摄到民事法律规范构成要件之下的民事法律事实。生活事实能否上升为民事法律事实，并非简单的抽象化或者类型化的法律技术问题，而首先是一个价值判断问题。通行的法学理论认为，价值判断是对涉案行为（如民事法律事实）进行合法性的判断，但是对某一生活事实能否构成民事法律事实这一前提性问题却少有讨论。并非所有的生活事实都能够或有必要进入民法调整领域，如约请朋友喝酒、准许他人搭乘便车等纯粹的情谊行为并非民事法律行为，而是处于民法调整范围之外的纯粹生活事实。纯粹的情谊行为在一定条件下也可能转化为民事法律事实，而哪些类型的情谊行为应当继续停留在纯粹生活事实层面，哪些类型的情谊行为应当进入民事法律事实范畴，不同的结论将直接关系到民法对社会生活的介入程度，需结合具体问题运用利益动态衡量方法权衡不同考量因素作出解答。②在此过程中，我们应警惕法律中心主义观点的遮蔽，防止民法对社会生活的过度介入，协同法律规范和非法律规范在社会调整中的角色功能。

另一方面，民事法律事实在民事纠纷解决过程中以"作为陈述的案件事实"出现并与民事法律规范的构成要件发生连接，以引发民事法律关系变动的法律后果。"作为陈述的案件事实"是诉讼当事人将生活事实中无规范意义的部分剪裁掉并将剩余部分运用民法语言加以转述的结果，是在法律评价指引下对生活事实中重要的需要由法律调整的那一部分的撷取。

---

① ［德］齐佩利乌斯：《法学方法论》，金振豹译，北京，法律出版社，2009，第 125 页。
② 参见王雷：《民法学视野中的情谊行为》，北京，北京大学出版社，2014，第 114～123 页。

并非当事人对案件细节的所有陈述都具有法律上的重要性，都能够转化为民事法律事实，民事法律事实中的哪些要件事实必须被证明以及由谁来证明等需进行具体判断，这就需要结合民事证明责任规范来分析提炼生活事实。妥当运用民事证明责任规范对"作为陈述的案件事实"的认定并非简单的事实判断问题，而是包含对当事人之间证明责任及事实真伪不明时败诉风险分配的价值判断问题。

民事证明责任规范主要规定相关要件事实如何在当事人之间分配，这就直接涉及对民事主体之间的利益安排，故民事证明责任规范本质上是一个民事实体法问题。民事证明责任规范包括民事证明责任一般规范和民事证明责任法定特别规范。民事证明责任规范的一般规范无须均由民事实体法律作明确规定，其已经为2022年《民事诉讼法司法解释》第91条所确认，并为民事诉讼法学"法律要件分类说"的通说理论所支持。需要我们结合法律要件分类说完善对民事权利规范构成要素的立法表达，立法论上宜将该举证责任配置的一般规范落实为《民法典》"民事权利"一章的举证责任一般规范。

民事证明责任法定特别规范属于证明责任一般规范的例外，对民事证明责任法定特别规范需要类型化。笔者主张将我国现行民事立法中的民事证明责任法定特别规范进一步区分为民事权利推定规范、民事法律事实推定规范和证明责任倒置规范。在民事证明责任规范的法定特别规范中，主张对自己有利要件事实的当事人之相关证明责任或者被减轻，或者转由对方当事人来承担。当然，从解释论上看，我国民事法律中的民事证据规范除前述证明责任规范之外，还包括少量民事证据方法规范，如对合同书面形式、口头形式等的规定，对医疗费、住院费等收款凭证的规定，对病历、诊断证明等的规定。应当对我国民事法律中的证明责任规范作全面发现和解释梳理，民事立法中应该重视对民事证明责任规范法定特别规范的配置，以有利于民事权利的诉讼实现。

民事证明责任思维是对传统民法适用方法中请求权规范思维和民事法律关系思维的有益补充，有助于将民事请求权规范在诉讼中落到实处，也有助于避免因案件事实真伪不明而导致民事法律关系的悬而不决。民事证明责任思维是案件事实真伪不明时人民法院进行裁判的方法论，而对民事案件事实形成过程中民事证明责任等民法证据规范的发现、归类、解释适用和完善，是对传统法学方法论体系的有益扩充，丰富了民法规范的类型配置，也有助于我们在司法三段论小前提形成过程中更好地在规范和事实之间往返流转。

二、要件事实论与民法的适用方法

（一）民法适用中的要件事实及其证明

广义民法学方法论的内容体系游走在正义、规范与事实之间。法律人"心中当永远充满正义，目光得不断往返于规范与事实之间"①。"一个完整的法律规范首先要描写特定的事实类型，即所谓法定的事实构成，然后才赋予该事实构成某个法律后果……事实构成和法律后果之间的连接是完整的法律规范首要的、最重要的内容……从立法者角度来看，法官的通常活动就是：从当事人所陈述的生活事实中为法院找到一个法定的事实构成（gesetzlichen Tatbestand），换言之将有争议的某个事实涵摄（归纳、吸纳）到事实构成之下。如果这种涵摄是可能的话，那么就可以直接得出该法律规范的法律后果。"② 在法律规范的逻辑结构中，构成要件对应的是规范的当为；在法律适用过程中，当事人之间争议的案件事实以"作为陈述的案件事实"之面目出现。"所谓'要件事实'也就意味着，以这样的法规范为前提，现实发生的与该法规范所规定之要件契合的事实。"③ 例如，《民法典》第 1183 条第 1 款规定："侵害自然人人身权益造成严重精神损害的，被侵权人有权请求精神损害赔偿。"该条文是《民法典》中的实定法规范，该条文前半句对应该法律规范的构成要件，后半句对应该法律规范的法律后果。如果某日甲侵害自然人乙的人身权益，造成乙严重精神损害，这就属于与《民法典》第 1183 条第 1 款"构成要件"契合的现实发生的"事实"，是为该个案中的"要件事实"。可见，"要件事实"概念的一端连接着法律规范中的构成要件，另一端连接着现实发生的"作为陈述的案件事实"，"要件事实"真正沟通法律规范与案件事实，在要件事实论的指导下，法律适用者也能够真正将目光不断往返流转于规范与事实之间。

日本学者我妻荣曾经说："权利的发生、妨碍、消灭等各种法律效果是否得到肯定，与该等法律效果的发生要件相对应的具体事实的有无相关，因此这种事实一般被称为要件事实，为了与前述法律要件相对应，有

---

① 张明楷：《正义、规范、事实》，载 http://article. chinalawinfo. com/Article _ Detail. asp? ArticleID=36584，访问日期：2013－05－07。

② ［德］魏德士：《法理学》，丁晓春、吴越译，北京，法律出版社，2005，第 61 页。

③ ［日］山本敬三：《民法讲义》，Ⅰ·总则，解亘译，北京，北京大学出版社，2012。

时又称为法律事实。"① 高桥宏志认为："在法律条文中构成要件所记述的事实为要件事实，而使要件事实得以充实的具体事实则是主要事实。"② 我国学者许可认为，要件事实"是与发生某一法律效果（权利的发生、妨碍、消灭、阻止）所必需的法律要件之构成要素相对应的具体事实"③。

日本学者伊藤滋夫认为："所谓要件事实，实质该当于某一法律效果所必要的实体法（作为裁判规范的民法）构成要件的具体事实，要件事实理论则是将民事诉讼中应当主张证明的事实与实体法法律效果相联系的一种思维方式。"④ 奥田隆文指出："要件事实论的基本问题实际上就是在民事诉讼中，原告、被告就某种事实是否负有举证责任。从提起诉讼以前的收集证据活动到对争点、证据进行整理，以及对于裁判所的诉讼指挥、决定审理的基本方针等阶段，这一问题都起着作用，是民事诉讼实务的基础，是民事诉讼中不可缺少的一个问题。"⑤ 山本敬三更进一步指明："特意打上'要件事实论'的铭牌，究竟其中探讨了什么问题呢？它探讨的是在诉讼中由哪一方当事人负担主张、举证，以及主张、举证什么样的事实的责任。依据民事诉讼法的原则——辩论主义，法院不得基于在当事人的辩论中没有出现的事实作判决。所谓主张责任，是这样一种不利益：以该原则为前提，因为某项事实在辩论中没有出现，因此，不认可——若该事实存在则一定会认可之——法律效果。所谓举证责任，是这样一种不利益：虽然事实在辩论中出现——，但当根据证据不能确定其有无——称为真伪不明时，不认可——若该事实存在则一定会认可之——法律效果。"⑥ 小林正弘指出："研究由何方当事人对要件事实负主张、证明责任便是要件事实论的主要目的。要件事实论将每个诉讼标的各种攻击防御方法均分为'请求原因'、'抗辩'、'再抗辩'，研究为提出各攻击防御方法需要主

①　转引自许可：《民事审判方法：要件事实引论》，北京，法律出版社，2009，第38～39页；[日]山本敬三：《民法讲义》，Ⅰ·总则，解亘译，北京，北京大学出版社，2012。

②　[日]高桥宏志：《民事诉讼法：制度与理论的深层分析》，林剑锋译，北京，法律出版社，2003，第342页。

③　许可：《民事审判方法：要件事实引论》，北京，法律出版社，2009，第40～41页。

④　[日]伊藤滋夫：《要件事实的基础——民事司法裁判结构》，许可、[日]小林正弘译，北京，法律出版社，2022，第9页。

⑤　[日]奥田隆文：《司法研修所教育及对法学教育的期望》，丁相顺译，载《法律适用》，2002（6）。

⑥　[日]山本敬三：《民法讲义》，Ⅰ·总则，解亘译，北京，北京大学出版社，2012。

张、证明何种要件事实。"①

　　笔者认为，民事司法纠纷中的要件事实是当事人产生争议的能够为构成要件事实所涵摄的具体生活事实。当事人产生争议的具体生活事实并非自动涵摄到构成要件事实之下，作为事件的具体生活事实须先转化为"作为陈述的案件事实"，然后经由证据加以证明方可作为裁判的对象。具体生活事实在纠纷解决过程中以"作为陈述的案件事实"之面目出现，其与抽象构成要件之间是评价对象和评价标准的关系，能够为法律规范构成要件所涵摄的具体生活事实对应要件事实，要件事实即评价结果。要件事实作为评价结果仅仅是司法三段论小前提案件事实形成阶段的评价结果，法律规范中的法律后果结合个案中的要件事实会形成具体的个案裁断结果，这属于司法三段论终局意义上的评价结果。

（二）要件事实论对民事法律事实理论的完善

　　"找到请求权基础，就要进行分析达到一个法律效果，需要符合哪些构成要件，能够证明使这些要件成就的这些事实，就是要件事实……在请求权基础和要件事实中，要件事实比请求权基础更进一步，通过分析请求权基础规范，归纳出一些要件，这些要件所对应的事实就是要件事实。就这些要件事实如果有争议，就涉及证据的提出。"②

　　要件事实论将民事纠纷解决过程中的法律事实细分为要件事实、间接事实和辅助事实。要件事实对应民事诉讼过程中的主张责任和证明责任。主张责任是指当事人没有主张某要件事实致使法官不能认可该要件事实对应的法律后果的不利益。证明责任则是指在诉讼过程中要件事实真伪不明导致其所对应的法律后果得不到认可而产生的不利益。③ 证明责任是要件事实真伪不明时法官裁判的方法论，主张责任和证明责任共同为当事人在诉讼过程中的进攻和防御提供依据，进攻和防御的核心内容则是主张和证据。

　　证明责任的适用对象通常是"要件事实"且是"争讼案件实体要件事实"。证明责任的分配主要解决实体要件事实由谁来承担证明责任的问题。④

---

　　① ［日］小林正弘：《作为民法解释学的要件事实论——"裁判规范之民法"的构想》，载崔建远主编：《民法九人行》，第 7 卷，北京，法律出版社，2014，第 287 页。

　　② 陈福勇：《审判方法论视野中的仲裁代理》，载北京市朝阳区律师协会编：《律师之师：律师素质与思维十讲》，北京，中国法制出版社，2014，第 234～235 页。

　　③ 参见［日］伊藤滋夫：《要件事实的基础》，东京，有斐阁，2000，第 62、17 页。此为日本通说观点。转引自王书可：《日本的要件事实论》，南京，南京师范大学，2010，第 9、10 页。

　　④ 参见邵明：《正当程序中的实现真实——民事诉讼证明法理之现代阐释》，北京，法律出版社，2009，第 327 页。

"证明责任对象限定为法律规范要件事实，实践中不能泛化运用。"① 有学者认为要件事实包括两类：民事法律事实和民事纠纷事实。② 笔者认为，所谓的民事纠纷事实用民法语言概括也无非各种各样的民事法律事实，结合民法证明责任规范对民事法律事实诉讼化解释的结论则是要件事实。可见，民事法律事实和要件事实是从不同角度描述同一现象得出的不同结论。

（三）民法适用中的要件事实论

要件事实论使民事诉讼活动被更加动态地展现。要件事实论真实查明民事诉讼中主张、举证责任之所在，相应地确定在诉讼现场各当事人应当提出之攻击防御方法的配置：原告为了自己的请求应当就怎样的事实主张、举证（请求原因）；原告获得成功时，被告要驳斥原告应当就怎样的事实主张、举证（抗辩）；被告获得成功时，原告要驳斥被告应当就怎样的事实主张、举证（再抗辩）；等等。③ 可见，要件事实论有助于我们将民法规范论动态化，具体民法规范中的构成要件和法律后果为诉讼过程中的请求原因（Klagegrund）、抗辩（Einrede）、再抗辩（Republik）及其相应的证明责任，这使得民法规范本身与案件事实有机勾连。"传统民法未考虑事实认定的问题，但法官适用法律条文时却首先需要事实认定，而这种过程中却经常发现事实真伪不明的情况。"④ 要件事实论是对民法规范的重要动态解释方法。

大陆法系的规范出发型的诉讼模式和当事人辩论主义诉讼模式给要件事实论提供了坚实的基础。要件事实（Tatbestandsmerkmale）起源于德国，发展于日本。创建于 1947 年的日本司法研修所开展要件事实教育，以铸造法律职业共同体的共同法律思维。要件事实是引发法律后果所必需的实体法构成要件所对应的具体事实。要件事实论不同于证明责任理论，但二者又密切相关。要件事实论能够对纷繁复杂的实际发生的生活事实进行归纳、整理。"所谓的要件事实论——在确定发生一定法律效果之法

---

① 胡学军：《证明责任泛化理论批判——以"物"之争议的举证证明为中心》，载《河北法学》，2021 (3)。

② 参见邵明：《正当程序中的实现真实——民事诉讼证明法理之现代阐释》，北京，法律出版社，2009，第 144～145 页。

③ 参见 [日] 山本敬三：《民法讲义》，Ⅰ·总则，解亘译，北京，北京大学出版社，2012。

④ [日] 小林正弘：《作为民法解释学的要件事实论——"裁判规范之民法"的构想》，载崔建远主编：《民法九人行》，第 7 卷，北京，法律出版社，2014，第 280 页注①。

律要件的基础上，旨在阐明有关构成该事实之主张、举证责任的所在以及应当由当事人提出之攻击防御方法的配置（请求原因、抗辩、再抗辩等）的理论。"① 要件事实论能够给民事权利以请求、抗辩、再抗辩的动态实现过程，这样一来，民事诉讼当事人的争议就以要件事实为中心，以规范性的攻击防御面目出现。② 以原告请求为特定权利主张，其构成所必需的事实成为"请求原因"；"抗辩"是与请求原因事实不矛盾的主张，通常在承认请求原因事实的基础上主张"抗辩"；原告在承认被告抗辩的基础上，进一步提出再抗辩。③

（四）生活事实、案件事实与要件事实的关联互动

2022 年《民事诉讼法司法解释》第 90 条第 1、2 款分别规定了行为意义上的证明责任和结果意义上的证明责任："当事人对自己提出的诉讼请求所依据的事实或者反驳对方诉讼请求所依据的事实，应当提供证据加以证明，但法律另有规定的除外。""在作出判决前，当事人未能提供证据或者证据不足以证明其事实主张的，由负有举证证明责任的当事人承担不利的后果。"④ 一直以来，民法学方法论普遍更多关注通过请求权规范基础分析方法和法律解释方法对大前提法律规范进行寻找和解释适用，对小前提案件事实如何形成则关注较少。案件事实的形成环节蕴含了民法学方法论的丰富命题，司法三段论小前提案件事实的形成离不开民法证据规范的适用。

民法证据规范是生活事实、作为陈述的案件事实和具体的构成要件事实之间顺利转换的助推剂，是司法三段论小前提案件事实形成过程中的关键环节。民事司法纠纷中的要件事实是当事人产生争议的能够为构成要件事实所涵摄的具体生活事实。具体生活事实与抽象构成要件事实之间是评价对象和评价标准的关系。要件事实是当事人产生争议的能够为法律规范中构成要件事实所涵摄的具体生活事实。当事人产生争议的具体生活事实并非自动涵摄到构成要件事实之下，作为事件的具体生活事实须先经由"原告诉称"和"被告辩称"的形式转化为"作为陈述的案件事实"⑤，然

---

① ［日］山本敬三：《民法讲义》，Ⅰ·总则，解亘译，北京，北京大学出版社，2012，第三版中文版序言。

② 参见王书可：《日本的要件事实论》，南京，南京师范大学，2010，第 6～16 页。

③ 参见［日］小林正弘：《作为民法解释学的要件事实论——"裁判规范之民法"的构想》，载崔建远主编：《民法九人行》，第 7 卷，北京，法律出版社，2014，第 287 页。

④ 2015 年《民事诉讼法司法解释》第四部分"证据"制度创生了"举证证明责任"的表达。

⑤ 当然，在"原告诉称"和"被告辩称"中除包含原被告的"作为陈述的案件事实"之外，还包括原告的诉讼请求和被告的抗辩等。

后经由证据加以证明方可成为作为裁判对象的"具体的要件事实"。三者是前后相继的关系，是民事法律事实在纠纷发生、解决不同环节中的动态展现。

可见，案件事实的形成过程本身就存在一个司法三段论的适用，证明责任规范贯穿于这个司法三段论的始终并游走在大前提法律规范与小前提案件事实之间：一方面，哪些生活事实具有民法意义从而能够进入"法内空间"成为民法的调整对象，需要结合情谊行为和"法外空间"理论进行确定①，哪些生活事实需要被陈述以及应该由谁来陈述，需要结合行为意义上的证明责任加以廓清，"原告诉称"和"被告辩称"就分别包含了诉讼当事人"作为陈述的案件事实"。另一方面，当"作为陈述的案件事实"可以涵摄到抽象的构成要件事实之下时，就会形成以"经审理查明（认定）事实"形式出现的"具体的要件事实"，其构成了司法三段论中小前提对应的"案件事实"；当"作为陈述的案件事实"无法涵摄到抽象的构成要件事实之下时，还须结合结果意义上的证明责任规范进行裁判。

三、民事裁判中的案件事实观

（一）民事裁判中的事实观：法律真实论抑或客观真实论

"司法解决纠纷的过程，本质上讲是寻找事实、寻找法律的过程。"②案件事实认定是司法裁判的起点。"以事实为根据，以法律为准绳"来源于古代"听讼惟明，持法惟平"或"推鞫得情，处断平允"的司法精神。"听讼惟明，持法惟平"或"推鞫得情，处断平允"，一个属于"听"，一个属于"断"。"听讼"属于事实判定问题，"断狱"属于法律适用问题。"听讼不审"不可，"断狱不公"也不可。③《民事诉讼法》第 7 条规定："人民法院审理民事案件，必须以事实为根据，以法律为准绳。"该条中的"事实"究竟指客观事实还是法律事实，法官裁判案件过程中所追求的是客观真实还是法律真实，我国学界对此一度存在很大争议。④"彭宇案"再

---

① 参见王雷：《情谊行为、法外空间与民法对现实生活的介入》，载《法律科学》，2014（6）。

② 余茂玉、殷华：《中国政法实务大讲堂走进清华大学　最高人民法院院长周强为师生作专题讲座》，载中国法院网，https://www.chinacourt.org/article/detail/2019/11/id/4618871.shtml。

③ 参见霍存福、夏纪森：《情理精神与传统法重生——霍存福教授访谈》，载《法律与伦理》，2021（1）。

④ 参见张继成、杨宗辉：《对"法律真实"证明标准的质疑》，载《法学研究》，2002（4）；张志铭：《何谓"法律真实"》，载《人民法院报》，2002-03-15（3）；樊崇义：《客观真实管见》，载《中国法学》，2000（1）。

次引发人们对该争论的反思。

2014年10月23日中国共产党第十八届中央委员会第四次全体会议通过的《中共中央关于全面推进依法治国若干重大问题的决定》在"保证公正司法，提高司法公信力"问题上指出："推进严格司法。坚持以事实为根据、以法律为准绳，健全事实认定符合客观真相、办案结果符合实体公正、办案过程符合程序公正的法律制度。加强和规范司法解释和案例指导，统一法律适用标准。""推进以审判为中心的诉讼制度改革，确保侦查、审查起诉的案件事实证据经得起法律的检验。全面贯彻证据裁判规则，严格依法收集、固定、保存、审查、运用证据，完善证人、鉴定人出庭制度，保证庭审在查明事实、认定证据、保护诉权、公正裁判中发挥决定性作用。"法发〔2005〕4号最高人民法院《关于增强司法能力、提高司法水平的若干意见》第20条要求人民法院"……树立科学的司法理念，坚持实体公正与程序公正的统一，坚持法律真实与客观真实的统一……"。正如有学者所言，一种证据制度如果不能保证大部分案件所认定事实是高度真实的话，该制度恐怕很难长久地存立下去。①"法律真实"在多数情况下如果不能与"客观真实"基本一致，判决所依据的"法律真实"标准就会失去正当性，司法过程因此就会变质。②

波斯纳敏锐地指出："法律制度常常对它必须解决的法律纠纷的是非曲直没有任何线索，但是，通过运用举证责任，以它来作为缺乏这种知识的代位者，法律制度就避开了这种耻辱。"③

法官在司法裁判案件过程中实际上坚持"以证据为根据"，而证据所证明的是"法律真实"，而非"客观真实"。这也是由人们认识的时空局限性和已经发生的案件事实时间上的不可逆性所决定的。"实事求是在法律上的体现只能是搜集证据并根据证据最大限度地恢复案件事实，然后，根据这种被证据所证明的'事实'来作出判定。这里的'事实'是最接近客观事实的法律事实，而不是客观事实本身。"④ 但是，对"以事实为根据"的反思细化也不能走向"事实怀疑主义"的极端，过去客观发生的事件具

---

① 参见王亚新：《社会变革中的民事诉讼》，北京，中国法制出版社，2002，第55页。

② 参见张志铭：《裁判中的事实认知》，载王敏远主编：《公法》，第4卷，北京，法律出版社，2003，第2～3页。

③ ［美］理查德·A. 波斯纳：《法理学问题》，苏力译，北京，中国政法大学出版社，2002，第272～273页。

④ 卓泽渊：《法律事实≠客观事实》，载《检察日报》，2000-06-29（3）。

有认识论上的可知性。

"以事实为根据"所容纳的"法律真实"，应该以"客观真实"为依归。在司法裁判过程中，"法律真实"如果不能在统计意义上做到与"客观真实"在多数情况下的一致，或者使人们普遍相信有可能达到并追求这种一致，那么，裁判所依赖的这种"法律真实"就会在制度和意识形态上失去正当性。"法律真实"是一种实践形态的、规范形态的、以合法性评价为先决条件的客观真实标准。① 法律真实越接近于客观真实，说明裁判过程中对案件事实的认知功能越强，司法的公正和公信力也就越高。

法律面向未来作规定，法官回顾过去作判决。对过去发生的客观事件的证明是一种"回溯性证明"，由于人们的认知局限和时间的不可逆性，终极意义上的客观真实无法达到。② "真正绝对的真实，只有在神的世界才可能存在，在人的世界中，真实毕竟不过是相对的，诉讼领域中的真实当然也不例外。"③ "审判上所待解决的争执，多是过去事实。事实已经过去，永不复返。虽不一定是春梦无痕，也往往如云烟过眼。吾人凭借各种推理的方法，把已经过去的事实，重新在审理事实的人的心目中构成一幅图画。"④ 实践经验告诉我们，法官认定的"事实"也未必就真是事实，说句"极端"的话，在法官的眼中，其实没有事实，只有证据。⑤ "并不能绝对地说，在裁判过程中客观真实完全不能得到复原，不排除在证据充分的情况下得出客观事实的结论。所以，一方面，承认裁判过程中的认知局限，将法律真实作为认定案件事实的标准；另一方面，也要承认客观事实得到

---

　　① 参见张志铭：《解读"以事实为根据"》，载《人民法院报》，2002 - 02 - 01 (3)；张志铭：《证成法律真实标准》，载《人民法院报》，2002 - 04 - 12 (3)。

　　② 赵毅认为"诉讼法上的实事不求是"是对我国诉讼法理论长期坚持的实质真实论的一种批评，它承认一定程度的司法不可知论。在民事诉讼法中采用盖然性居上或占优势的证明标准，即可能性比较标准，负有举证责任的人主张的事实的真实性大于其不真实性，足矣；在刑事诉讼中采用排除一切合理怀疑的证明标准。这些证明标准并非绝对确定的标准，而是放低对案件事实的真实性要求，表明了司法不可知论的立场。不可知论出于人类有限的理性、有限的判断能力、先入之见的干扰和不可避免的能力缺陷。克服司法不可知论，古人通过神明裁判、宣誓等制度实现，今人则更惯常采用"推定"的方式。推定也是诉讼法上的证据规则，它反映了举证责任的转移，对法院来讲，这是对认识困难的转嫁，因为推定的利害关系人要自己举证证明推定不成立，若他们不愿意或不能这样做，法院就可以安然接受推定的结果。参见 http://www.romanlaw.cn/sub1-174.htm，访问日期：2014 - 08 - 26。

　　③ 〔日〕团藤重光：《刑事诉讼中的主体性观念》，宋英辉译，载《法学家》，1988 (4)。

　　④ 李学灯：《证据法比较研究》，台北，五南图书出版公司，1992，第 688 页。

　　⑤ 参见何家弘：《从应然到实然——证据法学探析》，北京，中国法制出版社，2008，第357 页。

司法认知的情况存在。"①

可见，在司法三段论的小前提案件事实形成环节，客观真实是努力的目标，法律真实是法定要求，经由法律真实所达致的法律内的正义属于一种接近正义。法律真实不是客观自然的，而是"人为"造成的，"它们是根据证据法规则、法庭规则、判例汇编传统、辩护技巧、法官雄辩能力以及法律教育成规等诸如此类的事务而构设出来的，总之是社会的产物"②。

综上，民事裁判中的事实观具有如下特点：民事裁判中的事实观是一种法律真实的事实观，民事裁判中的真实以客观真实为依归，民事裁判中的真实是以"作为陈述的案件事实"的面目出现的，民事裁判中的真实具有借助证据的可证明性。

有学者认为，我国民事立法和司法活动并未实际采纳大陆法系的事实认定表现为事实存在、不存在和真伪不明三种可能的做法，后者通过证明责任规范得出判决（"三分式证明责任模式"），而是采纳普通法系的将事实认定分为事实存在和不存在两种情形的做法，事实"未说服即不存在"（"二分式证明责任模式"）③。2022年《民事诉讼法司法解释》对待证事实作存在和不存在的二分，其第108条第1、2款分别规定："对负有举证证明责任的当事人提供的证据，人民法院经审查并结合相关事实，确信待证事实的存在具有高度可能性的，应当认定该事实存在。""对一方当事人为反驳负有举证证明责任的当事人所主张事实而提供的证据，人民法院经审查并结合相关事实，认为待证事实真伪不明的，应当认定该事实不存在。"第109条规定："当事人对欺诈、胁迫、恶意串通事实的证明，以及对口头遗嘱或者赠与事实的证明，人民法院确信该待证事实存在的可能性能够排除合理怀疑的，应当认定该事实存在。"案件裁判中"事实存在"或者"事实不存在"指的都是经由证据形成的法律真实。民事审判方式改革基本确立了客观真实是司法证明的理想，法律真实是司法证明的现实标准的理念。④ 应当在法律真实的基础上，坚持客观真实的理念，在公正程序中发现案件真实情况。⑤

---

① 王立争：《民法推定性规范研究》，北京，法律出版社，2013，第58页。
② ［美］吉尔兹：《地方性知识：事实与法律的比较透视》，邓正来译，载梁治平编：《法律的文化解释》，北京，生活·读书·新知三联书店，1994，第80页。
③ 曹志勋：《"真伪不明"在我国民事证明制度中确实存在么？》，载《法学家》，2013（2）。
④ 参见杨荣馨：《民事诉讼法学》，北京，中国政法大学出版社，2001，第302页。
⑤ 参见何家弘、刘品新：《证据法学》，北京，法律出版社，2004，第347～349页。

(二) 民事裁判中的事实怀疑主义与事实可知论

在民事裁判过程中，在理性证据规范约束之外，法官往往还会受到其他诸如个人偏好、民意、权力、事实的不可逆性、信息的不对称等法外主客观因素影响，这就可能或多或少地导致"事实怀疑主义"的倾向。"'事实怀疑论'认为'事实'具有多样性和不确定性，无论正式的法律规则如何精确和肯定，无论在这些正式规则之外存在何等的可被发现的一致性，判决借以产生的事实依然是飘忽不定的，获得事实的确定性是永远不可能的。"①

人或多或少都有怀疑的倾向，但不能因此走向司法的事实怀疑主义，民法证据规范作为一种集体理性有助于纠正法官个人的偏私和冲动，达到盖然性占优势的甚至是排除合理怀疑的事实认定仍然是常态，大多数情形下"事实可知论"较之"事实怀疑主义"更有解释力。② 以"莫兆军案"为例，梁慧星教授在 2004 年所著论文《形式正义只是手段，实质正义才是目的》中分析指出："南方某地导致一对老人双双自杀的'欠条案'。原告以一张欠条证明自己对被告的债权，被告承认该欠条是自己亲笔所写，但主张不是自己的真实意思表示，因为是在原告拿着凶器威逼之下所写。可以肯定，要求被告就自己的'异议'承担举证责任，即证明自己是在原告手持凶器威逼之下写的欠条，实无可能；同样，要求原告证明被告写欠条之时自己没有手持凶器予以威逼，也是不可能的。"梁慧星教授进一步指出：根据新闻媒体对本案案情的报道，一个有经验的、有正义感的法官，完全可以得出"被告主张的真实性较大"的"内心确信"，完全可以以"胁迫"为理由认定"欠条"无效；退一步说，即使没有达到这样的

---

① 亓同惠：《"事实怀疑论"的背景、类型与矫正策略——兼论中国司法实践中的"事实"》，载《法学》，2013 (3)。

② 有学者更乐观地展望："区块链技术可以在事实问题上实现对法官的完全替代。区块链能够把法官从事实认定难题中解放出来，是一次民事司法的生产力革命。"〔史明洲：《区块链时代的民事司法》，载《东方法学》，2019 (3)。〕

有学者对司法人工智能在案件事实认定中的作用谨慎乐观，认为随着人工智能在司法领域的渗透，民事诉讼事实认定的智能化成为一个值得研究的问题，具备事实认定知识的机器对民事证据作出合法律性、合逻辑性的判断，从而自动查明案件事实。但由于民事诉讼证明标准的抽象性、层次性，证明规则需要价值判断或解释等，现阶段民事诉讼事实认定的智能化还面临着诸多困境。实现民事诉讼事实认定智能化的可能路径是建立事实认定流式大数据知识库，使机器具有完备的法律知识；强化法官事实认定隐性知识的显性化，使该知识成为机器可识别的编码语言；推进算法研发，提高事实认定的精准度。参见王琦：《民事诉讼事实认定的智能化》，载《当代法学》，2021 (2)。

"内心确信"程度，例如只是不能排除"原告手持凶器威逼"的可能性，也完全可以把举证责任加给原告，最终以原告"举证不充分"为理由，驳回原告的请求，而避免悲剧的发生。怎么能够仅凭被告不能就"原告手持凶器威逼"举证这一点，就轻率地认可这样一张"存在异议和疑点"、涉及"犯罪和暴力"的"欠条"，并据以判决被告败诉？①

（三）法官的裁判义务与案件事实的查清

在古代神明裁判主义思维下，不存在证明责任规范，也不存在真伪不明的事实状态。② 而在现代民事司法裁判中，案件事实真伪不明的情形不可避免。面对民事案件事实认定的困境，法治国家的法官不得拒绝裁判。《法国民法典》第 4 条规定："法官借口法律无规定、不明确或者不完备而拒绝审判者，得以拒绝审判罪追诉之。"该规定设立了法官不得拒绝裁判的一般性义务。"多数情况下，法官感到困难的是事实认定问题。"③ 在案件事实真伪难辨的情况下，妥当运用证据裁判就成为最后手段。普维庭指出："真伪不明应当通过证明责任判决来克服……证明责任判决，是指事实问题不清但仍然要对争议做出的裁决。"④ 运用民事证明责任制度进行裁判成为法院解决案件事实认定困境的普遍做法。⑤ 2022 年《民事诉讼法司法解释》第 90 条第 2 款规定了结果意义上的证明责任判决。有学者进一步指出，证明责任对于法院调解无足轻重，调解协议的达成最终取决于当事人的合意，证明责任也不适用于民事执行程序。⑥ 有学者持不同意见，认为在审执相对分立的背景下，执行程序中也存在证明责任的适用。⑦

当然，对事实真伪不明的解决方法还包括事实推定制度，司法裁判中

---

① 参见梁慧星：《形式正义只是手段，实质正义才是目的》，载 http://www.aisixiang.com/data/45549.html，访问日期：2018 - 08 - 23。

② Vgl. Stefan Arnold, Zu den Grenzen der Normentheorie: Die Beweislast bei non liquet über das Verstreichen von Anfechtungsfristen, Archiv für die civilistische Praxis 209. Bd., H. 3/4 (August 2009), S. 286.

③ 葛云松：《简单案件与疑难案件——关于法源及法学方法的探讨》，载《中国法律评论》，2019（2）。正所谓："There is an old saying that being right and being proven to be right at court are different things"。

④ ［德］汉斯·普维庭：《现代证明责任问题》，吴越译，北京，法律出版社，2000，第 25 页。

⑤ 参见陈科：《经验与逻辑共存：事实认定困境中法官的裁判思维》，载《法律适用》，2012（2）。

⑥ 参见邵明：《正当程序中的实现真实——民事诉讼证明法理之现代阐释》，北京，法律出版社，2009，第 328～329 页；张卫平：《执行中的举证责任》，载《人民法院报》，2005 - 04 - 27。

⑦ 参见乔宇：《论强制执行程序中的证明责任——关注执行程序中的事实真伪不明》，载《法律适用》，2014（11）。

存在对事实推定制度的规避，"目前司法实践中法官很少运用经验法则进行事实推定"①。若根据行为意义上的证明责任无法查清案件事实，还可以经由经验法则诉诸事实推定制度来查知。"如果法官没有运用经验法则，而是在已然形成内心确信的前提下，直接适用证明责任判决未能举证的一方败诉，往往会造成有理的一方承担了败诉的法律后果，是为社会所不能接受的。"②

证明责任判决属于法官的最后手段，以法官对案件事实无法形成内心确信为前提。不得动辄向证明责任判决逃避，以摆脱对民事案件事实的审查。"证明责任判决始终是'最后的救济'（ultima ratio），或者说'最后一招'，如果为了使法官达到裁判之目的，就别无选择。"③

四、不同法学流派对案件事实认定的态度

（一）概念法学视野中的案件事实

杨仁寿教授认为，19 世纪初到 19 世纪下半期，欧陆法学承认法律适用是一种纯粹理论认识，不需评价因素，而且法律解释也不需有评价因素，在这种思想影响下，19 世纪中叶概念法学基本成形。④ 法国概念法学的形成主要受自然法思想的影响，也与大革命时期"司法贵族"成为斗争的对象等历史因素有关。德国概念法学的形成无成文法典的影响，它更受德国古典法学者萨维尼、普赫塔、温德沙伊德学说的影响。概念法学之下，认为法典为唯一法源，法典无漏洞，法官适法仅得为形式逻辑操作，否认司法造法，摒弃法官为价值判断。在这种条件下，法官无自由裁量判断的空间，不为价值衡量，其适法也属单纯逻辑操作，无任何自由裁量空间。⑤

在对司法三段论小前提"事实"的认识上，概念法学认为法律适用者能够对案件事实作客观的认识，其未考虑事实认定的困难和多样性。甚至

① 陈科：《经验与逻辑共存：事实认定困境中法官的裁判思维》，载《法律适用》，2012（2）。

② 陈科：《经验与逻辑共存：事实认定困境中法官的裁判思维》，载《法律适用》，2012（2）。

③ ［德］汉斯·普维庭：《现代证明责任问题》，吴越译，北京，法律出版社，2000，第28～29 页。

④ 参见杨仁寿：《法学方法论》，北京，中国政法大学出版社，1999，第67 页。

⑤ 参见［德］J. H. 冯·基尔希曼：《作为科学的法学的无价值性——在柏林法学会的演讲》，赵阳译，载《比较法研究》，2004（1）。

于他们从来都是把案件事实的认定看成是客观、自明的，并以此作为自己解释论的前提。在概念法学视野中，法律适用者未曾把法律事实的认定作为法学方法中的一个重要问题，而是把精力都放在对作为大前提的法律规范的解释之上。①

在概念法学视野下，不管是法国学者对其民法典的崇拜，还是德国学者对罗马法权威的推崇，他们都有共同的确信，在共同确信中寻求完美无缺的法中固有之义，也就不需要什么特别的技术知识，不存在更多方法问题。其共同特征是都把逻辑自足观念推向高峰。当然我们也应该看到概念法学的发生有其深刻的社会经济原因，19世纪资本主义经济稳定发展时期，要求有稳定的法秩序，要求预测和计划的可能性。而概念法学正好适应这一历史时期的要求。② 有学者还指出，法律要件分类说的民法证明责任分配标准实际上是近代民法的产物，体现了近代法学思潮——概念法学的特征。近代民法追求形式正义，着重于法的安定性，要求对同一法律事实类型适用同一法律规则以得出同样的判决结果。法律要件分类说的优点是可操作性强，符合法的安定性和统一性的价值要求。③ 概念法学未有意识地关注案件事实形成及其方法论问题。

（二）自由法学和利益法学视野中的案件事实

随着社会的发展，打破概念法学的禁锢及弹性解释法律的要求日渐强烈。1847年基尔希曼率先发难，抨击"依概念而计算"，他说"设立法者更易三个字，则整个法学以及所有图书馆文献，不啻为已废纸堆"④。对概念法学真正构成冲击的是耶林、爱尔里希、黑克。自由法运动中的三派观点均有一定缺陷，虽然都承认法律漏洞的存在，为解释预留了空间，但是由于解释较为"自由"，不论是"目的考量"还是"利益衡量"（价值判断），均难免掺有主观色彩，黑克的利益衡量学说将自由法运动带入利益法学的新高度。然而，法解释有无一定的方法，其客观性是否存在，均属自由法运动面临的新问题。自由法论者认为，法学包括理论认识和实践评

---

① 参见［日］加藤一郎：《法解释学中的逻辑和利益衡量》，东京，有斐阁，1974，第10页。转引自张利春：《日本民法解释学中的利益衡量理论研究》，北京，法律出版社，2013，第201页。
② 参见梁慧星：《民法解释学》，北京，中国政法大学出版社，1995，第59页。
③ 参见肖建国：《论民事证明责任分配的价值蕴涵》，载《法律科学》，2002（3）；邵明：《正当程序中的实现真实——民事诉讼证明法理之现代阐释》，北京，法律出版社，2009，第342页。
④ 杨仁寿：《法学方法论》，北京，中国政法大学出版社，1999，第27页。

价的双重品格，这种实践品格的明了，并非法学方法论任务的终了，而系其开端。①

当然自由法运动的最大贡献在于使法学不再单纯作为一种纯粹理论认识活动，而是兼具实践品格，应该包括实践的价值判断在内，毕竟"实践是一种主观见之于客观的活动"。自由法运动可谓触及了法学区别于自然科学的基本点：包含价值判断。而这一点恰为概念法学所忽略，概念法学是理性主义和实证科学主义合谋的产物，该法学流派在法典建构中重视理性的作用，在法律适用中却予以忽略，而是仍然沉浸于对法典建构理性的崇拜之中，法律适用中形式逻辑推演也将科学主义不含价值判断的特点表现得淋漓尽致。"危险领域说等举证责任分配新学说则是现代民法的产物，体现了现代法学思潮——自由法运动的主要特征。"②

"法律形式主义者透过教义的镜片来看事实，对他来说教义是首要的。"③ 与概念法学把案件事实看作客观、确定的自明不同，自由法学强调案件事实的复杂性和多义性。如美国现实主义法学家弗兰克所强调的"事实怀疑主义"就是其代表。④ 利益法学的核心是"为了法官的案件判决而获得法律规范"⑤，在利益法学方法论的视野中，这种法律规范主要指的是作为解决当事人之间利益冲突的大前提对应的法律规范，而并未关注和强调认定案件事实过程中会涉及的证据规范。

在法律现实主义视角下，对案件事实的认定是一个司法重构的过程，是一种具有想象意义的条件的存在结构与具有认识意义的因果的经验过程联系起来的方式，而不仅仅是通过厘清一个证据来证实立法论点的过程。⑥

(三) 评价法学视野中的案件事实

评价法学带给我们许多思考的空间，启发我们认识到法律适用过程中不可能完全排除"主观因素"⑦，法学思考是有价值导向的，正如伽达默尔

---

① 参见杨仁寿：《法学方法论》，北京，中国政法大学出版社，1999，第102页。

② 肖建国：《论民事证明责任分配的价值蕴涵》，载《法律科学》，2002 (3)。

③ ［美］理查德·波斯纳：《各行其是（法学与司法）》，苏力、邱遥堃译，北京，中国政法大学出版社，2017，第64页。

④ 参见张利春：《日本民法解释学中的利益衡量理论研究》，北京，法律出版社，2013，第206页。

⑤ Philipp Heck, Begriffsbildung und Interessenjurisprudenz, J. C. B. Mohr (Paul Siebeck), Tübingen，1932，S. 18.

⑥ 参见周光权：《犯罪事实在司法活动中的重构》，载陈兴良主编：《刑事法评论》，第4卷，北京，中国政法大学出版社，1999，第223页。

⑦ ［德］拉伦茨：《法学方法论》，陈爱娥译，北京，商务印书馆，2003，第3页。

所指出的，人文科学中获得的知识包含真善美的问题，人文科学知识致力于如何使我们的生活变得更加合理与美好。拉伦茨的法学方法论承认法律判断中经常包含价值判断，法学针对"价值取向"的思考也发展出一些方法，借助这些方法我们可以对价值判断进行合理的批评。这也正是拉伦茨对评价法学的发展，因此他被归入新评价法学派。拉伦茨对价值判断客观化的努力既不脱离法律的规范作用，又兼顾法律实践中的事实陈述，通过在"大前提和生活事实间眼光的往返流转"，循序渐进地实现法规范普遍性、安定性与价值判断客观化的协调，同时在功能层面促进法规范客观向前进。

在评价法学派视野中，不管是对大前提法律规范的解释适用，还是对小前提案件事实的形成，都存在"价值评价"，而非单纯的逻辑演绎。即便是确凿的经验事实，对于不同的人来说，意义也可能完全不同；正如尼采所言，"没有事实，只有解释"①。案件裁判过程中，也就不存在绝对的纯粹的客观事实，而只存在"作为陈述的案件事实"，此种案件事实已经加入陈述者的主观评价，被陈述的案件事实还需经由实定法的进一步评价取舍。作为评价法学重要代表学者的汉斯·布洛克斯认为："一个事实在法律上是否重要，体现在能否将当事人陈述的案件事实归纳于法律之中。认为法官的（首要）工作是确定实际上发生的生活事实（Lebenssachverhalt）的观点是错误的。"② 也正如要件事实论者所言："在民事案件的处理过程中，过错认定不是凭空作出的，而是必须以一定的事实认定为前提……过错属于案件事实之外的事物，是一项规范评价，其评价的对象则是某种客观的行为。"③

要件事实论的裁判方法可以将对案件事实的证明责任和诉讼标的有机结合起来，这本身就是一种评价法学的思维方式。"要件事实论的思维方式总是思考某事实针对诉讼标的的关系具有何种法律上的意义。"④ 要件事实本身就是对案件事实的价值评价，据以判断是否存在作为诉讼标的的实

① 转引自苏力：《中国法学研究格局的流变》，载《法商研究》，2014（5）。
② Hans Brox，Wolf-Dietrich Walker，Allgemeiner Teil des BGB，32 Auflage Carl Heymanns Verlag，2008，S. 30. 另参见朱晓喆：《布洛克斯的〈德国民法总论〉及其法学方法论》，载《东方法学》，2014（1）。
③ ［日］伊藤滋夫：《要件事实讲义》，东京，商事法务，2008，第 257 页。转引自王倩：《论侵权法上抗辩事由的内涵》，载《现代法学》，2013（3）。
④ ［日］伊藤滋夫：《要件事实讲义》（节译），［日］小林正弘译，载崔建远主编：《民法九人行》，第 7 卷，北京，法律出版社，2014，第 312 页。

体法上的权利义务关系。当实体法对证明责任未作明确配置时，根据要件事实论来探讨何种证明责任分配方为公平正当，这本身也是一个价值判断问题。由此可见，要件事实论是从证明责任角度对实体法所进行的解释论。

（四）法教义学视野中的案件事实

法教义学坚持规范性的研究进路，法教义学并不排斥经验事实对法律规范的必要完善①，法教义学对小前提案件事实也坚持规范性的态度。"我们过去认为，在很多案件中只要将已经确定的案件事实简单地涵摄进经事先必要解释的法律规范的构成要件之中就能得到裁判。而事实上，要将个案案件事实认定为符合法律构成要件的事实，这本身就需要带有价值评判性质的归属行为或者价值判断。"② 法教义学视野中的案件事实观关注其规范依据，即依照证据法律规范的事实评价，法教义学视野中的民法证据规范需要体系整合和解释完善。

法教义学的视野不能局限于司法三段论大前提法律规范，应该进一步拓宽。为此，有学者适切地指出："从程序法视角重构、重新发现实体法……实体法学者不仅要努力完善实体规范本身，而且要着眼于程序法，以程序上可行、简便的方式来完善。未来的改进，应当重点从实体法与程序法协调的角度归纳、总结构成要件与所需证明的事实，给出有建设性的处理方案。其中，当务之急是将证据规则纳入实体规范之中。若想让实体规范真正承担起裁判规范的功能，不将其与证据规则结合到一起，是非常困难的。"③

笔者认为，民事案件事实形成环节蕴含了法学方法论的丰富命题，亟须归纳提炼。对案件事实形成过程中民事证明责任（举证证明责任）等民法证据规范的发现、归类、解释适用和完善是对传统法学方法论体系的有益扩充，是对法教义学视野的拓宽。本书对《民法典》、民法各个部门法及其司法解释中以证明责任规范为核心的证据规范进行以解释论为主并兼顾立法论的规范解释、价值评价与体系建构，形成民法证据规范的教义学体系，以期能够对未来民事立法中证据规范的配置作有益建议和规范解读。

---

① 参见雷磊：《法教义学的基本立场》，载《中外法学》，2015（1）。

② ［德］卡尔·拉伦茨：《法学方法论》（全本），6 版，黄家镇译，北京，商务印书馆，2020，第 161 页。

③ 许德风：《法教义学的应用》，载《中外法学》，2013（5）。

五、小　结

（一）司法三段论小前提案件事实形成环节的方法论品格和光芒长期被遮蔽

"裁判方法论一般是假定事实不变，在案件事实已经没有争议的情况下，如何找到请求权基础，适用法律。但是，实践中争议最大的往往是事实本身是未定的，一个案子有时会因为一个证据而发生颠覆。"[1] 作为民法适用方法的裁判方法论，应该在动态的案件事实确定过程中，探讨司法三段论大小前提的确定和涵摄技术的运用。法学方法论过往研究及对逻辑涵摄模式的反思更多聚焦司法三段论的大前提环节[2]，小前提案件事实形成环节的方法论品格和光芒长期被遮蔽。

概念法学视野中"法律要件分类说"的举证责任分配标准严格而僵化，评价法学视野中"法律要件分类说"的举证责任分配标准安定又不失妥当。我国民事立法中越来越重视证明责任配置，但仍欠缺体系化的、有意识的配置，在这种背景下，解释论上严格贯彻"法律要件分类说"会带来很多有违实质正义、利益衡量有违公平的现象。传统"法律要件分类说"面对环境污染、医疗纠纷、产品责任等新型案件，往往会解释力不足，该学说也没有考虑到当事人接受证据的难易以及保护社会经济弱者等需要[3]，这就需要结合评价法学的价值判断进行解释完善。

概念法学视野中的司法三段论成为简单的逻辑涵摄过程，法律适用好比是"自动售货机"交易。自由法学、利益法学、评价法学和法教义学虽然对司法三段论有所完善，但均主要聚焦于避免对大前提法律规范的僵化理解和适用。小前提案件事实形成过程中蕴含着丰富的民法学方法论命题，给我们提供了对司法三段论进行反思完善的契机。对案件事实形成过程中民法证据规范的发现、归类、解释适用和完善是对民法规范论和传统民法学方法论体系的有益扩充。

（二）小前提案件事实形成环节蕴含一个"小司法三段论"

小前提案件事实不是自动生成的，不是既定的，而是需要我们去发

---

[1]　陈福勇：《审判方法论视野中的仲裁代理》，载北京市朝阳区律师协会编：《律师之师：律师素质与思维十讲》，北京，中国法制出版社，2014，第 231 页。

[2]　参见［德］卡尔·拉伦茨：《法学方法论》（全本），6 版，黄家镇译，北京，商务印书馆，2020，第 204 页。

[3]　转引自肖建国：《论民事举证责任分配的价值蕴涵》，载《法律科学》，2002（3）。

现。生活事实不会直接成为法官裁判的对象，生活事实在纠纷解决过程中以"作为陈述的案件事实"面目呈现。当事人各方所陈述的案件事实不一致时，又需要通过举证、质证、认证，形成法官"经审理查明的案件事实"。"经审理查明的案件事实"属于法律真实，包含着法律评价，以追求客观真实为依归，但不是对客观真实的简单复制。

当事人各方所陈述的案件事实不一致而该事实又不属于免证事实时，需要结合法律要件分类说，根据2022年《民事诉讼法司法解释》第91条等证据规范在当事人之间分配对案件事实的举证责任。若负有举证责任一方无法完成举证，致待证事实真伪不明，根据2022年《民事诉讼法司法解释》第108条，应当认定该事实不存在，法官可以进一步根据2022年《民事诉讼法司法解释》第90条第2款作出举证责任败诉判决，举证责任规范成为得出败诉判决的基础规范，是法官的"最后一招"，举证责任规范此时发挥了司法三段论小前提案件事实形成环节的"大前提"的作用。小前提案件事实形成环节蕴含一个"小司法三段论"。经当事人举证，待证事实得以查清，无须作举证责任败诉判决，举证责任等证据规范不会发挥裁判规范功能，但在举证、质证、认证过程中，根据2022年《民事诉讼法司法解释》第90条第1款，举证责任规范会发挥行为规范作用。

"经审理查明的案件事实"标志着司法三段论小前提案件事实形成工作的完成，通常意义上的司法三段论接下来才会发挥作用，将"经审理查明的案件事实"涵摄到法律规范的抽象构成要件事实之下，形成个案中具体的构成要件事实，并得出裁判结论。传统民法学方法论更多关注这个环节中法律规范的寻找、解释适用和完善，实际上是将案件事实作为既定的小前提加以看待，民法学方法论在一定程度上被等同于民法解释学。"法律推理的三段论形式也给人造成一种错觉：似乎其小前提是从天上掉下来的。这使法律推理研究出现了忽视证据推理对法律适用的决定作用，无视大多数情况下疑难案件本质上是事实认定的疑难案件的偏向。"[1]

民事司法三段论本质上是一个"双阶层司法三段论"，小前提案件事实形成环节蕴含一个"小司法三段论"，举证责任等民法证据规范是"小司法三段论"的"大前提"。

---

[1] 张保生：《证据法的理念》，北京，法律出版社，2021，前言。

第二章　对案件事实形成环节民法证据思维的反思

对民法证据规范的发现、归类、解释和完善并不是目的，更重要的是要遵循证据裁判原则这一司法规律，将民法证据规范妥当运用到"双阶层司法三段论"中，形成法律适用者合宜的民法证据思维，增强认定案件事实的能力。为此，需要矫正几种常见民法证据思维，并对民法证据规范进行类型化、精细化、动态化的解释适用。

一、案件事实形成环节应着力矫正的五种常见证据思维

理论和实践中对案件事实形成环节的民法证据思维存在如下误解：一是将民法思维等同于请求权规范思维，从而遮蔽民法思维中证据思维的独立品格；二是将举证责任配置等民法证据规范完全归入程序法问题；三是"谁主张，谁举证"的简单化民法证据思维；四是滥用举证责任倒置规则的民法证据思维；五是依日常生活经验法则或者法官裁量分配举证责任的民法证据思维。

（一）用请求权规范思维遮蔽民法证据思维

法律思维的根本特征在于规范性、证据性和价值性。当前民法学方法论在很大程度上成为"请求权基础分析方法"和"民法解释学"，这两种方法更多关注对司法三段论大前提的寻找、解释与完善，对应的是规范性思维。证据思维是民法思维的应有之义，证据思维有助于补足请求权规范思维的缺憾，有助于保障司法公正的实现。"案件的裁判依赖于对争议案件的事实认定，正确的事实认定是公正裁判的前提。"[①] 证据思维是法律适用者应当遵循的司法规律。权利需要被实现，否则其将无意义，从理论上

---

① 张卫平：《民法典与民事诉讼法的连接与统合——从民事诉讼法视角看民法典的编纂》，载《法学研究》，2016（1）。

说，每一个民事权利规范都须伴随一个民事证据规范，以增强其实效。日本学者我妻荣曾经说："权利的发生、妨碍、消灭等各种法律效果是否得到肯定，与该等法律效果的发生要件相对应的具体事实的有无相关。"① 借鉴民法举证责任一般规范的通说界定标准，可以将民事权利规范区分为权利发生规范、权利妨碍规范、权利消灭规范和权利受制规范等。针对请求权的民法规范配置，还可以将请求权规范相应地具体化为请求权基础规范、请求权辅助规范和请求权反对规范。② 民法证据规范有助于将民事权利规范落到实处，民事权利规范对于识别民法证据一般规范乃至法定特别规范都具有重要意义。民法证据思维和请求权规范思维构成了互相补充关系。

民事证明责任等证据思维也有助于将民事权利规范落到实处，为我们提供了划分民事权利规范的新视角：权利发生规范、权利妨碍规范、权利消灭规范和权利受制规范等，民事权利规范的新划分方法对于识别民法中的证明责任一般规范乃至法定特别规范都具有重要意义。民事证明责任等证据思维构成对请求权规范思维的有力补充。

（二）将民法证据规范看作单纯的程序法问题

民法和民事诉讼法在具体内容上会存在很多交叉，对举证责任的分配无法完全交由民事诉讼法。民法应该给予程序制度应有的地位，德国学者齐佩利乌斯就指出："某些法律规范除了含有实体法上的行为规范（'初级规范'）以外，还包含此种程序法上的因素，比如说一些通过特定的措辞方式对举证责任的分配作出规定的民法规范即属于此类。"③ 可见，齐佩利乌斯将举证责任分配规范作为保障实体法上初级规范实现的次级程序法规范。我国有学者也批评性地指出："我们一直想当然或下意识地将证明责任配置问题归于诉讼法、证据法及其司法解释，忽略了证明责任配置本身是一个实体法问题。"④ "争议性事实应该由谁来证明？这主要涉及证明责

---

① 转引自许可：《民事审判方法：要件事实引论》，北京，法律出版社，2009，第39页。

② 参见［德］迪特尔·梅迪库斯：《请求权基础》，陈卫佐等译，北京，法律出版社，2012，第11～12页。

③ ［德］齐佩利乌斯：《法学方法论》，金振豹译，北京，法律出版社，2009，第139页。德国法学方法论上实体法直接调整法律主体行为的"初级规范"和保障实体法实现的"次级规范"不同于哈特所讲的施加义务的"初级规范"与授予权力的"次级规范"。

④ 霍海红：《证明责任配置裁量权之反思》，载《法学研究》，2010（1）。

有学者认为："对德国证明责任的研究几乎已近'绝路'，毕竟根据德国证明责任理论，证明责任分配完全由民事实体法完成。因而，略带讽刺意味的是，当民事诉讼法学界对证明责任研究形成共识之时，似乎也就是证明责任告别民事诉讼法学研究之日。"［刘哲玮：《论美国法上的证明责任——以诉讼程序为视角》，载《当代法学》，2010（3）。］

任问题和推定问题，这一问题通常介于实体法和证据法的交界。有许多国家（如法国）在民事实体法中来处理民事证明责任问题。"①

实际上，民法证据规范本质上属于民事实体法规范，而非民事程序法规范。因为民事证据实体规范主要涉及的是对当事人之间举证责任的分配，这就直接涉及对民事主体之间的利益安排。有关证据种类、证据保全、证明对象、证明过程等纯粹证据程序规范则属于民事诉讼法的规制对象。民事诉讼法学者普遍将证明责任界定为一个实体法问题，民法学者对证明责任的重视程度不够。"（运用证据认定案件事实）这不是方法论解决的问题，而是证据学要解决的，这也是方法论与证据学二者的区别所在。方法论不保障事实的真实，使事实接近客观真实，发现事实真相是证据法的功能。"②

举证责任配置规范属于民事实体法规范的具体原因还包括：第一，世界上绝大多数国家都在实体法的范围内对证明责任进行规范。③ 德国民法典第一草案第 193 条甚至曾经采取法律要件分类说规定了举证责任的一般规则，但最后基于其默示的有效性而未被保留，仅以"习惯法"的形式存在。第二，举证责任配置规范在没有为民事实体法律明确规定的情形下，也需要结合法律要件分类说进行推知。普维庭就曾经说："倘若立法者要明确地为每一个法定的要件事实都规定一个证明责任规范的话，那将是一个法律内容和相应成本都无法承受的计划。"④ "实体法明文规定证明责任终究是少数，在多数情况下，需要运用法律要件分类说分析实体法的逻辑结构以及实体法条文之间的关系，来辨别哪些事实属于产生权利的事实，哪些事实属于阻碍权利发生的事实，哪些事实属于变更或者消灭权利的事实。"⑤ 第三，民法中的证据实体规范可以进一步区分为民事权利推定规范、民事法律事实推定规范和举证责任倒置规范等等，这些均涉及对平等民事主体之间的利益安排。

罗森贝克说，所有的民法规范都隐含着证明责任规范。⑥ 明确举证责

---

① 吴洪淇：《证据法的理论面孔》，北京，法律出版社，2018，第 225 页。

② 王利明：《论法学方法论在司法中的运用》，载 http://www.civillaw.com.cn/Article/default.asp?id=52514，访问日期：2014 - 09 - 10。

③ Nagel/Gottwald, Internationales Zivilprozessrecht, 6 Auflage 2007, §9 Rn. 64ff.

④ ［德］汉斯·普维庭：《现代证明责任问题》，吴越译，北京，法律出版社，2000，第 383 页。

⑤ 李浩：《民事诉讼法学》，北京，法律出版社，2011，第 220 页。

⑥ 转引自肖建国、包建华：《证明责任：事实判断的辅助方法》，北京，北京大学出版社，2012，丛书总序，第 1 页。

任配置规范的民事实体法属性还具有如下意义：首先，有助于丰富民法规范的类型，据此，民法规范就可以区分为普通民事实体规范和民事证据规范。其次，有助于法官在认定案件事实的过程中结合民事实体法的规定寻找相关案件事实在行为意义上和结果意义上的举证责任配置。最后，有助于指导民事立法妥当规定民事权利的构成要件，实体法上如何表述民事权利，特别是请求权的构成要件与免责事由，会影响到民事证据规范的解释和适用，应加以仔细斟酌。我国民事立法在配置举证责任规范类型上并未贯彻体系强制的要求①，民事一般规定和民事特别规定中的举证责任配置规范也经常存在新旧不一致的现象。②

综上，举证责任配置等民法证据规范并非单纯的程序法问题，而要区分证据规范的不同类型，分别讨论。民法证据规范包括证据实体规范和证据程序规范，举证责任、事实推定、权利推定和证明标准都属于证据实体规范。③ 举证责任之所在，败诉风险之所在。举证责任将查清案件事实的任务在当事人之间分配，是对当事人利益的安排，对应民法价值判断问题。有学者指出举证责任是民法概念，举证责任概念的功能在于实现相关民法概念的功能，所以它的实质性原则就是相关民法概念背后的民法基本原则，可以据此对具体制度中的举证责任分配进行目的论解释。④ 类似地，证明标准高低，对应负担举证责任一方义务的高低，证明标准和举证责任

---

① 从立法论上看，民事立法中只需就民事权利推定规范、民事法律事实推定规范和举证责任倒置规范等法定特别规范予以规定即可，对举证责任一般规范不必明文化，以免繁复不统一。

② 如《民法典》第832条货运合同中承运人损害赔偿责任采取严格责任归责原则，免责事由由承运人承担举证责任："承运人对运输过程中货物的毁损、灭失承担损害赔偿责任。但是，承运人证明货物的毁损、灭失是因不可抗力、货物本身的自然性质或者合理损耗以及托运人、收货人的过错造成的，不承担赔偿责任。"该条总体延续了原《合同法》第311条的规定。《海商法》第51条第1款第2项和第2款出于鼓励投资航海事业的政策考虑对火灾所致海上货物灭失或者毁损采取过错责任归责原则，举证责任由赔偿请求权人承担。《海商法》第51条第1款规定："在责任期间货物发生的灭失或者损坏是由于下列原因之一造成的，承运人不负赔偿责任：……（二）火灾，但是由于承运人本人的过失所造成的除外……"第2款规定："承运人依照前款规定免除赔偿责任的，除第（二）项规定的原因外，应当负举证责任。"这就存在新的一般规定和旧的特别规定之间的不一致，《立法法》第85条第1款对此规定："法律之间对同一事项的新的一般规定与旧的特别规定不一致，不能确定如何适用时，由全国人民代表大会常务委员会裁决。"司法实践中则多依照旧的特别规定处理。参见《最高人民法院公报》，2007（10）。

③ 有学者认为："证明责任规范应当是从属于民事诉讼法的实质诉讼规范。"[陈刚：《民事实质诉讼法论》，载《法学研究》，2018（6）。]

④ 参见胡东海：《民事证明责任分配的实质性原则》，载《中国法学》，2016（4）。类似观点，参见徐涤宇：《民事证明责任分配之解释基准——以物权法第106条为分析文本》，载《法学研究》，2016（2）。

在案件事实认定过程中形成联动。有关证据种类、证据保全、证明对象、证明过程等纯粹证据程序规范属于民事诉讼法的规制对象。有学者进一步指出："证明责任分配属于实体法问题。证明责任分配，实际上是分配事实真伪不明时的败诉风险，尽管这一问题发生在诉讼过程中，但它本质上仍然是一个实体法问题而非程序法问题。"① 当然，作为立法技术问题，不见得将民法证据实体规范均规定在《民法典》中，基于立法惯性原理，《民事诉讼法》也应承担此类规范配置功能，关键是要实现《民法典》与《民事诉讼法》的衔接配合，避免立法漏洞或者体系违反。

（三）"谁主张，谁举证"的简单化民法证据思维

即使是举证责任一般规范所对应的构成要件事实也非一概严格地由权利人举证，存在基于利益衡平进行缓和的空间。"谁主张，谁举证"的简单化民法证据思维并不妥当，该证据思维逻辑推论会导向让当事人对同一事实从正反两方面均承担举证责任，需要结合法律要件分类说以济其穷。从表面上看，是先主张后举证，实质上是举证责任决定主张责任。

另外，当损害发生得以证明、损失大小难以证明时，法官经常会对损失大小的证明采取严格的证明标准，在当事人对损失大小难以证明的情况下，法官会根据"谁主张，谁举证"（He who asserts must prove）规则，判决驳回原告诉讼请求，使承担证明责任的当事人负担败诉的不利后果。② 当事人能够证明损害确实存在，但是难以或者无法证明具体损害数额时，不宜简单根据结果意义上的举证责任作败诉判决。"侵权行为损害赔偿请求权，以受有实际损害为要件，若无损害，则无赔偿。"③ 在民事诉讼中，损害事实必须被证明方能被救济。在受害人能够证明损害确实存在，但难以或者无法证明具体损害数额时，法院若简单地以受害人未尽结果意义上的举证责任为由判决驳回诉讼请求，对受害人的救济就有不周。损失大小（损害数额）无法证明不等同于没有损害。损害兼具事实性和规范性，既是事实问题也是法律问题，法院在认定损害数额时应该将程序正义和实体

---

① 李浩：《民事诉讼法学》，北京，法律出版社，2011，第 216 页。类似观点，参见许可：《侵权责任法要件事实分析》，北京，人民法院出版社，2018，第 5 页。有民法学者也呼吁并感叹："尽可能地在民法条文中含有举证责任的分配……民法条文本身显现出举证责任分配是多么必要和重要。"［崔建远：《编纂民法典必须摆正凡对关系》，载《清华法学》，2014（6）。］

② 参见毋爱斌：《损害额认定制度研究》，载《清华法学》，2012（2）；黄毅：《损害赔偿额之酌定：基于诉讼公平的考量》，载《法学论坛》，2012（4）。

③ 王泽鉴：《侵权行为》，北京，北京大学出版社，2009，第 175～176 页。

正义有机结合，不能简单动用"小司法三段论"作举证责任败诉判决。

在"徐某诉西溪水库建设工程指挥部损害赔偿案"中，徐某在工程指挥部已砌成的墙基上自行建造房屋并接受其监督，房屋建成后一层地平面与后门路面的落差为 0.8 米，无法正常使用，工程指挥部对此种损失应承担赔偿责任，但因徐某无证据证实其损失的确切数据，故判决驳回徐某的诉讼请求。① 在司法实践中，当事人能够证明损害确实存在，但是难以或者无法证明具体损害数额的，不宜简单地根据 2022 年《民事诉讼法司法解释》第 90 条第 2 款判决驳回其诉讼请求。原《侵权责任法》第 20 条在侵害他人人身权益造成财产损失难以确定的情况下，通过裁判规范的配置授权人民法院根据实际情况确定赔偿数额，这实际上已经属于对损害事实的酌定。

只是无论是原《侵权责任法》第 20 条，还是《民法典》第 1182 条，其适用范围均具有局限性，仅限于因侵害人身权益造成财产损失的情形。在财产权益被侵害的情况下，受害人能够证明损害的存在，而不能证明其数额或者证明显有重大困难的，也得类推适用原《侵权责任法》第 20 条、《民法典》第 1182 条关于损害额认定制度的规定。② 从立法论上看，在《民事诉讼法》或者《民法典》中有必要确立损害额认定制度，以在特殊情形下适当减轻受害人的举证负担，实现当事人之间的利益平衡。正如有学者所指出的那样："必要时应允许判决避免'要么全有要么全无'式的判断，可以像和解协议那样在当事人之间做出妥当性的利益安排。"③

在具体个案适用过程中，"谁主张，谁举证"的举证责任分配规则并非僵化的，而是动态变化的。应该根据当事人之间的动态权利义务关系，

---

① 参见中国应用法学研究所编：《侵权责任法疑难问题案例解读》，北京，法律出版社，2011，第 56～57 页。另参见江苏省徐州市泉山区人民法院（2007）泉民二初字第 562 号民事判决书，载最高人民法院中国应用法学研究所编：《人民法院案例选》，2008 年第 1 辑，北京，人民法院出版社，2008，第 193～201 页。

② 类似立法例有：《奥地利民事诉讼法》第 273 条第 1 款规定："虽认定了当事人的损害赔偿或利益返还，但应当支付的损害数额或应当返还的利益额存在相当的证明困难或不可能证明时，裁判所可以依申请或依职权，综合考虑当事者提出的证据，遵循自由心证主义原则，确定数额。在确定数额之前，可对当事者进行宣誓询问。"《日本民事诉讼法》第 248 条规定："在承认损害确已存在的情况下，由于损害的性质决定了证明其损害金额极其困难时，法院可以根据口头辩论的全部旨意和证据调查的结果，认定适当的损害金额。"

③ 王亚新：《对抗与判定：日本民事诉讼的基本结构》，北京，清华大学出版社，2002，第 220 页。

使主观举证责任在当事人之间适时转换，以实现风险负担的公平。[①]

（四）过度依赖举证责任倒置规范的民法证据思维

法律适用过程中还存在对举证责任倒置规范的过度依赖的问题。[②] 举证责任倒置规范具有法定性特点，在法律、司法解释对举证责任倒置没有明确规定的情况下，不得自由裁量适用举证责任倒置。例如，在业主申请撤销业主大会、业主委员会决议案件中，业主和作出决议的业主大会、业主委员会应当分别承担何种举证责任？对此应作类型化分析：一方面，业主以程序严重违法为由，要求撤销业主大会、业主委员会决议的，应当由作出决议的主体对决议作出程序的合法性承担举证责任。鉴于决议程序的相关证据材料均由业主大会或者业主委员会制作和保存，业主大会或者业主委员会有义务确保决定程序的合法性。综合考虑当事人双方的举证能力以及证据持有情况，根据诚实信用和公平原则可将决议程序合法性的举证责任分配给业主大会或业主委员会。业主提出了业主大会或业主委员会所作决定存在瑕疵的初步证据后，业主大会或者业主委员会则对所作决定的程序合法性负有举证责任。[③] 另一方面，业主以侵害其实体性权益为由，要求撤销业主大会或业主委员会决议的，业主应举证证明自己的合法民事权益受到了业主大会或业主委员会所作决议的侵害，这种权益的侵害应是明确具体和个体化的，而不应该是模糊抽象和概括性的。理由如下：依据最高人民法院《关于审理建筑物区分所有权纠纷案件适用法律若干问题的解释》第 12 条，适用的案由都是"业主撤销权纠纷"，但对决议作出的程序违法和决议侵害业主实体性权益的举证责任有差别，根本原因不在于前一种情形对业主委员会适用举证责任倒置，而在于业主委员会本来就负有此项作为义务——保障业主大会或者业主委员会决议程序合法，其自应当对已经履行该义务承担举证责任。业主大会或者业主委员会作出决议侵害业主实体性权益，这就违反了不作为义务，应该由受侵害业主对该不作为义务的违反承担举证责任，这同样符合侵权责任构成要件事实举证责任一般规范。可见，应该结合作为义务和不作为义务的不同类型，细化对相应

---

①　参见张广兄：《举证责任转换节点的准确把握》，载《人民法院报》，2010 - 04 - 08 (7)；文海宣：《员工声称没旷工 火车票实名露"马脚"》，载中国法院网，http://www.chinacourt.org/article/detail/2014/04/id/1271378.shtml，访问日期：2014 - 04 - 16。

②　参见霍海红：《证明责任配置裁量权之反思》，载《法学研究》，2010 (1)。

③　参见张朝阳：《业主撤销权纠纷审理中的若干法律问题》，载《人民司法·应用》，2011 (1)。

举证责任的理解，避免动辄诉诸举证责任倒置。

　　在"广东太古可口可乐有限公司与雷某等人产品责任纠纷案"中，雷某购买可口可乐公司生产的饮料，饮用后发现同批购买的饮料中有一瓶内装有吸管，为此雷某深感不安，遂带家人到医院做体检，发现两名家人出现乙肝大三阳病症。雷某等人向人民法院起诉要求可口可乐公司作出赔偿并赔礼道歉。一审法院认为："虽然可口可乐公司一直以饮用其公司产品与原告致病无任何因果关系为由拒绝承担赔偿责任，但按举证责任倒置原则，可口可乐公司在法定期内举不出原告等人感染乙肝病毒的其他途径，以及其产品内装的异物（吸管）不可能带有乙肝病毒、成为传播媒介的证据，故此，应推定吴某兰、雷某浩所患乙肝是饮用了可口可乐公司的不合格产品所致。所以，作为生产方的可口可乐公司应承担由此产生的侵权后果。"[①] 在本案裁判过程中，一审法院不适当地加重了可口可乐公司的举证责任，没有法律依据，应予纠正。一审法院的做法实际上是要求可口可乐公司举证证明其产品不存在缺陷、产品缺陷与损害不存在因果关系，将本应由受害人举证证明的要件事实倒置给生产者承担，这种举证责任倒置无法律依据。

　　2001年《民事诉讼证据规定》第4条第1款第6项曾规定："因缺陷产品致人损害的侵权诉讼，由产品的生产者就法律规定的免责事由承担举证责任"。《产品质量法》第41条规定："因产品存在缺陷造成人身、缺陷产品以外的其他财产（以下简称他人财产）损害的，生产者应当承担赔偿责任。""生产者能够证明有下列情形之一的，不承担赔偿责任：（一）未将产品投入流通的；（二）产品投入流通时，引起损害的缺陷尚不存在的；（三）将产品投入流通时的科学技术水平尚不能发现缺陷的存在的。"因缺陷产品致人损害属于特殊的侵权责任，对生产者适用严格责任归责原则，即在受害人举证证明除过错以外的侵权要件事实后，除非生产者举证证明上述法定免责事由，否则生产者应负赔偿责任。具体地，该类侵权诉讼中的举证责任在受害人和生产者之间的分配很明确，即受害人应当证明三方面的要件事实：产品存在缺陷，使用产品导致损害，产品缺陷是造成损害的原因。生产者如否认受害人的侵权请求权，应就阻碍受害人权利发生的法定免责事由进行举证，不存在法官裁量举证责任倒置的情形。

---

　　① 广东省清新县人民法院（2000）清新民初字第94号民事判决书。

（五）过度依赖日常生活经验法则或者法官裁量分配举证责任的民法证据思维

有学者批评对举证责任分配规则的形式主义适用，主张切忌"死抠"举证责任分配规则，不应作证据规则和举证责任分配规则的奴隶，应该善于运用经验法则和实质正义、个案公正来认定案件事实，避免把所谓程序公正和实质公正对立起来，避免片面夸大程序正义的错误倾向。[①] 笔者认为，在认定案件事实过程中，对经验法则和自由裁量权的运用都要慎重，依据日常生活经验法则认定案件事实，要实现法理情的有机结合，不能脱离常理、常情。在"彭某案"中，一审法院依据过于偏离常理、常情的"生活经验法则"，将案件事实的查清引入歧途。在"彭某案"中人们关注更多的是好心人是否真的办了坏事，这属于案件事实的认定问题。该案的一审法院根据日常生活经验分析，认为"如果被告（彭某）是见义勇为做好事，更符合实际的做法应是抓住撞倒原告的人，而不仅仅是好心相扶；如果被告是做好事，根据社会情理，在原告的家人到达后，其完全可以在言明事实经过并让原告的家人将原告送往医院后，自行离开，但被告未作此等选择，其行为显然与情理相悖"。而且，如果彭某是见义勇为做好事，其在送原告去医院并垫付医疗费用之时，根据日常生活经验，也应该请其他无利害关系人做证明或者索取借条等材料。在这些关键推论基础上，结合案情，法院认为彭某的行为并不构成见义勇为行为，而是构成撞人的侵权行为，鉴于双方均无过错，应该根据公平责任原则合理分担损失，彭某应该补偿原告损失的40％。[②] 对此，笔者分析如下：

第一，根据原《侵权责任法》第 24 条，除非法律明确规定[③]，否则公平分担损失规则仅能适用于当事人双方均没有过错，同时侵害人已经被查明的情况。[④] 在"彭某案"中，必须在先确定彭某为侵害人且双方均没有

---

① 参见梁慧星：《怎样进行法律思维》，载北京市朝阳区律师协会编：《律师之师：律师素质与思维十讲》，北京，中国法制出版社，2014，第 71～74、94～95、99 页。

② 参见江苏省南京市鼓楼区人民法院（2007）鼓民一初字第 212 号民事判决书。该案二审经南京市中级人民法院调解，当事人双方达成和解协议后，原告撤诉。

③ 比如，原《侵权责任法》第 87 条规定，高空抛物致人损害但不能确定侵权人的，根据公平责任原则，由可能加害的建筑物使用人给予补偿。

④ 2008 年 8 月 21 日发生在河南省郑州市的"李凯强案"即为适例，该案中能够确定当事人双方发生碰撞，但不能确定任何一方当事人在碰撞中的过错比例。笔者认为该案"过错无法查明"应该包括在原《侵权责任法》第 24 条规定的公平分担损失的"都没有过错"的情形之中，该条规定的"都没有过错"应该从法律证据认定的角度去理解，而非单纯生活事实上的"没有过错"问题。该案案情参见《大学生扶起老太被判赔偿 7.9 万元案二审》，载《大河报》，2010 - 03 - 23。另参见鲁燕：《"李凯强案"二审宣判 双方各承担 50％责任》，载《郑州晚报》，2010 - 09 - 14。

过错的情况下，方能适用公平分担损失规则。不管在侵权损失分担规则上还是在侵权举证责任配置问题上，都禁止向公平责任原则或者"根据公平原则"确定举证责任承担等一般条款逃避。第二，在确定彭某是否为侵害人时，可以根据已知事实和经验法则，推定出另一事实[1]，但关键要看推理过程是否妥当。一审法院的关键推理是：如果构成见义勇为就不应该仅仅是好心相扶，如果是见义勇为在原告家人将原告送医后也只应该自行离开，如果构成见义勇为更不应该在未索取借条的情况下垫付医疗费。对经验法则的这种运用显然与人们普遍认同的社会一般观念相悖。[2] 笔者认为对此事实的认定应该尊重社会大众的认知，消除法官的偏见恣意，使裁判不悖常理。第三，在法院尚未正确适用经验法则得出彭某的行为构成侵权行为的情况下，彭某不负担证明自己构成见义勇为的举证责任。实际上，"彭某案"中的争论更多的是民事诉讼法，特别是证据认定上的争论，法院对该案的裁判过程及结论起了不好的示范引导作用[3]，裁判的法律效果和社会效果不佳。2013 年 8 月 1 日起施行的《深圳经济特区救助人权益保护规定》第 3 条规定："被救助人主张其人身损害是由救助人造成的，应当提供证据予以证明。没有证据或者证据不足以证明其主张的，依法由被救助人承担不利后果。"第 4 条规定："被救助人主张救助人在救助过程中未尽合理限度注意义务加重其人身损害的，应当提供证据予以证明。没有证据证明或者证据不足以证明其主张的，依法由被救助人承担不利后果。"综上，笔者认为在无法认定"彭某案"之具体侵害人的情况下，侵权行为并不存在，侵权责任的构成要件也不能满足，据现有证据仅可认定彭某的行为构成见义勇为行为，判其据公平原则分担损失的做法不符合救助者对

---

[1]　根据 2019 年《民事诉讼证据规定》第 10 条的规定，"根据已知的事实和日常生活经验法则推定出的另一事实"，当事人无须举证证明，当事人有相反证据足以反驳的除外。据此，笔者认为经验法则的运用是法院结合当事人对前提事实（也称间接事实或基础事实）的证明而实施的裁判职权。（参见陈计男：《民事诉讼法论》，上册，5 版，台北，三民书局，2009，第 494 页。）如在某欠款纠纷案中，当事人之间的欠条记载"欠冰钱 1 800 元整"，当事人就欠款数额为 1 800 元还是 1.8 元产生争议，法院根据一般常理和会计记账习惯推定欠款数额为 1 800 元。参见周永军、陆林：《经验法则推定事实的认定规则——江苏盐城中院判决张健诉曹志坚欠款纠纷案》，载《人民法院报》，2008 - 01 - 04（5）。

[2]　参见张卫平：《司法公正的法律技术与政策——对"彭宇案"的程序法思考》，载《法学》，2008（8）。

[3]　参见《老人晕厥数十路人不敢扶 耽误抢救时机死亡》，载《钱江晚报》，2009 - 12 - 08；王晨辉：《八旬老人杭州街头摔倒 众人送衣报警不敢扶》，载《浙江在线》，2010 - 01 - 11；《83 岁老人摔倒路边 众人围观竟无人施救后猝死》，载《东南快报》，2010 - 12 - 30；Li Xing, "Protect today's Good Samaritans", *China Daily*, May 21, 2010, p. 8.

被救助者损害赔偿的归责原则[1]，利益衡量显失公平。

法院在民事诉讼中还存在滥用举证责任配置裁量权的证据思维。如在"张某强诉徐州苏宁电器有限公司侵犯消费者权益纠纷案"一审中，法院将惩罚性赔偿的相关要件事实倒置给经营者承担举证责任，这就以法官自由裁量权改变了法定举证责任分配标准。[2] 我国民事诉讼举证责任配置总体属"规范出发型"，举证责任的分配主要依附于实体法规范，以法律要件分类说为主、以利益衡量说为辅。就利益衡量来说，针对具体案件从政策、公平、诚信原则等方面考量。"法官不仅需要审核证据，还要善于利用常识、经验、推理等资源，这也是对法官要求较高的部分。最后，如果法官对于案件事实仍然无法形成内心确信、案件事实仍然处于真伪不明的状态，此时就应当依据证明责任规则作出判决。"[3] 2001 年《民事诉讼证据规定》第 7 条曾规定："在法律没有具体规定，依本规定及其他司法解释无法确定举证责任承担时，人民法院可以根据公平原则和诚实信用原则，综合当事人举证能力等因素确定举证责任的承担。"多数学者认为，我国不适合建立举证责任配置裁量权制度，在我国民事立法尚未有意识、体系化配置举证责任规则的背景下，司法实践中的裁量需求更多反映出实体法规则的严重欠缺和对举证责任倒置机制的过度依赖，不应该赋予各级人民法院举证责任配置的自由裁量权。[4] 在举证责任分配问题上自由裁量权的过度行使也会降低法院裁判的确定性和可预测性，正如罗森贝克所言："分配原则（证明责任）不能从公正性中推导出来……如果法官想将具体的诉讼之船根据公正性来操纵，那么，他将会在波涛汹涌的大海里翻船。诉讼的本质将会从根本上受到破坏。根据公正性做出自由裁量的法官，是根据其感情而不是依据什么原则来裁量的。每一种法安全性将会消失得无影无踪。因为每个人对公正均有不同的认识。在当事人看来，如此赢得的判决如同专制一样。"[5] 2019 年《民事诉讼证据规定》已经将 2001 年《民事诉讼证据规定》的第 7 条删除。

---

[1] 参见王雷：《见义勇为行为中的民法学问题研究》，载《法学家》，2012（5）。

[2] 参见《最高人民法院公报》，2006（10）。

[3] 杨夏怡：《应对社会舆论压力 依法独立公正审判——最高人民法院民一庭负责人答记者问》，载《人民法院报》，2014-07-25（1）、（4）。

[4] 参见霍海红：《证明责任配置裁量权之反思》，载《法学研究》，2010（1）；李浩：《民事证据立法前沿问题研究》，北京，法律出版社，2007，第 116 页。

[5] ［德］莱奥·罗森贝克：《证明责任论》，第 4 版，庄敬华译，北京，中国法制出版社，2002，第 97 页。

二、对民法证据规范的五种动态化解释适用

在理论和实务中，还应该注意结合纠纷解决的不同方式、诉讼的不同阶段、审判的不同进程，对民法证据规范作类型化、精细化、动态化解释适用。当然，对民法证据规范的动态化解释适用并不是否定举证责任分配"法律要件分类说"这一通说观点，而只是对既有的民法证据规范结合不同语境作更精细的解释。

第一，应该区分行政机关与司法机关对证据的审查权限和能力。例如，不动产登记机构与人民法院、婚姻登记机关与人民法院对证据的审查权限和能力不同，详细论述见本书第十五章。

司法机关对案件事实认定更应该注意运用实质主义的证据观。法〔2018〕215 号最高人民法院《关于依法妥善审理民间借贷案件的通知》指出，民间借贷纠纷案件呈现爆炸式增长，要加大对借贷事实和证据的审查力度。适当加大调查取证力度，查明事实真相。"套路贷"诈骗等犯罪设局者善于通过虚增债权债务、制造银行流水痕迹等方式，形成证据链条闭环，并借助民事诉讼程序实现非法目的。人民法院在审理民间借贷纠纷案件中，除对借据、收据、欠条等债权凭证及银行流水等款项交付凭证进行审查外，还应结合款项来源、交易习惯、经济能力、财产变化情况、当事人关系以及当事人陈述等因素综合判断借贷的真实情况。类似地，在审理民间借贷纠纷过程中，发现有虚假诉讼或者违法犯罪等合理怀疑时，法律适用者应该慎用自认规则，更应注意对有关案件事实作实质审查。

值得注意的是，在金融监管领域，行政机关和司法机关在对证据的审查权限和能力方面出现合流的趋势。金融监管部门跳出主体监管、形式监管的模式，走向功能监管、实质监管（"穿透式"监管）。2016 年 10 月 13 日，国务院办公厅发布《互联网金融风险专项整治工作实施方案》，首次提出"穿透式"监管方法。2018 年 3 月，最高人民法院在"福建伟杰公司、福州天策公司、君康人寿保险公司营业信托纠纷案"中，根据"穿透式"监管理念，穿透真实股东，认定保险公司股权代持协议无效。"穿透式"监管打破了行政监管与民商事审判的边界，使金融监管规章也得以介入合同效力判断，不再局限于机构监管，而是实现功能监管和行为监管，实现机构监管与功能监管相结合。"穿透式"监管的直接目的是发现隐藏在金融活动背后的实质交易对象和实质业务内容，使监管对象透明化，防范和化解系统性金融风险。2018 年 4 月 27 日，银发〔2018〕106 号中国

人民银行、中国银行保险监督管理委员会、中国证券监督管理委员会、国家外汇管理局联合印发了《关于规范金融机构资产管理业务的指导意见》，指出"实行穿透式监管，对于多层嵌套资产管理产品，向上识别产品的最终投资者，向下识别产品的底层资产（公募证券投资基金除外）"[①]。"穿透式"监管理念要求我们对金融合同效力作实质解释、实质判断。"穿透式"审判思维直抵金融交易架构下的真实交易关系。"穿透式"审判理念在2019年11月14日发布的《全国法院民商事审判工作会议纪要》中被最高人民法院正式引入，体现了司法界对金融监管部门在"资管新政"中"穿透式"监管的回应。"穿透式"审判思维厘清外观主义的适用边界，避免泛化，要穿透合同条款的复杂约定和交易结构，落实判断当事人约定的真实意思、抓住背后的请求权基础，探求真实法律关系。按照"穿透式"监管要求，剔除当事人之间通谋虚伪的意思表示，正确认定多层嵌套金融交易合同下的真实交易关系。在"穿透式"审判思维指导下，法院对证据的审查更严格，不局限于当事人缔结的合同，而更注重从整个交易流程、资金流转、各方关系等全证据链来审查和还原当事人的交易实质和实际关系，以最终的请求权基础来引导纠纷的解决。[②] 例如，有些交易名为买卖实为借贷。对于合同关系当事人意思表示的真实内容，应当综合全案证据作出判断。在当事人之间订立有书面合同的情形下，虽然在通常情况下应主要以该书面合同为依据，但绝不意味着其为唯一依据。在某大宗商品买卖合同中，逐层加价流转，形成合同闭环、循环贸易，没有实际发生交货行为，法院透过表层的合同约定和贸易账册，而直抵实际的款项流转和货物流转，进而认定相关交易系企业借贷关系而非买卖合同关系。[③]

第二，应该区分不同诉讼阶段的不同举证责任和证明标准，应该区分实体事由和程序事由的证明标准。[④] 审判程序与特别程序、立案与判决、

---

① 邓纲、吴英霞：《穿透式监管如何嵌入合同治理——以"天策公司和伟杰公司股权代持纠纷一案"为例》，载《安徽大学学报（哲学社会科学版）》，2019（3）。

② 参见孙秋楠、王天冕：《"穿透式审判"如何直抵金融交易架构下的真实交易关系——〈关于为新时代加快完善社会主义市场经济体制提供司法服务和保障的意见〉述评》，汉坤律师事务所2020年7月27日刊发。

③ 参见最高人民法院（2015）民申字第1388号民事判决书。

④ 有学者认为，我国法官对于法定再审事由的审查认定享有较大的自由裁量空间与权限，认定再审事由应当适用高度盖然性证明标准，对于程序违法的，可以降低至盖然性优势的证明标准，程序违法不宜作为完全独立的再审启动事由。参见陈巍：《民事再审审查的非讼法理与证明标准》，载《天津大学学报（社会科学版）》，2020（6）。

审判程序与执行程序等不同阶段的举证责任和证明标准不尽相同，详细论述见本书第十五章。

第三，应该区分本证、反证的不同举证责任和证明标准。当事人对反证案件事实的证明标准低于对本证案件事实的证明标准。而且，只有提出本证之人对相应案件事实尽到举证责任和符合证明标准（确信待证事实的存在具有高度可能性），才存在反证之人的举证责任和较低证明标准（待证事实真伪不明）的问题。

例如，2019 年《民事诉讼证据规定》第 10 条规定："下列事实，当事人无须举证证明：（一）自然规律以及定理、定律；（二）众所周知的事实；（三）根据法律规定推定的事实；（四）根据已知的事实和日常生活经验法则推定出的另一事实；（五）已为仲裁机构的生效裁决所确认的事实；（六）已为人民法院发生法律效力的裁判所确认的基本事实；（七）已为有效公证文书所证明的事实。""前款第二项至第五项事实，当事人有相反证据足以反驳的除外；第六项、第七项事实，当事人有相反证据足以推翻的除外。"当事人有相反证据"足以反驳"，是指当事人提出的反证的证明力不必达到推翻该事实的程度，只需要动摇免证事实对法官的心证基础，使其处于真伪不明状态即可。当事人有相反的证据"足以推翻"，是指当事人要否定法院生效裁判确认的事实，需要证据的证明力达到推翻该事实的程度，即达到提出本证证据证明相反事实成立的程度，才发生否定预决事实效力的效果。[①] 需要注意的是，2019 年《民事诉讼证据规定》第 10 条有意识地修正了 2015 年《民事诉讼法司法解释》第 93 条。2020 年《民事诉讼法司法解释》和 2022 年《民事诉讼司法解释》第 93 条仍坚持 2015年《民事诉讼法司法解释》第 93 条的规定，未注意与 2019 年《民事诉讼证据规定》第 10 条保持协调一致，形成无意识的漏洞。解释论上应该以2019 年《民事诉讼证据规定》第 10 条为准。2019 年《民事诉讼证据规定》第 10 条对于"已为仲裁机构的生效裁决所确认的事实"的反证标准在保留生效仲裁裁决作为免证事实的同时，降低其反证的标准，由"足以推翻"变更为"足以反驳"，意味着排除仲裁裁决确认的事实作为免证事实的要求有所降低，当事人提出的反证不必达到推翻该事实的程度，只需要动摇免证事实对法官的心证基础，使其处于真伪不明状态即可。因

[①]　参见最高人民法院民事审判第一庭编：《最高人民法院新民事诉讼证据规定理解与适用》（上），北京，人民法院出版社，2020，第 164～165 页。

2019 年《民事诉讼证据规定》是对民事诉讼法有关证据制度的规定在审判实践中如何适用的进一步解释，属于特别规则，相对于 2020 年《民事诉讼法司法解释》、2022 年《民事诉讼法司法解释》继续沿用的第 93 条，2019 年《民事诉讼证据规定》第 10 条应当优先适用。①

又如，在违约金酌减诉讼中，在违约方提供相应证据证明违约金"过高"后，守约方方须举证证明违约金约定的"合理"②。当然，基于守约方遭受损失的证据偏在性特点，立法论上应该采取"违约方初步举证—举证责任转移至守约方"的方式，实质降低违约方本证的证明标准，以符合违约方和守约方之间的利益衡量。由此，违约方需提供足以让法官对违约金公平性产生怀疑的证据，然后法官可将违约金"合理"要件事实的举证责任分配给守约方。详细论述见本书第十五章及第七章。

第四，应该区分请求、抗辩、再抗辩等对应的举证责任，使当事人之间的争议以要件事实为中心、以规范性的攻击防御面目呈现。③"研究由何方当事人对要件事实负主张、证明责任便是要件事实论的主要目的。"④ 详细论述见本书第十五章。

要件事实论将请求权基础思维和举证责任思维有机结合、动态呈现。对夫妻共同债务推定规范就可以结合举证责任分配作此种动态化解释。夫妻共同财产规则秉持"有福同享"的理念，夫妻共同债务规则则坚持"有难同当"的理念。为防止夫妻借离婚逃避债务，2003 年《婚姻法司法解

---

① 参见最高人民法院院长信箱 2021 年 4 月 6 日作出的"关于'对《民事诉讼法》司法解释疑问'的回复"，载 http://www.court.gov.cn/zixun-xiangqing-301111.html.

② 最高人民法院（2016）最高法民终 20 号民事判决书。
最高人民法院在另一起案件的判决中指出，在守约方未举证证明违约方的违约行为给其造成损失的情况下，不能支持其要求违约方按协议约定的违约金条款承担违约责任的诉讼请求。［参见最高人民法院（2018）最高法民终 295 号民事判决书。］笔者认为，法院在本案审理中未能从本证、反证意义上要求违约方提供相应证据证明违约金"过高"的本证事实。

③ 对要件事实论的详细介绍，参见许可：《侵权责任法要件事实分析》，北京，人民法院出版社，2018，第 3～21 页。"目前，中国学者对本文所介绍要件事实论的了解还不够充分，介绍要件事实论的论文也并不多见，而这其中大部分还是诉讼法学者的论文。这种情况说明中国民法学者还没有充分意识到要件事实论的重要性……对要件事实论的进一步了解以及从实体法的观点来研究中国法的要件事实论，对于促进中国民法的解释方法的进步以及对民事诉讼实务都会有所裨益，而且无论是法学研究还是法学教育都会从中获益。"（［日］小林正弘：《作为民法解释学的要件事实论——"裁判规范之民法"的构想》，载崔建远主编：《民法九人行》，第 7 卷，北京，法律出版社，2014，第 288 页。）

④ ［日］小林正弘：《作为民法解释学的要件事实论——"裁判规范之民法"的构想》，载崔建远主编：《民法九人行》，第 7 卷，北京，法律出版社，2014，第 286 页。

释二》第 24 条曾规定："债权人就婚姻关系存续期间夫妻一方以个人名义所负债务主张权利的，应当按夫妻共同债务处理。但夫妻一方能够证明债权人与债务人明确约定为个人债务，或者能够证明属于婚姻法第十九条第三款规定情形的除外。"在确定夫妻共同债务纠纷中的举证责任如何分配时，对 2003 年《婚姻法司法解释二》第 24 条普遍存在采取身份推定标准的形式主义理解，即只要是发生在夫妻婚姻关系存续期间的债务就被推定为夫妻共同债务，这导致当事人之间利益衡量显失公平，经常会出现非举债方"被负债"现象。结合目的性限缩解释和举证责任分配规则，对夫妻共同债务推定规范可以作请求、抗辩、再抗辩的动态化解释，以明晰不同要件事实及相应举证责任分配。主张适用夫妻共同债务推定规范的当事人应对该债务基于原《婚姻法》第 41 条所规定的"夫妻共同生活所负"这一"基础事实"承担举证责任，非举债方可以反驳相关"基础事实"不存在或者举证证明存在 2003 年《婚姻法司法解释二》第 24 条后一句所规定的情形。针对非举债方的抗辩，债权人可以继续证明该债务的形成符合夫妻日常家事代理、表见代理或者经非举债方配偶同意，这就构成债权人的再抗辩。当然，债权人也可以一步到位将这些再抗辩事由作为请求原因事实进行主张和证明。① 2018 年《关于审理涉及夫妻债务纠纷案件适用法律有关问题的解释》第 1、2、3 条分别规定了基于共同意思表示所负的夫妻共同债务、家庭日常生活所负的夫妻共同债务、债权人能够证明的其他夫妻共同债务。2018 年《关于审理涉及夫妻债务纠纷案件适用法律有关问题的解释》第 1 条从债权人请求及其举证责任的角度明确夫妻双方共同签字或者夫妻一方事后追认以及以其他共同意思表示形式所负的债务，属于夫妻共同债务。第 2 条进一步明确了夫妻日常家事代理权，明确夫妻一方为家庭日常生活需要所负债务为夫妻共同债务，也对应债权人的请求及其对"家庭日常生活需要所负的债务"事实的举证责任。针对债权人依据第 2 条所作请求，非举债方可以抗辩不构成日常家事代理，此时债权人可以依据第 3 条进行再抗辩并承担相应举证责任。

　　第五，应该区分直接证据与间接证据。直接证据之外，还应该注意对间接证据的运用，这两类证据与主要案件事实的关联度不同。② 间接证据

---

① 参见王雷：《〈婚姻法〉中的夫妻共同债务推定规范》，载《法律适用》，2017（3）。

② 有学者认为："间接证据能否构成，要受证据的关联性的制约和调整。毋宁认为，关联性法则就是针对或主要针对间接证据而起作用的。"［汤维建：《关于证据属性的若干思考和讨论——以证据的客观性为中心》，载《政法论坛》，2000（6）。］

对应的事实碎片也可以拼出完整的案件事实画卷。对间接证据审查的关键就是看其是否能够形成证据链。复杂重大商事交易中经常会存在当事人真实意思的转换，商事司法实践中经常遇到"民间借贷还是房屋买卖"的合同定性之争。当事人所主张的法律关系不一致，一方有书证对应的原始证据、直接证据证明属于房屋买卖合同关系，另一方须有足够的相反证据才可否认该主张。如果对方当事人没有书面证据证成构成民间借贷法律关系，而是运用间接证据进行反驳，这些间接证据必须形成完整的证据链。在没有充分证据证明当事人之间存在民间借贷这一隐藏法律关系时，不宜简单否定既存外化的法律关系对当事人真实意思的体现和反映。[1] 当然，对房屋买卖合同法律定性的反驳方式不限于以书证形式展现的民间借贷合同。判断合同性质，不能拘泥于合同名称、形式，而要从主给付义务着手作实质判断。如果在房屋买卖合同中约定有房屋"回购条款"或者有独立于房屋买卖合同的"回购协议"[2]，或者通过考察房屋买卖合同的实际履行过程[3]，发现当事人交易的主要目的不是移转房屋所有权，而是实现资金融通，房屋买卖合同成为当事人民间借贷关系的担保手段，此时就应该认定当事人之间的真实交易关系为民间借贷。又如，在民间借贷纠纷中，还经常出现原告只有汇款单（转账凭证）这一孤证的现象。孤证这一短缺证据带来模糊事实。原告主张转账凭证是出借款项的证据，被告主张是归还欠款的证据，此时如何认定案件事实？被告抗辩不同于单纯的否认，抗辩是一种"附理由的否认"。即使原告无法完全举证借贷合意的成立和款项交付的事实，也不能直接判决原告败诉。在原告仅有转账凭证这一间接证据时，被告对其抗辩未能尽到举证责任，原告又能够对借款关系的存在作出合理解释，就可以支持原告的诉讼请求。[4]

在民事司法实践中，对有些案件事实，如对当事人是否存在恶意串通，更多常需依靠间接证据形成证据链作出判断，至于由此形成的证据链是否需要达到排除合理怀疑的证明标准，则属于另一个价值判断问题。在"广东龙正投资发展有限公司与广东景茂拍卖行有限公司委托拍卖执行复议案"中，最高人民法院结合案情，指出认定拍卖合同因恶意串通而无效

---

① 参见《最高人民法院公报》，2016（1）。

② 最高人民法院民事审判第一庭编：《民事审判指导与参考·指导性案例》，2014 年第 2 辑，北京，人民法院出版社，2014，第 96 页。

③ 参见最高人民法院（2013）民提字第 135 号民事判决书。

④ 参见最高人民法院（2015）民申字第 3466 号民事裁定书。

的裁判考量因素。买受人在拍卖过程中与拍卖机构是否存在恶意串通，应从拍卖过程、拍卖结果等方面综合考察。在拍卖行与买受人之间因股东的亲属关系而存在关联关系的情况下，除非能够证明拍卖过程中有其他无关联关系的竞买人参与竞买，且进行了充分的竞价，否则可以推定拍卖行与买受人之间存在恶意串通。该竞价充分的举证责任应由拍卖行和与其有关联关系的买受人承担。拍卖过程没有进行充分竞价，而买受人和拍卖行明知标的物评估价和成交价明显过低，仍以该低价成交，损害标的物相关权利人合法权益的，可以认定双方存在恶意串通。[①] 又如，债务人将主要财产以明显不合理低价转让给其关联公司，关联公司在明知债务人欠债的情况下，未实际支付对价的，可以认定债务人与其关联公司恶意串通。

---

①　参见最高人民法院指导案例 35 号"广东龙正投资发展有限公司与广东景茂拍卖行有限公司委托拍卖执行复议案"。

第三章　民法证据规范概论

一、案件事实的形成与司法三段论的完善

（一）以案件事实为小前提的司法三段论

法院在诉讼过程中以司法三段论的方法作出裁判，即以法律规范为大前提，以案件事实为小前提，然后通过涵摄得出结论。[①] 司法裁判就是利用司法三段论方法，通过对事实适用法律的方式完成的。民法的适用是将抽象的民法规范适用于具体的个案事实中以得出裁判结论的过程。

民法的适用不简单等同于司法三段论，民事司法三段论不简单等同于民法解释学。实际上，即使是在对大前提法律规范的寻找、解释适用和完善过程中，也必须首先根据法律渊源理论和请求权规范基础分析方法等寻找到拟适用的法律规范，然后方能对之运用法律解释、漏洞填补、法律论证方法加以解释和完善。民法学方法论对法律渊源理论与法律适用方法之间的紧密联系也相对缺乏应有的关注。

司法三段论以案件事实为小前提。案件事实与法律规范的联结，如对症下药。长期以来，民法学方法论更多关注以法律解释方法为主对大前提法律规范的寻找、解释适用和完善，对案件事实（于何时、何地，何人对何人做了何事）形成的过程则关注较少。

（二）从"未经加工的案件事实"到"作为陈述的案件事实"

在历史学理论上存在历史事件和对历史事件的理解与陈述的区分。[②] 就司法三段论中小前提案件事实的形成来看，民法所调整的日常生活事实

---

① 有学者在司法三段论的基础上进一步演化出了五步裁判法和要件审判九步法。参见杨立新：《民事裁判方法》，北京，法律出版社，2008，第21～23页；邹碧华：《要件审判九步法》，北京，法律出版社，2010，第17～36页。

② 参见何兆武：《对历史学的若干反思》，载何兆武：《历史与历史学》，武汉，湖北人民出版社，2007，第1页。

(social/concrete fact) 中的利益纠纷需要转化为案件事实的陈述（Aus-sage），这也就是从"未经加工的案件事实"["实际发生的案件事实""作为事件的案件事实"（Sachverhalte als Geschehener）]转化为"作为陈述的案件事实"（Sachverhalte als Aussage）（"案件事实的描述"）的过程。在法律适用过程中，"未经加工的案件事实"作为单纯的历史事件没有意义，有意义的是由诉讼当事人所描述并由法院认定的"作为陈述的案件事实"①。

　　在案件事实的形成过程中，一方面，需要结合法律规范的构成要件作有针对性的取舍判断，并非当事人对案件细节的所有陈述都具有法律上的重要性，都能够转化为法律事实（legal fact），需要结合拟适用的法律规范来对事实进行必要的剪裁。"作为陈述的案件事实"只不过是将生活事实中无规范意义的部分剪裁掉并将剩余部分运用民法语言加以转述的结果，在一定程度上"作为陈述的案件事实"不过是对"未经加工的案件事实"进行的一场"圈地运动"②，是在法律评价的指引下对生活事实中重要的需要由法律进行调整的那一部分的撷取，当然在法律评价指引下的此种撷取并非削足适履式地修剪事实。另一方面，对在法律上具有重要性的案件事实的陈述需要通过证据的方式加以展开，不得不依证据法则而对案件事实作无中生有、人云亦云或指鹿为马的认定，这个过程就要根据举证责任规范、法官对证据形成和证明力的自由裁量等进行。如在借款合同纠纷案件中，借款的种类、数额、利率、币种、用途、期限和还款方式等就属于贷款人在主张返还借款并支付利息请求权时所依据的需要证明的重要事实，而借款人的性别、年龄等则是与案件解决无关的生活事实。

　　在对"作为陈述的案件事实"通过证据进行认定的过程中，裁判者和当事人都需要明确哪些案件事实属于"要件事实"（引起民事法律关系产生、变更或者消灭的民事法律事实），并将要件事实作为证明的客体（对象）。民事要件事实包括当事人主张的事实及法院应依职权调查之事实。作为证明客体的民事要件事实应同时具备如下条件：第一，须系关于具体

---

　　① ［德］卡尔·拉伦茨：《法学方法论》，北京，商务印书馆，2003，第160~163页。
　　② 王雷：《情谊行为基础理论研究》，载《法学评论》，2014（3）；王雷：《情谊行为、法外空间与民法对现实生活的介入》，载《法律科学》，2014（6）。与人类生活无关的事项，如单纯的月落乌啼霜满天，自始不属于法律所规范的对象。私人之好恶、信仰、感情、思想、生活方式等非人际关系没有必要以法律规范之，如仰望星空、休闲阅读、陷入沉思等。当然，这也并不意味着一切的人际关系皆为法律所规范，有些人际生活事实仅涉友情、爱情、亲情的建立、维持或者增进，也属于法律管不着的或者说不需要也不适宜由法律来规范的纯粹生活事实，构成"法外空间"。

法律关系发生、变更、消灭之特定事实，该要件事实也是当事人所主张的事实，而非事实之客观本质。第二，须为有证明必要的事实，作为要件事实须为法律上的重要事实，如该要件事实是涉及诉讼成立的事实、关系权利保护要件之事实或关于证据能力乃至证明力之事实。① 从民事要件事实作为证明客体的角度，可以对主张责任和证明责任之间的关系作理论上的澄清，二者之区分仅属于纯粹民法学问题中的解释选择问题。当事人为获胜诉判决所为请求或者抗辩原因的主张，即当事人的主张责任。当事人对事实的主张通常须以证据加以证明，此即证明责任。"主张责任在理论上固先于举证责任，惟实际上仅属同一问题之两面，有相互呼应之关系。"②

理论上，也形成了以法律适用为核心研究对象的法学方法论，而法学方法论反过来又能保障法律的正确适用、保障法官依法公正裁判。从法律适用的角度看，法学方法论也已经超越了单纯的法律解释学，前者包含了以司法三段论为核心的更丰富的内容。③ 案件事实的形成环节蕴含了民法学方法论的丰富命题，需要从民法证据规范的角度进行系统研究。"法律事实的认定问题，除了在诉讼上曾被提及外，在'国内'很少在实体法上或在法学方法上，探讨其实际上究竟如何被认定的问题，而且在诉讼上所处理之法律事实的认定问题，也只偏重在规定'认定事实的机关'以及'证据法则'。"④

二、民事立法和法律适用中的证据难题

（一）民事立法中的证据难题

罗森贝克说，所有的民法规范都隐含着证明责任规范。⑤ 建立一套具有可预测性并符合法律安定性原则的证明责任制度具有必要性。⑥ 民事司法中案件事实的确定离不开民事立法上相关"操作规则"的预置。民事立法上所需要明确预置的用于认定案件事实的"操作规则"主要包括：通过

---

① 参见王甲乙、杨建华、郑健才：《民事诉讼法新论》，台北，三民书局，2010，第396～397页。

② 王甲乙、杨建华、郑健才：《民事诉讼法新论》，台北，三民书局，2010，第402页。

③ 参见王利明：《法学方法论》，北京，中国人民大学出版社，2012，第170～215页。

④ 黄茂荣：《法学方法与现代民法》，5版，北京，法律出版社，2007，第247页。

⑤ 转引自肖建国、包建华：《证明责任：事实判断的辅助方法》，北京，北京大学出版社，2012，丛书总序，第1页。

⑥ 参见姜世明：《所有物返还请求权之举证责任分配》，载姜世明：《民事证据法实例研习》（一），台北，正点文教出版顾问有限公司，2005，第177页。

哪些手段提供直接或者间接与事实构成相关的经验信息，法官在何种条件下可以认为一项事实已经"存在"，这一"事实"对法官来讲达到何种"确定性"程度（Gewißheitsgrad）方成其为事实，以及他应该通过哪些手段来确立这一"事实"的确定性，最后但却是最关键的是哪一方必须提出并证明这一事实。对所有这些问题都需要作出规范性的回答。①

案件事实形成过程中的上述"操作规则——尤其是证明规则和证明责任规则——属于法律适用规范（虽然在这方面尚存在争议），也即对法律实施的方式作出规定的规范（所谓'次级规范'）"②。然而，在立法论上，在民事立法中究竟应该规定哪些民事证据规范以及该如何规定之，成为一大难题。而在解释论上如何解读《民法典》等民事法律中的证据规范，发现和转述立法者体现在实定法中的举证责任分配规则，也成为难点。"某些法律规范除了含有实体法上的行为规范（'初级规范'）以外，还包含此种程序法上的因素，比如说一些通过特定的措辞方式对举证责任的分配作出规定的民法规范即属于此类……然而借助这种特定的（实体法）措辞方式人们可以对程序法上的特定效果加以控制……对于初级行为规范来讲在逻辑上完全一样的不同措辞方式（表述为请求权的积极条件还是阻却事由），在程序法上可以有不同的功能。"③ 由此，实体法上如何表述民事权利特别是请求权的构成要件与免责事由，会影响到民事证据规范的解释和适用，应加仔细斟酌。

（二）民事法律适用中的证据难题

民事司法纠纷中的要件事实是当事人产生争议的能够为构成要件事实所涵摄的具体生活事实。具体生活事实与抽象构成要件事实之间是评价对象和评价标准的关系。当事人产生争议的具体生活事实并非自动涵摄到构成要件事实之下，作为事件的具体生活事实须先转化为"作为陈述的案件事实"，然后经由证据加以证明方可供作裁判的对象。民法证据规范是生活事实、作为陈述的案件事实和抽象构成要件事实之间顺利转换的助推剂，是司法三段论小前提案件事实形成过程中的关键环节。

从民事司法实务来看，"在对民事司法近距离的观察中，我们认识到证明责任分配是困扰民事法官和律师的最大问题之一，既绕不过去，又难

---

① 参见［德］齐佩利乌斯：《法学方法论》，金振豹译，北京，法律出版社，2009，第136～138页。

② ［德］齐佩利乌斯：《法学方法论》，金振豹译，北京，法律出版社，2009，第138页。

③ ［德］齐佩利乌斯：《法学方法论》，金振豹译，北京，法律出版社，2009，第139页。

以面对。对当事人而言，证明责任分配往往成为决定案件胜败的关键因素，可是当事人也苦于找不到说服法官改变证明责任分配的办法和充足理由"①。在从"未经加工的案件事实"转化为"作为陈述的案件事实"的过程中，证据规范起着重要的中介作用。"就大多数诉讼案件而言，当事人发生的争执主要是事实问题。当事人对事实无分歧，仅对事实的法律性质有争议，对适用什么样的法律来处理已发生的事实有争议是较少见的。"②我国有法官针对 2001 年《民事诉讼证据规定》展开法律适用调查，发现大约 44% 的法官希望完善举证责任分配制度，这也从侧面说明实体法中证明责任规范存在缺漏，法官在司法实践中面临着举证责任分配的难题。③在"北京法院网""法律阶梯"版块之下的"调研成果"栏目中，证据问题成为案件审理过程中经常会涉及的难题。有法官甚至指出："若仔细回顾一下我们所审理过的案件，你就会发现，真正在法律适用方面存在困难的案件并不是特别多，相反，很多案件我们难以下判的原因是事实认定，对于当事人所主张的事实的真伪我们难以做出决断，因此，就民事审判中的事实认定问题进行探讨和研究是非常必要的。"④ 梁慧星教授指出："举证责任是多年来困扰法官的问题，举证责任的承担不是固定不变的。"⑤ 波斯纳也曾经指出："法律制度所做的最重要的事情之一，就是解决事实争议。大多数法律争议都起于真真假假的意见分歧，所计较的，是在引发这一争议的事件中究竟发生了什么情况，而非应该是什么样的支配性规则（governing rule）。"⑥ 德国学者魏德士认为："形象地说，实践当中如果有一千个事实问题（Tatsachenfragen），那么真正的法律问题（Rechtsfra-

---

① 肖建国、包建华：《证明责任：事实判断的辅助方法》，北京，北京大学出版社，2012，自序，第 2 页。

② 李浩主编：《证据法学》，北京，高等教育出版社，2009，第 13 页。

③ 参见邹碧华、俞秋玮：《关于民事诉讼证据规定的实证研究》，载最高人民法院民事审判第二庭编：《民商事审判指导》，2008 年第 2 辑，北京，人民法院出版社，2008，第 221 页。

④ 王明华：《民事审判思路及事实认定——民事审判中关于事实认定的若干问题》，山东大学民商事疑难案件研究中心系列应用讲座，2010 - 05 - 13。还有法官指出："很多民事案件，事实问题的认定直接决定着整个案件的最终处理结局。据笔者观察，我国目前申请再审的民商事案件大多数属于对事实问题的争议，而不是对纯粹的法律问题的争议。"［陈增宝：《法官如何认知案件事实》，载《人民法院报》，2013 - 08 - 20 (2)。]

⑤ 梁慧星：《法律思维与学习方法》，载 http://www.iolaw.org.cn/showArticle.aspx?id=4268。

⑥ ［美］理查德·A. 波斯纳：《法律理论的前言》，武欣、凌斌译，北京，中国政法大学出版社，2003，第 331 页。

gen）还不到事实问题的千分之一。"①

　　民法上证据规范的研究意义还跟民事诉讼案件所致力解决的两个基本问题——查清是非（认定事实）和适用法律有关系，查清是非是适用法律的前提，"是非"就是当事人之间争执的事实问题，在司法上表现为对要件事实进行证明。而要件事实的发现和证明则依赖证据。② 在某种程度上，"打官司"就是"打证据"③。如果不能向法院提供足够的证据，当事人很可能要承担败诉的风险。基于证据规范特别是证明责任规范的这些重要作用，理论上普遍认为"证明责任乃诉讼的脊梁"，"证明责任乃诉讼的命脉（Rückgrat des Prozesses）"，民事证明责任在民事诉讼中居于枢纽地位，是民事实体法与程序法交汇的主战场，也是法院裁判中法律表达与法律实践碰撞得最为激烈的领域。而"从今后的发展趋势来看，如何掌握从证据法的角度来认定事实，又如何从方法论上确定小前提，并依法作出公正的裁判，是法官需要掌握的一门司法艺术"④。"证据和证明在诉讼中的地位，无论怎样强调都不算过分。甚至可以武断地说，裁判的技术实质上就是发现客观事实和建构法律事实的技术，而证明则是发现事实和建构事实的主要（不是唯一）手段和路径，因而也成为整个一审程序乃至成文法国家的二审程序的核心任务。"⑤ 有学者甚至认为，法学方法论的核心问题就是事实问题。⑥

　　在法院认定案件事实、适用法律规定的过程中，"事件必须被陈述出来，并予以整理……作为陈述的案件事实并非自始'既存地'显现给判断者，毋宁必须一方面考量已知的事实，另一方面考虑个别事实在法律上的重要性，以此二者为基础，才能形成案件事实"⑦。这就涉及在案件事实的

---

　　① ［德］魏德士：《法理学》，丁晓春、吴越译，北京，法律出版社，2005，第 290 页。
　　② 参见肖建国、包建华：《证明责任：事实判断的辅助方法》，北京，北京大学出版社，2012，丛书总序，第 1 页。
　　③ 张保生：《证据规则的价值基础和理论体系》，载《法学研究》，2008（2）。
　　④ 王利明：《法学方法论》，北京，中国人民大学出版社，2012，第 180 页。
　　⑤ 傅郁林：《证明责任的特别规则及其正当性》，载《中外法学》，2010（5）。
　　⑥ Vgl. Friedrich Müller, Juristische Methodik, Berlin, Duncker und Humblot GmbH, 1989，SS. 21 - 22.
　　⑦ ［德］卡尔·拉伦茨：《法学方法论》，陈爱娥译，北京，商务印书馆，2003，第 160 页。可见在案件事实形成过程中，价值判断是不可避免的，对个别事实在法律上重要性的判断已经属于价值判断问题，而在不确定法律概念、类型式概念以一般条款所对应的案件事实形成过程中，法官更需进行价值判断。不过，无论是前述哪种价值判断，其都并非单纯法官内心的评价行为，而都须在现行法、共认（Konsens）的价值标准等指引下作价值判断的正当化论证。

形成和法律适用之间往返流转的问题，存在案件事实认定与法律适用的区分，可以说法律决定哪些事实是相关的，而事实又反过来决定哪些法律是相关的。"唯认定事实与适用法律在法院之裁判实务上并不真的可在时间上明白地被区分为前后两个阶段。盖一方面基于事实的认定与法律之适用间之回馈性，另一方面在一个具体案件获得最后的判断前，法院事实上必须经历多阶段的法律适用过程。"① 这就涉及民法规范所规定的构成要件事实（Tatbestandsmerkmale）和作为陈述的案件事实（Sachverhalte als Aussage）之间的关系问题。在证明责任等民法证据规范指引下，当事人对案件事实的陈述须经法官结合法律规范的抽象构成要件进行整理，以形成具体的要件事实，抽象的构成要件事实（待证事实）与当事人对案件事实的陈述及其证据材料之间是评价标准与受评价对象的关系，具体的要件事实则是评价的结果，具体的要件事实也就是裁判文书中"经审理查明（认定）事实"，其构成了司法三段论中小前提对应的"案件事实"。这样一来，具体要件事实就区别于单纯证据事实，有学者甚至指出："在小前提的确定过程中，要件事实的整理是其中心环节，也是最后的环节。"②

综上，民事司法纠纷中的要件事实是当事人产生争议的能够为构成要件事实所涵摄的具体生活事实。当事人产生争议的具体生活事实并非自动涵摄到构成要件之下，"作为事件的具体生活事实"在纠纷解决过程中以"作为陈述的案件事实"之面目出现，然后经由证据加以证明方可成为作为裁判对象的"具体的要件事实"，三者是前后相继的关系，是民事法律事实在纠纷发生、解决过程不同环节中的动态展现。"作为陈述的案件事实"与法律规范的抽象构成要件之间是评价对象和评价标准的关系，能够为法律规范构成要件所涵摄的具体生活事实就对应要件事实，要件事实即评价结果。证明责任的分配主要解决实体要件事实由谁来承担证明责任的问题。③ 证明责任则是指在诉讼过程中要件事实真伪不明导致其所对应的法律后果得不到认可而产生的不利益④，也是要件事实真伪不明时法官裁判的方法论。案件事实的形成过程本身就存在一个司法三段论的适

---

① 黄茂荣：《法学方法与现代民法》，5 版，北京，法律出版社，2007，第 296 页。
② 王利明：《法学方法论》，北京，中国人民大学出版社，2012，第 200 页。
③ 参见邵明：《正当程序中的实现真实——民事诉讼证明法理之现代阐释》，北京，法律出版社，2009，第 327 页。
④ 参见［日］伊藤滋夫：《要件事实的基础》，东京，有斐阁，2000，第 62、17 页。此为日本通说观点。转引自王书可：《日本的要件事实论》，南京，南京师范大学，2010，第 9、10 页。

用，证明责任规范贯穿于这个司法三段论的始终：一方面，哪些生活事实需要被陈述以及应该由谁来陈述，这须结合行为意义上的证明责任加以廓清。另一方面，当作为陈述的案件事实无法被涵摄到抽象的构成要件事实之下时，还须结合结果意义上的证明责任规范进行裁判。要件事实作为评价结果仅仅是司法三段论小前提案件事实形成阶段的评价结果，法律规范中的法律后果结合个案中的要件事实会形成具体的个案裁断结果，这属于司法三段论终局意义上的评价结果。正如黄茂荣教授所言："唯认定事实与适用法律在法院之裁判实务上并不真的可在时间上明白地被区分为前后两个阶段。盖一方面基于事实的认定与法律之适用间之回馈性，另一方面在一个具体案件获得最后的判断前，法院事实上必须经历多阶段的法律适用过程。"① 当然，不管是在当事人对案件事实的陈述过程中，还是在法官对当事人陈述的案件事实及其证据材料的整理过程中，都需要结合民事权利的构成要件规范和民事证据的证明责任规范进行展开。

三、从民事权利规范到民法证据规范

（一）民事权利及其规范配置

冯·图尔认为权利是私法的中心概念，是多样性法律生活的最终抽象化。② 拉伦茨更进一步指出，私法的第一个基本概念（Grundbegriff）是作为"权利主体"的人（person），即权利的所有者和义务的承担者，第二个基本概念就是法律关系。③ 这些观点从不同的角度提出了民法上基本概念的重要意义。从民法的理念角度看，人是最核心的概念。民法是人法，民法典是以人为本的法。从民法本位角度看，权利是民法上最重要的概念，正如王泽鉴教授所说："传统上以权利为民法的核心概念，此乃个人主义权利本位的思考方法。"④ 从民法立法技术的角度看，法律关系则是构建民法典体系的基础，为了解权利的意义和功能，适合将之纳入法律关系之技术工具中加以观察。而从民法的基本价值取向角度讲，私法自治则处于核心地位。

---

① 黄茂荣：《法学方法与现代民法》，5 版，北京，法律出版社，2007，第 296 页。
② 转引自 [德] 卡尔·拉伦茨：《德国民法通论》，上册，谢怀栻等译，北京，法律出版社，2003，第 255 页。
③ Vgl. Karl Larenz, Manfred Wolf, Allgemeiner Teil des Bürgerlichen Rechts, C. H. Beck, München, 2004, S. 226.
④ 王泽鉴：《民法总则》，北京，北京大学出版社，2009，第 65 页。

　　请求权在民事权利体系中居于枢纽地位。在大陆法系传统民法上，任
何民事权利，无论是绝对权还是相对权，都借助请求权的行使恢复其不受
侵害的圆满状态或者发挥其功能。依据产生请求权之基础权利的不同，可
以将请求权具体划分为债权请求权、物权请求权、人格权请求权等等。若
针对请求权的民法规范配置而言，还可以将请求权规范相应地具体化为请
求权基础规范、请求权辅助规范和请求权反对规范。① 对请求权规范的此
种分类有利于在法律适用过程中发现完全法条并易于与举证责任分配规
范，即"主张权利存在之人，应就权利发生的法律要件存在之事实负举证
责任；否定权利存在之人，应就权利妨害、权利消灭或权利受制的法律要
件存在的事实负举证责任"的举证责任分配一般标准相对应。② 可见，罗
森贝克的举证责任分配"法律要件分类说"明确将举证责任分配给主张于
己有利的法律要件事实的当事人，即当事人须对法律规范中对其有利的要
件事实承担举证责任，这也就是举证责任分配一般标准所适用的"有利性
原则"（Günstigkeitsprinzip）。请求权之概念也起到了连接民事实体法和
民事程序法的作用，并成为给付之诉的基础。

　　"每一种法律体系内的许多法律都必然与权利体系相联系，或预先假
定它的存在。"③ "规定权利的法律可以分为三种范畴：它们分别是授权性
法律、剥夺性法律和构成性法律。授权性法律明确规定了获得权利的方
式，剥夺性法律明确规定权利被剥夺的具体方式，而构成性法律则强调了
成为一个权利人的法律后果。"④ 借鉴民事证据法理论上有关请求权构成要
件的分类，则可以将配置民事权利的法律规范区分为权利发生规范、权利
否定规范、权利妨碍规范（Rechtshindernde Norm）、权利消灭规范（Re-
chtsvernichtende Norm）和权利受制规范（Rechtshemmende Norm）等。
日本学者我妻荣曾经说："权利的发生、妨碍、消灭等各种法律效果是否

---

　　① 参见［德］迪特尔·梅迪库斯：《请求权基础》，陈卫佐等译，北京，法律出版社，2012，
第11～12页。

　　② Leo Rosenberg, Die Beweislast, 5 Auflage, C. H. Beck, München, 1965, S. 119ff. 另
参见陈计男：《民事诉讼法论》，上册，5版，台北，三民书局，2009，第479～480页；李浩：
《民事举证责任研究》，北京，中国政法大学出版社，1993，第149～153页。

　　③ ［英］约瑟夫·拉兹：《法律体系的概念》，吴玉章译，北京，中国法制出版社，2003，第
209页。

　　④ ［英］约瑟夫·拉兹：《法律体系的概念》，吴玉章译，北京，中国法制出版社，2003，第
210页。

得到肯定，与该等法律效果的发生要件相对应的具体事实的有无相关。"①
这就涉及从民事权利规范到民法证据规范（也称"民事证据规范"）的
问题。

（二）从民事权利规范到民法证据规范

民事权利在诉讼程序中需要被具体地加以证明，除非基于众所周知的
历史事实等免证事实，否则权利人无法抽象地主张"历史俱在，山河作
证"②，不能满足于"得失寸心知"，"平时就是个实在人"的事实也无法自
证当事人诉请的客观真实性③，无法简单吟唱"天空中没有翅膀的痕迹，
而我已飞过"，也无法时时"断指自证清白"或者"先下结论再找证据"、
透支政府的公信力、作"用前程作担保"的军令状式表态。④ 有学者认为
举证责任属于程序法形式正义范畴，"程序规则、证据规则和举证责任分
配原则，属于形式正义。具体案件裁判的妥当性，即最终在具体案件的当
事人之间实现的正义，属于实质正义"。"必须指出，程序规则、证据规则
和举证责任分配规则，都只是手段而绝非目的，裁判的目的只能是在具体
案件的当事人间实现实质正义。"⑤ 民法典和民事诉讼法在具体内容上存在
很多交叉，比如对证明责任问题就无法完全交由民事诉讼法规定，民法典
不可避免地需要作出一些相应的规定。有学者适切地指出："从程序法视
角重构、重新发现实体法……实体法学者不仅要努力完善实体规范本身，
而且要着眼于程序法，以程序上可行、简便的方式来完善。未来的改进，
应当重点从实体法与程序法协调的角度归纳、总结构成要件与所需证明的
事实，给出有建设性的处理方案。其中，当务之急是将证据规则纳入实体
规范之中。若想让实体规范真正承担起裁判规范的功能，不将其与证据规

---

① 转引自许可：《民事审判方法：要件事实引论》，北京，法律出版社，2009，第38页。

② 邓成满等：《摔倒讹人老太申请复议 赌咒全家死坚称清白》，载《成都商报》，2013-11-24。

③ 参见张薇：《主动测谎 助乡村医生讨清白》，载《青年周末》，2006-05-25。另参见张倩：《测谎要作证 四年无音讯》，载《青年周末》，2010-05-06。高检发研字〔1999〕12号最高人民检察院《关于CPS多道心理测试鉴定结论能否作为诉讼证据使用问题的批复》指出："CPS多道心理测试（俗称测谎）鉴定结论与刑事诉讼法规定的鉴定结论不同，不属于刑事诉讼法规定的证据种类。人民检察院办理案件，可以使用CPS多道心理测试鉴定结论帮助审查、判断证据，但不能将CPS多道心理测试鉴定结论作为证据使用。"

④ 参见梁昌杰：《"前程担保"要不得》，载《人民日报》，2012-05-28。

⑤ 梁慧星：《形式正义只是手段，实质正义才是目的》，载http://www.aisixiang.com/data/45549.html，访问日期：2014-08-23。

则结合到一起，是非常困难的。"① 美国学者埃尔曼曾言："举证规则可能使实体法规则完全不起作用。"② 民法应该给予程序制度应有的地位，"某些法律规范除了含有实体法上的行为规范（'初级规范'）以外，还包含此种程序法上的因素，比如说一些通过特定的措辞方式对举证责任的分配作出规定的民法规范即属于此类"③。因此，民法规范又可以区分为普通民事实体规范和民事证据规范。

"权利的胜利很大程度上依赖于其可证明性。"④ 权利需要被实现，否则其将无意义，从理论上说，每一个民事权利规范都须伴随一个民事证据规范，以增强其实效。权利人应当增强证据意识⑤，以有助于自己权利的诉讼实现。但基于民事证据规范和民事权利规范在立法配置技术上的差异，二者也并非须一概一一对应。民事证据规范配置可以采取一般化的处理方式，这就是根据"法律要件分类说"分析实体法的权利配置规范的逻辑结构以及彼此关系，以辨别权利规范的类型分别其举证责任配置。民事权利本身是一个类型化、开放式和发展性的框架概念。民事权利类型繁多，根据民事权利的内容、作用、效力范围、相互依存关系、是否具有专属性、权利成立要件是否齐备等标准，可以将民事权利区分为不同的类型。民事权利在立法的规范配置中势必要采取类型化的具体处理方式，以期妥当应对现实生活中纷繁复杂的民事主体利益类型。民事权利所对应的举证责任规范可以通过上述一般标准和法定例外标准相结合的方式来配置。作为前述举证责任分配一般标准的例外，举证责任倒置、证据推定等例外标准则必须采取法定化的处理方式。

结合举证责任分配的上述一般标准和民事权利的规范配置类型，诉讼过程中原告对自己权利发生的要件事实主张须承担举证责任。对此，被告可能予以自认，也可能否认原告主张的要件事实或者通过主张与原告权利

---

① 许德风：《法教义学的应用》，载《中外法学》，2013（5）。

② ［美］埃尔曼：《比较法律文化》，北京，生活·读书·新知三联书店，1990，第171页。转引自肖建国：《论民事证明责任分配的价值蕴涵》，载《法律科学》，2002（3）。

③ ［德］齐佩利乌斯：《法学方法论》，金振豹译，北京，法律出版社，2009，第139页。

④ 德国学者尧厄尼希语。转引自李浩：《民事证据制度的再修订》，载《中外法学》，2013（10）。

⑤ 参见汤旸：《出租车投诉逾6成无法受理 应注意证据》，载《新京报》，2013-02-06；吴晶晶：《皮衣不翼而飞 干洗店难逃责任》，载北京法院网，访问日期：2012-11-27；林操场、王茂峰：《环境污染赔偿案不全免除原告的举证责任》，载《人民法院报》，2006-09-11；孙晓朦、涂浩：《贵重物品寄存未声明 丢失被判按一般物品赔偿》，载北京法院网，访问日期：2014-01-10。

请求的要件事实不同的事实以达到排斥原告主张的事实的诉讼上的抗辩目的。诉讼上的抗辩可以对应权利（或请求权）的妨碍、消灭或者受制规范。准确地区分否认与抗辩，对于法官正确分配举证责任至关重要。根据"谁主张，谁举证"的规则，原告就其主张的事实应当承担举证责任。但并非只要主张某一事实，就一定承担举证责任，还须结合待证事实分类说的观点，考虑当事人所主张的事实的性质如何，当事人只需对法律规范中对其有利的要件事实承担举证责任，这是对适用"谁主张，谁举证"原则的限制。抗辩者负举证责任；而否认者无举证责任，被告对其否认的事实无须承担举证责任。"因为无论否认还是抗辩都是当事人对相对方所主张的事实，但是如果按照'谁主张，谁举证'的举证责任分配原则，当事人无论是否认还是抗辩都要承担举证责任。然而，如果当事人提出否认，并要承担举证责任，就会出现以下自相矛盾的情况：一方当事人对同一事实认为'真'，从正面承担举证责任，而对方当事人表示否认认为该事实为'假'，从反面承担举证责任。如果是这样的话，那么当双方当事人都不能证实各自的主张（即该事实真伪不明）时，双方当事人都要承担举证责任——双方当事人都会被法院判处败诉。可是，败诉的风险只能由一方当事人承担。因此在举证责任承担问题上，当事人主张否认并不承担举证责任。"① 法释〔2020〕17 号最高人民法院《关于审理民事案件适用诉讼时效制度若干问题的规定》第 2 条就规定："当事人未提出诉讼时效抗辩，人民法院不应对诉讼时效问题进行释明。"第 3 条规定："当事人在一审期间未提出诉讼时效抗辩，在二审期间提出的，人民法院不予支持，但其基于新的证据能够证明对方当事人的请求权已过诉讼时效期间的情形除外。""当事人未按照前款规定提出诉讼时效抗辩，以诉讼时效期间届满为由申请再审或者提出再审抗辩的，人民法院不予支持。"诉讼时效期间届满时，义务人取得的时效利益属于私人利益，国家无主动干预的必要。诉讼时效期间届满的法律后果，是导致义务人抗辩权之发生。此时义务人对诉讼时效期间届满的抗辩就属于对权利人权利发生要件事实的永久受制抗辩，对此抗辩事实应该由义务人承担行为意义上和结果意义上的举证责任。当然，权利人针对义务人的诉讼时效期间届满抗辩可以进行再抗辩，如其可以举证主张诉讼时效期间中止、中断或者延长的事由进行抗辩。而义务人

① 肖建国、谢俊：《主张和抗辩在举证责任分配中的适用》，载《人民法院报》，2007 -01 - 01。

则可以进一步以中止、中断或延长事由结束，诉讼时效重新计算，诉讼时效仍然届满为由进行再举证、再抗辩。

对当事人之间的举证责任进行分配的民事证据规范既是一种裁判规范，又是一种行为规范。举证责任是待证事实缺乏证据或者真伪不明时法官进行裁判的方法论，是法律适用方法中的重要问题。"如果法官对于案件事实仍然无法形成内心确信，案件事实仍然处于真伪不明的状态，就应当依据证明责任规则作出判决。"① 对证明责任有精深研究的德国学者普维庭精辟地指出："证明责任判决始终是'最后的救济'（ultima ratio），或者说'最后一招'，如果为了使法官达到裁判之目的，就别无选择。"② 2022 年《民事诉讼法司法解释》第 90 条第 1、2 款分别规定了行为意义上的证明责任和结果意义上的证明责任，对应举证责任规范的行为规范和裁判规范属性。可见，证明责任分配是立法上对于案件事实不清的风险分配，它能够起到鼓励当事人积极提供证据证实要件事实的作用。"证明责任的主要功能是解决事实真伪不明法官如何裁判的问题，但如果仅仅从这一视角来认识证明责任，是相当不全面的。证明责任在民事诉讼中发挥多方面的作用，如为当事人在诉讼中展开攻击和防御提供证据，为划分本证与反证提供依据，为当事人之间分配主张责任提供依据等。"③

四、民法证据规范的类型及规范性质

（一）民法证据规范类型概述

民法证据规范中举证责任一般标准无须均由民事实体法律作明确具体规定，其已经为 2022 年《民事诉讼法司法解释》第 91 条所确认，并为民事诉讼法学"法律要件分类说"的通说理论所支持，需要我们结合法律要件分类说从民事权利规范的构成要素中分析解释出来。德国民法典第一草案第 193 条曾经采取法律要件分类说规定了举证责任的一般规则，但最后基于其默示的有效性而未被保留。正如有学者所言："实体法明文规定证明责任终究是少数，在多数情况下，需要运用法律要件分类说分析实体法的逻辑结构以及实体法条文之间的关系，来辨别哪些事实属于产生权利的

---

① 孙莹：《最高法发布交通事故赔偿纠纷案等四起典型案例》，载 http://news. sina. com. cn/o/2014-07-25/054430576382. shtml，访问日期：2014 - 08 - 26。

② ［德］汉斯·普维庭：《现代证明责任问题》，吴越译，北京，法律出版社，2000，第 28～29 页。

③ 李浩：《民事诉讼法学》，北京，法律出版社，2011，第 215 页。

事实,哪些事实属于阻碍权利发生的事实,哪些事实属于变更或者消灭权利的事实。"① 普维庭也曾经说:"倘若立法者要明确地为每一个法定的要件事实都规定一个证明责任规范的话,那将是一个法律内容和相应成本都无法承受的计划。"②

对民法证据规范中的法定具体标准则需要进一步类型化。对此,民事立法上的民法证据规范可进一步区分为民事权利推定规范、民事法律事实推定规范和举证责任倒置规范等。民事权利推定规范包括可以反驳推翻的民事权利推定规范和不可反驳推翻的民事权利推定规范。民事法律事实推定规范也同样包括可以反驳推翻的民事法律事实推定规范和不可反驳推翻的民事法律事实推定规范。可以反驳推翻的民事(权利/事实)推定规范能够起到转换举证责任的作用,有学者从此角度认为:"权利推定规则本质是证据负担减轻规则"③;不可反驳推翻的民事(权利/事实)推定规范则类似于实体法上的拟制,其没有举证责任转换的功能,而是直接导致实体法律后果。对民事推定规范的上述两分法也符合通说的观点,普维庭就曾经说过:"法律推定,即指某些法律规范中,立法者以一定的事实(推定基础)直接推导出另外一个特定的法律要件(推定结果)。这种被法律所推定的法律要件可以是一个事实(法律对事实的推定),也可以是一种权利状态(法律对权利的推定)。"④ 在司法实践中,"事实推定"(Tatsachenvermutung)有时指的是法官对事实的推定(die tatsächliche Vermutung),有时指的又是法律上的事实推定(gesetzliche Tatsachenvermutungen),本书所讲的民事法律事实推定规范指后者。

(二) 民事单行法时代我国民法证据规范概况及其识别标准

世界上绝大多数国家都在实体法的范围内对证明责任进行规范。⑤ 我国也有学者曾经倡议,民事证据法从性质上说是程序法与实体法结合的产物,它既可以融合于程序法和实体法之中,也可以成为一个独立的法域,民事证据法如果不能单独立法,从立法技术和立法策略上讲,放在民法典中优先于放在民事诉讼法中。⑥

---

① 李浩:《民事诉讼法学》,北京,法律出版社,2011,第 220 页。
② [德] 汉斯·普维庭:《现代证明责任问题》,吴越译,北京,法律出版社,2000,第 383 页。
③ 王洪亮:《权利推定:实体与程序之间的构造》,载《法学研究》,2011 (1)。
④ [德] 汉斯·普维庭:《现代证明责任问题》,吴越译,北京,法律出版社,2000,第 74 页。
⑤ Nagel/Gottwald, Internationales Zivilprozessrecht, 6 Auflage, 2007, § 9 Rn. 64ff.
⑥ 参见王利明:《审判方式改革中的民事证据立法问题探讨》,载《中国法学》,2000 (4)。

　　我国民事立法中最早对证明责任分配和倒置进行明确规定的是原《民法通则》，该法第 123 条对高度危险作业致人损害责任中的免责事由规定了举证责任配置，第 126 条对物件致害责任中的免责事由规定了举证责任配置。为了解决司法实践中举证责任配置规范的疑难问题、弥补民事实体规范在举证责任配置上的欠缺，民事诉讼法及其司法解释对举证责任的分配进行了补充规定。1991 年《民事诉讼法》第 64 条第 1 款概括规定："当事人对自己提出的主张，有责任提供证据。"法发〔1992〕22 号最高人民法院《关于适用〈中华人民共和国民事诉讼法〉若干问题的意见》第 74 条对举证责任的分配及其倒置的案件类型进行了总结。2001 年《民事诉讼证据规定》第 4 条第 1 款再次作了补充规定。而在原《合同法》《物权法》《侵权责任法》等一系列民事实体法及其司法解释中，有更多的民法证据规范。有学者通过实证研究指出："依照何种原则分配举证责任是举证责任理论中的核心问题，对此尽管存在着种种不同的学说，但应当采用建立在法律要件分类说基础上的基本原则作为分配的原则是我国理论界绝对主流的观点。《公报》中这些案例表明我国审判实务中的确是按照基本原则来分配举证责任的，在这一问题上，理论与实务存在着高度的统一性。"① 法院应当按照法律的明确规定分配证明责任。法律、司法解释没有明确规定证明责任分配的，应当通过对实体法律规范中权利构成要件的分析，解析确定证明责任分配。法院分配证明责任时应当向当事人说明分配证明责任的法律依据和理由。

　　民事权利规范在条文结构（Satzbau）和用语表述上需要兼顾证明责任的分配问题，证明责任分配的一般标准需要在法律要件分类说的指导下结合民事权利规范的类型配置得出。有学者指出，在德国民法典中，如果证明责任的分配和一般标准不一致，就会采取特殊的表达方式，例如使用"除非""只要不""除……之外"等词语或如下从句："如果……则前述规定不适用""不适用本规定""如果……则不产生此法律后果""本法律后果仅限定在……""如果……，则第一款不适用"②。

　　作为对"谁主张，谁举证"原则的限制，当事人只需对法律规范中对其有利的要件事实承担举证责任。而在证明责任配置的法定特别标准中，

<hr />

　　① 李浩：《民事判决中的举证责任分配——以〈公报〉案例为样本的分析》，载《清华法学》，2008（6）。

　　② 转引自周翠：《〈侵权责任法〉体系下的证明责任倒置与减轻规范——与德国法的比较》，载《中外法学》，2010（5）。

主张对自己有利要件事实的当事人之相关举证责任则转由对方当事人来承担，民事权利推定规范、民事法律事实推定规范和举证责任倒置规范均然。在民法证据规范对举证责任法定特别标准规定之识别上：一方面，可以采取识别和判断此类特别标准的形式方法，民事权利推定规范、民事法律事实推定规范和举证责任倒置规范会对应特殊的条文结构或者立法用语表述方法，如"但能够证明自己没有过错的除外""不能证明自己没有过错的……""因下列情形之一的，推定医疗机构有过错""及其行为与损害之间不存在因果关系承担举证责任""但能够证明尽到管理职责的，不承担责任"等等。另一方面，可以采取具有决定意义的实质识别和判断方法，而这就需要结合民事实体法中对于民事权利规范的类型配置来展开，不同类型的民事权利规范对应不同的举证责任配置规范。

当然，值得注意的是在民事单行法时代我国民事立法在民法证据规范的立法配置上并未反映出统一标准。很多民法证据规范中所规定的恰恰是本应由该当事人举证的对自己有利的要件事实，如原《民法通则》第 123 条及 2001 年《民事诉讼证据规定》第 4 条第 1 款第 2 项高度危险作业人对"损害是由受害人故意造成"、原《侵权责任法》第 66 条及 2001 年《民事诉讼证据规定》第 4 条第 1 款第 3 项污染者对"法律规定的不承担责任或者减轻责任的情形"、2001 年《民事诉讼证据规定》第 4 条第 1 款第 5 项动物饲养人或者管理人对"受害人有过错或者第三人有过错"、2001 年《民事诉讼证据规定》第 4 条第 1 款第 6 项产品的生产者就"法律规定的免责事由"承担举证责任的规定均属于民事权利（侵权损害赔偿请求权）妨碍、消灭或者受制规范对应的要件事实的举证，仍属于举证责任分配的一般标准对应的情形，可见立法者和司法解释起草者并没有在该问题上表现出"一种如流水潺潺不断的倾向"①。

（三）民法证据规范的规范性质

民事司法中案件事实的确定离不开民事立法上证据方法、证据能力、证明力和证明责任制度等相关"操作规则"的预置②，其中前三者主要属于证据程序规范，证明责任制度属于证据实体规范。证据能力和证明力规范则应由民事诉讼法规定，《民法典》中的证据规范应该以证明责任规范

---

① ［美］本杰明·卡多佐：《司法过程的性质》，苏力译，北京，商务印书馆，1998，第 3 页。
② 参见［德］齐佩利乌斯：《法学方法论》，金振豹译，北京，法律出版社，2009，第 136～138 页。

为主，以证据方法规范为辅。

民法上的证据规范本质上仍然主要属于民事实体法规范，而非程序法规范。实体法是"确定权利义务之所在及其范围之法也"，程序法是"规定实行权利及履行义务之程序也"①。涉及对当事人之间举证责任（证明责任）分配的民法证据规范，就直接关乎对民事主体之间的利益安排，关乎对平等民事主体之间私人利益的取舍排序。有关证据种类、证据保全、证明对象、证明过程等纯粹证据程序规范则属于民事诉讼法的规制对象。有学者甚至进一步指出："证明责任分配属于实体法问题。证明责任分配，实际上是分配事实真伪不明（non liquet）时的败诉风险，尽管这一问题发生在诉讼过程中，但它本质上仍然是一个实体法问题而非程序法问题。"②　欧洲私法框架草案的起草学者也认为："欧洲私法示范法规范将证明责任问题归属于实体法问题。"③

作为民法证据规范的核心类型，民法证明责任一般规范具有如下特点：首先，证明责任一般规范兼具行为规范和裁判规范的双重属性，分别对应行为意义上的证明责任和结果意义上的证明责任。其次，证明责任一般规范具有不完全法条属性，需要将实体法民事权利构成要件中真伪不明的生活事实和证明责任一般规范结合起来④，才能得出相应的法律后果。即使是在具体要件事实真伪不明情形下，相关民事权利规范不能适用，法院也必须一并援引该不能适用的民事权利规范进行裁判说理。再次，证明责任一般规范具有补充规范的特点，证明责任一般规范是民事权利规范的必要补充，其有助于解决民事权利规范要件事实真伪不明时的风险负担问题。"证明责任规范应直接来自实体法规范，其本质是一个实体法规范要件的补充规范……证明责任规范就是一个法律要件的补充规范。证明责任规范是辅助规范，是不完整的法律规范，因为它不能单独适用。"⑤　最后，

---

①　史尚宽：《民法总论》，北京，中国政法大学出版社，2000，第11页。

②　李浩：《民事诉讼法学》，北京，法律出版社，2011，第216页。"尽可能地在民法条文中含有举证责任的分配……民法条文本身显现出举证责任分配是多么必要和重要。"［崔建远：《编纂民法典必须摆正几对关系》，载《清华法学》，2014（6）。］

③　Christian von Bar & Eric Clive, *Principles, Definitions and Model, Rules of European Private Law-Draft Common Frame of Reference*, Munich: Sellier European Law Publishers, 2009, p. 2879.

④　也有学者指出："举证责任分配规范必然带有实体法和诉讼法双重性特征。"［肖建国：《论民事举证责任分配的价值蕴涵》，载《法律科学》，2002（3）。］

⑤　胡学军：《证明责任制度本质重述》，载《法学研究》，2020（5）。

与证明责任法定特别规范不同，根据证明责任一般规范所协调利益关系的类型，可以将证明责任一般规范定性为任意性规范。因为此类规范协调的是平等民事主体之间在案件事实真伪不明情形下的风险负担问题，这本质上是平等主体之间的私人利益，法律不存在强制规定的必要。"在当事人已经实现对举证责任的负担作出约定的情况下，只要约定的内容反映了双方当事人的真实意思且不违反法律中的禁止性规定，法院就没有理由不尊重当事人的选择。"① 证明责任法定特别规范则属于强制性规范。基于侵权纠纷自身性质，结合《民法典》第468条，证明责任一般规范也无法为侵权纠纷当事人事先约定排除。

此外，民法证据规范还构成对民法规范论的有益发展，民法证据规范丰富了民法规范论的类型配置。正如有学者所总结：我国民法学界围绕民法规范论展开的讨论，大多都服务于"对民事行为的效力，尤其是合同行为的效力进行妥当判断的目的"② 。民法证据规范论则更多地从民事权利本位入手，研究民事权利构成要件事实的证明责任分配，以有利于民事权利的动态诉讼实现。结合证明责任配置规范，可以将民事权利规范创新分类为权利发生规范、权利妨碍规范、权利消灭规范和权利受制规范，以明晰不同要件事实的证明责任配置，提升民事权利规范的可操作性。从民法角度对证据实体规范作民事一体化研究，将民事权利规范与民事证据实体规范结合研究，有利于加强民事权利规范的诉讼实现。以是否涉及证明责任分配为标准，民法规范可以区分为普通民事实体规范和民法证明责任规范，后者又属于民事证据实体规范。实际上，普通民事实体规范中也往往包含民法证明责任规范的内容，如就民法任意性规范而言，主张与任意性规范不一致的当事人应该就其彼此之间"另有约定"承担证明责任。

五、小结：略过证据规范的民法是不完整的

案件事实的形成环节蕴含了民法学方法论的丰富命题，长期以来，国内外民法学方法论更多关注以请求权规范基础分析方法和法律解释方法为主对大前提法律规范的寻找和解释完善，对案件事实形成的过程则关注较少。案件事实的形成离不开民法证据规范的适用。对案件事实形成过程中

---

① 李浩：《民事判决中的举证责任分配——以〈公报〉案例为样本的分析》，载《清华法学》，2008（6）。

② 王轶：《民法典的规范类型及其配置关系》，载《清华法学》，2014（6）。

的民事证明责任等民法证据规范的发现、归类和解释适用是对传统法学方法论体系的有益扩充。

民法证据规范有助于将民事权利落到实处。民事证明责任等证据思维是对传统请求权规范思维和民事法律关系思维的有益补充。权利需要被实现，否则其将无意义。从理论上说，每一个民事权利规范都须伴随一个民事证据规范，以增强其实效。略过证明责任等证据规范的民法是不完整的。

在民事单行法时代，我国民事立法中已经出现对证明责任等证据规范越来越重视的趋势，然而，在我国大多数民法规范的配置过程中，立法者并无明显的证明责任等证据意识。如何有意识地、体系化地配置证据规范，是《民法典》编纂和各类民事立法司法解释起草中的重点和难点问题。民法证据规范主要包括证明责任一般规范、证明责任倒置规范、民事权利推定规范、民事法律事实推定规范、证明标准规范等。对证明责任一般规范应该通过独立条文使其法定化，并在具体民法规范配置的过程中增强结合证明责任一般规范进行条文表述的意识。民法证明责任倒置规范、民事权利推定规范和民事法律事实推定规范都属于证明责任一般规范的例外情形，对这些例外情形均须一一加以明确规定。

第二编 分   论

第四章 《民法典》总则编中的证据规范

一、《民法典》总则编中证据规范配置的立法论与解释论

民法不可避免地需要对举证责任（证明责任）等证据规范加以规定，《民法典》各编、不同民商事法律部门中的证据规范各有侧重，如物权编中的物权推定规范、合同编中的合同请求权及对之为抗辩的证据规范、婚姻家庭编中的法律事实推定规范（主要包括亲子关系推定规范与夫妻共同债务推定规范等）、继承编中的证据方法规范、侵权责任编中的举证责任倒置规范等等。

《民法典》总则编从原《民法总则》发展而来。在《民法总则（草案）》之一次审议稿、二次审议稿和三次审议稿公开征求意见的过程中，笔者均曾书面建议在该法增加举证责任的一般规定。我国民事立法和司法解释中出现对证据规范配置越来越重视的趋势，然而，在我国大多数民法规范配置过程中，立法者并无明显的举证责任等证据意识。根据举证责任分配一般标准来解决实体法中的举证责任问题有一个前提，这就是立法者在实体法立法时清楚地知道举证责任应该由谁来承担，根据确定的举证责任分配规则进行有意识的立法，有意识地选择法律条文的表述方式，选择从正面还是反面、从原则还是例外、从积极角度还是消极角度表述实体构成要件，正确传递举证责任分配规则的信息。只有这样，关于举证责任的分配才是立法者有意识立法的结果，举证责任分配的一般标准才可以充分发挥作用。我国民事立法和司法解释在民法证据规范的立法配置上并未反映出一种有意识的、体系化的倾向。如何有意识地、体系化地配置举证责任等证据规范，也成为我国民事立法的重点和难点问题。①

妥当配置《民法典》中的举证责任规范有助于将民事权利落到实处。

---

① 参见王雷：《民法证据规范论》，载《环球法律评论》，2015（2）。

有学者曾经倡议，民事证据法从性质上说是程序法与实体法结合的产物，民事证据法如果不能单独立法，从立法技术和立法策略上讲，放在《民法典》中优先于放在民事诉讼法中。^① 有学者也呼吁："尽可能地在民法条文中含有举证责任的分配……民法条文本身显现出举证责任分配是多么必要和重要。"^② 有学者进一步指出，证明责任是民法概念，证明责任概念的功能仅在于实现相关民法概念的功能，所以它的实质性原则就是相关民法概念背后的民法基本原则，可以据此对具体制度中的证明责任分配进行目的论解释。^③ 举证责任规范成为沟通民事实体法和民事程序法的桥梁，民法和民事诉讼法在举证责任问题上存在很多交叉，举证责任制度无法完全交由民事诉讼法规定，民法不可避免地需要作出一些相应的规定。^④ 具体条文表述，可以参考 2022 年《民事诉讼法司法解释》第 91 条："人民法院应当依照下列原则确定举证证明责任的承担，但法律另有规定的除外：（一）主张法律关系存在的当事人，应当对产生该法律关系的基本事实承担举证证明责任；（二）主张法律关系变更、消灭或者权利受到妨害的当事人，应当对该法律关系变更、消灭或者权利受到妨害的基本事实承担举证证明责任。"并可借鉴《中华人民共和国民法典·民法总则专家建议稿》第 201 条："除非法律另有规定，主张民事权利存在的，应当就该民事权利发生的事实承担举证责任；主张民事权利变更、消灭或者受到限制的，应当就该民事权利变更、消灭或者受到限制的事实承担举证责任。""主张民事义务、民事责任存在、变更、消灭或者受到限制的，准用前款规定。"^⑤《民法典》总则编并未规定民事举证责任一般规范，该规范对应的价值判断结论停留在 2022 年《民事诉讼法司法解释》第 91 条。

原《民法通则》第 56 条后一句规定："法律规定用特定形式的，应当依照法律规定。"但该条属于不完全法条，未明确当事人不采用该特定形

---

① 参见王利明：《审判方式改革中的民事证据立法问题探讨》，载《中国法学》，2000 (4)。

② 崔建远：《编纂民法典必须摆正几对关系》，载《清华法学》，2014 (6)。

③ 参见胡东海：《民事证明责任分配的实质性原则》，载《中国法学》，2016 (4)。类似观点，参见徐涤宇：《民事证明责任分配之解释基准——以物权法第 106 条为分析文本》，载《法学研究》，2016 (2)。

④ 张卫平教授就曾指出民事诉讼实务中存在"没有能够从实体请求权要件着手认识证明责任的性质以及证明责任的分配"的现象。参见张卫平：《对民事诉讼法学贫困化的思索》，载《清华法学》，2014 (2)。

⑤ 王雷：《我国民法典中证据规范的配置——以民法证明责任规范为中心》，载《法商研究》，2015 (5)。

式时的法律后果。《民法总则（草案）》（一次审议稿）第114条规定："民事法律行为可以采用书面形式、口头形式或者其他形式；法律规定或者当事人约定采用特定形式的，应当采用特定形式。"其二次审议稿第128条和三次审议稿第136条均作了同样的规定。笔者曾向立法机关提交书面建议，认为该条属于不完全法条（与原《民法通则》第56条后一句类似），没有规定未采用特定形式的民事法律行为效力这一相应的法律后果，会带来民法解释论上的难题，建议立法予以明晰。具体如下："民事法律行为可以采用书面形式、口头形式或者其他形式。""法律、行政法规规定或者当事人约定民事法律行为应当采用特定形式的，依照其规定或者约定。没有采用特定形式的，推定民事法律行为未成立。"理由在于：第一，从原《合同法》以来的立法实践看，法律和行政法规都可以对合同的形式与效力进行法定调整，不能将特定形式的法源范围局限于法律。第二，学理上，认定合同的形式标准中对应了合同法上的证据方法规范，与合同法定书面形式要求有关的合同法规范也仅仅是出于保存证据和督促当事人谨慎交易目的的倡导性规范。在合同订立、履行、消灭的全过程中，都存在出于证据目的、作为证据方法、避免空口无凭的合同形式之问题。经由对未采取特定形式的法律行为成立或效力之规定，法律行为形式条款就成为具有裁判规范功能的完全法条，相关推定也对应可以反驳推翻的民事法律事实推定规范。[①] 然而，原《民法总则》第135条和《民法典》第135条未规定未依法/依约采取特定形式的民事法律行为对应的法律后果如何，仍属于不完全法条。

《民法典》总则编对民事举证责任一般规范、民事法律事实推定规范等证据规范配置均有所不足，需要在学理上作解释完善，以方便司法适用。脱离了举证责任等民法证据规范，就会极大降低民事权利规范的实效及裁判规范属性。例如，《民法典》第191条对未成年人遭受性侵害时损害赔偿请求权诉讼时效特别保护作规定："未成年人遭受性侵害的损害赔偿请求权的诉讼时效期间，自受害人年满十八周岁之日起计算。"这是对未成年人合法权益保护的有力举措，体现对未成年人的倾斜保护，有利于实现未成年人利益的最大化，也彰显了民法人文关怀的理念。社会公共利益中包含着社会弱势群体利益，未成年人的利益属于社会公共利益，对未成年人遭受性侵害的损害赔偿请求权从诉讼时效期间角度作特别规定，是

[①] 参见王雷：《论合同法中证据规范的配置》，载《法学家》，2016（3）。

维护未成年人利益这一社会公共利益的有力举措。从立法技术上看，未成年人遭受性侵害时，因个人民事行为能力不足等问题，其在较短的诉讼时效期间内提起诉讼请求，具有现实上的困难。尤其是很多未成年人遭受性侵害的案件发生在家庭内部，在这种情况下，延后其损害赔偿请求权的诉讼时效期间起算点，更具有现实意义，有利于他们在成年之后，依法通过诉讼等保护自己的合法权益。问题在于，该条损害赔偿请求权的权利发生要件事实应当由该未成年人承担举证责任，在未成年时遭受性侵害，而成年后提起诉讼的，是否会面临举证困难，值得思考。该条在司法实务中的制度实效有待进一步观察。尤其是，若对方不自认，侵害事件长期隐而不发，又没有通过刑事诉讼程序固定证据，成年后受害人虽可提起损害赔偿之诉，但却很容易陷入没有证据的困境。

《民法典》总则编规定了众多证据规范，亟须我们作类型梳理、解释适用和发展完善。正如朱庆育教授曾指出的那样："当解释者回答'规范是什么'时，其实亦在回答'规范应当是什么'，二者融合于统一的解释过程。"[1]陈甦教授主编的《民法总则评注》在对原《民法总则》条文进行释义的过程中，逐条阐述举证责任分配问题，以增强条文的适用性。《法学家》杂志"民事法律评注"栏目刊发系列评注类文章，每篇文章往往也会分散或者集中探讨相关举证责任问题。[2]

民法证据规范是对民法规范的丰富和发展，本章根据《民法典》总则编法律条文的大致顺序，分别讨论自然人、法人、民事法律行为和民事权利制度中的证据规范，其中自然人和法人制度中的证据规范主要属于民事法律事实推定规范，民事法律行为和民事权利制度中的证据规范主要对应举证责任一般规范、减轻规范和倒置规范。

二、对自然人出生和死亡时间及住所的民事法律事实推定规范

（一）对自然人出生时间和死亡时间的推定规范

自然人出生在法律上至关重要，对于出生时间存在争执时，如何最终确定？以自然人出生之事实，主张发生某种法律效果的，须对出生事实承担举证责任。根据1988年《民法通则意见（试行）》第1条的规定，出生

---

① 朱庆育：《民法总论》，北京，北京大学出版社，2016，第二版序，第1页。
② 关于"评注视角的证明责任"问题，参见马嘉骏、江美茹、吴涵轩：《南京大学第二届天同法典评注研讨会会议综述》，载 https://law.nju.edu.cn/sy/xyxw/20211227/i217186.html。

时间一般应当以户籍证明为最有力的证据，但也非绝对证据，没有户籍证明的，则以医院出具的出生证明为准。至于能否根据医院出具的出生证明等推翻户籍证明误载的出生时间，我国现行法律没有明确规定，理论上以肯定说为宜。①

不同于 1988 年《民法通则意见（试行）》第 1 条只规定对自然人出生时间的推定，《民法典》第 15 条一并规定对自然人出生时间和死亡时间的推定规范。《民法典》第 15 条是对自然人出生和死亡时间这一民事法律事实的推定规范。《民法典》第 15 条规定了自然人出生时间、死亡时间对应的三类证据方法及其证明力：在推定自然人出生和死亡时间的证据方法上，将出生证明、死亡证明作为证明力最高的证据方法，户籍登记或者身份证、军官证、居住证、外国人护照等其他有效身份登记记载的时间证明力次之。较之户籍登记等登记记载的时间，出生证明、死亡证明记载的时间更接近于自然人出生和死亡时间的真实情况。不管是出生证明、死亡证明、户籍登记还是身份证、军官证、居住证、外国人护照等其他有效身份登记，其均对应可反驳的证据方法，有其他证据足以推翻以上记载时间的，以该证据证明的时间为准。可见，在认定自然人的出生和死亡时间上，出生证明、死亡证明、户籍登记或者其他有效身份登记均属于可反驳推翻的证据方法。

（二）宣告死亡制度中死亡时间的推定规范

《民法典》第 48 条规定宣告死亡时间的推定。2017 年 3 月 14 日，《民法总则（草案）》（建议表决稿）第 48 条规定："被宣告死亡的人，人民法院宣告死亡的判决作出之日视为其死亡的日期；因意外事件下落不明宣告死亡的，意外事件发生之日视为其死亡的日期。"《民法典》第 48 条保留该规定。

2017 年 3 月 8 日提交十二届全国人大五次会议审议的《民法总则（草案）》（四次审议稿）第 49 条规定："被宣告死亡的人，人民法院判决确定的日期视为其死亡的日期；判决未确定死亡日期的，判决作出之日视为其死亡的日期。"其二次审议稿和三次审议稿对宣告死亡时死亡日期的确定规则与四次审议稿相同。2016 年 6 月 27 日，《民法总则（草案）》（一次审议稿）第 44 条规定："被宣告死亡的人，人民法院宣告死亡的判决作出之日或者判决确定的日期视为其死亡的日期。"宣告死亡是指自然人下落不

---

① 参见郑玉波：《民法总则》，北京，中国政法大学出版社，2003，第 107 页。

明满法定期限，经利害关系人申请，由人民法院宣告其死亡的法律制度。宣告死亡制度是人民法院依法以判决的方式推定下落不明的自然人死亡，以结束其与他人之间财产关系和人身关系的不确定状态，有利于保护利害关系人的合法权益，消除民事法律关系的不稳定状态，以保障社会经济生活正常、稳定的发展。《民法总则（草案）》几稿中的宣告死亡制度的死亡时间推定规范存在类型化不足的问题。

　　宣告死亡时对下落不明之自然人死亡时间的确定属于法律推定，虽然立法用语使用了"视为"的拟制式表达，但从体系解释的角度看，结合《民法典》第50条等规定，《民法典》第48条对宣告死亡时死亡日期的确定规则属于可反驳推翻的民事法律事实推定规范。《民法典》第48条更为规范合理的立法表达是"推定其死亡的日期"而非"视为其死亡的日期"。被宣告死亡之人死亡时间的确定对于消除与其相关的民事权利能力、民事行为能力、婚姻关系、继承、保险理赔、死亡赔偿金的计算、养老金的领取、抚恤金的领取、救助金的领取等法律关系的不稳定状态具有重要意义，有必要予以立法明确。原《民法通则》未对宣告死亡时死亡日期的确定加以规定，构成法律漏洞。1988年《民法通则意见（试行）》第36条第1款以判决宣告之日为被宣告死亡之人死亡的日期，该规定并不合理，例如对保险期限较短的意外伤害保险而言，被保险人被宣告死亡之日往往在保险责任期间之外，这就会导致受益人的保险金给付请求权落空。① 因此，法释〔2015〕21号和法释〔2020〕18号最高人民法院《关于适用〈中华人民共和国保险法〉若干问题的解释（三）》第24条第2款作了变通、特别规定："被保险人被宣告死亡之日在保险责任期间之外，但有证据证明下落不明之日在保险责任期间之内，当事人要求保险人按照保险合同约定给付保险金的，人民法院应予支持。"《民法典》第48条运用类型化的立法技术，区分普通下落不明与意外事件导致下落不明时宣告死亡中死亡时间的确定，使意外事件导致下落不明事件中宣告死亡时的死亡日期更接近真实情况，值得肯定。当然，从立法论上看，应该区分宣告死亡的判决作出之日与法院判决确定的死亡日期，《民法典》第48条前一分句更适合将法院结合自然人下落不明的原因和宣告死亡公告期限而判决确定的日期推定为宣告死亡时的死亡日期，以免申请人根据自己的意志选择对自

① 参见薛军：《被宣告死亡者死亡日期的确定——以中国民法典编纂为背景的论述》，载《政治与法律》，2016（6）。

己最有利的时间提起宣告死亡的申请，从而间接决定被宣告死亡人的死亡时间。德国法也区分宣告死亡的判决作出之日与该判决中确定的被宣告死亡人死亡的时间，并不将二者等同。①

(三) 对自然人住所的民事法律事实拟制规范

与对自然人出生时间和死亡时间的推定规范不同，民法通过拟制规范规定自然人的住所。自然人的姓名、住所和居民身份证等是识别自然人的重要法律标志。原《民法通则》第 15 条以户籍所在地为认定自然人住所的一般标准，通过设置拟制规定以经常居住地为认定自然人住所的例外标准。《民法典》第 25 条规定自然人的住所，该条前一分句规定的认定自然人住所的一般标准不再限于户籍登记的居所，还包括"其他有效身份登记记载的居所"，"其他有效身份登记"主要是指居住证、身份证、军官证等，这就使得住所认定标准更加灵活。值得注意的是，如果自然人的户籍登记记载的居所与身份证或者居住证记载的住所不一致，以何者为准？笔者认为，根据《民法典》第 25 条后一分句之规定，此时应当以经常居所为住所，这就取决于户籍登记记载或者其他有效身份登记记载的居所何者构成经常居所。自然人的住所是其日常生活的中心，也是法律关系发生的处所，住所作为重要的民事法律事实会影响一系列民事法律后果乃至公法法律后果，如确定合同履行地、决定残疾赔偿金或者死亡赔偿金的计算标准、确定法院地域管辖、决定涉外民事关系法律适用的准据法等，涉及义务兵役履行、选举权行使，还涉及义务教育、就业服务、基本养老、基本医疗卫生、住房保障、社会福利、社会救助等城镇基本公共服务的提供。《民法典》第 25 条规定的灵活的住所认定标准有利于更加方便当事人从事民事活动。例如，在确定法院地域管辖时，可以有效减少经常居所地与管辖地分离的情况，在确定死亡赔偿金的计算标准时，可以较为便利地举证证明受害人的住所地并适用与其住所地相符的赔偿标准。

《民法总则（草案）》（一次审议稿）第 24 条规定："自然人以户籍登记的居所为住所；经常居所与住所不一致的，经常居所视为住所。"二次审议稿第 25 条了相同规定。其一次审议稿和二次审议稿对自然人住所的规定基本延续了《民法通则》第 15 条的规定，未作突破。《民法总则（草案）》（三次审议稿）第 24 条规定："自然人以登记的居所为住所；经

---

① 参见［德］汉斯·布洛克斯、沃尔夫·迪特里希·瓦尔克：《德国民法总论》，张艳译，北京，中国人民大学出版社，2012，第 423 页。

常居所与住所不一致的，经常居所视为住所。"《民法典》第 25 条进一步明晰了《民法总则（草案）》（三次审议稿）第 24 条所规定的"登记的居所"的含义：户籍登记或者其他有效身份登记记载的居所。

与《德国民法典》第 7 条规定的住所自由设定原则不同，"在规范住所上，我国一直采纳以法定住所为原则、以拟制住所为例外的住所法定主义原则"①。《民法典》第 25 条后一分句采用"视为"的立法技术，对应不可反驳推翻的拟制规范，这不同于该法第 15 条和第 48 条对应的可反驳推翻的推定规范。在人口流动频繁的社会背景下，不能以自然人户籍登记为其住所认定的唯一标准，而应当允许自然人举证证明以其他有效身份登记记载的居所或者以与住所不一致的经常居所为住所。《民法典》第 25 条所规定的住所规则还属于民法上的证据方法规范。户籍登记或者其他有效身份登记记载为认定住所的证据方法，户籍登记或者其他有效身份登记对应证据方法中的书证，此种认定规则可以避免住所认定主观说、客观说和折中说的繁杂与不确定性。自然人户籍登记或者其他有效身份登记记载的居所也仅是推定的住所，对应可反驳推翻的民事法律事实推定规范。不得将户籍登记或者其他有效身份登记记载的居所一律解释为自然人的当然住所。自然人举证证明经常居所与住所不一致的，经常居所被拟制为住所，发生与住所一样的法律效力。参考 1988 年《民法通则意见（试行）》第 9 条第 1 款，自然人的经常居所是指自然人离开住所地最后连续居住一年以上的地方，但自然人住院就医的除外。

三、法人外观原则与善意相对人善意事实的推定

（一）法定代表人代表权外观原则与善意相对人保护

法定代表人是代表法人行使职权的负责人。在原《民法通则》第 38 条、《公司法》第 13 条的基础上，《民法典》第 61 条规定："依照法律或者法人章程的规定，代表法人从事民事活动的负责人，为法人的法定代表人。""法定代表人以法人名义从事的民事活动，其法律后果由法人承受。""法人章程或者法人权力机构对法定代表人代表权的限制，不得对抗善意相对人。"法定代表人的权利，是由法人赋予的，具有概括性。法定代表人以法人名义从事的民事活动，即为法人的民事活动，法定代表人的独立人格被法人吸收。值得注意的是，应该区分对法定代表人代表权的约定

---

① 陈甦主编：《民法总则评注》，上册，北京，法律出版社，2017，第 171 页。

（自治）限制与法定限制，不能笼统地说"法定代表人的权限限制不得对抗善意相对人"，《民法典》第 61 条第 3 款仅限于法人章程或者法人权力机构对法定代表人代表权的限制不得对抗善意相对人，这属于内部约定（自治）限制。我国企业法人营业执照、企业信用信息公示系统、社会组织法人登记证书、社会组织查询系统，目前都不记载法定代表人代表权限，只记载法定代表人姓名、经营范围、业务范围等。以公司为例，法定代表人姓名及其职权属于公司章程应当载明事项；但公司营业执照和登记事项应当载明经营范围、法定代表人姓名，而无须载明法定代表人职权。虽然公众可以向公司登记机关申请查询公司登记事项，但根据《市场主体登记管理条例》，法定代表人职权也不属于公司的登记事项。公司设立登记时应当提交公司章程，而公司章程并非工商登记事项或者对外展示事项，公司章程对法定代表人职权的规定不能推定为众所周知。我国对法人登记事项的规定，使得法定代表人职权无法登记公示，也就不能产生《德国民法典》第 68、70、71 条所规定的登记对抗力。

　　以法人法定代表人未经内部决议而以法人名义对外作出担保的效力认定与举证责任为例，法律将对法定代表人代表权在特定情形下的限制（如《公司法》第 16 条对公司担保的法定限制规则）推定为众所周知，不能简单认为此种法定限制实质是内部控制程序（管理性强制性规范）并认为不能以此约束交易相对人[1]，相对人不得以自己不知法律规定为由主张自己善意，相对人对相关法定限制对应的程序事项负有审查义务。[2] 金融借款、民间借贷等案件中经常发生越权担保合同效力争议，起决定作用的是对相对人"善意"与否的认定。法人法定代表人未经内部决议而对外作出担保构成无权代表，法人举证证明相对人对法人法定代表人的代表权限未尽法定审查义务的，属于相对人"应当知道其超越权限"，根据原《合同法》第 50 条、《民法典》第 504 条，应该认定该代表行为无效，相关越权担保合同对法人不发生效力。《民法典担保制度司法解释》第 7 条规定："公司的法定代表人违反公司法关于公司对外担保决议程序的规定，超越权限代表公司与相对人订立担保合同，人民法院应当依照民法典第六十一条和第五百零四条等规定处理：（一）相对人善意的，担保合同对公司发生效力；

---

　　① 参见最高人民法院（2012）民提字第 156 号民事判决书。
　　② 高圣平教授也认为："相对人在接受公司提供担保之时应对法定代表人的代表权限进行形式审查，这是相对人基于法律规定所应负的注意义务。"［高圣平：《公司担保中相对人的审查义务——基于最高人民法院裁判分歧的分析和展开》，载《政法论坛》，2017（5）。］

相对人请求公司承担担保责任的，人民法院应予支持。（二）相对人非善意的，担保合同对公司不发生效力；相对人请求公司承担赔偿责任的，参照适用本解释第十七条的有关规定。""法定代表人超越权限提供担保造成公司损失，公司请求法定代表人承担赔偿责任的，人民法院应予支持。""第一款所称善意，是指相对人在订立担保合同时不知道且不应当知道法定代表人超越权限。相对人有证据证明已对公司决议进行了合理审查，人民法院应当认定其构成善意，但是公司有证据证明相对人知道或者应当知道决议系伪造、变造的除外。"该条第 3 款后一句就规定了公司对外担保时相对人的合理审查义务，尽到合理审查义务的相对人方为善意。

法定代表人代表权外观原则与善意相对人保护的核心就是确定法定代表人越权与相对人所从事行为的法律后果。梁慧星教授认为，原《民法总则》第 61 条第 3 款系总结经验而规定，以后不再适用原《合同法》第 50 条，直接适用本条。民法上不要求善意相对人举证证明善意，而采取善意推定。如另一方（法人）异议，主张异议一方（法人）需举证证明相对人非善意。[①] 相较于原《合同法》第 50 条，《民法典》第 61 条第 3 款直接实行相对人善意推定，更好地贯彻了法定代表人代表权外观主义原则，更有利于保护相对人的交易安全。

笔者认为，基于相对人对法定代表人的"职务信赖"，表见代表中相对人举证责任较轻，其证明实际以法人或者非法人组织名义从事民事活动的为该法人或者非法人组织的法定代表人或者负责人，即可推定相对人善意相信对方有代表权限，法人或者非法人组织对相对人非善意承担举证责任。《民法典》第 61 条第 3 款无法完全取代原《合同法》第 50 条，这两个条文对相对人的善意均采推定规则，都体现了对法人法定代表人代表权限的外观主义原则，从价值判断结论上看并无分歧，是一般与特别的关系。《民法典》第 61 条第 3 款与原《合同法》第 50 条适用的主体范围相仿，但前者及于法定代表人越权代表从事的各类"民事活动"，后者则仅规制法定代表人越权代表签订"合同"行为的法律效力。原《合同法》第 50 条对法定代表人、负责人越权代表签订合同作法律规制，而《民法典》第 61 条第 3 款仅着重于法人法定代表人越权代表行为的法律后果，结合《民法典》第 108 条的规定，第 61 条第 3 款也可在非法人组织负责人越权

代表时参照适用。从裁判规范的角度看，《民法典》第61条第3款力图表达这样一个完整的价值判断结论："法定代表人超越法人章程或者法人权力机构对代表权的限制而从事的代表行为，除相对人知道或者应当知道其超越权限的以外，该代表行为对法人发生法律效力。"

要注意《全国法院民商事审判工作会议纪要》第17～23条与第41条的区别：法定代表人未经内部担保决议而在公司对外担保合同上盖公司公章，构成越权（无权）代表；第41条规定，法定代表人在合同上以公司名义盖假章，合同效力不当然受公章真伪之影响，关键要看法定代表人的代表权。要求相对人在任一交易活动中都去核查公章的真伪，是不符合交易便捷原则的，因此，相对人不应负有审核某一公章是否为备案公章的义务。公章之于合同的效力，关键不在公章的真假，而在盖章之人有无代表权或代理权。如果是法定代表人之外的人加盖相关公章，则关键看此人是否具有代理权。假公章案件的裁判思路是"看人不看章"，关键看盖章之人有无代表权或代理权：有代表权或代理权的，即便盖假章，也可以构成有权代表或有权代理；反之，没有代表权或代理权的，即便盖真章，合同也不见得有效。[①]"公司作为个体组织，其表示意思的方式必然要通过特定自然人的签字或盖章才能实现。盖章行为的本质在于表明行为人从事的是职务行为，有代表权或代理权的人盖章确认的合同，对公司具有约束力。因此，对于盖章行为的法律效力不宜进行弱化，但可以进行裁判思路上的指引。最高人民法院发布的《全国法院民商事审判工作会议纪要》对此进行了明确，即应当着重考察盖章之人有无代表权或者代理权来认定合同效力，有代表权或者代理权的人即便加盖的是假公章，也应认定其构成有权代表或者有权代理。"[②] 当然，公司印章种类很多，常见的有公章、财务章、合同专用章、发票专用章等。要注意对印章作必要的形式审查，注意区分公章和专用章的不同效力。如果将公章之外的其他公司专用章盖于合

[①] 假公章的认定问题，往往需要借助举证责任的分配予以解决。在通常情况下，是公章显示的公司以加盖在合同书上的某一枚公章是假公章为由提出合同不成立或无效的抗辩，此时，应由该公司承担举证责任，公司可通过申请鉴定、比对备案公章等方式进行举证。公司举证后，合同相对人可通过举证证明盖章之人有代表权（如为法定代表人或负责人）、代理权（职务代理、个别代理）或其有合理理由相信盖章之人有代表权或代理权等事实，从而主张根据相关规则认定合同对公司有效。此时，公司只能通过举证证明交易相对人为恶意相对人来否定合同的效力。参见最高人民法院民二庭第18次法官会议纪要：《盖章行为的法律意义》，2018-06-27。另参见郝成：《前董事长"萝卜章"借款案终审判决：奥特佳不承担责任》，载《中国经营报》，2019-12-30。

[②] 2020年9月12日，最高人民法院在《最高人民法院对十三届全国人大三次会议第7477号建议的答复》。十三届全国人大三次会议第7477号建议名称为《关于完善公司行为的认定规则，改变过度强调公章效力的观念的建议》。

同书上，合同效力就取决于合同内容与该专用章对应业务范围是否匹配，即合同内容是否超出该专用章对应的业务范围。原则上，公章的种类与文件的种类要相匹配，当事人在借款合同上加盖具有特定用途的公司项目资料专用章①，超越了该公章的使用范围，在未经公司追认的情况下，不能认定借款合同是公司的意思表示。

（二）法人住所外观原则与善意相对人保护

法人是一个动态的组织体，存在设立、成立、存续、变更、终止的动态过程。根据商事外观原则（商业透明度）和公权力透明原则（针对机关法人等公法人），法人应将其组织体的动态发展过程通过登记等公示方法真实、及时地展示于外，以方便不特定第三人查知，借此降低交易达成过程中的个体和社会调查成本，维护交易安全，也便于通过信息公开加强对公权力的监督。

《民法典》第 64 条规定："法人存续期间登记事项发生变化的，应当依法向登记机关申请变更登记。"第 65 条规定："法人的实际情况与登记的事项不一致的，不得对抗善意相对人。"这就确立了法人登记的公信力规则，是法人外观主义原则的应有之义。法人存续期间登记事项发生变化的，应当申请变更登记，《公司法》第 7 条、第 32 条第 3 款、第 179 条等都有类似规定。根据法人外观主义原则，法人登记对抗力包括消极对抗力和积极对抗力。法人实际情况发生变化，但未向登记机关申请变更登记的，善意相对人可以信赖法人登记材料上的既有记载，即相关实际情况在法律上并未发生变化。法人应该登记事项而未作登记的，善意相对人可以信赖该事项不存在。法人作不实登记（如隐名股东借显名股东名义作登记），使登记展现出的事实与实际情况不一致的，善意相对人可以信赖法人登记展现出的事实。类似于不动产登记簿，法人登记事项具有正确性推定效力，即使登记发生错误，错误登记展现出的事实对善意相对人也具有公信力。与《民法典》第 61 条第 3 款类似，对第 65 条相对人的善意也采推定原则，须由主张相对人非善意一方承担举证责任。② 当然，法人登记

---

① 参见最高人民法院（2014）民申字第 1 号民事判决书。

② 参见陈甦主编：《民法总则评注》，上册，北京，法律出版社，2017，第 448～449 页。

当然，《民法典》第 61 条第 3 款对相对人善意推定所建立于的基础事实不同于第 65 条对应的基础事实，前者只要是法定代表人以法人名义从事的民事活动即可推定为有权代表，后者法人登记事项具有正确推定力、相对人举证法人登记事项即可主张对该登记事项的善意信赖。这两个条款对应的善意推定，均属建立于特定基础事实基础上的、有条件的、转移举证责任的推论推定。参见刘英明：《中国民事推定研究》，北京，法律出版社，2014，第 54 页。

事项对应的也仅仅是民事法律事实推定规范，而且属于可反驳推翻的民事法律事实推定规范。在司法实务中，因登记事项发生变更产生的抗辩以公司住所发生变更、法定代表人发生变更为主。公司住所发生变更，但营业执照和公司登记均未换发或变更的，不得对抗善意相对人。公司不得以实际经营地址发生变更导致未收到仲裁文件为由提出撤销仲裁的申请。关于法定代表人的抗辩主要涉及某人经内部决议不再担任法定代表人后所签署文件或者作出行为的效力。在对此类抗辩进行认定时，主要应依据法定代表人登记的外观主义。有学者进一步指出，《民法典》第 65 条规定了商事登记公示效力，具体分为公信效力和对抗效力，前者是指善意相对人得以登记事实对抗登记义务人，将登记事实拟制为客观真实存在于当事人之间，并据此使相关法律事实发生相应法律后果的效力；后者是指登记义务人得以登记事实对抗善意相对人，推定其知悉登记事实的效力。二者在相对人范围、善意及证明责任等诸多方面存在不同程度的差异。①

《民法典》第 66 条规定："登记机关应当依法及时公示法人登记的有关信息。"以企业法人信息公示为例，根据 2014 年 10 月 1 日起施行的《企业信息公示暂行条例》第 6 条第 1 款，"工商行政管理部门应当通过企业信用信息公示系统，公示其在履行职责过程中产生的下列企业信息：（一）注册登记、备案信息；（二）动产抵押登记信息；（三）股权出质登记信息；（四）行政处罚信息；（五）其他依法应当公示的信息"②。根据

---

① 参见邹学庚：《〈民法典〉第 65 条商事登记公示效力研究》，载《国家检察官学院学报》，2021（1）。

② 根据国发〔2020〕18 号国务院《关于实施动产和权利担保统一登记的决定》，自 2021 年 1 月 1 日起，在全国范围内实施动产和权利担保统一登记。纳入动产担保统一登记范围的生产设备、原材料、半成品、产品等动产，由当事人通过中国人民银行征信中心动产融资统一登记公示系统自主办理登记，并对登记内容的真实性、完整性和合法性负责。登记机构不对登记内容进行实质审查。国家市场监督管理总局不再承担"管理动产抵押物登记"职责。中国人民银行负责制定生产设备、原材料、半成品、产品抵押和应收账款质押统一登记制度，推进登记服务便利化。中国人民银行、国家市场监督管理总局应当明确生产设备、原材料、半成品、产品抵押登记的过渡安排，妥善做好存量信息的查询、变更、注销服务和数据移交工作，确保有关工作的连续性、稳定性、有效性。

股权质押未被纳入国务院《关于实施动产和权利担保统一登记的决定》的动产和权利担保统一登记范围。股权质押登记信息和企业信用信息公示系统中的股权出质登记信息不一致时，如何协调？有学者认为："宜认为商事登记公示效力自登记事项在企业信用信息公示系统公示时产生；当登记信息与公示信息不一致时，公示信息有公信效力而无对抗效力。"〔邹学庚：《〈民法典〉第 65 条商事登记公示效力研究》，载《国家检察官学院学报》，2021（1）。〕笔者并不赞同，笔者认为企业信用信息公示系统和股权出质登记系统登记的股权质押信息不一致时，应该本着特别优先于一般的原则，以股权出质登记系统的股权质押信息为准。

《企业信息公示暂行条例》第 7 条第 1 款，"工商行政管理部门以外的其他政府部门（以下简称其他政府部门）应当公示其在履行职责过程中产生的下列企业信息：（一）行政许可准予、变更、延续信息；（二）行政处罚信息；（三）其他依法应当公示的信息"。根据《民法典》第 63 条的规定，法人以其主要办事机构所在地为住所，法人应当将其主要办事机构所在地登记为住所，民法对法人住所要求外观公示，不允许法人在住所之外还有可视为住所的"经常居所"。而《民法典》第 25 条对自然人住所则并不一概要求外观公示，该条后一分句所谓可视为住所的"经常居所"就无法定公示方法。

可见，在法人对外民事活动过程中，在法人外观原则之下，就善意相对人而言，法人登记事项即为法人在法律上的真实情况，法人登记事项不可反驳推翻，这就类似于物权变动情形下对善意受让人的法律保护，均体现为登记等公示方法的公信力。当然，在一些特定情形下，如在隐名股东和显名股东之间，法人对股东姓名或者名称的登记事项可以为隐名股东反驳推翻。

（三）公司人格否认制度的举证责任

《公司法》第 57 条第 2 款规定："本法所称一人有限责任公司，是指只有一个自然人股东或者一个法人股东的有限责任公司。"一人有限责任公司的法人人格否认适用举证责任倒置规则。一人有限责任公司只有一个股东，缺乏社团性和相应的公司机关，没有分权制衡的内部治理结构，缺乏内部监督。股东既是所有者，又是管理者，个人财产和公司财产极易混同，极易损害公司债权人利益。故通过举证责任倒置，强化一人有限责任公司的财产独立性，从而加强对债权人的保护。一人有限责任公司的债权人主张股东财产与公司财产混同的，由股东就公司财产独立于股东的财产承担举证责任。《公司法》第 63 条规定："一人有限责任公司的股东不能证明公司财产独立于股东自己的财产的，应当对公司债务承担连带责任。"

夫妻二人出资设立有限责任公司，此类"夫妻公司"具有法人独立人格，实质是一人有限责任公司，夫妻应对"夫妻公司"债务承担连带清偿责任。一人有限责任公司的法人人格否认适用举证责任倒置规则。夫妻二人出资成立公司，注册资本来源于夫妻共同财产，公司的全部股权属于夫妻共同共有，即公司的全部股权实质来源于同一财产权，并为一个所有权共同享有和支配，股权主体具有利益的一致性和实质的单一性，难以形成有效的内部监督制约，夫妻二人共同经营共同管理控制公司。"夫妻公司"

实质上成为夫妻股东实施民事法律行为的代理人。在此情况下，该"夫妻公司"与一人有限责任公司在主体构成和规范适用上具有高度相似性，系实质意义上的一人有限责任公司。基于此，应类推适用《公司法》第63条，将公司财产独立于股东自身财产的举证责任分配给作为股东的夫妻二人。① 在"夫妻公司"法人人格否认的案件中，类推适用一人有限责任公司人格否认举证责任倒置规则，将公司财产混同的举证责任倒置，由夫妻股东承担证明自身财产独立于公司财产的举证责任，减轻债权人的举证难度，强化"夫妻公司"财产的独立性，加强对债权人的保护。进一步，"夫妻公司""父子公司""兄弟公司"等由家庭成员共同出资设立的有限责任公司表面上看股东有两人或两人以上，不受一人有限责任公司特殊规定的调整。但透过现象看本质，这些公司的出资财产来源于同一主体，公司利润归同一主体，股东之间存在利益上的一致性，实质上非常类似于一人有限责任公司。

主张适用一人有限责任公司人格否认制度之外的其他公司人格否认制度时，债权人应当承担举证责任。《公司法》第20条第3款规定："公司股东滥用公司法人独立地位和股东有限责任，逃避债务，严重损害公司债权人利益的，应当对公司债务承担连带责任。"《民法典》第83条第2款规定了营利法人人格否认制度。公司账户与公司股东账户之间存在频繁、大额资金往来，股东未对这些资金往来的用途举证说明或作出合理解释，法院可依据《公司法》第20条第3款，判令该股东对公司债务承担连带责任。② 股东滥用公司法人独立地位和股东有限责任的行为主要表现为股东与公司人格高度混同，或者股东对公司进行不正当支配和控制，或者公司资本显著不足，等等。股东与公司持续、广泛存在财产混同、业务混同、人员混同、场所混同等情形的，尤其是公司的财产与股东的财产混同且无法区分的，可以综合认定股东与公司人格高度混同。公司债权人主张股东滥用公司法人独立地位和股东有限责任的，对股东滥用公司法人独立地位和股东有限责任的事实承担举证责任。公司债权人能够提供初步证据证明股东滥用公司法人独立地位和股东有限责任，但确因客观原因不能自行收集公司账簿、会计凭证、会议记录等相关证据，申请人民法院调查取证的，人民法院应当依据2019年《民事诉讼证据规定》的规定，进行必

---

① 参见最高人民法院（2019）最高法民再372号民事判决书。
② 参见最高人民法院（2020）最高法民申1106号民事裁定书。

要的审查。① 在债权人用以证明股东滥用公司法人独立地位和股东有限责任的证据令人产生合理怀疑的情形下，将没有滥用公司法人独立地位和股东有限责任的举证责任分配给被诉股东。但上述举证责任调整的前提，应是作为原告方的债权人已举出盖然性的证据证明股东存在滥用公司法人独立地位和股东有限责任的行为以及由此产生了损害的结果，而不是当然的举证责任倒置。②

进一步，关联公司的人员、业务、财务等方面交叉或混同，导致各自财产无法区分，丧失独立人格的，构成人格混同。关联公司人格混同，严重损害债权人利益的，可类推适用《公司法》第 20 条第 3 款，判令关联公司相互之间对外部债务承担连带责任。③

四、民事法律行为要件事实的举证责任配置

（一）民事法律行为成立及效力瑕疵要件事实的举证责任配置

当事人应当对民事法律关系据以设立、变更、终止等的事实承担举证责任。民事法律行为是民事主体实现私法自治、引起民事法律关系变动的最重要工具。"法律行为之实施，不必向任何人出示理由……公权行为则相反。权力行使行为针对他人，因而，公权力机关无论作出行政决定抑或司法裁判，均须证其正当。正因为如此，私法纠纷中，主张对方行为不当的原告，须负举证之责，而在行政诉讼中，行政行为合法的举证负担由作为被告的公权力机关承担。"④ 原《民法通则》第 55 条规定了民事法律行为的一般生效条件。在我国之前民事立法对法律行为效力瑕疵规定不完善和存在一些体系违反的情况下，原《民法通则》第 55 条在司法实践中在一定程度上代行法律行为效力瑕疵制度漏洞填补的功能。如有法院就根据原《民法通则》第 55 条第 2 项，以当事人之间意思表示不真实为由，判定当事人之间基于虚假意思表示实施的法律行为无效。⑤《民法典》第 143 条继续规定民事法律行为的有效要件。实际上，根据私法自治原则，对民

---

① 参见《全国法院民商事审判工作会议纪要》第 10～13 条，2009 年 6 月 25 日上海市高级人民法院民二庭《关于审理公司法人人格否认案件的若干意见》。

② 参见最高人民法院（2015）民二终字第 85 号民事判决书。

③ 参见最高人民法院指导案例 15 号 "徐工集团工程机械股份有限公司诉成都川交工贸有限责任公司等买卖合同纠纷案"。

④ 朱庆育：《民法总论》，2 版，北京，北京大学出版社，2016，第 112～113 页。

⑤ 参见睢晓鹏：《通谋虚伪意思表示的司法规制》，载《人民司法·案例》，2014（10）。

事法律行为实行"成立推定有效"规则，基于此，方能妥当理解《民法典》第136条第1款中规定的"民事法律行为自成立时生效"。从举证责任配置的角度看，正如罗森贝克所言："主张法律行为对自己有效的当事人，不需要证明比上述探讨的前提条件更多的内容；主张合同权利的当事人，只要证明当事人通过相对应的意思表示，对所有重要条款达成一致即可。当事人尤其不需要证明，存在其他的前提条件，即法律行为由于缺乏它就无效的前提条件。相反，主张法律行为无效的对方得对该法律行为无效的要件特征承担证明责任。《民法典》以下列方式对该证明责任规范作出了规定，即法律从来没有将法律行为的效力，而总是将法律行为的无效作为规范的对象。"① 由此，2001年《民事诉讼证据规定》第5条第1款中对合同成立和生效的证明责任分配就不妥当："在合同纠纷案件中，主张合同关系成立并生效的一方当事人对合同订立和生效的事实承担举证责任"。立法论上，不必规定民事法律行为或者合同行为的一般有效要件（或者说生效要件），只需规定民事法律行为或者合同行为的成立要件、特别生效要件和效力瑕疵情形，此种立法技术方符合民事法律行为或者合同行为成立即生效的有效性推定规则。只需将该规则的例外情形，即民事法律行为或者合同行为的特别生效要件和效力瑕疵情形加以规定即可。特别生效要件是民事法律行为或者合同行为效力的受制规范，效力瑕疵情形则属于其妨碍规范，二者均应由否定民事法律行为或者合同行为效力的对方当事人承担证明责任。主张民事法律行为存在《民法典》第144~154条所规定的无民事行为能力、限制民事行为能力、虚假意思表示、重大误解、欺诈、胁迫、显失公平、恶意串通、无效等瑕疵事由的，主张者须就存在相应瑕疵事由承担证明责任。

原《民法通则》第55条规定："民事法律行为应当具备下列条件：（一）行为人具有相应的民事行为能力……"原《合同法》第9条第1款规定："当事人订立合同，应当具有相应的民事权利能力和民事行为能力。"《民法典》第144条、第145条也要求民事法律行为的行为人具有相应的民事行为能力。结合比较法上的通行做法，根据民事证明责任分配的法律要件分类说这一通说观点，民事法律行为或者合同行为的一方当事人

---

① ［德］莱奥·罗森贝克：《证明责任论》，第4版，庄敬华译，北京，中国法制出版社，2002，第268页。另参见王轶：《民法总则法律行为效力制度立法建议》，载《比较法研究》，2016（2）。

主张自己或者对方欠缺相应的民事行为能力因而民事法律行为或者合同无效，则主张民事行为能力存在欠缺的当事人应该就该妨碍事实承担证明责任。① 2022 年《民事诉讼法司法解释》第 347 条规定："在诉讼中，当事人的利害关系人或者有关组织提出该当事人不能辨认或者不能完全辨认自己的行为，要求宣告该当事人无民事行为能力或者限制民事行为能力的，应由利害关系人或者有关组织向人民法院提出申请，由受诉人民法院按照特别程序立案审理，原诉讼中止。"《电子商务法》第 48 条规定："电子商务当事人使用自动信息系统订立或者履行合同的行为对使用该系统的当事人具有法律效力。""在电子商务中推定当事人具有相应的民事行为能力。但是，有相反证据足以推翻的除外。"针对网络直播中未成年人充值打赏引发的纠纷，有学者认为："在民事诉讼中，须由未成年人及其法定代理人承担未成年人是账户实际控制者及该实际控制人不具有完全民事行为能力的客观证明责任，具体而言，需要从用户年龄、消费金额、法定代理人是否同意或追认三个方面进行证明。"② "要推翻该推定，不仅需要从客观上证明未成年人年龄或精神状态不满足法律标准的证明责任，家长还必须通过举证主播与未成年人之间的互动资料，例如文字或者视频聊天记录，证明主播主观认识到用户为未成年人，进而推翻行为能力推定。"③

当事人之间通谋以虚假意思表示实施的民事法律行为无效。例如，基于就近入学政策，司法实践中还出现当事人为子女落户、入学而私相协议为虚假房屋买卖的案件，出卖人事后要求买受人返还房屋并变更登记的，人民法院应予支持。《民法典》第 146 条规定："行为人与相对人以虚假的意思表示实施的民事法律行为无效。""以虚假的意思表示隐藏的民事法律行为的效力，依照有关法律规定处理。"如债务人以买卖合同之名行赠与合同之实，此时应该按照赠与合同确定当事人之间民事法律行为的法律效力，在满足债权人撤销权的情况下，债权人可以根据原《合同法》第 74 条、《民法典》第 538 条撤销债务人和第三人之间的所谓"买卖合同"。又如，土地使用权转让双方签订两份土地转让合同，一份用于向土地管理部

---

① 参见李浩：《民事行为能力的证明责任——对一个法律漏洞的分析》，载《中外法学》，2008（4）。

② 程啸、樊竞合：《网络直播中未成年人充值打赏行为的法律分析》，载《经贸法律评论》，2019（3）。

③ 程啸、樊竞合：《网络直播中未成年人充值打赏行为的法律分析》，载《经贸法律评论》，2019（3）。

门登记备案，一份用于实际履行，用于登记备案的土地转让合同仅是双方办理登记备案之用，其效力仅及于登记备案，土地转让价款应以实际履行的合同为准。① 当然，主张适用《民法典》第 146 条第 2 款隐藏行为的相关法律规定的一方当事人应当对存在隐藏行为以及隐藏行为的性质承担举证责任。

主张民事法律行为因重大误解、欺诈、胁迫或者显失公平而存在瑕疵的当事人，须就相应的瑕疵事由承担举证责任。如在最高人民法院在 2014 年 7 月 24 日公布的典型案例"陈某某人身损害赔偿案"中，法院指出："陈某华作为陈某某的长辈，在事发当日即到现场，从其出具的'私了'便条和其提供的'收据'内容分析，可以认定陈某华确认了陈某某撞倒杜某某的事实。虽然陈某华主张该便条并非其真实意思表示，但并未提供证据证明其系受到欺骗或威胁而写下，结合其已支付 1 500 元的事实也表明其同意承担赔偿责任。"②

不应该要求主张民事法律行为有效的当事人承担《民法典》第 143 条所规定各项有效要件的举证责任，也不应对《民法典》第 143 条径行作反面解释，认为不符合该条所规定任一有效要件的民事法律行为即属于无效，而应该优先适用《民法典》第 144～154 条对应的裁判规范来判断民事法律行为的效力。由此也可以纯化《民法典》第 143 条行为规范的规范属性。《民法典》第 153 条规定："违反法律、行政法规的强制性规定的民事法律行为无效。但是，该强制性规定不导致该民事法律行为无效的除外。""违背公序良俗的民事法律行为无效。"《民法总则（草案）》之一次审议稿、二次审议稿和三次审议稿第 132 条、第 147 条和第 155 条分别均曾规定："违反法律、行政法规的效力性强制性规定或者违背公序良俗的民事法律行为无效。"《民法典》第 153 条第 1 款第一句中所谓"强制性规定"为禁止当事人采用特定行为模式的效力性强制性规定，第 1 款第二句中所谓"强制性规定"为大多数管理性强制性规定。《民法典》第 153 条第 1 款将民事法律行为违法无效作为一般情形，将违法并不会无效作为例外情形，而对违法无效的依据未坚持司法实践限缩解释的通行做法，这就需要解释论的跟进。主张民事法律行为无效的当事人或者裁判机关须对该民事法律行为存在违反法律、行政法规的效力性强制性规定或者违背公序

---

① 参见最高人民法院（2007）民一终字第 62 号民事判决书。
② 《人民法院报》，2014 - 07 - 25（3）。

良俗的事实承担举证责任。

《德国民法典》第 139 条规定："法律行为部分无效，整体亦归无效，除非足以认定，法律行为除去无效部分仍得实施。"原《民法通则》第 60 条规定："民事行为部分无效，不影响其他部分的效力的，其他部分仍然有效。"原《合同法》第 56 条后一句坚持类似的价值判断结论，《民法典》第 156 条也作此规定。德国和我国民事立法对民事法律行为部分无效的规定在语言表述上存在差异，但其实质后果无异，在"法律行为一体性"原则之下，主张部分无效者均须就"法律行为除去无效部分仍得实施"，也即"部分无效，不影响其他部分的效力"之事实承担证明责任。《德国民法典》第 139 条对一般原则与例外情形的清楚区分更符合证明责任分配的一般标准。对原《民法通则》第 60 条、原《合同法》第 56 条后一句、《民法典》第 156 条所规定的部分无效制度也应该作此解。

（二）消费纠纷案件中欺诈要件事实举证责任的减轻

根据《民法典》第 148 条的规定，一方以欺诈手段，使对方在违背真实意思的情况下实施的民事法律行为，受欺诈方有权请求人民法院或者仲裁机构予以撤销。受欺诈方在行使撤销权时须举证证明对方当事人欺诈行为的存在。[1] 若一方当事人故意隐瞒真实情况，不履行真实信息的告知义务，则须承担民事法律行为被撤销的不利后果，除非其能够举证证明已经向对方当事人尽合理提示及说明义务。

在消费欺诈纠纷领域，民法教义学应该通过妥当的民法证据规范解释适当减轻消费者对欺诈要件事实的举证责任，加强对消费者的倾斜保护。2021 年 1 月，中共中央办公厅、国务院办公厅印发《建设高标准市场体系行动方案》，该方案要求：强化消费者权益保护，加强消费维权制度建设，在诉讼程序、庭审过程、举证责任等方面加强对消费者的司法保护。以举证责任为例，消费者购买家用轿车，购买后发现买到的是使用或者维修过的汽车，而非新车，销售者不能证明已经就汽车的品质履行告知义务并得到消费者认可的，构成销售品质欺诈[2]，不必严格认定销售者是否存在欺诈的故意，消费者有权要求销售者承担惩罚性赔偿责任，这也是诚信

---

① 参见最高人民法院于 2015 年 12 月 4 日发布的 19 起合同纠纷典型案例之一 "重庆重铁物流有限公司诉巫山县龙翔商贸有限责任公司、合江县杉杉贸易有限公司买卖合同纠纷案"。另参见胡学军：《论消费欺诈诉讼案件证明难题的化解路径——以一个〈最高人民法院公报〉案例为样本的分析》，载《证据科学》，2010（4）。

② 参见最高人民法院于 2013 年 11 月 8 日发布的指导案例 17 号。

原则的当然要求。在因过期食品消费合同惩罚性损害赔偿纠纷案件中，也应该适当降低消费者对经营者"欺诈"要件事实的举证责任。消费者提供了商品实物及购物发票，就完成了证明消费者购物的举证责任，经营者主张案涉商品不是由其销售，则须提供完整的同期食品进货查验记录，否则应承担举证不能的责任。① 经营者销售过期食品，属于明知食品不安全而销售的行为，消费者有权请求退还货款并支付价款十倍赔偿。而且，根据1988年《民法通则意见（试行）》第68条的规定，欺诈也不以受欺诈人遭受物质损害为必要，只需要一方欺诈行为导致对方作出错误意思表示即可，价格欺诈消费合同中的欺诈要件同样不以消费者遭受物质损害或者产品存在质量瑕疵为必要。② 消费者购买到不符合食品安全标准的食品，要求生产者或者经营者依照《食品安全法》第148条第2款的规定支付价款十倍赔偿金或者依照法律规定的其他赔偿标准赔偿的，不论其购买时是否明知食品不符合安全标准，是否构成1988年《民法通则意见（试行）》第68条所规定的作出错误意思表示，人民法院都应予支持。③ 在判断消费买卖合同中经营者是否构成根本违约时，也应该作倾向于消费者的解释。④

当前，很多电子商务交易通过网页设计的格式订单来实现，商品或者服务的名称、数量、价款等必要信息具体确定地记载于电子商务经营者的网页时，可认定要约已经到达交易相对人，相对人提交订单则构成承诺行为。电子商务经营者为了降低自己的缔约过失风险，常常会延后电子合同成立的时间，对网页上的商品图片展示、说明以明确的意思表示排除其法律约束力，仅将之定性为要约邀请，将消费者的订单提交定性为要约，经营者发送订单确认信表明消费者的订单已经到达，经营者的商品发货通知为对消费者要约作出的承诺。⑤ 不过，网页图片对商品标价也有可能构成价格欺诈，销售者网上销售商品有价格欺诈行为，诱使消费者购买该商品

---

① 参见"殷某诉武汉汉福超市有限公司汉阳分公司买卖合同纠纷案"。该案为最高人民法院于2015年6月15日所发布的10起消费者维权典型案例之一。

② 参见"王某诉小米科技有限责任公司网络购物合同纠纷案"。该案为最高人民法院于2015年6月15日所发布的10起消费者维权典型案例之一。

③ 参见最高人民法院于2014年1月26日发布的指导案例23号。

④ 如消费者在使用预付卡消费过程中，因经营者不在原地址经营，导致消费卡无法使用，其有权请求解除合同并退还预付卡余额。参见"王某诉北京伊露游婴儿用品有限公司服务合同纠纷案"。该案为最高人民法院于2015年6月15日所发布的10起消费者维权典型案例之一。

⑤ 参见刘万啸：《自动电文系统错误对合同效力的影响——以"卓越25元门"事件为例》，载《兰州学刊》，2011（8）。

的，即使该商品质量合格，消费者也有权请求销售者"退一赔三"和保底赔偿。如在"王某诉小米科技有限责任公司网络购物合同纠纷案"中，消费者认为小米公司提前一周打出原价 69 元电源"米粉节"卖 49 元的广告，欺骗消费者进行排队抢购，销售当天广告还在，但商品却卖 69 元，小米公司为网购设定了定时抢购，抢购时间不到 20 分钟，其行为已构成价格欺诈。小米公司认可小米商城活动界面显示错误，存在广告价格与实际结算价格不一致之情形，但其解释为电脑后台系统出现错误。由于小米公司事后就其后台出现错误问题并未在网络上向消费者作出声明，且其无证据证明"米粉节"当天其电脑后台出现故障，故二审法院认定小米公司对此存在欺诈消费者的故意。[①]

五、民事权利要件事实的举证责任规范

（一）举证责任一般规范与民事权利的动态展开

《民法典》适宜结合 2022 年《民事诉讼法司法解释》第 91 条配置民法规范，立法者在具体规范设置过程中应该增强证据规范意识。根据法律要件分类说的举证责任分配通说观点，如《中华人民共和国民法典·民法总则专家建议稿》第 201 条第 1 款所规定的那样，民事权利发生、变更、消灭或者受到限制的要件事实应当由主张者承担举证责任，这是民事权利要件事实举证责任一般规范："除非法律另有规定，主张民事权利存在的，应当就该民事权利发生的事实承担举证责任；主张民事权利变更、消灭或者受到限制的，应当就该民事权利变更、消灭或者受到限制的事实承担举证责任。"民事权利推定规范和民事权利举证责任倒置规范即为该条所谓"法律另有规定"。

民事举证责任一般规范将民事权利规范作动态的请求原因—抗辩—再抗辩的展开。"在民事诉讼中，抗辩特指被告为反驳原告所提诉讼请求而向受诉法院提出与原告所主张的原因事实两立的，并能阻碍该事实的法律效果发生的事实之行为。"[②] "被告反驳原告诉讼请求的方法有否认、不知和抗辩三种。"[③] 民事抗辩不等同于民事抗辩权，民事抗辩权仅属于民事抗

---

① 参见"王某诉小米科技有限责任公司网络购物合同纠纷案"。该案为最高人民法院于2015 年 6 月 15 日所发布的 10 起消费者维权典型案例之一。
② 占善刚：《民事诉讼中的抗辩论析》，载《烟台大学学报（哲学社会科学版）》，2010 （3）。
③ 段文波：《民事证明责任分配规范的法教义学新释》，载《现代法学》，2020 （3）。

辩方法的一种。民事抗辩也不等同于诉讼否认①，否认者对否定性事实原则上不承担举证责任。请求原因事实和抗辩事实不同，也不矛盾，可以并存但效果两立。民事抗辩事实包括提出权利妨碍事实、权利消灭事实或者权利受制事实，当事人对其抗辩事实须承担举证责任。例如，民事权利人通过举证证明民事权利发生的要件事实向法院诉请义务人承担违反民事义务对应的民事责任，义务人可以根据《民法典》第 188 条、第 192 条举证证明民事权利诉讼时效期间届满从而提出不履行义务的抗辩，权利人则可针对义务人的抗辩进行再抗辩。如权利人可以根据《民法典》第 194 条、第 195 条举证证明诉讼时效期间因中止或者中断而并未届满，或者根据《民法典》第 196 条举证证明其权利属于不适用诉讼时效规定的请求权。又如，交易相对人基于代理关系请求被代理人承担交易行为的法律后果，被代理人可以根据《民法典》第 171 条举证证明行为人构成无权代理并可拒绝追认该无权代理行为②，交易相对人则可根据《民法典》第 172 条进一步举证证明"有理由相信行为人有代理权"从而主张适用表见代理规则。

将民事权利规范作动态请求原因—抗辩—再抗辩的展开，还经常会伴随举证责任的转移，如 2015 年《民间借贷司法解释》第 17 条对仅有转账凭证的民间借贷诉讼举证规则进行规定：首先，原告仅依据金融机构的转账凭证提起民间借贷诉讼，这对应原告基于本证提出的请求原因。其次，被告抗辩转账系偿还双方之前借款或其他债务，被告应当对其反驳提供证据证明，这就对应被告的反证抗辩。如果被告抗辩自己不是借款人，只是将自己的账户提供给借款人进行款项往来，则不属于"被告抗辩转账系偿还双方之前借款或其他债务"，不适用上述第 17 条，但被告对自己的抗辩

---

① 如 2015 年《民间借贷司法解释》第 16 条和第 17 条共三款都提到被告的"抗辩"，但只有第 16 条第 1 款中的"抗辩"才是真正意义的抗辩，其他两款中的"抗辩"在性质上都是否认。[参见吴泽勇：《民间借贷诉讼中的证明责任问题》，载《中国法学》，2017（5）。]"只有实体抗辩才存在证明责任的分配问题。针对原告证据的反驳不存在客观证明责任的问题。权利妨碍事实、权利消灭事实都属于针对权利主张的实体抗辩事实。被告主张相应事实的，就要对该事实承担证明责任。"（张卫平：《民事证据法》，北京，法律出版社，2017，第 298 页。）

② 如不构成表见代理，也未获得被代理人追认，则可适用《民法典》第 171 条第 3 款和第 4 款无权代理的赔偿规则，行为人就相对人知道或者应当知道行为人无权代理承担举证责任。《民法典总则编司法解释》第 27 条规定："无权代理行为未被追认，相对人请求行为人履行债务或者赔偿损失的，由行为人就相对人知道或者应当知道行为人无权代理承担举证责任。行为人不能证明的，人民法院依法支持相对人的相应诉讼请求；行为人能够证明的，人民法院应当按照各自的过错认定行为人与相对人的责任。"

仍须承担反证的举证责任。再次，被告提供相应证据证明其主张后，原告仍应就借贷关系的成立承担举证证明责任，这就对应原告的再抗辩，回归到原告对本证的举证责任。这就将借款返还请求权通过请求原因—抗辩—再抗辩的方式动态化，通过配合举证责任，形成完整的裁判规范。正如有学者所言，对仅有转账凭证的民间借贷诉讼，原告仅提供金融机构的转账凭证作为初步证据，被告没有提出该转账系还款或基于其他法律关系的抗辩或者虽然提出上述抗辩但未提交任何证据的，法院可以推定借贷关系成立。该条隐含着基于转账凭证推定借贷合意存在的推定规则，该推定规则属于"举证责任转移"规范，而非"证明责任倒置"规范。① 当然，在前述出借人请求原因、借款人抗辩和出借人再抗辩的过程中，不同环节的证明标准是不同的：出借人通过请求原因和再抗辩须达到 2022 年《民事诉讼法司法解释》第 108 条第 1 款所规定的本证对应的待证事实具有高度可能性的程度；借款人在抗辩反驳过程中，须达到该条第 2 款反证对应事实"合理可能"的程度，即动摇法官对本证事实的确信即可。②

（二）不当得利返还请求权与举证责任一般规范

不当得利就是指没有合法根据，使他人遭受损失而自己获得利益。在不当得利过程中，取得不当利益的一方为受益人（得利人），遭受损失的一方为受害人（受损失的人）。原《民法通则》第 92 条规定："没有合法

---

① 参见刘英明：《仅有转账凭证的民间借贷诉讼举证规则——对民间借贷司法解释第 17 条的分析》，载《政治与法律》，2017（9）。

有学者对 2015 年《民间借贷司法解释》第 16 条、第 17 条提出系统的批评意见，认为该司法解释第 17 条被告对"转账系偿还双方之前借款或其他债务"的主张不负证明责任。被告"转账是因为其他法律关系"的主张是否认而非抗辩。转账凭证并不能初步证明借贷合意存在，一个支付背后可能有无数种基础法律关系。该条不仅误判了转账凭证对于借贷合意的证明力，而且混淆了否认与抗辩的制度区别，让被告在证据调查中承受过重负担，甚至导致借贷合意要件证明责任被倒置的意外后果。另外，就该司法解释第 16 条第 1 款，被告偿还借款的抗辩就是以认可借贷关系成立为前提的，无论其抗辩能否被证明，借贷关系成立都作为自认事实而无须进入证据调查。第 16 条第 1 款第二句可以说是画蛇添足。参见吴泽勇：《民间借贷诉讼中的证明责任问题》，载《中国法学》，2017（5）。

② 有学者认为，2015 年《民间借贷司法解释》第 17 条对证明责任分配规则之设计有违证明责任分配的一般原理，不当降低了借贷事实的证明标准。参见刘学在、李祖业：《论仅有转账凭证之借贷事实的证明责任分配——对〈民间借贷规定〉第 17 条之检讨》，载《烟台大学学报（哲学社会科学版）》，2017（2）。

笔者认为应当将 2015 年《民间借贷司法解释》第 17 条和 2022 年《民事诉讼法司法解释》第 108 条结合起来做体系解释，前者仅是对民间借贷纠纷具体举证责任转移的规定，出借人在民间借贷纠纷中通过请求原因和再抗辩两个环节仍须达到 2022 年《民事诉讼法司法解释》第 108 条第 1 款所规定的证明标准。

根据，取得不当利益，造成他人损失的，应当将取得的不当利益返还受损失的人。"《民法典》第 122 条规定了不当得利返还请求："因他人没有法律根据，取得不当利益，受损失的人有权请求其返还不当利益。"在罗马法、法国民法和英美法上均将不当得利作为"准合同"（quasi contract）。《民法典》合同编"准合同"分编专章规定了不当得利。不当得利纠纷案件中存在复杂的举证责任配置问题，立法上对此并未给予重视。

不当得利返还请求权的要件事实有三：一是一方受有利益，二是另一方因此遭受损害，三是无法律上的原因（欠缺给付目的/没有法律根据）。不当得利返还请求权可能与物权请求权、债权请求权等产生竞合，举证责任问题比较复杂。[①] 主张不当得利返还请求权的一方当事人，应该就债务人受有利益，致使自己遭受损害之事实，负担举证责任。至于受有利益之债务人是否存在"法律根据"的证明责任问题，理论和实务中存在乱象，对立观点有二：一方面，有学者认为其属于消极事实，是不当得利返还请求权的妨害事实，而非权利发生的要件事实，应当由不当得利返还请求权的债务人承担举证责任，在给付型和非给付型不当得利返还请求权中皆然。[②] 债务人应该就其受有利益存在法律上的原因，提出支持该法律上原因之具体事实或者法律关系上的主张并承担相应的初步举证责任。而后由不当得利返还请求权之债权人负反驳的举证责任，证明该事实或者法律关系不存在。另一方面，也有学者反对根据待证事实分类说区分不当得利要件事实中的积极事实与消极事实，主张不当得利的所有要件事实均由不当得利返还请求权人承担举证责任。[③]

准合同或者合同法上规定的其他请求权，均存在不当得利返还请求权适用的空间，如原《合同法》第 58 条规定："合同无效或者被撤销后，因该合同取得的财产，应当予以返还……"原《合同法》第 97 条规定："合同解除后，尚未履行的，终止履行；已经履行的，根据履行情况和合同性

---

① 参见最高人民法院（2019）最高法民再 34 号民事判决书。

② 参见胡晓霞、段文波：《主张证明责任视角下的民法——以不当得利为切入点》，载《暨南学报》，2011（3）。

③ 参见刘言浩：《不当得利诉讼中的证明责任分配与法官的释明权》，载《人民司法·应用》，2009（23）；刘言浩：《不当得利法的形成与展开》，北京，法律出版社，2013，第 438～446 页。

另参见福建省泉州市中级人民法院（2006）泉民终字第 469 号民事判决书，载国家法官学院、中国人民大学法学院编：《中国审判案例要览》（2007 年民事审判案例卷），北京，中国人民大学出版社，2008，第 578～581 页。

质，当事人可以要求恢复原状、采取其他补救措施，并有权要求赔偿损失。"《民法典》第 157 条和第 566 条第 1 款总体延续了前述规定。在合同不生效、无效、被撤销、解除或者终止情形下，不当得利返还请求权的行使也同样会面临在当事人之间分配举证责任的问题。如在买卖合同中，"出卖人为请求买受人给付价金，固应就买卖契约之有效、约定价金之数额等积极事实负举证责任，惟在价金给付后，买受人如要依不当得利的规定请求返还，应举证证明该买卖契约无效（例如已经买受人依法撤销）及其已向出卖人给付该价金之事实"①。

笔者认为，根据利益衡量的分析方法，出于维护既定财产秩序的考量，对不当得利中"没有法律根据"（ohne rechtlichen Grund）的证明责任分配应该区分给付型不当得利与非给付型不当得利。

一方面，在给付型不当得利中，"没有法律根据"属于不当得利请求权的发生要件，应由请求权人承担证明责任。在给付型不当得利中，请求权人是引起财产关系发生变动的主体，其将本由自己掌握的财产权益，经由合同等给付行为而引起财产权益变动，将此种财产变动"没有法律根据"之消极事实（Negative Tatsachen）交由请求权人承担证明责任即属合理。② 不当得利返还请求权人须就合同不成立、无效、被撤销、解除等消极事实承担证明责任。在此类给付型不当得利返还请求权中，如果将"没有法律根据"的证明责任交由受益人承担，则会出现请求权人不诚信的行为。司法实务中经常出现"先诉借贷，再诉不当得利"的案件，如原告先提起借款合同之诉，因未尽到借款合同成立和生效的证明责任而被判决败诉；原告再行提起不当得利返还之诉，使被告承担证明责任，这就导致被告权利地位的不安定和疲于应诉的不利益，原告此种先后矛盾的行

---

① 黄茂荣：《不当得利》，台北，植根法学丛书编辑室编辑，2011，第 377 页。
② 有法院在判决中指出：从举证责任角度分析，对得利没有合法依据的举证，系对消极事实的证明；权利主张人对于消极事实通常无法直接予以证明，而需要从相关事实推导判断。其中，得利被主张人对消极事实的抗辩，则会成为认定消极事实主张是否成立的直接证据。简单以不当得利主张人应当对给付欠缺原因的具体情形负举证责任为由，将举证责任完全分配给不当得利主张人，并不妥当。具体地，在不当得利纠纷中，原告提交银行转账凭证并主张被告构成不当得利后，被告应就其抗辩事由承担初步举证责任。根据 2022 年《民事诉讼法司法解释》第 90 条规定的精神，对于被告取得诉争款项是否具有合法依据，不仅原告需就其主张提供证据，被告亦需就其抗辩主张提供证据，法院在审核认定双方提交证据的证明力基础上作出认定。参见最高人民法院（2016）最高法民再 39 号民事判决书。

为，也有违诚信原则。① 还有学者指出："先诉借贷，再诉不当得利，既未违反'一事不再理原则'，也未必是滥用诉权。对于原告提起的第二次诉讼，法院既不宜由于先前的借贷诉讼作出不利于原告的预断，也不宜由于借贷关系被否定而径行认定原告已完成'没有合法根据'举证责任。对被告提出的原告给付涉案款项系偿还借款的主张，需在仔细审酌后才能作出判断。为防止再诉造成当事人诉累和司法资源的浪费，法院可在第一次诉讼中通过行使释明权引导当事人变更诉讼请求。"②

另一方面，在非给付型不当得利（权益侵害型不当得利）中，如侵占他人财物，此时"没有法律根据"即指不当得利人缺乏保有财产利益之正当性，不当得利人应对其积极破坏既有财产秩序行为的所谓"法律根据"承担证明责任。这也就可以和侵权责任诉讼中侵权人对侵权抗辩事由承担证明责任的规则保持一致。

《民法典》第985条还规定了不当得利请求权的三项排除情形（消极要件）："得利人没有法律根据取得不当利益的，受损失的人可以请求得利人返还取得的利益，但是有下列情形之一的除外：（一）为履行道德义务进行的给付；（二）债务到期之前的清偿；（三）明知无给付义务而进行的债务清偿。"不当得利请求权的三项排除情形（消极要件）应由不当得利人承担举证责任。

（三）个人信息受侵害情形下的举证责任倒置规范

个人信息包括自然人姓名、出生日期、身份证号码、护照号码、指纹和基因等个人生物识别信息、婚姻状况、家庭住址、家庭成员情况、教育、职业、病历、医疗、健康检查、违法犯罪前科、电话号码、电子邮箱地址、账号密码、行踪信息等可以直接或间接方式识别该个人的信息。法释〔2021〕15号最高人民法院《关于审理使用人脸识别技术处理个人信息相关民事案件适用法律若干问题的规定》第6条第2款和第3款分别规定："信息处理者主张其行为符合民法典第一千零三十五条第一款规定情

---

① 参见姜世明：《不当得利中无法律上原因要件之举证责任分配》，载姜世明：《民事证据法实例研习》（一），台北，正点文教出版顾问有限公司，2005，第200页。
主张将不当得利要件事实中"没有合法根据"的证明责任交由原告来承担的学者也是主张在给付型不当得利情形下论证自己的观点。参见刘言浩：《不当得利法的形成与展开》，北京，法律出版社，2013，第441～443页。
② 李浩：《不当得利与民间借贷的交集——诉讼实务中一个值得关注的问题》，载《清华法学》，2015（1）。

形的，应当就此所依据的事实承担举证责任。""信息处理者主张其不承担民事责任的，应当就其行为符合本规定第五条规定的情形承担举证责任。"

与《民法总则（草案）》之二次审议稿和三次审议稿相比，《民法典》第111条就个人信息保护进行了重要的立法补充，明确要求个人信息的收集者"应当依法取得并确保信息安全"。在互联网和大数据时代，个人信息的使用价值凸显，对个人信息的侵害也愈加严重，个人信息被泄露后所衍生的"徐某某案"等类似网络诈骗、电信诈骗案件频发。2013年9月1日起施行的《电信和互联网用户个人信息保护规定》第6条规定："电信业务经营者、互联网信息服务提供者对其在提供服务过程中收集、使用的用户个人信息的安全负责。"《民法典》第111条明确要求任何组织和个人应当依法取得并确保信息安全，这就从民事基本法层面吸纳了《电信和互联网用户个人信息保护规定》第6条规定并扩展了其适用范围。大量个人信息在采集时可能是合法的，在信息被采集后，信息收集人应该采取安全保障措施防止个人信息泄露、毁损、篡改或者丢失，以确保信息的安全。如医院产科在为孕妇建档时或者接生前后采集孕产妇或者新生儿个人信息，这本身是合法的，但如果不采取安全保障措施，就很有可能造成所采集个人信息泄露，很多母婴产品或者服务的经营者会反复向孕产妇或其家人推销相应产品或者服务，这会给受害人带来很大的侵扰。笔者认为，与信息收集人的安全保障义务相适应，对信息收集人应采取过错推定责任原则。个人信息权人授权其独家收集的信息一旦被泄露，应该由信息收集人举证证明自己已经对所收集的个人信息采取合理的安全保障措施，否则就需要对相关个人信息被泄露承担法律责任，这也符合举证责任分配的证据距离规则。[①]

例如，在某旅客航班行程信息被泄露案中，从机票销售的整个环节看，庞某自己、鲁某、趣拿公司、东航、中航信都是掌握庞某姓名、手机号及涉案行程信息的主体。从收集证据的资金、技术等成本上看，作为普通人的庞某根本不具备对东航、趣拿公司内部数据信息管理是否存在漏洞等情况进行举证证明的能力。客观上，法律不能也不应要求庞某确凿地证明必定是东航或趣拿公司泄露了其隐私信息。庞某已经证明自己是通过去

---

①　另参见北京市第二中级人民法院（2010）二中民终字第17822号民事判决书。法院在该案中根据公平和诚信原则，综合双方当事人的举证能力，将证明车主驶入站的举证责任分配给首发公司，因为首发公司具有通过调取录像等方式证明车主驾车驶入站的举证能力，且车主交费后曾投诉要求解决问题，首发公司缺乏车主对通行收费的异议处理机制。

哪儿网在东航官网（由中航信对内进行系统维护和管理）购买机票，并且东航和去哪儿网都存有庞某的手机号。因此，东航和趣拿公司以及中航信都有能力和条件将庞某的姓名、手机号和行程信息匹配在一起。从逻辑上讲，任何第三人在已经获知庞某姓名和手机号的情况下，如果又查询到了庞某的行程信息（还须掌握订单号和身份证号码方可查询到），也可以将这些信息匹配在一起，但这种可能性非常低。与普通的第三人相比，趣拿公司、东航、中航信已经把上述信息掌握在手。此外，在本案所涉事件发生前后的一段时间，东航、趣拿公司和中航信被多家媒体质疑存在泄露乘客信息的情况。这一特殊背景因素在很大程度上强化了东航、趣拿公司和中航信泄露庞某隐私信息的可能。综上，法院认定东航、趣拿公司存在泄露庞某隐私信息的高度可能。东航和趣拿公司的反证无法推翻上述高度可能，其所提出的中航信更有可能泄露庞某信息的责任抗辩事由也无法成立。[1]

六、小结：民事法律事实推定规范是《民法典》总则编证据规范的鲜明特色

民法需要对举证责任等证据规范加以规定，不同民商事法律部门中的证据规范各有侧重。当解释者回答《民法典》总则编中的证据规范是什么时，其实也是在回答《民法典》总则编中的证据规范应当是什么。近年来，我国民事诉讼法学界多有学者从民事实体法出发检验反思举证责任分配的"法律要件分类说"并引介运用"要件事实理论"，甚至掀起对"法律要件分类说"的形式解释与实质解释之争。[2] 民法学界也亟须从证据角度解读民法规范中举证责任分配规则，增强民法规范的裁判规范属性，搭

---

[1]　参见北京市第一中级人民法院（2017）京01民终509号民事判决书。

[2]　有学者认为证明责任分配的法律要件分类说存在本质缺陷，并得出原《侵权责任法》第79条、第80条作为第78条后段抗辩事由之再抗辩的目的解释结论。参见袁中华：《规范说之本质缺陷及其克服——以侵权责任法第79条为线索》，载《法学研究》，2014（6）。

关于不同意见的论述，参见吴泽勇：《规范说与侵权责任法第79条的适用——与袁中华博士商榷》，载《法学研究》，2016（5）；胡学军：《证明责任"规范说"理论重述》，载《法学家》，2017（1）。

笔者认为：法律要件分类说（规范说）无谬，原《侵权责任法》第79条和《民法典》第1246条第一句并不能挑战法律要件分类说，而仅对应权利妨碍的要件事实，属于法律要件分类说的当然内容，有缺陷的毋宁是立法者没有根据法律要件分类说有意识地、体系化地配置饲养动物致人损害责任中的证明责任。本注所引三位学者著述对举证责任分配"法律要件分类说"的聚讼纷争也并非价值判断问题，仅属于解释选择问题，不同解释进路并不导致举证责任分配价值判断结论的迥异。

建起民事权利规范与民法证据规范沟通交流的平台。

《民法典》总则编中存在大量民事法律事实推定规范，这是该法中证据规范的鲜明特色。《民法典》总则编对自然人出生和死亡时间、对宣告死亡制度中死亡时间均配置了民事法律事实推定规范，对自然人住所配置了民事法律事实拟制规范。《民法典》总则编强调法人外观原则和善意相对人保护，法人住所、法定代表人等事项采取登记作为公示方法，法人住所、法定代表人等实际情况与登记事项不一致的，不得对抗善意相对人。不应该要求主张民事法律行为有效的当事人承担《民法典》第143条所规定各项有效要件的举证责任。也不应对第143条径行作反面解释，认为不符合该条所规定任一有效要件的民事法律行为即属于无效，而应该优先适用《民法典》第144～154条来判断民事法律行为的效力。主张民事法律行为存在《民法典》第144～154条所规定的各类效力瑕疵事由的，主张者须就存在相应瑕疵事由承担举证责任。在消费欺诈纠纷领域，应该通过妥当的证据规范解释以适当减轻消费者对欺诈要件事实的举证责任，加强对消费者的倾斜保护。民事权利发生、变更、消灭或者受到限制的要件事实应当由主张者承担举证责任，这是民事权利要件事实举证责任一般规范。民事权利推定规范和民事权利举证责任倒置规范属于举证责任分配的法定例外情形。

第五章 《民法典》物权编中的证据规范

一、物权诉讼中的举证责任一般规范

在物权诉讼中，须对当事人之间的举证责任进行妥当分配。《民法典》第234~238条规定了具体的物权保护方式，具体物权保护方式在法律适用过程中常涉及不同责任方式对应的责任构成要件（是否以过错和损害为构成要件）、诉讼时效、举证责任、费用负担等具体价值判断问题。《民法典》第236条规定排除妨害请求权和消除危险请求权，其在传统民法上分别被称为妨害排除（除去）请求权和妨害预防（防止）请求权，该条规定："妨害物权或者可能妨害物权的，权利人可以请求排除妨害或者消除危险。"通过排除妨害请求权的行使，能够排除对物权妨害的源头。物权人行使排除妨害请求权时须证明自己对物所享有的物权、妨害的现实存在①，妨害人就物权人应负担的容忍义务，以及物权人排除妨害请求权的行使损害公共利益、违背诚信原则应受权利失效制度约束等消极事实承担举证责任。消除危险请求权的证明责任与排除妨害请求权的证明责任类似，于此不赘。

以返还原物请求权诉讼为例，《民法典》第235条规定："无权占有不动产或者动产的，权利人可以请求返还原物。"这是对返还原物请求权的规定，该请求权发生在无权占有的情形下。就返还原物请求权而言，其要件事实如下：第一，请求权人对该标的物享有物权或者得依法行使物权。第二，相对人须为现在占有该标的物之人。第三，相对人之占有须为无权

---

① 尽管行政机关已经作出拆除违章建筑的行政处罚决定书，若该处理决定未得到最终执行，受害人认为其权利被侵害未得到解决而提起民事诉讼，符合人民法院受理条件的，法院仍需进行民事审理。参见广西壮族自治区北海市中级人民法院（2011）北民一终字第165号民事判决书。

占有或者出于侵夺。① 就该要件事实的举证责任，分析如下。

当事人应当对其所主张的有利于己的要件事实承担举证责任。权利人行使返还原物请求权时应当负担举证责任，无权占有人在反证时也负担相应的举证责任。② 一方面，针对返还原物请求权的权利发生要件事实，权利人须证明自己为物权人或者得行使返还原物请求权之人，此项举证责任一般得由登记或者占有的权利推定规则完成。权利人还须证明返还原物之诉的相对人为标的物的占有人。另一方面，在返还原物请求权诉讼中，相对人无权占有之事实究竟为返还原物请求权的权利发生要件事实还是请求权妨碍的要件事实？这无法从《民法典》第 235 条的规范结构上直接得出妥当解答，上述条文文义解释的结论似乎支持将无权占有作为返还原物请求权人的权利发生要件事实，而实际上，"无权占有"相对于返还原物请求权人而言属于消极事实，消极事实应当由否定之人承担举证责任。而且，将占有的正当权源事实交由占有人承担举证责任，也符合所有权作为原则，限制所有权作为例外的物权法规范目的。③ 因此，占有人得反证证明返还原物请求权人并非物权人或者得行使物权之人的事实，对自己有占有的正当权源的事实也须予以证明。相比而言，《德国民法典》第 985 条和第 986 条分别规定返还原物请求权的发生要件事实和妨碍要件事实的做法更符合举证责任分配的一般法理。

此外，根据返还原物请求权的上述要件事实，在没有占有的正当权源而占有他人之物时，不管占有人主观过错之有无，权利人对无权占有人均享有返还原物请求权。无权占有人返还原物责任方式仅为其对本不应该由其占有之物的返还，是一种"退出式"的责任方式。④ 该责任方式并未增加无权占有人的额外负担，况且若无权占有人无过错就可以继续占有标的物，也不利于实现物权法"明确物的归属，发挥物的效用"的立法宗旨。当然无权占有人是否有过错可能会影响其对占有物进行用益时不当得利返还的范围。若无权占有人对占有物进行管理，则可能存在无权占有人对物权人行使无因管理中的费用偿还请求权。原物返还中的费用负担则由无权

---

① 参见姜世明：《所有物返还请求权之举证责任分配》，载姜世明：《民事证据法实例研习》（一），台北，正点文教出版顾问有限公司，2005，第 175～187 页。

② 参见福建省漳平市中级人民法院（2010）漳民终字第 988 号民事判决书。

③ 参见［日］小林正弘：《作为民法解释学的要件事实论——"裁判规范之民法"的构想》，载崔建远主编：《民法九人行》，第 7 卷，北京，法律出版社，2014，第 282 页。

④ 参见马俊驹：《民法上支配权与请求权的不同逻辑构成——兼论人格权请求权之独立性》，载《法学研究》，2007（3）。

占有人承担。"登记不动产物权人所享有的返还原物请求权不应当适用诉讼时效制度。原因在于，不动产物权以登记，而非占有作为物权的公示手段。因此只要登记簿上仍然显示不动产的权属状况，就会排除向不特定第三人呈现权利不存在状态的可能。"①

二、不动产登记簿之权利推定

（一）不动产登记簿推定力的含义

《民法典》第 216 条第 1 款规定："不动产登记簿是物权归属和内容的根据。"该条实际上就是对不动产物权的权利推定（Rechtsvermutung）规范，其推定不动产登记簿这一书证所记载的不动产权利为真实的效力。②当然，根据权利存在与否的客观后果进行判断，不动产登记簿既可以起到积极推定（Positive Vermutung）的效果，也可以起到消极推定（Nega-tive Vermutung）的效果，后者对应登记簿上已经被涂销的不动产物权不存在或者基于民事法律行为发生物权变动而没有记载于登记簿上的不动产物权不存在。③《民法典》第 217 条对不动产登记簿的权利推定效力作了进一步对比规定："不动产权属证书是权利人享有该不动产物权的证明。不动产权属证书记载的事项，应当与不动产登记簿一致；记载不一致的，除有证据证明不动产登记簿确有错误外，以不动产登记簿为准。"《房屋登记办法》（已失效）第 26 条曾规定："房屋权属证书、登记证明与房屋登记簿记载不一致的，除有证据证明房屋登记簿确有错误外，以房屋登记簿为准。"

不动产登记簿之权利推定规范在立法上解决了不动产物权的证明责任分配问题：一方面，权利推定规范属于民事证据规范，其会产生证明责任转换的证明负担效果，即否定登记簿上记载事项真实性的当事人须就其权利否定事项承担证明责任；受益于登记簿推定力之登记名义人只需要证明

---

① 王轶：《物权请求权与诉讼时效制度的适用》，载《当代法学》，2006（1）。

② 黑格尔认为："在市民社会中，所有权就是以契约和一定手续为根据的，这些手续使所有权具有证明能力和法律上效力……我占有某物，它在无主状态中被我占有因而成为我的所有物，但这种占有还必须经过承认和设定才能作为我的。因此在市民社会中就产生了有关所有权的各种手续，人们竖起界石作为标志，使他人便于承认；在抵押登记簿上和产权册籍上也作了记载。"（［德］黑格尔：《法哲学原理》，范扬、张企泰译，北京，商务印书馆，1961，第 226～227 页。）

③ 有学者认为该种情形属于系争权利原本不存在，不属于消极推定的范围。［参见常鹏翱：《物权法中的权利证明规范》，载《比较法研究》，2006（2）。］笔者认为这实际上属于纯粹民法学问题中的解释选择问题，此种争论并不会影响法律的解释和适用。

其物权已经在登记簿上登记记载即可。"在强制执行程序中，法院要查封某一不动产时，必须依据不动产登记簿的记载来确定被查封的不动产是否属于被执行人所有。"① 当然，在法院执行被执行人占有的动产、登记在被执行人名下的不动产、特定动产及其他财产权时，真正权利人可以根据《民事诉讼法》第 234 条提起案外人异议。② 另一方面，权利推定规范属于可推翻之推定，而非终局的、确定的，其并不能终局性地解决不动产物权的归属和内容，权利推定规范之所以能被确立，是因为不动产登记簿所彰显的权利外观在绝大多数情况下具有真实正确性，此即"不动产登记簿正确性的推定"（Die Vermutung der Richtigkeit des Grundbuchs），然而，不动产登记簿仍然不能终局性地解决不动产物权的权利归属问题。"在对物权权属有争议的当事人之间，登记的不动产物权权利人虽然在法律上推定为真正的权利人，但这种效力只是法律上的'推定'，并非绝对'真正'不可推翻。事实上，如果事实物权人有相反证据证明该不动产权属登记有瑕疵，是可以推翻这种法律推定，从而维护事实上真正物权人的权益……在物权法之外的其他民事法律中，也体现着对事实物权人的法律保护。如在婚姻法中规定如果是夫妻婚后购置的房产，但房屋权属证书登记在一方名下的，应当认定为夫妻共同财产。"③ 此外，存在登记簿记载错误的情形，这就需要配合《民法典》第 220 条的更正登记和异议登记制度。"对登记簿正确性有异议者只要证明该权利产生要件或消灭要件并不存在即可。"④

（二）不动产登记簿推定力的适用范围

不动产登记簿的推定力并非推定取得该不动产物权的方式，而主要适用于对交易关系背景下交易双方当事人和第三人之间利益冲突的协调。不动产登记簿推定力的适用范围也并非及于登记事项的全部，而是对权利或者法律关系的现实存在或者不存在状况的推定（Rechtszustandsvermutung），包括不动产物权人、物权种类、权利内容、权利顺序。正如罗森

---

① 程啸：《不动产登记簿之推定力》，载《法学研究》，2010（3）。

② 《民事诉讼法》第 234 条规定："执行过程中，案外人对执行标的提出书面异议的，人民法院应当自收到书面异议之日起十五日内审查，理由成立的，裁定中止对该标的的执行；理由不成立的，裁定驳回。案外人、当事人对裁定不服，认为原判决、裁定错误的，依照审判监督程序办理；与原判决、裁定无关的，可以自裁定送达之日起十五日内向人民法院提起诉讼。"

③ 陈华：《物权登记不能对抗实际不动产物权人——广东江门中院判决李某诉陈某返还原物纠纷案》，载《人民法院报》，2015-03-26。

④ 程啸：《不动产登记簿之推定力》，载《法学研究》，2010（3）。

贝克所说："我们的推定不是事实推定，而是权利推定。"① 《房屋登记办法》（已失效）第 24 条第 1 款曾规定："房屋登记簿应当记载房屋自然状况、权利状况以及其他依法应当登记的事项。"《不动产登记暂行条例》第 8 条第 3 款规定："不动产登记簿应当记载以下事项：（一）不动产的坐落、界址、空间界限、面积、用途等自然状况；（二）不动产权利的主体、类型、内容、来源、期限、权利变化等权属状况；（三）涉及不动产权利限制、提示的事项；（四）其他相关事项。"而根据《民法典》第 216 条第 1 款的规定，不动产登记簿是物权归属和内容的根据。不动产登记簿上记载的自然状况并不能成为权利推定力的适用对象。② 京高法发［2010］458 号北京市高级人民法院《关于审理房屋买卖合同纠纷案件适用法律若干问题的指导意见（试行）》第 28 条将不动产登记簿推定力进一步限缩适用于不动产买卖等非权属纠纷民事案件中，该条规定："在房屋买卖等非权属纠纷民事案件中，当事人一方对另一方作为权属证据提供的房屋登记簿和权属证书提出异议，法院原则上仅对房屋登记簿和权属证书形式上的真实性进行审查，经查证属实的，即可作为民事诉讼的证据使用。"

有法院在裁判中指出："涉讼买卖合同对标的物坐落位置、建筑面积、房屋类型等的约定，与不动产登记簿记载的内容一致。该不动产登记簿记载的内容具有公示、公信效力，一方面表明被告为涉讼房屋的登记权利人，依法享有该房屋的所有权和土地使用权；另一方面表明涉讼房屋的登记信息具有权利的正确性推定效力，可推定登记的权利状态、范围与现实的客观状态相符，善意相对人因信赖该登记的正确性而与登记权利人签订合同，该合同的效力不因登记的错误或权利内容的状态而受影响。"③ 此种对不动产登记簿权利推定力和公信力的理解并不妥当。一方面，不动产登记簿的推定力是一种权利推定而非事实推定。"不动产登记簿的推定力是以不动产登记簿记载的物权与真实的物权在绝大多数情况下都相一致为基础的。"④ 不动产登记簿的权利推定又包括积极推定和消极推定，不动产登记名义人被积极推定为该不动产的物权人；登记名义人被注销登记后就消

---

① ［德］莱奥·罗森贝克：《证明责任论》，第 4 版，庄敬华译，北京，中国法制出版社，2002，第 235 页。

② 参见程啸：《不动产登记簿的推定力、公信力与买方信赖的保护——"丁福如与石磊房屋买卖合同纠纷案"评释》，载《交大法学》，2013（4）。

③ 《最高人民法院公报》，2012（11）。

④ 程啸：《不动产登记簿之推定力》，载《法学研究》，2010（3）。

极推定其不再享有该不动产物权。《土地登记办法》（已失效）第 15 条第 1 款曾规定："土地登记簿是土地权利归属和内容的根据。土地登记簿应当载明下列内容：（一）土地权利人的姓名或者名称、地址；（二）土地的权属性质、使用权类型、取得时间和使用期限、权利以及内容变化情况；（三）土地的坐落、界址、面积、宗地号、用途和取得价格；（四）地上附着物情况。"原《房屋登记办法》第 24 条第 1 款规定："房屋登记簿应当记载房屋自然状况、权利状况以及其他依法应当登记的事项。"不动产登记簿的权利推定力并不适用于登记簿上记载的全部事项，只适用于登记簿上具有登记能力的权利事项的记载，不适用于对不动产坐落位置、建筑面积①、房屋结构、经济用途等自然状况的记载。"关于不动产物权登记标示的记载，如土地的坐落、面积、地目、使用区分及建筑物的结构等与土地、建筑物的现状，都不为权利正确性推定的效力所及。交易相对人仅仅信赖这些内容不足以使其善意取得交易标的物。"②"不动产登记簿的推定力仅仅是为了更有效率地实现不动产登记簿使法律上交易明确化、清晰化的制度功能，而产生的权利推定，其仅与权利相关，确切地说是与那些具有登记能力的物权相关。"③另一方面，不动产登记簿的公信力主要适用于无处分权人处分不动产的情形。不动产登记簿的推定力，对不动产的自然状况的记载是不能适用的，也不及于不动产登记名义人取得登记簿上记载的权利的方式。不动产登记簿上所记载的物权归属和内容形成"权利外观"（Rechtsschein），法律保护不动产交易当事人对不动产登记簿所记载的物权归属和内容的信赖，以保障交易安全，提高交易效率。④

进言之，不动产登记簿的推定力和公信力适用于交易关系背景下当事人之间的利益冲突协调，而不适用于非交易关系背景下当事人之间利益冲突之协调，前者如第三人善意取得，后者如夫妻法定共同共有财产制。对不动产物权交易关系中的第三人，适用不动产登记簿推定力的形式审查规则；对夫妻等特殊身份关系之间的内部确权关系，适用实质审查规则，不受权利外观登记的限制。一方面，《民法典》第 1062 条和第 1065 条第 1

---

① 有学者认为，记载土地大小、类型等不动产状态的事实登记不能产生推定力，不过，由于土地面积的界限标志不是纯粹的事实标志，它具有权利属性，已经超出了事实登记范围，从而能够产生推定力。参见王立争：《民法推定性规范研究》，北京，法律出版社，2013，第 271 页。

② 崔建远：《中国民法典释评》，物权编，上卷，北京，中国人民大学出版社，2020，第 95 页。

③ 程啸：《不动产登记簿之推定力》，载《法学研究》，2010（3）。

④ 参见程啸：《不动产登记簿的推定力、公信力与买方信赖的保护——"丁福如与石磊房屋买卖合同纠纷案"评释》，载《交大法学》，2013（4）。

款对夫妻财产制"没有约定或者约定不明确的",适用法定共同共有的规定,属于拟制规定,不得再行推翻,而此拟制规定可以推翻《民法典》第216条第1款所规定的不动产登记簿的推定力。如果丈夫未经妻子同意将共同财产赠与非婚同居之第三人,该赠与行为并非日常生活需要,非属于交易关系背景下的利益冲突,侵害了妻子的合法权益,有悖公序良俗原则,应为全部无效,而非有效或者部分无效。[1]"婚内财产分割协议是夫妻双方协商一致的结果,在不涉及第三人利益的情况下,应当尊重夫妻的真实意思表示。因此,夫妻婚内财产分割协议对夫妻共同所有房屋的权属进行了约定的情况下,不应以产权登记作为认定该房屋权属的唯一依据。"[2]另一方面,对不动产交易关系中的第三人而言,其不负有查明所交易的不动产是否属于夫妻法定共同共有财产的义务,第三人原则上只需要了解不动产登记簿记载的权利状况,无须承担额外的审查义务,因为不动产登记机关编制的不动产登记簿相比较于占有能提供更为坚实的信赖基础。[3]《民法典婚姻家庭编司法解释一》第28条规定:"一方未经另一方同意出售夫妻共同所有的房屋,第三人善意购买、支付合理对价并已办理不动产登记,另一方主张追回该房屋的,人民法院不予支持。""夫妻一方擅自处分共同所有的房屋造成另一方损失,离婚时另一方请求赔偿损失的,人民法院应予支持。"

(三) 不动产权利推定规范与不动产物权善意取得制度

《民法典》第216条第1款规定的不动产登记簿权利推定规范是不动产权利推定规范的主要内容但非全部内容。《民法典》第352条规定了建筑物、构筑物及其附属设施的所有权推定规范:建设用地使用权人建造的建筑物、构筑物及其附属设施的所有权属于建设用地使用权人,但是有相反证据证明的除外。《民法典》第352条是关于基于事实行为发生物权变动的法律效果的规定,属于可反驳推翻的不动产权利推定规范,并非第

---

[1] 参见北京市海淀区人民法院 (2011) 海民初字第27214号民事判决书。另参见翟珺、费敏蔚:《豪掷百万包"小三"妻子讨还没商量 法院判决赠与行为无效》,载《上海法治报》,2013-09-18;王川、潘静波、闫艳:《已婚男子给情人近250万元 法院认定擅自处分夫妻共有财产无效》,载《上海法治报》,2013-07-02 (A06);《中国首例夫妻联手告"二奶"案在广西玉林审结》,载中国法院网,访问日期:2012-04-26。

[2] 程啸:《婚内财产分割协议、夫妻财产制契约的效力与不动产物权变动——"唐某诉李某某、唐某乙法定继承纠纷案"评释》,载《暨南学报 (哲学社会科学版)》,2015 (3)。

[3] 参见程啸:《不动产登记簿之推定力》,载《法学研究》,2010 (3)。

209 条第 1 款规定的基于合同行为引发物权变动对应的"但书"情形。①

非真实权利人登记为不动产物权人并无权处分之，可能导致不动产的善意取得。基于不动产登记簿权利推定规范，无权处分的相对人基于对无权处分人在不动产物权上的权利外观的信赖，就会受不动产物权善意取得制度的保护。

以房屋所有权善意取得制度为例，非真实权利人成为不动产登记名义人并进行无权处分的情形主要有：第一，因房屋登记机关登记错误，致使房屋登记簿上记载的原所有权消灭，产生了新的登记权利，登记人擅自以自己名义处分房屋的。第二，当事人约定一方以他人名义购买房屋，并将房屋登记在他人名下，名义登记人（出名人）擅自以自己名义处分房屋的。② 第三，权利人非基于民事法律行为引起的物权变动取得房屋所有权，但未办理宣示登记，房屋登记在他人名下，登记名义人擅自以自己名义处分房屋的。第四，夫妻共同共有及其他法定共有房屋仅登记在其中部分共有人名下，登记人未按照约定的条件或者在无约定的情况下未按照《民法典》第 301 条规定的经占份额三分之二以上的按份共有人或全体共同共有人同意的条件，擅自以自己名义处分房屋的；此外，《民法典》第 1062 条和第 1065 条第 1 款的规定也可以直接排除《民法典》第 216 条第 1 款的适用。③ 第五，出卖人转让房屋并办理了所有权转移登记，其后买卖合同被确认无效或被撤销、解除，尚未办理所有权回复登记，登记人（买受人）擅自以自己名义处分房屋的。④

（四）民事执行程序中对不动产权属的举证责任分配

不动产强制执行的标的物具有流通性的特点，对禁止流通的不动产不得执行。强制执行法意义上的不动产侧重于不动产的流通性，而民法意义上的不动产侧重于不动产的静止性。凡是作为执行标的物的不动产都应该

---

① 参见王轶：《区分原则：区分什么？》，载《东方法学》，2022（4）。

② 《民法典物权编司法解释一》第 2 条规定："当事人有证据证明不动产登记簿的记载与真实权利状态不符、其为该不动产物权的真实权利人，请求确认其享有物权的，应予支持。"司法解释的该条规定适用在利用虚假资料骗取登记、登记机关人员错误登记、非基于法律行为导致物权变动后未及时更正登记等情况下，已经过法定程序取得权利的真实权利人与登记簿记载不一致导致的登记错误等情形。借名买房签订商品房买卖合同、办理相关手续，故意将案涉房屋登记在他人名下，不属于前述规定对应的登记错误情形。参见最高人民法院（2020）最高法民再 328 号民事判决书。

③ 参见程啸：《不动产登记簿之推定力》，载《法学研究》，2010（3）。

④ 参见 2010 年 12 月 22 日起施行的京高法发［2010］458 号北京市高级人民法院《关于审理房屋买卖合同纠纷案件适用法律若干问题的指导意见（试行）》第 5 条、第 15 条、第 18 条。

是能够流通的，这是由执行程序的目的决定的。在不动产强制执行程序中，法院对强制执行措施的实施更多地具有行政权的特点，法院于此不应该像行使审判权那样恪守中立，法院应该对被执行人的财产主动调查。[①]当然，在民事执行程序中，执行案件当事人也需要负担相应的举证责任。

不动产登记簿之权利推定规范在立法上解决了不动产物权的证明责任分配问题。权利推定规范属于民法证据规范。法释［2020］21号最高人民法院《关于人民法院民事执行中查封、扣押、冻结财产的规定》第2条规定："人民法院可以查封、扣押、冻结被执行人占有的动产、登记在被执行人名下的不动产、特定动产及其他财产权。""未登记的建筑物和土地使用权，依据土地使用权的审批文件和其他相关证据确定权属。""对于第三人占有的动产或者登记在第三人名下的不动产、特定动产及其他财产权，第三人书面确认该财产属于被执行人的，人民法院可以查封、扣押、冻结。"有学者进一步指出：《民事诉讼法》第234条赋予了执行法官对执行标的的实体权属的判断权，但案外人异议中执行法官的权利判断所遵循的程序、适用的法律、判断标准和效力均有别于审判法官的判断，权利判断的性质为形式物权、权利表象，而非实质物权、真实权利。物权公示具有权利推定效力，在有体物作为执行标的之案外人异议的审查中，执行法官的权属判断标准是物权公示原则；在有体物以外的其他权利和利益（如股权、知识产权等）作为执行标的之案外人异议的审查中，执行法官的权属判断标准则为权利外观主义。[②]"在强制执行程序中，第三人不得以被执行财产系错误登记为由提出异议，但第三人在被执行的财产被查封后15日内以法定方式主张其权利的，不在此限。"[③]

当然，在法院执行被执行人占有的动产、登记在被执行人名下的不动产、特定动产及其他财产权时，真正权利人可以根据《民事诉讼法》第234条提起案外人异议。案外人以不动产登记不实为由提起异议时，当事人之间就物权归属产生争议，该实体权利归属的判断权归审判机构，就此异议，执行机构应该予以裁定驳回。执行机构对登记在被执行人名下的不动产进行查封执行，这符合物权公示公信原则。案外人就登记在被执行人名下的不动产主张物权的，应该通过法院诉讼途径解决，执行机构不裁断

[①]　参见叶蓁：《论民事强制执行中的财产调查权》，载《环球法律评论》，2011（1）。

[②]　参见肖建国：《执行标的实体权属的判断标准：以案外人异议的审查为中心的研究》，载《政法论坛》，2010（3）。

[③]　尹田、尹伊：《论对未经登记及登记不实财产的强制执行》，载《法律适用》，2014（10）。

当事人之间的实体权利争议。《民事诉讼法》第 234 条规定了案外人异议之诉。2022 年《民事诉讼法司法解释》第 309 条规定："案外人或者申请执行人提起执行异议之诉的，案外人应当就其对执行标的享有足以排除强制执行的民事权益承担举证证明责任。"

三、占有之权利推定

"不动产以登记制度为物权之表象，动产则以占有为物权之表象。凡具有此种表象者，即与以权利推定之效果。是为现代物权法上所谓公示主义与公信主义二大原则之滥觞。"[1] 与不动产登记簿的权利推定规则相对应，《民法典》物权编缺少对占有的权利推定规则之规定，二者实际上本应共同构成物权法上的权利外观推定规范。不动产登记簿或者动产占有这种权利外观的推定效力也建立在其与真实权利相符的高度盖然性基础之上，从而能够起到表彰本权的机能并能够化解权利证明的难题。占有为动产物权的外形。与占有的权利推定规范相对应，比较法上还存在占有的事实推定规范。"在所有与占有的分离成为常态的背景下，离开了权利推定规则，占有作为法定公示方法的作用几乎是可以忽略不计的。"[2]

占有之权利推定与不动产登记簿之权利推定相对应，《民法典》物权编将后者规定在第 216 条第 1 款，而对前者则未作规定。《民法典》第 216 条第 1 款实际上就是对不动产物权的权利推定规范，其推定不动产登记簿这一书证所记载的不动产权利为真实的效力。物权权利外观的这些推定力并不都是有利于权利外观所指向的权利人的，它也有可能是对权利人不利的。[3] 物权权利推定规范分别与登记和占有这两种法定公示方法相关联，经由相关权利推定规范，对物权法定公示方法所展示出来的权利外观，交易相对人可以予以合理信赖。在物权法定公示方法上进行权利推定至少存在两个原因：一方面，物权权利推定规范有助于避免交易关系当事人花费巨大的调查成本去获知物权归属之"真相"，这降低了交易成本，提高了交易效率。另一方面，物权归属状况经由法定公示方法对外展示出来，也是物权原则上属于绝对权及对世权属性的要求，经此公示，他人就可以明晰

---

[1]　李宜琛：《日耳曼法概说》，北京，中国政法大学出版社，2003，第 65 页。

[2]　王轶、关淑芳：《物权债权区分的五个理论维度》，载《吉林大学社会科学学报》，2014 (5)。

[3]　参见［日］田山辉明：《物权法》，陆庆胜译，北京，法律出版社，2001，第 134 页；程啸、尹飞：《论物权法中占有的权利推定规则》，载《法律科学》，2006 (6)。

物权归属，从而合理划定自己行为自由之边界。

占有的权利推定规则也非"视为"性质的法律拟制规定，此种推定属于可反驳推翻之推定，真实权利人得反证推翻占有人的权利推定效力，此时占有人若欲维持此种推定效力，则须就自己的占有有合法正当本权的事实，负担举证责任，此为举证责任之转换效果所致。学理上还有对"对占有之未登记不动产请求确认所有权，或请求为所有权登记"等问题的讨论。① 基于占有的动产物权推定效力，占有还可在动产物权争议中起到证明之优先地位的作用。在动产物权诉讼中，占有动产者，通常恒立于被告地位。原告须就自己拥有真实的物权，举出确证。然后，始由被告就其占有取得的权源，加以说明。动产占有人于证据法上已先立于有利之地位。诉讼中，动产占有人也就可以取得权利防御的效力。②

占有之权利推定规则能够加强占有制度保护社会和平秩序的功能和快捷保护占有背后权利的功能。在返还原物请求权中，权利人须证明自己为物权人或者得行使返还原物请求权之人，此项证明责任一般得由登记或者占有的权利推定规则完成，这就降低了返还原物请求权人的举证负担，占有之权利推定规则也就起到了对本权快捷保护的功能。正是从这个意义上，有学者指出，在现代物权诉讼实践中，占有保护之诉构成对返还原物请求权的替代性救济措施。③ "占有权利的推定可以免除举证责任的困难，易于排除侵害，维护物之秩序。吾人所穿衣服，所戴手表，所驾汽车，所用钢笔，倘不推定吾人所有，则他人将任意争执，诉讼不断，危及社会秩序。"④ 此外，占有之权利推定规则还有助于维护交易安全，"占有的权利既受推定，产生公信力，使善意信赖占有而为交易者，得受保护，有益交易安全"⑤。

四、善意取得制度中善意要件的证明

（一）善意取得制度中的利益衡量

不动产和动产善意取得制度是对不动产登记簿权利推定力及占有权利

---

① 参见王泽鉴：《民法物权》，北京，北京大学出版社，2009，第 452～453 页。
② 参见李宜琛：《日耳曼法概说》，北京，中国政法大学出版社，2003，第 60～61 页。
③ 参见［瑞士］约莱·法尔尼奥利：《失去"往日辉煌"的所有物返还请求权》，王洪亮译，载王洪亮等主编：《中德私法研究》，第 8 卷，北京，北京大学出版社，2012，第 154～157 页。
④ 王泽鉴：《民法物权》，北京，北京大学出版社，2009，第 450 页。另参见朱建豪：《男子遭警察当街查包 被要求证明电脑是自己的》，载《大河报》，2013-05-06。
⑤ 王泽鉴：《民法物权》，北京，北京大学出版社，2009，第 450 页。

推定力的逻辑展开，后者则是前者的逻辑前提。① 权利外观原则在物权法上具体化为物权变动公示方法的公信原则，并进一步具体化为善意取得制度。

有学者主张："物权变动公信原则系权利外观原则（权利外观优越原则、信赖原则）具体化之一，法律上凡有一定之外形事实，足可推断有真实之权利或事实关系存在，信赖此项外观而为法律行为之人，法律均给予其所信赖事实相同之法律效果，以为保护。"② 物权变动的公信原则处理的是在交易信息不充分的情形下名义物权人、真实物权人和交易第三人之间的关系，法律本着保护交易安全的目的，在满足特定构成要件的情况下，在所有权保护（静的安全）和交易便捷（动的安全）之间作出倾斜保护交易第三人利益的价值判断结论，因为交易第三人背后对应的是不特定第三人信赖利益这一社会公共利益，这构成限制所有权人自由的足够充分且正当的理由。③ 当不存在交易第三人的信赖利益、不涉及交易安全保护时，在名义物权人和真实物权人之间并无物权变动公信原则的适用。可见，公信原则适用于基于民事法律行为，特别是基于有偿合同行为（交易行为）发生的物权变动过程中。

（二）善意取得制度中善意之要件事实的证明

非真实权利人占有动产并无权处分之，可能导致动产被善意取得；非真实权利人登记为不动产物权人并无权处分之，可能导致不动产被善意取得。当然，在不动产和动产善意取得制度的构成要件及其证明上并不相同，前者要求相对较低。不动产物权善意取得制度构成要件问题上的特殊性根本上是由不动产登记公信力高于动产占有公信力所决定的，相比于占有，不动产登记簿具有更高的可信度和更坚实的信赖基础。"不动产登记簿的公信力与动产善意取得之间最重要的差别就是理论基础不同。依据德国民法通说，登记簿的公信力完全是一项建立在'权利外观原则'（Rechtsscheinprinzip）基础之上的制度。而动产善意取得的理论基础则是'由权利外观原则与诱因原则组成的混合体系'。申言之，不动产登记簿的公信力遵循的是'纯粹的权利外观原则'，真实权利人是否知道登记簿的

---

① 相反的观点，参见朱广新：《论物权法上的权利推定》，载《法律科学》，2009（3）。

② 谢在全：《民法物权论》，上册，5版，北京，中国政法大学出版社，2011，第51页。

③ 参见王轶：《民法原理与民法学方法》，北京，法律出版社，2009，第54页。

有学者曾指出："动产所有权善意取得制度最可表现法律上的利益衡量与价值判断，对法学思考甚有助益。"（王泽鉴：《民法物权》，北京，北京大学出版社，2009，第457页。）

错误以及能否避免该登记簿错误之发生，在所不问。然而，在动产的善意取得中必须考虑真实权利人对于占有这一权利外观与真实权利之间差异的出现是否具有可归责性。也就是说，是否构成动产的善意取得必须考虑错误权利外观的出现与动产的真实权利人是否有关。之所以登记簿的公信力与动产的善意取得在理论基础上有此差异，根本原因就是二者的'权利外观基础'（Rechtsscheingrundlage）即公示方法不同。"① "不动产登记簿是国家公权力机关制作的，有国家公权力作为其正确性的担保，因此，受让人在交易中的审核义务较轻；而在动产交易中，受让人应当尽到更重的审核义务。"② "在动产物权变动的场合，受让人是否存在重大过失的判断因素应多于不动产物权变动的场合。"③

在对原《物权法》第 106 条（《民法典》第 311 条延续该条之规定）展开的解释论研究上，举证责任分配方法的争议主要集中在善意（bona fides）这一主观心理状态的证明上。"不仅司法实务中乱象丛生，学说上亦不乏纷争。"④ 结合法律要件分类说的通说观点，从《民法典》第 311 条的条文文义解释的角度看，善意要件由受让人举证证明⑤，但实际上尚需结合待证事实分类说的观点⑥，区分善意要件的积极观念说与消极观念说，综合交易中的一系列主客观因素，作或多或少式而非全有全无式的综合判断、区别对待，以期在所有权保护和交易安全保护之间取得谨慎的平衡。从这个意义上可以说，"善意的判断是法官在综合各种因素的情况下所形成的一种法律推定……在通常情况下，理性的交易主体面对虚假表象而进行交易时推定其处于善意状态。所谓善意是一种被法律推定的且无须由受让人举证证明的主观心态……在交易安全保护制度适用的具体争讼案件中，主张受保护者直接声称所依赖的具体规则的构成要件已经充分，关于善意无须主张者单独举证，而对方要推翻这一认定，就必须承担反证责任……在具体争讼当中，对当事人善意与否的认定就转化为对其是否为恶意的判断。

---

① 程啸：《论不动产登记簿公信力与动产善意取得的区分》，载《中外法学》，2010（4）；刘贵祥：《论无权处分和善意取得的冲突和协调——以私卖夫妻共有房屋时买受人的保护为中心》，载《法学家》，2011（5）。

② 王利明主编：《民法》，上册，8 版，北京，中国人民大学出版社，2020，第 279 页。

③ 崔建远：《中国民法典释评》，物权编，上卷，北京，中国人民大学出版社，2020，第506 页。

④ 吴泽勇：《论善意取得制度中善意要件的证明》，载《中国法学》，2012（4）。

⑤ 参见郑金玉：《善意取得证明责任分配规则研究》，载《现代法学》，2009（6）。

⑥ 参见吴国喆：《善意认定的属性及反推技术》，载《法学研究》，2007（6）。

主张善意者无须对此提供证据，而由对方提供其非为善意的反证，即证明第三人为恶意……"①

善意取得制度中对受让人的善意须采取消极观念说②，即"受让人不知道并且不应当知道处分人对财产无处分权"，消极事实由主张此事实存在者承担举证责任，这也正是《德国民法典》第 932 条采取排除式表述的原因，即规定何种情形属于非善意。因此，受让人是否善意的举证责任不在于受让人，而在于所有权人，基于不动产登记簿的公信力和占有的权利推定规则，出让人作为不动产的登记名义人或者动产的现实占有人可以推定受让人的善意，所有权人主张受让人非善意（重大过失）的，则所有权人须对此负担举证责任。

我国人民法院在善意取得案件的司法裁判中，并未坚持对受让人善意要件的推定做法，有的法院将善意要件的举证责任交由主张善意取得之人承担。如有法院认为："机动车虽然属于动产，但存在一些严格的管理措施使机动车不同于其他无须登记的动产。行为人未在二手机动车交易市场内交易取得他人合法所有的机动车，不能证明自己为善意并付出相应合理价格的，对其主张善意取得机动车所有权的请求，人民法院不予支持。"③

（三）不动产物权善意取得中善意要件事实证明的特殊性

有学者认为受让人受让不动产物权时善意的"含义与动产善意取得场合相同"④，笔者认为，实际上从立法论角度看对不动产受让人的善意程度的要求相较动产善意取得中受让人的善意程度要低，后者为受让人对出让人无处分权"不知道且不应当知道"，而前者要求"不知道"即可，即受让人"不知物权登记系属不实……至其不知有无重大过失而不知则非所

---

① 吴国喆：《善意认定的属性及反推技术》，载《法学研究》，2007（6）。Vgl. Jauernig, Bürgerliches Gesetzbuch Kommentar, Verlag C. H. Beck, München, 12 Auflage 2007, § 932, Rn. 5, S. 1264.

② 与此相对应，在作为交易安全保护策略的表见代理制度中，据《民法典》第 172 条，相对人须"有理由相信行为人有代理权"，即采积极观念说，须由主张构成表见代理之相对人对自己的善意负担举证责任。而在该法第 504 条表见代表的规定中，则又采取排除式表述方式，对相对人的善意采取消极观念说，由否定相对人善意之人对相应事实承担举证责任。可见，立法在落实保障交易安全的表见代理、表见代表和善意取得制度上，采取的举证责任不尽一致，对交易安全的保护程度也有强弱之别。

③ 《最高人民法院公报》，2008（2）。

④ 梁慧星、陈华彬：《物权法》，北京，法律出版社，2010，第 215 页；陈华彬：《民法物权论》，北京，中国法制出版社，2010，第 289 页。另参见崔建远：《物权：规范与学说》，上册，北京，清华大学出版社，2011，第 215～216 页。

问，盖不动产登记由'国家机关'作成，本应确保其真实，其真实之外观强度极高之故"①。不动产物权善意取得制度构成要件问题上的此特殊性根本上是由不动产登记公信力高于动产占有公信力所决定的，相比于占有，不动产登记簿具有更高的可信度和更坚实的信赖基础。京高法发〔2010〕458 号北京市高级人民法院《关于审理房屋买卖合同纠纷案件适用法律若干问题的指导意见（试行）》第 19 条规定："《物权法》第一百零六条第一款规定在适用上应作如下理解：（1）房屋善意取得中'善意'的判断标准：买受人信赖房屋登记簿中关于物权登记的记载，不知道出卖人无处分权即推定买受人为善意，但确有证据证明买受人明知或因重大过失不知房屋登记簿中物权登记错误或者登记簿中存在异议登记的除外。房屋原权利人对于买受人为恶意负有举证责任……"由此，就善意的举证责任问题，应当采取不动产物权推定的做法，由受让人证明其已经查阅不动产登记簿，查明不动产登记簿上登记权利人有处分权，并对登记簿产生了信赖②，而由否定受让人为善意之人负担"恶意"事实的举证责任。结合《民法典物权编司法解释一》第 15 条、第 16 条，从这些条文对不动产和动产善意取得中受让人"重大过失"的判断标准的规定来看，不动产受让人在交易过程中须主要审查登记簿上记载的权利状况，而动产受让人在交易过程中除须确定出让人是动产的现实占有人外，还须进一步结合交易对象、场所或者时机从交易习惯角度作综合判断。③

"一般情况下，第三人对物权表象的信赖被推定为合理，除非有特别的情形提示应警惕权利表象的真实性，这是法律对物权法定表征形式的尊重。"④ 笔者认为，不动产登记簿的物权推定力不等同于不动产的善意取得制度，物权推定规范与善意取得制度的衔接配合也不能僵化泛化。如上所

① 谢在全：《民法物权论》，上册，5 版，北京，中国政法大学出版社，2011，第 87 页。另参见程啸：《论不动产登记簿公信力与动产善意取得的区分》，载《中外法学》，2010（4）。

② 参见董迎雪：《不动产善意取得的善意要件认定标准》，载《人民司法·案例》，2014（16）。

③ 《民法典物权编司法解释一》第 15 条规定："具有下列情形之一的，应当认定不动产受让人知道转让人无处分权：（一）登记簿上存在有效的异议登记；（二）预告登记有效期内，未经预告登记的权利人同意；（三）登记簿上已经记载司法机关或者行政机关依法裁定、决定查封或者以其他形式限制不动产权利的有关事项；（四）受让人知道登记簿上记载的权利主体错误；（五）受让人知道他人已经依法享有不动产物权。""真实权利人有证据证明不动产受让人应当知道转让人无处分权的，应当认定受让人具有重大过失。"第 16 条规定："受让人受让动产时，交易的对象、场所或者时机等不符合交易习惯的，应当认定受让人具有重大过失。"

④ 吴国喆：《善意认定的属性及反推技术》，载《法学研究》，2007（6）。

述，在夫妻一方擅自出售登记在自己名下的不动产时，作为买受人的第三人不负有查明所交易的不动产是否属于夫妻法定共同共有财产的义务，第三人只需要了解不动产登记簿记载的权利状况即认定其属于《民法典婚姻家庭编司法解释一》第 28 条所规定的"第三人善意购买"，无须承担额外的审查义务，因为不动产登记机构编制的不动产登记簿相比较于占有能提供更为坚实的信赖基础。[①] 笔者认为，不动产登记簿的推定力（公信力）是相对的，对不动产善意取得制度中"善意"要件的认定并非始终如此简单绝对，应该作更多的利益动态衡量。一方面，不动产登记簿的推定力属于可反驳的推定，真实权利人可以举证反驳第三人对该登记簿的"信赖"[②]。另一方面，根据不动产买卖的一般民事交易习惯和日常生活经验法则，第三人需要实地查看该不动产状况，以尽到更高的交易信息审查义务，如果夫妻一方擅自处分登记在自己名下的夫妻共有并共同居住的唯一住房，而第三人未实地查看，仅单纯"信赖"不动产登记簿所记载的权利状况，就不宜适用善意取得制度，否则有可能致共有唯一住房的夫妻另一方的基本生活保障受到不利影响。对夫妻共有房屋的善意取得，第三人对交易安全的"善意"注意义务标准应该更高。正是在这个意义上，有学者认为在私卖夫妻共有房屋的情况下，由于房屋属不动产，以登记为公示方式，因此对受让人"善意"的认定应主要根据不动产登记簿来进行。[③] 但该学者又作以下补充论证："在确认不动产善意取得的过程中，虽然对于受让人的善意应主要根据不动产登记簿来认定，但是否意味着受让人只要举证登记簿记载的只有让与人，就一概认定受让人是善意呢？也不一定。"比如说，夫妻一方举证证明自己与出卖人、买受人三人早就相识，买受人知道房屋是夫妻共有财产；或者举证证明出卖人和买受人是亲戚，关系很好，不可能不知道房屋是夫妻共有财产。[④]

在"连某贤诉臧某林排除妨害纠纷案"中，臧某林购得系争房屋后，于 2008 年 8 月办理了登记。2011 年 8 月，案外人李某以臧某林代理人的身份与案外人谢某忠签订房屋买卖合同，后房屋被登记在谢某忠名下。

---

① 参见程啸：《不动产登记簿之推定力》，载《法学研究》，2010（3）。
② 刘贵祥：《论无权处分和善意取得的冲突和协调——以私卖夫妻共有房屋时买受人的保护为中心》，载《法学家》，2011（5）。
③ 参见刘贵祥：《论无权处分与善意取得的冲突和协调——以私卖夫妻共有房屋时买受人的保护为中心》，载《法学家》，2011（5）。
④ 参见刘贵祥：《论无权处分与善意取得的冲突和协调——以私卖夫妻共有房屋时买受人的保护为中心》，载《法学家》，2011（5）。

2011 年 10 月，谢某忠与连某贤签订房屋买卖合同，且于 2012 年 4 月将房屋登记在连某贤名下。2012 年 7 月 5 日，连某贤起诉谢某忠交付房屋，臧某林作为第三人参与诉讼。2013 年 8 月 19 日，法院作出"谢某忠与臧某林签订的房屋买卖合同无效，驳回连某贤要求谢某忠交付房屋的诉求，驳回臧某林要求确认谢某忠与连某贤合同无效的诉求"的判决。2013 年 10 月 24 日，法院受理"连某贤与臧某林排除妨害纠纷"一案，后一审判决臧某林于判决生效两个月内迁出系争房屋。臧某林不服，上诉。二审法院判决驳回连某贤要求臧某林迁出涉案房屋的诉求。① 不难发现，连某贤在购买房屋的过程中，在谢某忠告知其房屋内住有他人时仍未实地查看房屋，否则即能发现不妥，着实与日常生活中的理性交易不符。连某贤在明知该房现居住他人时未基于合理怀疑尽到查看房屋与进一步核实的注意义务，与民法对一个理性谨慎人的要求不符，实难称得上"善意"。不动产善意取得制度中"善意"的判断和受让人注意义务的认定标准，至为重要。不动产物权善意取得制度中"善意"的判断具有特殊性，为了避免判断过于主观化，可以从客观层面运用利益动态衡量方法分析受让人的注意义务以判断其是否构成"善意"。对司法实践中受让人的注意义务进行类型化梳理，可以得出注意义务的类型化动态认定标准——根据不同交易情况对受让人的注意义务进行不同的判断和衡量。在判断受让人是否善意时，应根据不同交易的特殊情况对受让人的注意义务进行不同层级的考察。只有受让人尽到了一个合理谨慎相对人的注意义务，才能认定其善意，以相对灵活运用善意取得制度，实现多方利益平衡以及实质公平，最终更好地平衡交易安全维护与所有权保护。第一，银行等金融机构②、房地产中介工作人员③等特殊主体基于特定交易习惯应负担实地查看、谨慎审查、审慎经营等更高的注意义务。④ 第二，特殊身份关系受让人的核实

---

① 参见上海市第一中级人民法院（2014）沪一中民二民终字第 433 号民事判决书，载《最高人民法院公报》，2015（10）。

② 参见河北省石家庄市中级人民法院（2016）冀 01 民再 126 号民事判决书。

③ 参见江苏省扬州市中级人民法院（2014）扬民申字第 005 号民事判决书。

④ 如《个人贷款管理暂行办法》第 13 条规定："贷款人受理借款人贷款申请后，应履行尽职调查职责，对个人贷款申请内容和相关情况的真实性、准确性、完整性进行调查核实，形成调查评价意见。"第 14 条规定："贷款调查包括但不限于以下内容：（一）借款人基本情况；（二）借款人收入情况；（三）借款用途；（四）借款人还款来源、还款能力及还款方式；（五）保证人担保意愿、担保能力或抵（质）押物价值及变现能力。"第 15 条规定："贷款调查应以实地调查为主、间接调查为辅，采取现场核实、电话查问以及信息咨询等途径和方法。"

义务。例如，在多人实际共有房屋但只登记在其中一部分人名下，登记权利人未经其他真实权利人同意对不动产进行了处分，受让人主张善意取得的情况下，如果受让人与出让人或真实权利人具有特殊的身份关系，如同村邻居、朋友、亲属等[①]，这时受让人对于出让人或真实权利人的婚姻家庭状况以及涉案不动产的真实权利状况就应当有所了解，并且在进行不动产交易时要负担比普通受让人更高的注意义务——核实该不动产的真实权利人是否均有进行交易的真实意思表示。第三，对于农村房产、经济适用房、物业用房等特殊标的物的查看、调查义务。第四，交易过程不符常理时基于合理怀疑的核实义务。第五，一般受让人的其他谨慎交易义务。从我国目前不动产市场交易来看，实地查看、了解房屋情况等实为正常的交易习惯以及必要的注意义务。明确交易标的的地理位置、实际情况、真实权利归属等对于受让人来讲，是理性谨慎交易的基础，也是判断其善意与否的关键。[②]

五、物权法上不可反驳推翻的权利推定规范

《民法典》第 308 条和第 309 条还规定了共有关系的推定规则和按份共有份额的推定规则，笔者认为这两条规定均属于不可反驳推翻的权利推定规范（拟制规范）。

以《民法典》第 308 条为例，该条是对当事人就共有关系性质没有意思表示或者意思表示内容不明确而设置的"视为"的推定式拟制法条[③]，也是一体发挥补充性的任意性规范和解释性的任意性规范功能的法条[④]，不得为当事人举证推翻。"这里所说的不可推翻，是指不得推翻推定事实，而不是说不能对前提事实提出异议，所以对受到不利推定的一方当事人来说，如果想要阻止推定，可以对前提事实进行争议，并提出前提事实不存在的证据。"[⑤]

在共有关系不明的情形下推定为按份共有而非共同共有的具体规范目的何在？相比共同共有，按份共有更有利于促进物尽其用，具体表现在：

---

① 参见江苏省南京市中级人民法院（2016）苏 01 民终 427 号民事判决书。

② 参见李仕：《不动产善意取得制度中受让人注意义务的认定标准——对利益动态衡量方法的类型化运用》，北京，中国政法大学，2020，第 18～26 页。

③ 参见黄茂荣：《法学方法与现代民法》，5 版，北京，法律出版社，2007，第 197～201 页。

④ 参见王轶：《论物权法的规范配置》，载《中国法学》，2007（6）；王轶：《〈物权法〉的任意性规范及其适用》，载《法律适用》，2007（5）。

⑤ 李浩主编：《证据法学》，北京，高等教育出版社，2009，第 271 页。

根据《民法典》第 303 条的规定，按份共有对共有物的分割更自由更方便，这就为按份共有转化为单独所有提供了便利；另外，根据《民法典》第 301 条的规定，按份共有在共有物的处分、重大修缮、变更性质或者用途等问题上的多数决规则较共同共有的全体一致决规则更有利于决议的达成。共有是单独所有的例外，"罗马法认为共有是纷争之源，故尽量避免发生共有或使之消灭"①，按份共有较之共同共有更有利于向单独所有的转化，也相对更有利于共有物效用的发挥。

六、小结：物权推定规范是《民法典》物权编证据规范的鲜明特色

《民法典》物权编中的证据规范主要包含举证责任一般规范和以物权推定规范为典型的举证责任法定特别规范。

法律推定其实就是对证明责任的一种分配，属于证明责任规范。② 孟德斯鸠曾经指出："从推定方面来说，法律的推定要比人的推定好得多……当法官推定的时候，判决就武断；当法律推定的时候，它就给法官一条明确的准则。"③《民法典》物权编中的推定规范主要是物权的推定规范而非对引起物权变动法律事实的推定规范，这与物权法的作为明确物的归属和发挥物的效用的基本法律的功能有关。在我国其他民法部门法中，其推定规范则多为事实推定规范④，而非权利推定规范。"权利推定规则本质是证据负担减轻规则……权利推定规则的规范目的在于救济占有人证明所有权等物权的困难以及赋予登记以公示效力，维护交易安全。为达此规范目的，在程序法上采取了减轻证明负担之技术，通过较容易证明的占有取得或者登记等权利变动事实构成来推定所有权。"⑤《民法典》物权编中的不动产权利推定规范和占有权利推定规范均属于可反驳推翻的权利推定规范，而共有关系的推定规范和按份共有份额的推定规范均属于不可反驳推翻的物权推定规范。

---

① 周枏：《罗马法原论》，上册，北京，商务印书馆，1994，第 335 页。

② 参见［德］汉斯·普维庭：《现代证明责任问题》，吴越译，北京，法律出版社，2000，第 74～75 页。

③ ［法］孟德斯鸠：《论法的精神》，张雁深译，北京，商务印书馆，1976，第 392 页。

④ 参见王雷：《我国〈侵权责任法〉中的证据规范》，载《山东大学学报（哲学社会科学版）》，2014（3）；王雷：《〈婚姻法〉中的亲子关系推定》，载《中国青年政治学院学报》，2014（4）。

⑤ 王洪亮：《权利推定：实体与程序之间的构造》，载《法学研究》，2011（1）。另参见朱广新：《论物权法上的权利推定》，载《法律科学》，2009（3）。

七、多重买卖中物的归属判断规则及其举证责任配置

在多重买卖合同一直以来的司法实践中，我国法院并未承认出卖人得任意选择一份合同为实际履行，而大多参照一定的标准来确定履行其中一份合同。我国司法解释和地方法院的审判指导意见在总结审判实践经验的基础上，创新并坚持了物的归属判断的一系列规则体系。以 2012 年《买卖合同司法解释》第 9 条第 3 项的规定为例，其确认出卖人就同一普通动产订立多重买卖合同，在买卖合同均有效的情况下，买受人均要求实际履行合同的，"均未受领交付，也未支付价款，依法成立在先合同的买受人请求出卖人履行交付标的物等合同义务的，人民法院应予支持"。2020 年《买卖合同司法解释》第 6 条第 3 项延续此规定。多重买卖中物的归属判断规则及其举证责任配置也是一个物权法与合同法关联交叉的话题。

我国多重买卖司法实用主义的客观实践也推动传统债法理论向前发展，司法解释和司法审判指导意见中的类似规定要求我们在法律适用过程中明确何为"依法成立在先合同"等，由此也带来多重买卖中物的归属判断规则与举证责任配置之间的沟通融合问题。

（一）"一物数卖"与物的归属之明确

多重买卖合同不同于无权处分合同，不适用权利的瑕疵担保规则。"二重买卖的构成以出卖人在先后二次买卖契约之缔结时均握有标的物之所有权为前提。在第二次缔约时，出卖人已不再拥有标的物之所有权，则其第二次买卖，将不是二重买卖，而是为他人之物之买卖。"[1] 现实生活中基于买卖标的物的价格上涨等原因，以及由于从合同接触、磋商、订立到付款、交付乃至登记等一系列行为的完成通常存在一段较长的时间差，出卖人经多重买卖合同为"一物数卖"等违背诚信、有失公平的行为屡见不鲜，"一物数卖"与物权法"明确物的归属"之立法目的紧密关联，需要认真研究。有学者就曾指出："在一物数卖情形下，数个买卖合同的效力、标的物所有权的最终归属及先订立买卖合同的买受人，作为特定物债权的债权人能否行使撤销权，以保全自己的合同债权等问题，最值得研究。"[2]

不动产物权变动公示方法中的预告登记制度能够对不动产的"一物数

---

[1]　黄茂荣：《买卖法》，北京，中国政法大学出版社，2002，第 27 页。

[2]　王轶：《论一物数卖——以物权变动模式的立法选择为背景》，载《清华大学学报（哲学社会科学版）》，2002（4）。

卖"现象起到"防患于未然"的作用，使不动产买受人的债权产生物权化的效果。但是对于已经发生的"一物数卖"现象，则需要结合《民法典》物权编确立的动产及不动产物权变动模式的类型①，综合判断物的归属。在多重买卖合同中，根据买卖标的物的不同，其物的归属之判断规则也有差异，具体如下：

　　首先，在房屋等不动产"一物数卖"的情形下，法释〔2003〕7号最高人民法院《关于审理商品房买卖合同纠纷案件适用法律若干问题的解释》第8～10条着力解决"一房数卖"时对买受人合同债权的保护，并未正面彻底回应房屋所有权的归属问题。② 法释〔2020〕17号最高人民法院《关于审理商品房买卖合同纠纷案件适用法律若干问题的解释》未保留原司法解释第8、9条的规定。法释〔2005〕5号最高人民法院《关于审理涉及国有土地使用权合同纠纷案件适用法律问题的解释》第10条第1款规定："土地使用权人作为转让方就同一出让土地使用权订立数个转让合同，在转让合同有效的情况下，受让方均要求履行合同的，按照以下情形分别处理：（一）已经办理土地使用权变更登记手续的受让方，请求转让方履行交付土地等合同义务的，应予支持；（二）均未办理土地使用权变更登记手续，已先行合法占有投资开发土地的受让方请求转让方履行土地使用权变更登记等合同义务的，应予支持；（三）均未办理土地使用权变更登记手续，又未合法占有投资开发土地，先行支付土地转让款的受让方请求转让方履行交付土地和办理土地使用权变更登记等合同义务的，应予支持；（四）合同均未履行，依法成立在先的合同受让方请求履行合同的，应予支持。"③ 法释〔2020〕17号最高人民法院《关于审理涉及国有土地使用权合同纠纷案件适用法律问题的解释》第9条第1款延续了该规定。法释〔2005〕6号最高人民法院《关于审理涉及农村土地承包纠纷案件适

---

　　①　参见王轶：《论一物数卖——以物权变动模式的立法选择为背景》，载《清华大学学报（哲学社会科学版）》，2002（4）。笔者认为，从比较法上看，不同的物权变动模式对应"一物数卖"情形下物的归属之不同判断规则，而在我国现行民事立法既定的物权变动模式基础上，从解释论角度对物的归属判断规则体系作类型化梳理就可以更多地侧重于动产和不动产的分类标准。

　　②　司法实践中对此有所推进，如京高法发〔2010〕458号北京市高级人民法院《关于审理房屋买卖合同纠纷案件适用法律若干问题的指导意见（试行）》第13条第1款规定："出卖人就同一房屋分别签订数份买卖合同，在合同均为有效的前提下，买受人均要求继续履行合同的，原则上应按照以下顺序确定履行合同的买受人：……（3）均未办理房屋所有权转移登记，又未合法占有房屋，应综合考虑各买受人实际付款数额的多少及先后、是否办理了网签、合同成立的先后等因素，公平合理的予以确定。"

　　③　浙江省杭州市中级人民法院（2010）浙杭民终字第1477号民事判决书。

用法律问题的解释》第 20 条规定："发包方就同一土地签订两个以上承包合同，承包方均主张取得土地承包经营权的，按照下列情形，分别处理：（一）已经依法登记的承包方，取得土地承包经营权；（二）均未依法登记的，生效在先合同的承包方取得土地承包经营权；（三）依前两项规定无法确定的，已经根据承包合同合法占有使用承包地的人取得土地承包经营权，但争议发生后一方强行先占承包地的行为和事实，不得作为确定土地承包经营权的依据。"① 法释［2020］17 号最高人民法院《关于审理涉及农村土地承包纠纷案件适用法律问题的解释》第 19 条总体延续了该规定，只是将条文中的"土地承包经营权"改为"土地经营权"。法释［2009］11 号最高人民法院《关于审理城镇房屋租赁合同纠纷案件具体应用法律若干问题的解释》第 6 条第 1 款规定了"一房数租"的处理规则："出租人就同一房屋订立数份租赁合同，在合同均有效的情况下，承租人均主张履行合同的，人民法院按照下列顺序确定履行合同的承租人：（一）已经合法占有租赁房屋的；（二）已经办理登记备案手续的；（三）合同成立在先的。"法释［2020］17 号最高人民法院《关于审理城镇房屋租赁合同纠纷案件具体应用法律若干问题的解释》第 5 条第 1 款延续了该规定。

其次，在普通动产"一物数卖"的情形下，根据 2012 年《买卖合同司法解释》第 9 条第 3 项的规定，出卖人就同一普通动产订立多重买卖合同，在买卖合同均有效的情况下，买受人均要求实际履行合同的，"均未受领交付，也未支付价款，依法成立在先合同的买受人请求出卖人履行交付标的物等合同义务的，人民法院应予支持"。2020 年《买卖合同司法解释》第 6 条第 3 项延续了该规定。

最后，在船舶、航空器、机动车等特殊动产"一物数卖"的情形下，2012 年《买卖合同司法解释》第 10 条规定："出卖人就同一船舶、航空器、机动车等特殊动产订立多重买卖合同，在买卖合同均有效的情况下，买受人均要求实际履行合同的，应当按照以下情形分别处理：……（三）均未受领交付，也未办理所有权转移登记手续，依法成立在先合同的买受人请求出卖人履行交付标的物和办理所有权转移登记手续等合同义务的，人民法院应予支持……"2020 年《买卖合同司法解释》第 7 条延续了该

_____

① 司法实践中已经有法院扩大该司法解释中该条的适用范围，将之类推适用于"四荒"土地承包经营权的归属、土地承包经营权的流转等情形。参见粤高法发［2007］28 号广东省高级人民法院《关于审理农村土地承包合同纠纷案件若干问题的指导意见》（已失效）第 8 条和第 9 条。

规定。

综合上述规定，我国司法实践中对多重买卖合同中物的归属之确定，根据合同类型的不同（土地使用权转让、土地经营权设立、房屋租赁、房屋买卖、普通动产买卖、特殊动产买卖等），分别设定相应的物的归属判断规则体系，并分别赋予"办理土地使用权变更登记（房屋所有权转移登记）手续""已先行合法占有投资开发土地（房屋）""先行受领交付""先行支付土地转让款（先行支付价款）""依法成立在先合同"等不同的效力层级，以期由此达到协调数个买受人之间的利益冲突、解决一物一所有权背景下同一标的物如何在数个买受人之间合理分配的难题并明确物的归属之效果。

（二）物的归属判断规则体系中证据方法规范及证明力等制度创新

从立法论上看，多重买卖合同中物的归属判断规则体系还存在诸多不完善之处：第一，多重买卖合同中物的归属判断规则体系标准较多，类型化不足，尚较为分散凌乱。第二，现有的司法解释尚不能系统解决房屋多重买卖合同中物的归属之明确问题，2020年《买卖合同司法解释》并没有构建起统一解决多重买卖合同纠纷的规则体系，其仅及于普通动产多重买卖合同纠纷和特殊动产多重买卖合同纠纷。第三，在特殊动产多重买卖和普通动产多重买卖物的归属判断规则体系中没有坚持"同样情况同等对待"的平等原则，2020年《买卖合同司法解释》第7条着重回答交付和登记之间的协调关系问题，没有解决在支付价款的情况之下，买受人是否可以处于相对优越地位的问题，从道理上来讲第6条第2项也应当对特殊动产"一物数卖"中哪一个买受人处于优越地位具有判断的效力。[1] 法释〔2020〕17号最高人民法院《关于审理涉及农村土地承包纠纷案件适用法律问题的解释》第19条、法释〔2020〕17号最高人民法院《关于审理城镇房屋租赁合同纠纷案件具体应用法律若干问题的解释》第5条等存在同样的问题。第四，特殊动产多重买卖合同中赋予"先行受领交付"绝对的优先效力，可能导致物权登记制度受到冲击。[2] 在普通动产多重买卖中，依法成立在先的买卖合同相对于成立在后合同具有优先性，可能违反债权

---

① 参见王轶：《"买卖合同纠纷案件适用法律问题的解释"讲座》，2012年8月4日北京市律协讲座。

② 参见王利明：《买卖合同司法解释的理解与适用》，中国人民大学民商法前沿论坛，2012-10-16；王轶：《"买卖合同纠纷案件适用法律问题的解释"讲座》，2012年8月4日北京市律协讲座。

平等原则，而且会增大当事人的取证难度，容易引发合同欺诈行为等道德风险的发生。①

多重买卖合同中物的归属判断规则体系也带来了很多法律规则的创新，具体如下：

第一，突破了债权平等性、相容性和相对性的传统债法理论，采取实用主义的司法政策解决多重买卖中合同的实际履行问题。根据传统债法理论，成立在先的合同债权对成立在后的合同债权并无排他效力，二者彼此处于平等地位，如在"一物数卖"合同中，数个买受人对出卖人所享有的债权处于平等地位。"债务人应以其全部财产对每一个债务的履行，负其责任。某债权人先为强制执行而受清偿时，其他债权人，纵其债权发生在前，亦仅能就剩余财产受偿。债务人破产时，债权不论其发生先后，均依比例参加分配。"② 我国司法实践中的"一物数卖"中物的归属之判断规则体系对此有所突破，根据不同的履行要素，赋予数个买卖合同债权在取得标的物物权上相应的优劣顺位，也就使具备这些规则对应构成要件情形的买卖合同具有对抗其他买卖合同的效力。

第二，否定了多重买卖合同中出卖人作为债务人在合同履行问题上的任意选择权，以维护交易中的诚实信用原则。从债务人的角度看，司法解释中所确立的物的归属判断规则体系实际上也是对债务人合同履行次序的明确，这就否定了出卖人的自主选择权，防止出卖人与个别买受人进行恶意串通。

第三，确立了先行合法占有之事实在多重买卖合同履行中的优先效力。"于同等主张时，占有人权利较强。"③ 在多重买卖合同中物的归属判断规则体系中，取得对标的物合法占有的买受人在要求实际履行过程中处于相对优先的顺序④，这就确认了占有既定事实状态所具有的权利推定力和公信力。占有事实常常形成一种法律关系，即在无相反证据的情况下，只要现实占有人的占有是合法的、善意的，就可以推定其为权利人，进一步彰显了占有维护社会和平秩序的作用。

---

① 参见王利明：《买卖合同司法解释的理解与适用》，中国人民大学民商法前沿论坛，2012-10-16。立法论上的更多批判，请参见程啸：《论动产多重买卖中标的物所有权归属的确定标准——评最高法院买卖合同司法解释第9、10条》，载《清华法学》，2012（6）。

② 王泽鉴：《债法原理》，北京，北京大学出版社，2009，第8页。

③ 郑玉波：《法谚》（一），北京，法律出版社，2007，第152页。

④ 参见秦江：《不动产二重买卖均未登记之物权归属》，北京，清华大学，2007，第24～26页。

第四，规定了多重买卖合同中物的归属判断规则体系中的证据方法（证据种类）规范及其证明力。在多重买卖合同中物的归属确定过程中，涉及不同证据种类的运用及其证明力的对比问题。"证据方法指的是法官凭借其五官的作用所能调查的有形物。总之，证据方法是证据调查的对象……证据方法除了物之外还包括人，证人也是证据方法之一。""证据资料对待证事实所起的认定作用的大小，叫做该证据资料的证据力或证明力、证据价值。"① 在多重买卖合同法律纠纷中，我国司法实践采取的是区分买卖标的物的不同而分别其物的归属判断规则体系，依次将"办理土地使用权变更登记（房屋所有权转移登记）手续""已先行合法占有投资开发土地（房屋）""先行受领交付"②"先行支付土地转让款（先行支付价款）"③等证据方法规定为证明力居先的证据种类，而将"依法成立在先合同"④作为证明力相对居后的证据种类。

对多重买卖合同中不同证据方法的举证责任和证明力都需要明确，其与多重买卖合同中物的归属之判断一样，都属于协调多方民事主体之间利益冲突的价值判断问题，应该本着诚信原则和公平原则进行利益衡量。法律对某种证据方法的证明标准要求越高，结果意义上的举证责任判决之概率也就越高，"客观证明责任判决出现的概率大小就直接取决于法官形成心证的难易程度"⑤。而证据方法证明力越高，则越有助于案件事实之明确。多重买卖合同中这些证据方法证明力大小存在差异的原因何在？笔者认为，一方面，这些证据种类的客观性存在强弱差异。尽管在多重买卖合

---

① ［日］高桥宏志：《重点讲义民事诉讼法》，张卫平、许可译，北京，法律出版社，2007，第 27 页。另参见肖建国：《论合同法上的证据规范》，载《法学评论》，2001（5）。

② 在 2012 年《买卖合同司法解释》第 7 条第 4 项规定的背景之下，受领交付之证据力优于办理所有权转移登记的前提是转移登记后的登记名义人没有通过现实交付或者替代交付取得对特殊动产的直接或者间接占有。参见王轶：《"买卖合同纠纷案件适用法律问题的解释"讲座》，2012 年 8 月 4 日北京市律协讲座。

③ 司法解释的起草者认为，为了避免问题的复杂化，"不再考量支付价款的多少因素，仅以支付时间先后为准"。"数个买受人同时支付价款的……以买受人请求出卖人履行交付标的物等合同义务的时间先后，确定先行行使请求权的买受人的合同权利。"［宋晓明、张勇健、王闯：《〈关于审理买卖合同纠纷案件适用法律问题的解释〉的理解与适用》，载《人民司法》，2012（15）。］

④ 法释［2020］17 号最高人民法院《关于审理涉及农村土地承包纠纷案件适用法律问题的解释》第 19 条明确合同生效在先的证明力高于合法占有使用承包地的证明力，笔者认为其原因在于，根据《农村土地承包法》的规定，对土地承包经营权采取自土地承包经营合同生效时设立的债权意思主义物权变动模式："承包合同自成立之日起生效。承包方自承包合同生效时取得土地承包经营权。"

⑤ ［德］汉斯·普维庭：《现代证明责任问题》，吴越译，北京，法律出版社，2000，第 100 页。

同中对交付、支付价款、合同成立在先等存在"极大的诉讼证明困境"①，但证明力居先的证据种类较证明力居后的证据种类，往往具有更强更具体的公示判断标准，可操作性也相对较好，有利于据以解决多重买卖合同中同一标的物如何在多个买受人之间合理分配的难题，如登记之公文特别书证的证明力一般大于其他书证的证明力。另一方面，这些证据事实对应的是多重买卖合同中多个买受人在合同订立、履行过程中信赖和努力程度的差异，买受人对买卖合同的信赖程度越高，其对合同履行的推进就往往越大，法律也理应对之作越高程度的保护，这是信赖保护原则的要求，也有利于促进合同的善意履行。正所谓越努力的债权人越幸福。

在多重买卖合同中物的归属判断规则体系中买受人对其主张自己取得物的归属的各种证据方法均须承担举证责任。如前所述，证明力居先的证据方法客观程度更高，对其举证相对容易，而对证明力相对较弱的合同成立时间之证明最为困难，"依法成立在先合同"或者说"合同成立的先后"就成为多重买卖合同中买受人要求出卖人向自己为合同履行从而主张自己取得物的归属的既重要又困难的证据方法，下文将以合同"依法成立在先"的举证责任配置为中心展开对多重买卖法律纠纷中举证责任问题的探讨。

八、多重买卖合同中不同证据方法的举证责任配置及事实推定规范

根据"主张权利存在之人，应就权利发生的法律要件存在之事实负举证责任；否定权利存在之人，应就权利妨害、权利消灭或权利受制的法律要件存在的事实负举证责任"的举证责任分配标准②，先买受人根据合同"依法成立在先"要求合同履行时，须就该事实承担举证责任。而后买受人或者其他当事人基于"办理土地使用权变更登记（房屋所有权转移登记）手续""已先行合法占有投资开发土地（房屋）""先行受领交付""先行支付土地转让款（先行支付价款）"等事实要求合同对己履行时，也须就这些事实承担举证责任。

多重买卖中合同成立在先的成功举证就使得在同等条件下，在先合同债权人取得优先实现自己债权的可能。这种合同成立在先者的履行优先顺

---

① 刘洪波：《动产多重买卖合同实际履行诉讼中的证明困境》，载《北方经济》，2012（20）。

② Leo Rosenberg, Die Beweislast, 5 Auflage, C. H. Beck, München, 1965, S. 119ff. 另参见陈计男：《民事诉讼法论》，上册，修订 5 版，台北，三民书局，2009，第 479～480 页。

位规则就打破了债权平等性的传统债法假定，是一种经验主义的"先到先得"① 之排队习惯。合同成立在先等履行优先顺位规则也有助于在一定程度上遏制出卖人多重买卖的失信行为，否定其合同履行的自主选择权，使其借助多重买卖抬高售价的目的不能达到，强使买卖回归到先成立合同所达成的价款之上。

（一）先买受人合同"依法成立在先"的举证责任

多重买卖合同的数个买受人在主张优先实现自己的合同履行请求权过程中，在穷尽证明力居先的各种证据方法之后，在没有其他标准确定债权优劣顺序时，时间顺序成为多重买卖合同中决定买受人所有权取得的重要标准，这也就面临对合同"依法成立在先"的举证及其证明力问题。

首先，一般而言，多重买卖合同当事人在诉讼中就合同请求权作主张时，须就合同订立和生效的事实承担举证责任。2001年《民事诉讼证据规定》第5条第1款第一分句曾规定："在合同纠纷案件中，主张合同关系成立并生效的一方当事人对合同订立和生效的事实承担举证责任。"而依法成立的合同，自成立时生效。由此，缔约当事人只需要就合同成立的事实成功承担举证责任即可推定合同的生效，而否定合同生效之人须就合同效力状态存在瑕疵的要件事实承担举证责任。当事人订立合同，可以采取要约、承诺方式或者其他方式。因此，对多重买卖合同成立事实的举证责任，须进一步细化区分对要约的举证责任和对承诺的举证责任。一般地，在合同要约人和受要约人对合同是否成立存在争议的情形下，要约人的举证责任主要涉及要约的构成与生效、要约的撤回与依法撤销，而受要约人的举证责任主要包括要约的不可撤销和承诺的生效等。在多重买卖合同纠纷中，买受人在主张自己与出卖人之间的合同履行请求权居先时须首先就该合同的成立承担举证责任。在司法实践中，出卖人通常不会积极主张该合同成立的事实，除非该合同价款最高。这样一来，在多重买卖合同纠纷案件中，合同成立的要件事实须由缔约当事人承担举证责任，而具体的举证责任则往往由行使合同请求权乃至违约请求权的一方当事人承担。合同的成立是合同一方当事人行使合同请求权或者违约请求权的前提，"否定双方就合同成立达成一致的一方当事人，应举证证明合同订立过程中的要约、承诺不符合原《合同法》相关规定的要件事实"②。

---

① 王立志、李静：《债权平等性：解构与解困》，载《甘肃政法学院学报》，2010（1）。
② 沪高法民一［2003］10号上海市高级人民法院民一庭《民事办案要件指南》第26条。

　　其次，在多重买卖合同中物的归属判断规则体系中，合同成立在先是证明力相对居后的证据方法，并不能基于合同成立在先之证明力而否定物权变动法定公示方式等证据方法之公信力。在穷尽证明力居先的各种证据方法后，方有必要诉诸证明力居后的合同"依法成立在先"之标准。"具体到房屋多重转让案件的处理，法官应该先收集、运用制度资源。其出发点应该是，房屋所有权的移转首先还是应该依照当事人的意思并依据一般的物权变动模式发生，在我国就是要符合债权形式主义的基本要求。毕竟，如果依据合同生效在先的观点判决房屋所有权移转，这就等于给了法院一项无须考虑其应该适用的一般物权变动模式而直接依据合同生效在先规则判决所有权发生变动的权力，从而背离了法律适用的一般原理。"①

　　最后，合同"依法成立在先"之证据事实不同于合同订立在先②或者合同签订在先③，也不同于合同生效在先④，对此须作区分。合同订立在先不一定意味着合同成立在先，相较于合同订立过程，建立在已经成立的合同履行利益基础上的履行请求权受到法律更高程度的保护。没有成立作为终结的合同订立过程往往也存在更大的证明困境。而合同成立在先并不意味着合同生效也当然在先，在存在法定或者约定特别生效要件的情形下，采取合同成立在先的标准也符合《民法典》第465条第2款的规定："依法成立的合同，仅对当事人具有法律约束力，但是法律另有规定的除外。"

　　还需要指出的是，在多重买卖合同法律纠纷中，先买受人也不必基于《民法典》第490条第2款所规定的"履行治愈规则"来主张自己与出卖人之间的合同在先成立，因为此种"一方已经履行主要义务"的事实对应的是证明力居先的证据方法，先买受人可以主张此种主要义务履行所对应的更优位的证据方法来确认自己对系争标的物的所有权或者据以要求出卖人实际履行合同。此时也就不存在2020年《买卖合同司法解释》第6条第3项所规定的"均未受领交付，也未支付价款"等要件事实。

---

①　彭诚信、岳耀东：《房屋多重转让中权利保护顺位的确立依据与证成——以"占有优先保护说"为核心》，载《山东社会科学》，2012（5）。

②　参见胡鹏翔：《房地产双重买卖问题探讨》，载《经济师》，2003（6）。

③　参见辽高法［2003］164号辽宁省高级人民法院《全省房地产案件专题研讨会纪要》第22条的规定。

④　法释［2009］11号最高人民法院《关于审理城镇房屋租售合同纠纷案件具体应用法律若干问题的解释》第6条在征求意见稿中就曾经与法释［2005］6号最高人民法院《关于审理涉及农村土地承包纠纷案件适用法律问题的解释》第20条一样，采取生效在先合同的判断标准。

（二）后买受人要求实际履行合同的举证责任

即使多重买卖合同中的先买受人举证证明自己与出卖人之间的买卖合同依法成立在先，其他买受人也仍然可以基于证明力居先的其他证据方法进行抗辩。如其他后买受人若存在"办理土地使用权变更登记（房屋所有权转移登记）手续"[①]"已先行合法占有投资开发土地（房屋）""先行受领交付""先行支付土地转让款（先行支付价款）"等事实之一，就可以基于此形成对先买受人的诉讼抗辩。此时，先买受人就可以向出卖人行使违约损害赔偿请求权或者解除合同并要求赔偿损失。[②] 当然，上述列举的证明力居先的证据方法在个案中能否一概构成对合同"依法成立在先"之证据抗辩，尚取决于多重买卖中标的物的种类，司法实践对不同标的物设置了略有差异的证明力规则。如根据法释［2020］17 号最高人民法院《关于审理涉及农村土地承包纠纷案件适用法律问题的解释》第 19 条的规定，先行支付土地承包经营费之证明力就不能优于土地承包经营合同生效在先之证明力[③]，租赁合同、特殊动产买卖合同亦然。

先买受人的合同"依法成立在先"的主张也有可能遭遇其他后买受人认为该成立在先之合同无效的抗辩。此时，合同无效的事实就构成反证，若后买受人在此基础上进一步主张自己的合同履行请求权优先，则须就前述证明力居先的证据方法承担本证之举证责任。

（三）先买受人对后买受人与出卖人之间"恶意串通"的事实推定

法释［2020］17 号最高人民法院《关于审理商品房买卖合同纠纷案件适用法律若干问题的解释》第 7 条规定："买受人以出卖人与第三人恶意串通，另行订立商品房买卖合同并将房屋交付使用，导致其无法取得房屋为由，请求确认出卖人与第三人订立的商品房买卖合同无效的，应予支持。"该条规定包含着一项授权第三人的法律规范。[④] 在多重买卖法律纠纷处理过程中，本着"同样情况同等对待"的平等原则，善意买受人都可以类推适用该规定来主张出卖人与第三人（恶意买受人）之间的买卖合同构成恶意串通而无效。此种恶意串通而导致合同无效的事实也构成对多重买

---

① 广东省深圳市中级人民法院（2010）深中法民五终字第 1882 号民事判决书。

② 参见王泽鉴：《二重买卖》，载王泽鉴：《民法学说与判例研究》，第 4 册，北京，北京大学出版社，2009，第 123~126 页。

③ 参见河南省新乡市中级人民法院（2011）新民五终字第 29 号民事判决书。

④ 参见关淑芳、王轶：《论授权第三人规范——兼论违反〈物权法〉第 74 条第 1 款的法律效果》，载《法律适用》，2009（8）。

卖合同中物的归属判断规则体系的限缩解释，但是善意买受人必须证明出卖人与第三人之间恶意串通的存在。

不管是后买受人还是先买受人，作为证据力相对居后的一方买受人，其都可能举证证明证据力相对居先之买受人与出卖人之间存在恶意串通损害自己利益的情形，以此作为对该买受人本证之反证，但其必须对恶意串通的事实承担举证责任。[①] 至于何种事实要素构成某一买受人与出卖人之间的恶意串通，须在审判实践经验基础上，结合案件客观事实作类型化推定处理。如房屋买卖合同中后买受人先行办理了房屋所有权转移登记，但是后买受人在房屋买卖过程中"一不看房二不收房，明显有悖常理"[②]，可以在此基础上推定该买受人与多重买卖的出卖人之间存在恶意串通。当然，多重买卖中某一买受人与出卖人之间的恶意串通不同于不动产善意取得制度中受让人的恶意，单纯对出卖人存在在先买卖合同的知悉并不构成恶意[③]，恶意的判断标准须更高，以防有害市场自由竞争。

对"恶意串通"行为的认定，"应当分析合同双方当事人是否具有主观恶意，并全面分析订立合同时的具体情况、合同约定内容以及合同的履行情况，在此基础上加以综合判定"[④]。总结司法实践经验，对多重买卖法律纠纷中"恶意串通"的判断，常常须结合买受人是否实际看房和收房、买受人是否知悉出卖人在先买卖合同的存在、是否存在可以为一般人所知悉的其他买受人合法占有标的物之事实[⑤]、合同价款是否属于明显不合理的低价[⑥]、买受人订立合同之后是否及时付款、是否存在付款的资金来源及走向证明、买受人与出卖人之间买卖合同从缔结磋商到完成履行的时间差等因素综合判断。[⑦] 这种动态的综合判断方法不同于简单的全有全无式决断，而是使不同的客观因素彼此加强论证，以为或多或少式的动态综合

---

① 参见重庆市第四中级人民法院（2010）渝四中法民终字第 289 号民事判决书。

② 广东省高级人民法院（2012）粤高法民一申字第 1893 号民事判决书。

③ 相反的观点，参见蒋飞：《论房屋二重买卖中先买受人的物权实现——以后买卖合同效力认定为视角的分析》，载时永才主编：《司法前沿》，2011 年第 2 辑，北京，人民法院出版社，2012，第 43 页。

④ 《最高人民法院公报》，2010（10）。

⑤ 参见黑龙江省齐齐哈尔市中级人民法院（2011）齐民再终字第 83 号民事判决书。

⑥ 单纯明显不合理的低价款本身不足以证成买受人与出卖人的恶意，仍须参考其他因素综合把握，如当事人在买卖合同中还约定了"回购"条款等以损害先买受人的权利，且后买受人知道此情形。此时，就非常类似《民法典》第 539 条所规定的债权人撤销权制度适用的情形。参见广西壮族自治区高级人民法院（2009）桂民一终字第 130 号民事判决书。

⑦ 参见浙江省余姚市人民法院（2010）甬余丈民初字第 52 号民事判决书。

把握，最终判断买受人与出卖人之间的买卖行为根据一般交易习惯①、按照交易过程中一般人的判断标准是否属于正常的交易行为，有无违背常理。对某一买受人与出卖人之间的恶意串通之判断通常需要结合案件一系列客观事实要素，以为妥当的价值导向之思考。② 实际上，对多重买卖中恶意串通的司法判断，在很大程度上是基于案件客观事实所为的意图推定，该做法也符合 2019 年《民事诉讼证据规定》第 10 条第 1 款第 4 项的可反驳推翻之事实推定规则，有助于缓解善意买受人的举证困境，避免推定之"恶意串通"因直接证据缺乏产生的诉讼僵局。通过证据推定也就在一定程度上实现了举证责任的适当转换，在多重买卖合同纠纷的多方当事人之间实现了利益的平衡。

此外，在多重买卖合同中，不管买受人具备何种证明力居先的证据方法，若其侵害了其他利害关系人的法定在先权利，其他利害关系人也可以基于此种法定在先权利的存在而推定买受人的恶意。如在共有物多重买卖情形下，某一共有人的优先购买权；再如在租赁物多重买卖情形下，承租人的优先购买权；等等。

九、小结：多重买卖中的证据方法规范不是物权推定规范而是在
取得物权问题上多个买受人的优劣顺位规范

多重买卖合同纠纷涉及出卖人、在先买受人和在后买受人等多方民事主体之间的利益冲突，属于民法价值判断问题，应该本着诚信原则和公平原则进行利益衡量。为此，我国司法实践中对多重买卖合同确立了一系列物的归属判断规则体系，并对应了相应的证据方法规范和举证责任配置规范，这些证据方法规范又可以被类分为证明力居先的证据方法和证明力居后的证据方法。多重买卖中的证据方法规范不是物权推定规范而是在取得物权问题上多个买受人的优劣顺位规范，后者使多重买卖中的多个债权人的债权平等地位被打破。多重买卖中的证据方法规范不同于其他证据规范，证据方法规范具有独立品格。

---

① 参见上海市第二中级人民法院（2007）沪二中民二（民）终字第 102 号民事判决书。

② Karl Larenz, Grundformen wertorierten Denkens in der Jurisprudenz, Festschrift für Walter Wilburg zum 70, Geburtstag, 1975, S. 226ff. 另参见 ［德］卡尔・拉伦茨：《法学方法论》，陈爱娥译，北京，商务印书馆，2003，第 351～352 页；［日］山本敬三：《民法中的动态系统论——有关法律评价及方法的绪论性考察》，解亘译，载梁慧星主编：《民商法论丛》，第 23 卷，香港，金桥文化出版（香港）有限公司，2002，第 200～203 页。

　　证明力相对较弱的"依法成立在先合同"或者说"合同成立的先后"成为多重买卖合同中买受人要求出卖人向自己为合同履行从而主张自己取得物的归属的既重要又困难的证据方法。根据 2020 年《买卖合同司法解释》第 6 条、第 7 条等规定，以合同"依法成立在先"的举证责任配置为中心，围绕多重买卖合同中明确物的归属之主题，形成了彼此关联的证据方法和证明力规范体系。这些不同证据方法在举证责任配置和证明力等方面也存在着彼此制约和限制关系，使得不同买受人的权利主张处于请求原因、抗辩、再抗辩及其各自对应的举证责任的动态变化之中。

　　在多重买卖合同纠纷中，最困难的当数对某一买受人与出卖人之间存在恶意串通之证明，需要运用动态系统方法，结合交易过程中的一系列客观因素作综合判断，并在此基础上适当运用证据事实推定规则，以妥当平衡多方民事主体之间的利益冲突。证成某一买受人和出卖人之间存在恶意串通，善意买受人就可以请求确认出卖人与恶意买受人订立的买卖合同无效，诉请出卖人向自己实际履行合同，并可能向出卖人和恶意买受人主张侵害债权之损害赔偿请求权。[①]

---

　　① 参见王泽鉴：《二重买卖》，载王泽鉴：《民法学说与判例研究》，第 4 册，北京，北京大学出版社，2009，第 114~126 页；许德风：《不动产一物二卖问题研究》，载《法学研究》，2012（3）。

第六章 《民法典》合同编中的证据规范

一、《民法典》合同编中证据规范的类型与研究意义

合同诉讼过程中的举证责任是案件裁判的疑难问题，即使很多专业律师也可能对此有颇多认识不周之处。如上海某地法院在审理一起借款合同纠纷案件过程中，原告方的律师援引了 2001 年《民事诉讼证据规定》第 2 条，此条文恰恰对原告不利；而被告方的律师则立即表示反对，他要求援引第 5 条或者第 7 条分配举证责任，这两个条文恰恰是对被告不利的。可见，并非所有的专业人士都有较高的证据法律素养。[①]

民事权利规范只有与证据规范配合使权利的要件事实充分被证明才能在诉讼中得到实现，证据规范的妥当配置能够为要件事实论在法律适用中的有效展开提供便利。"所谓的要件事实论——在确定发生一定法律效果之法律要件的基础上，旨在阐明有关构成该事实之主张、举证责任的所在以及应当由当事人提出之攻击防御方法的配置（请求原因、抗辩、再抗辩等）的理论。"[②] 对《民法典》合同编中证据规范的解释和适用有助于明晰合同构成要件事实的举证责任之所在。《民法典》合同编中的若干条文，从立法语言上就可以直接识别出其涉及合同证据规范的配置，如第 527 条、第 590 条、第 614 条、第 823 条、第 832 条、第 897 条和第 925 条等。立法者在这些条文中明确用"证明"等语言表述将举证责任分配给特定合同当事人一方。在 2009 年《合同法司法解释二》第 6、7 条中也都有举证责任规范的存在。而《民法典》合同编及相应司法解释中更多的证据规范并未明示，须结合举证责任分配的法律要件分类说等进行

---

① 参见邹碧华：《要件审判九步法》，北京，法律出版社，2010，第 13～14 页。
② ［日］山本敬三：《民法讲义》，Ⅰ·总则，解亘译，北京，北京大学出版社，2012，第三版中文版序言。

解释。

对《民法典》合同编中的证据规范从不同角度可以作不同的分类：第一，从法律要件事实的角度，可以将《民法典》合同编的证据规范区分为三类：除合同形式和合同内容所对应的合同成立的证据方法规范①、合同请求权及对之为抗辩的证据规范之外，《民法典》合同编还存在就合同法律事实中的具体内容加以推定的规范，即合同法律事实推定规范。第二，从实体法与程序法区分的角度，可以将《民法典》合同编中的证据规范区分为二类，即合同证据方法规范和合同证据实体规范，合同证据实体规范又具体包括合同举证责任配置规范和合同法律事实推定规范。第三，从举证责任配置的一般与例外角度，可以将《民法典》合同编中的证据规范区分为三类、合同举证责任配置一般规范、合同举证责任倒置规范和合同法律事实推定规范。

因举证责任问题无法完全交由民事诉讼法规定，故民法不可避免地需要作出一些相应的规定。民法应该给予程序制度以应有的地位，"某些法律规范除了含有实体法上的行为规范（'初级规范'）以外，还包含此种程序法上的因素，比如说一些通过特定的措辞方式对举证责任的分配作出规定的民法规范即属于此类"②。从理论上说，每一个民事权利规范都须伴随一个民事证据规范，以增强其实效。对民事权利在立法的规范配置中势必要采取类型化的具体处理方式，以期妥当应对现实生活中纷繁复杂的民事主体利益类型。对民事权利所对应的证据规范（如举证责任规范）可以通过一般标准和法定具体标准相结合的方式来配置，后者如举证责任倒置、证据推定等例外标准则必须采取法定化的处理方式。举证责任还是待证事实缺乏证据或者真伪不明时法官进行裁判的方法论，是法律适用方法中的重要问题。一般地看，研究民法中的证据规范有助于民事权利获得实效，有助于在立法上配置妥当的举证责任规范，也有助于在案件事实真伪不明的情形下指导法官作出妥当的裁判。研究《民法典》合同编中的证据规范同样具有前述重要意义。

---

① 侵权责任法中也存在证据方法规范，如法释［2020］17号最高人民法院《关于审理人身损害赔偿案件适用法律若干问题的解释》第6条第1款规定："医疗费根据医疗机构出具的医药费、住院费等收款凭证，结合病历和诊断证明等相关证据确定。赔偿义务人对治疗的必要性和合理性有异议的，应当承担相应的举证责任。"

② ［德］齐佩利乌斯：《法学方法论》，金振豹译，北京，法律出版社，2009，第139页。

二、《民法典》合同编中的证据方法规范

(一) 合同成立及其证据方法规范

当事人在诉讼或者仲裁中就合同请求权提出主张时，须就合同成立的事实承担举证责任，即合同成立的事实由主张合同成立一方承担举证责任。在最高人民法院公布的典型案例"唐某与程某莉房屋买卖合同纠纷案"中，法院运用合同成立的举证规则，合理分配举证责任。该案的基本案情：2000 年 11 月 7 日，重庆市九龙坡区土地房屋权属登记中心收到以唐某为卖方、以程某莉为买方的"房屋买卖合同""房地产交易合同登记申请表"等关于唐某所有房屋的房屋买卖材料，材料上均盖有"唐某"字样私章，部分材料签有"唐某"字样签名。重庆市九龙坡区土地房屋权属登记中心凭上述材料将登记在唐某名下的房屋过户给了程某莉。2007 年 3 月，唐某向重庆市九龙坡区人民法院提起民事诉讼，请求确认"房屋买卖合同"无效，并判令程某莉将诉争房屋返还给唐某。诉讼中，法院查明，上述"唐某"的签名均为程某莉丈夫所签，"唐某"字样的私章无法证明为唐某所有。最高人民法院再审认为，涉案合同不涉及有效与无效的问题，而涉及是否成立的问题。在双方当事人就合同关系是否成立存在争议的情况下，根据法律规定，应由主张合同关系成立的一方当事人承担举证责任。在"唐某"签名被证实并非唐某本人所签的情况下，程某莉不能证明"唐某"字样的私章为唐某本人所有并加盖，故应当承担举证不能的诉讼后果。另外，行政裁定书认定的事实只能证明房管部门行政行为的合规性，并不能证明民事法律行为的成立，且多方面证据均证明唐某并未签订"房地产买卖合同"，故唐某与程某莉之间没有就涉案房屋成立房屋买卖合同关系。据此，最高人民法院判决程某莉向唐某返还房屋。①

在合同成立的认定标准上，有形式标准和实质标准之分。

1. 合同成立的形式认定标准

《民法典》第 469 条规定了合同的形式，据此合同形式包括书面形式、口头形式和其他形式。这些均属于合同法规范中的证据方法规范，这些证据方法规范在证据法学理论上又可以被划分为直接证据和间接证据。如对

---

① 参见《最高法院建立案例月度发布制度 首批公布五起典型案例》，载 http://www.court.gov.cn/xwzx/tt/201404/t20140430_195467.htm，访问日期：2014 - 08 - 25。该案也能说明行政机关和司法机关在证据审查方面权限和能力的差异。

证明买卖合同成立而言，送货单、收货单等交货凭证，结算单、发票等结算凭证，均属于间接证据。因送货、收货、结算等行为均有可能由合同当事人之外的第三人代为履行，故为防止第三人径行主张合同权利，不能单纯根据这些间接证据直接认定买卖合同的存在。当然，如果这些间接证据能够结合交易方式、交易习惯以及其他相关证据，形成证明买卖合同成立及履行的证据链，则即使没有书面合同，也可以认定买卖合同成立。《铁路法》第 11 条规定了铁路运输合同的定义及证据方法："铁路运输合同是明确铁路运输企业与旅客、托运人之间权利义务关系的协议。""旅客车票、行李票、包裹票和货物运单是合同或者合同的组成部分。"交通运输部 2020 年 6 月 12 日《铁路法（修改送审稿）》第 33 条进一步规定："铁路运输合同是明确铁路运输企业与旅客、托运人之间权利义务关系的协议。""旅客车票、行李票、包裹运单、货物运单和电子票据是合同或者合同的组成部分。""铁路运输企业公布的运输条件及相关说明是合同的组成部分。"2009 年《合同法司法解释二》第 2 条规定："当事人未以书面形式或者口头形式订立合同，但从双方从事的民事行为能够推定双方有订立合同意愿的，人民法院可以认定是以合同法第十条第一款中的'其他形式'订立的合同。但法律另有规定的除外。"① 2020 年《买卖合同司法解释》第 1 条进一步规定："当事人之间没有书面合同，一方以送货单、收货单、结算单、发票等主张存在买卖合同关系的，人民法院应当结合当事人之间的交易方式、交易习惯以及其他相关证据，对买卖合同是否成立作出认定。""对账确认函、债权确认书等函件、凭证没有记载债权人名称，买卖合同当事人一方以此证明存在买卖合同关系的，人民法院应予支持，

---

　　① 2012 年《买卖合同司法解释》第 41 条规定："试用买卖的买受人在试用期内已经支付一部分价款的，人民法院应当认定买受人同意购买，但合同另有约定的除外。""在试用期内，买受人对标的物实施了出卖、出租、设定担保物权等非试用行为的，人民法院应当认定买受人同意购买。"在试用买卖的试用期内，买受人存在该条规定相关行为的，就属于 2009 年《合同法司法解释二》第 2 条规定的以"其他形式"订立合同。这都属于对合同成立的事实推定规范。

　　《民法典》第 638 条第 2 款将 2012 年《买卖合同司法解释》第 41 条上升为法律："试用买卖的买受人在试用期内已经支付部分价款或者对标的物实施出卖、出租、设立担保物权等行为的，视为同意购买。"但该款配置"视为"的拟制规范并不妥当，试用期内试用买卖的买受人有该款所规定的情形时，属于《民法典》第 140 条第 1 款以默示作出意思表示。2012 年《买卖合同司法解释》第 41 条将这些情形"认定"为买受人同意购买，更为妥当。

　　《民法典》第 638 条第 1 款第二句规定："试用期限届满，买受人对是否购买标的物未作表示的，视为购买。"该款规定采用"视为"的拟制规范是妥当的，这属于《民法典》第 140 条第 2 款规定的将沉默"视为"意思表示。

但有相反证据足以推翻的除外。"这些据以主张存在合同关系的形式均属于合同法中的证据方法规范。没有记载债权人名称的对账确认函、债权确认书作为债权凭证，其在证明力方面要高于交货凭证或者结算凭证。债权人举出所持有的债权凭证，即完成其对买卖合同成立的举证责任，可据此推定买卖合同关系的存在；债务人否认买卖合同关系存在的，则举证责任转移至债务人。债务人不能仅以该债权凭证未记载债权人名称来否认买卖关系存在，前述债权凭证为孤证的，"除债务人提出足以推翻该证据的相反证据外，人民法院可直接认定买卖合同成立"①。由此可见，2020 年《买卖合同司法解释》第 1 条第 2 款对应的是买卖合同法律事实推定规范，而且属于可反驳推翻的推定。②

《电子签名法》第 4 条规定："能够有形地表现所载内容，并可以随时调取查用的数据电文，视为符合法律、法规要求的书面形式。"《民法典》第 469 条规定："当事人订立合同，可以采用书面形式、口头形式或者其他形式。""书面形式是合同书、信件、电报、电传、传真等可以有形地表现所载内容的形式。""以电子数据交换、电子邮件等方式能够有形地表现所载内容，并可以随时调取查用的数据电文，视为书面形式。"据此推断，数据电文作为合同形式的两个必备条件是"能够有形地表现所载内容，并可以随时调取查用"。如果欠缺任何一个条件，数据电文都无法被视为书面形式，也就无法和合同其他形式一样作为证据使用。"'可以随时调取查用'，才可以发挥与传统纸质书面形式相同的保存证据（并在需要时用于证明）的功能。"③ 数据电文仅仅"能够有形地表现所载内容"是不够的，还必须能够在一定时间内存续，不能转瞬即逝。《民法典》第 469 条第 3 款实际上是对数据电文证据能力的规定。

---

① 北京市第一中级人民法院（2012）一中民终字第 8352 号民事判决书。

② 与 2020 年《买卖合同司法解释》第 1 条类似，该司法解释第 5 条在证明出卖人是否已经履行标的物的交付义务、买受人是否已经履行付款义务问题上，也区分间接证据与可反证推翻的直接证据，前者对应该司法解释第 5 条第 1 款规定的增值税专用发票及税款抵扣资料，后者对应该司法解释第 5 条第 2 款规定的普通发票。

2020 年《买卖合同司法解释》第 5 条规定："出卖人仅以增值税专用发票及税款抵扣资料证明其已履行交付标的物义务，买受人不认可的，出卖人应当提供其他证据证明交付标的物的事实。""合同约定或者当事人之间习惯以普通发票作为付款凭证，买受人以普通发票证明已经履行付款义务的，人民法院应予支持，但有相反证据足以推翻的除外。"

③ 朱广新、谢鸿飞主编：《民法典评注》，合同编·通则 1，北京，中国法制出版社，2020，第 65 页。另参见王利明主编：《中国民法典释评》，合同编·通则，北京，中国人民大学出版社，2020，第 55 页。

形式的目的是形式的正当理由。正如有学者所言："实践中最为常见的形式目的就是证明目的（Beweiszweck）。例如，将特定意思表示记录在文件上。形式化和文件记载还可以使得法律保护更有效率和简便……形式可能是合同当事人达成合意的最重要证据，即实质性证据目的（materieller Indizzweck）。它与证明目的相毗邻，但又有所不同，因为证据目的不仅仅证明法律关系的缔结，还证明其实质要素。"①

2. 合同成立的实质认定标准

2009 年《合同法司法解释二》第 1 条第 1 款规定："当事人对合同是否成立存在争议，人民法院能够确定当事人名称或者姓名、标的和数量的，一般应当认定合同成立。但法律另有规定或者当事人另有约定的除外。"而根据《民法典》第 472 条第 2 项的规定，作为合同构成要素的要约须要约人具有受法律约束的意思（Rechtsbindungswille），即要约须"表明经受要约人承诺，要约人即受该意思表示约束"。在英美法上，要约人受法律约束的意思也被称为要约人缔结法律关系的意图（intention to create legal relations/contractual intention）。② 除了意思表示这一主观判断标准之外，合同关系的认定还需要结合交易习惯、生活习惯，参考附随情况，这就是客观标准（objective test）。英美法上区分明示合同（express agreements）和默示合同（implied agreements）而分别讨论对缔结法律关系意图的证明责任。在明示合同情形下，通常不必证明当事人具有缔结法律关系的意图，证明不存在此意图的责任归于否定者，而且证明责任的负担较重。在默示合同情形下，须从当事人的行为中推断其具有缔结法律关系的意图，而此证明责任归主张存在此意图者。③

在学理上，有学者从合同认定的形式标准中总结出了合同法上的证据方法规范之概念④，有学者则更进一步指出与合同法定书面形式要求有关

① Peter Mankowski, Formzwecke, Juristenzeitung, 2010 (13), SS. 662 – 668.

② See P. S. Atiyah, Stephen A. Smith, Atiyah's Introduction to the Law of Contract, sixth edition, Clarendon Press, 2005, pp. 98 – 106; H. G. Beale (general editor), chitty on contracts, thirtieth edition, Volume Ⅰ, General Principles, 2008, Thomson Reuters (Legal) Limited, p. 235.

③ See H. G. Beale (general editor), chitty on contracts, thirtieth edition, Volume Ⅰ, General Principles, Thomson Reuters (Legal) Limited, 2008, pp. 234 – 235.

④ 参见肖建国：《论合同法上的证据规范》，载《法学评论》，2001 (5)。我国台湾地区学者王甲乙等也指出，书证、物证都属于法院为获得心证，依五官作用得调查之有形物，即证据方法。参见王甲乙、杨建华、郑健才：《民事诉讼法新论》，台北，三民书局，2010，第 394 页。

的合同法规范仅仅是以保存证据和督促当事人谨慎交易为目的的倡导性规范。[①] 在合同订立、履行、消灭的全过程中，都存在出于证据目的（Beweiszweck）、作为证据方法、避免空口无凭的合同形式问题[②]，这在欠条类纠纷案件中特别明显。2015 年 4 月 20 日公布的《中华人民共和国民法典・民法总则专家建议稿（征求意见稿）》第 123 条规定："法律、行政法规对法定形式的效力没有特别规定的，法定形式仅具有证据效力。"2015 年 6 月 19 日提交全国人大法工委民法室的《中华人民共和国民法典・民法总则专家建议稿（征求意见稿）》（第二稿）第 120 条调整为："法律、行政法规规定或者当事人约定法律行为应当采用特定形式的，依照其规定或者约定。没有采用特定形式的，推定法律行为未成立。"该推定属于可以反驳、推翻的合同法律事实推定规范。《民法典》第 135 条并未明确特定形式对民事法律行为成立的推定效力。

（二）借款合同中的证据方法规范

2020 年《民间借贷司法解释》第 2 条第 1 款规定："出借人向人民法院提起民间借贷诉讼时，应当提供借据、收据、欠条等债权凭证以及其他能够证明借贷法律关系存在的证据。"在借款合同中，当事人的陈述、借据（如借款合同、借条、欠条等）、支付凭证（如转账凭证、收条等）是重要的证据。从司法实践的情况来看，在民间借贷纠纷案件中，当事人为证明存在借贷关系所提交的证据多为借据、收据[③]、欠条等债权凭证，这些大都属于书证的范畴。当然，债权凭证的表现形式不限于此，还包括能够证明借贷关系存在的其他证据，如短信、微信、博客、网上聊天记录等电子数据以及录音录像等视听资料。[④] 借款合同纠纷案件的最大审理难点

---

① 参见王轶：《论倡导性规范——以合同法为背景的分析》，载《清华法学》，2007（1）。

② Vgl. Bernd Rüthers, Astrid Stadler, Allgemeiner Teil des BGB, 14 Auflage, C. H. Beck, München, 2006, S. 39.

③ 有学者认为，收据不是债权凭证，而是交付凭证，收据不具备证明被告欠款的事实，只能证明被告收到原告如此多的款项这一事实，故应该将收据剔除出债权凭证的范畴，将其放到 2015 年《民间借贷司法解释》第 17 条中，采用与"原告仅依据金融机构的转账凭证提起民间借贷诉讼"一致的审查方式。笔者认为，该驳论是否成立取决于"收据"所记载的内容，如果只记载"被告收到原告如此多的款项这一事实"，其确与金融机构转账凭证功能无异。

④ 参见杜万华：《最高人民法院负责人就〈最高人民法院关于审理民间借贷案件适用法律若干问题的规定〉答记者问》，载最高人民法院网，http://www.court.gov.cn/zixun-xiangqing-15152.html，访问日期：2015 - 08 - 11。

就是借款事实的认定。① 打借条、欠条看似容易，却极易引发法律纠纷。从书证证据能力和证明力的角度看，在书写借条、欠条等债权凭证的过程中，需要注意如下问题：

第一，借条、欠条的内容应该完整、具体，不宜过于简单、宽泛。"借条上应写明出借人、借款人、借款金额、借款用途、还款时间（明确到年月日）、是否支付利息等基本要素。""应要求借款人在借条上载明利息数额或者利息计算办法。如果没有约定利息数额和利率，则视为无息借款。"② 借条、欠条上约定的利率不应超过合同成立时一年期贷款市场报价利率 4 倍，否则对超过部分法律不予保护。

具体而言，借款人和出借人要写法定全名并写明身份证件号码，不要写昵称或者绰号；最好附有双方当事人的指印，因为只有借款人签名而缺乏指印，进入诉讼后如被告一方否认签名的真实性则需进行笔迹鉴定，就会不利于权利人早日实现权利；借款金额要大小写都写，并保证一致，因为借款金额只用阿拉伯数字书写，易被修改；最好写清借款的时间期限，如双方约定了利息，应在借条中用文字予以明确。

第二，书写借条、欠条时不应使用多音多义字。比如"还欠款人民币壹万元"，既可理解为"已归还（huán）欠款人民币壹万元"，也可以理解成"还（hái）欠借款人民币壹万元"。再比如不能让借款人把借条写为收条，"今收某某人民币 32 万元整"。如此借条极易引发争议，因为这里的

---

① 参见刘振、李道丽：《民间借贷纠纷案件的审理难点及破解》，载《人民司法·应用》，2011（23）。另参见吴旭莉：《民间借贷案件证明过程之分析》，载《现代法学》，2014（3）。

杜万华法官也指出："民间借贷案件的事实审查，是民间借贷案件审理的难点和重点。民间借贷案件的基本事实，包括借贷合意是否形成、款项是否交付、本金数额、利息约定等多个方面，其中借贷事实是否真实发生是民间借贷案件的首要基本事实，也是全案展开的基本依据。"（杜万华：《最高人民法院负责人就〈最高人民法院关于审理民间借贷案件适用法律若干问题的规定〉答记者问》，载最高人民法院网，http://www.court.gov.cn/zixun-xiangqing-15152.html，访问日期：2015-08-11。）

杜万华法官还指出："目前，民间借贷纠纷已经成为继婚姻家庭之后第二位民事诉讼类型，诉讼标的额逐年上升，引起社会各界广泛关注。民间借贷案件数量的急剧增长、审理难度系数普遍较高，给当前的民事审判工作带来了前所未有的压力。"（杜万华：《最高法发布关于审理民间借贷案件司法解释》，载最高人民法院网，http://www.court.gov.cn/zixun-xiangqing-15147.html，访问日期：2015-08-11。）

② 李广军、唐睿：《"还欠款"不要写进借条》，载《长沙晚报》，2010-05-13。

2020 年《民间借贷司法解释》第 25 条第 1 款规定："出借人请求借款人按照合同约定利率支付利息的，人民法院应予支持，但是双方约定的利率超过合同成立时一年期贷款市场报价利率四倍的除外。"

"收"，既可理解为"收到某某的还款人民币 32 万元整"，也可理解为"收到某某的借款人民币 32 万元整"[1]。因此，"借条、欠条中尽量少用多音、多义字，如果有，要补充表达完整，譬如'还欠款×元'，在前面加一个'归'字，就不容易产生歧义"[2]。

第三，权利人要保存好借款凭证、支付凭证，特别是凭证原件。"出借人应妥善保管好借条原件，最好同时复印几份，在以后催款时，一般情况下只需使用复印件，以避免过度使用原件而致原件损坏。"[3]

第四，借款权利人要及时行使权利，不要"躺在权利上睡觉"。如果权利人怠于行使权利，约定还款日到期三年后才诉至法院，"此时双方的借贷之债已经成为自然债务。进入庭审后，被告可以主张时效抗辩以对抗原告一方提出的债权请求权。这种情况下，借款一方难以实现权利"[4]。

当然，在借款合同纠纷案件中，还经常出现举证责任的转移的现象。如原告要求被告偿还借款，原告基于借款合同和支付凭证，已经成功证明当事人之间自然人借款合同成立和生效或者贷款人已经提供借款，被告对借款事实予以认可，但被告以款项已经偿还为理由进行反驳，此时被告应该就还款的事实承担证明责任。对于民间借贷关系的证明，包括对借贷合意和款项交付两个要件的证明，故贷款人出借资金时，最好要求借款人出具书面借条，同时通过银行转账等方式固定款项交付的证据。可见，在借款合同纠纷中，借款合同及付款凭证共同构成借款合同成立及生效或者贷款人已经提供借款的证据链。贷款人基于借贷关系主张返还借款的，应当对借贷合意和款项交付等要件事实承担举证责任。借款人抗辩借款本金、利息等已经全部偿还或部分偿还的，应当对偿还借款的事实承担举证责任。北京市高级人民法院于 2013 年 12 月 27 日发布的《关于审理民间借贷案件若干问题的会议纪要》第 7 条指出："原告仅依据金融机构划款凭证提起诉讼，被告否认双方存在民间借贷关系的，原告应当就双方存在借贷关系承担证明责任。"第 8 条规定："原告仅凭借据起诉而未提供付款凭证，并主张该借据系借贷双方对往来款项结算后重新出具的，人民法院应

---

① 李广军、唐睿：《"还欠款"不要写进借条》，载《长沙晚报》，2010 - 05 - 13。
② 晓禾、蒋煜明：《还（huán）欠款还（hái）欠款 宁波男子写欠条玩把戏》，载《都市快报》，2012 - 05 - 30。另参见郭通、曹洋：《欠条写"还欠款 35 000 元"多音字惹出官司》，载《辽沈晚报》，2012 - 10 - 19。
③ 李广军、唐睿：《"还欠款"不要写借条》，载《长沙晚报》，2010 - 05 - 13。
④ 刘惠楠：《崇文法院调研民间借贷案件特点》，载北京法院网，访问日期：2010 - 01 - 25。

当注重审查该借据的形成过程以及利率是否超出法律法规或司法解释界定的民间借贷利率的上限。"第 9 条第一句规定："当事人主张现金交付的，人民法院应当根据交付凭证、支付能力、交易习惯、借贷金额的大小、当事人间关系以及当事人陈述的交易细节经过等因素，综合判断借贷事实是否真实发生……"可见，在民间借贷纠纷中，借款合同或者付款凭证本身都仅属于间接证据。2013 年 10 月 12 日印发的《关于审理民间借贷案件适用法律若干问题的规定（征求意见稿）》第 17 条〔因其他法律关系产生的借贷的处理〕规定："原告依据借条（据）、收条（据）、欠条（据）等债权凭证向人民法院提起诉讼，被告对双方基础法律关系的效力或履行事实提出抗辩，并提供证据证明纠纷确因其他法律关系引起的，人民法院应当按照其他相应法律关系审理。原告坚持不变更相应诉讼请求的，人民法院应当驳回其诉讼请求。"2020 年《民间借贷司法解释》第 14 条第 1 款规定："原告以借据、收据、欠条等债权凭证为依据提起民间借贷诉讼，被告依据基础法律关系提出抗辩或者反诉，并提供证据证明债权纠纷非民间借贷行为引起的，人民法院应当依据查明的案件事实，按照基础法律关系审理。"第 15 条规定："原告仅依据借据、收据、欠条等债权凭证提起民间借贷诉讼，被告抗辩已经偿还借款的，被告应当对其主张提供证据证明。被告提供相应证据证明其主张后，原告仍应就借贷关系的存续承担举证责任。"[①] "被告抗辩借贷行为尚未实际发生并能作出合理说明的，人民法院应当结合借贷金额、款项交付、当事人的经济能力、当地或者当事人之间的交易方式、交易习惯、当事人财产变动情况以及证人证言等事实和因素，综合判断查证借贷事实是否发生。"[②] 第 16 条规定："原告仅依据金

---

① 有学者认为，被告证明已经偿还借款的，被告实质上承认借贷关系的存在，原告不必就"借贷关系的成立"继续举证，原告应该继续举证的是被告履行中是否存在违约行为。对此种观点的详细评析，见本书第八章。

② 民间借贷纠纷案件审理中，债权人仅凭借条起诉，当双方争议焦点集中于是否存在借款事实且被告提出有力抗辩足以动摇"借条"在一般情况下反映借款关系之基础时，人民法院应当综合判断借款事实是否发生。参见江苏省高级人民法院于 2015 年 8 月 10 日发布的民间借贷十大典型案例之"未实际发生借贷事实的'借条'不受法律保护"。该案基本案情为：2009 年 6 月至 7 月，陈某某与陈某系恋爱关系。2009 年 7 月 16 日，陈向陈某某出具借条一张，载明陈某借陈某某现金 100 万元整，还款日期为 2009 年 7 月。2009 年 9 月 18 日，双方因款项事宜产生冲突。后陈某某诉至法院，要求陈某偿还借款 100 万元。法院经审理后认为，对借款的真实性应综合全案证据和事实进行分析判断，结合陈某某出借款项的能力、庭审中陈述的提款方式、审理过程中不配合法院调查等事实，可以认定陈某某提供的证据不能证明借款事实的存在，法院依法驳回了陈某某的诉讼请求。

融机构的转账凭证提起民间借贷诉讼，被告抗辩转账系偿还双方之前借款或者其他债务的，被告应当对其主张提供证据证明。被告提供相应证据证明其主张后，原告仍应就借贷关系的成立承担举证责任。"①

三、合同请求权及其证据规范概述

（一）合同请求权的举证责任分配

在合同纠纷案件中，"谁主张、谁举证"不等于全有全无式的原告举证、被告不必承担任何举证责任，而是在具体诉讼过程中常常会发生证明责任的转移。如主张被欺诈而请求撤销合同的一方当事人须先就对方当事人所陈述的事实为虚假承担证明责任②，对方当事人则须证明直到合同成立时其一直有合理的理由相信自己陈述的事实为真。如果合同的订立过程持续一段较长的时间，作出虚假陈述的一方当事人的证明责任就会比较重，因为他不单单须证明陈述作出时自己认其为真，还须证明合同成立时

---

① 就 2015 年《民间借贷司法解释》第 17 条，杜万华法官进一步指出："被告应当对其抗辩的主张提出相应的证据加以证明，而不能仅仅一辩了之。如果被告提不出相应的证据，或者提供的证据不以证明其主张的，则一般要认定借贷关系已经发生。当然，如果被告提供了证据证明其主张的，此时举证明责任发生转移，应当由原告就借贷关系的成立承担举证证明责任。"（杜万华：《最高人民法院负责人就〈最高人民法院关于审理民间借贷案件适用法律若干问题的规定〉答记者问》，载最高人民法院网，http://www.court.gov.cn/zixun-xiangqing-15152.html，访问日期：2015 - 08 - 11。）

另参见江苏省高级人民法院于 2015 年 8 月 10 日发布的民间借贷十大典型案例之"仅凭'银行汇款单'不能证明存在民间借贷关系"。该案基本案情为：在 2007 年 12 月至 2008 年 9 月，纪某向郭某的银行账户分三次转账 420 万元。2009 年 1 月，纪某向郭某出具借条一份，载明：今向郭某借人民币 80 万元，每月息一分计算，5 月份归还。郭某在借条下方加注：09 年 7 月 27 日收回借款 40 万元，8 月 26 日收回借款 30 万元，11 月 6 日收回借款 10 万元。2011 年 7 月 12 日，纪某持三张银行汇款凭证诉至法院，要求郭某偿还 420 万元。法院经审理后认为：纪某称其因对郭某信任，碍于情面未要求郭某出具借条，与 09 年纪某向郭某出具 80 万元借条的事实不符；诉争420 万元发生于 80 万元借款之前，纪某没有要求郭某先行偿还 420 万元或予以相应抵扣，对 80万元予以清偿与常理不符；郭某虽没有直接证据证明 420 万元系还款，但郭某负有一定的举证证明责任并不能免除纪某的举证证明责任。最终法院驳回了纪某的诉讼请求。参见《江苏法院民间借贷案件审理情况》，载江苏法院网，http://www.jsfy.gov.cn/xwzx2014/xwfb/2015/08/10115039745.html，访问日期：2015 - 08 - 13。

② 订立保险合同时，投保人负有如实告知义务，对投保人是否尽到该义务，也存在举证责任的问题。浙高法［2009］296 号浙江省高级人民法院《关于审理财产保险合同纠纷案件若干问题的指导意见》第 5 条指出："投保人询问内容不限于保险人在投保单中设置的询问内容，但保险人须对存在投保单中设置的询问内容以外的询问事项负举证责任。""保险法第十六条规定的投保人应当如实告知事实应为保险标的的重要事实，主要指足以影响保险人决定是否同意承保或者提高保险费率等事实情况。保险人应对此负举证责任。"

其也一直有合理理由信其陈述为真。①

　　结合法律要件分类说的通说观点，参考待证事实分类说的合理因素，2001 年《民事诉讼证据规定》第 5 条对合同纠纷案件的举证责任分配作了十分概括的规定：“在合同纠纷案件中，主张合同关系成立并生效的一方当事人对合同订立和生效的事实承担举证责任；主张合同关系变更、解除、终止、撤销的一方当事人对引起合同关系变动的事实承担举证责任。”“对合同是否履行发生争议的，由负有履行义务的当事人承担举证责任。”“对代理权发生争议的，由主张有代理权一方当事人承担举证责任。”有学者认为，2001 年《民事诉讼证据规定》第 5 条之规定失之笼统，不能简单地将举证责任分配与合同关系的设立、变动对号入座，应具体修正为：“合同权利设立的事实，由主张合同权利的人负责证明；就他人所主张的合同权利存有阻碍、变更或消灭的事实，由主张权利的相对方负责证明；如有疑问，有关事实应视为合同权利设立的事实。”② 在 2019 年《民事诉讼证据规定》中 2001 年《民事诉讼证据规定》第 5 条已经被删除。笔者认为：一方面，根据《民法典》第 502 条第 1 款的规定，依法成立的合同，自成立时生效。对合同生效的事实只需要根据成立事实加以推定即可，此推定属于可推翻之推定，即他人可以举证证明存在合同效力瑕疵等妨碍合同权利之事实存在。所以，主张合同生效之人只需要就合同成立之事实成功承担举证责任即可推定合同生效。另一方面，就合同成立的事实，尚需具体讨论当事人对要约或承诺的举证责任：若合同当事人对合同是否经要约和承诺之一般程序而成立的事实存在争议，承诺人须就承诺到达要约人之事实承担举证责任。若当事人对一方所发出之意思表示为要约还是要约邀请存在争议，主张存在要约一方也须就此事实承担举证责任。若对受要约人的承诺是否构成对要约内容的实质性变更（material altera-tion）发生争议，主张构成实质性变更的要约人应对此承担证明责任。③

　　（二）对合同要约、承诺的举证责任分配

　　《民法典》第 471 条规定：“当事人订立合同，可以采取要约、承诺方

---

　　① See H. G. Beale（general editor），chitty on contracts，thirtieth edition，Volume Ⅰ，General Principles，Thomson Reuters（Legal）Limited，2008，p. 544.

　　② 肖建国、包建华：《证明责任：事实判断的辅助方法》，北京，北京大学出版社，2012，第 175～176 页；《最高人民法院公报》，2000（2）；占善刚：《民事诉讼中的抗辩论析》，载《烟台大学学报（哲学社会科学版）》，2010（3）。

　　③ See H. G. Beale（general editor），chitty on contracts，thirtieth edition，Volume Ⅰ，General Principles，Thomson Reuters（Legal）Limited，2008，p. 1592.

式或者其他方式。"对合同订立事实的举证责任，须区分对要约和对承诺的举证责任，具体看待合同当事人在订立合同过程中的主动权之争。

1. 要约人的举证责任

要约人的举证责任包括证明要约的构成与生效、要约的撤回和依法撤销两个方面的责任。

一方面，主张法律关系产生的一方应该就法律关系产生的构成要件事实承担举证责任。申言之，要约的构成要件和生效等积极事实都需要由要约人证明。《民法典》第 472 条规定："要约是希望与他人订立合同的意思表示，该意思表示应当符合下列条件：（一）内容具体确定；（二）表明经受要约人承诺，要约人即受该意思表示约束。"第 474 条规定："要约生效的时间适用本法第一百三十七条的规定。"因要约为意思表示的具体形态，故对要约的证明须满足对意思表示内在意思和外在行为二元构成要件的证明。通常情形下，通过要约人发出要约的外在行为即可推定要约的构成，要约人若否定自己具有要约的内在意思，须承担举证责任。如"甲欲出售某车予乙，草成乙函，寄出与否，其意未定，而他人径为寄出时，对甲而言，欠缺行为意思（Handlungswille），无要约可言，乙不能对之为承诺而成立契约。于此情形，甲对其行为意思的欠缺，应负举证责任"[1]。同样，要约人对自己欠缺具体效果意思（内容具体确定）和欠缺受法律约束的意思（表明经受要约人承诺，要约人即受该意思表示约束）的事实也须承担举证责任。

有时，还需要区分要约与要约邀请。《民法典》第 473 条规定："要约邀请是希望他人向自己发出要约的表示。拍卖公告、招标公告、招股说明书、债券募集办法、基金招募说明书、商业广告和宣传、寄送的价目表等为要约邀请。""商业广告和宣传的内容符合要约条件的，构成要约。"据此，商业广告本身原则上属于要约邀请，即使商业广告中已经对给付内容作了详细说明，并且表明价格，但还是不构成要约。因为在这类向不特定多数人发出的广告中，广告表意人不可能任意、多次地现实履行其描述的给付，任何理性的表意人都不愿意使自己卷入无法履行的合同风险之中[2]，因此，商业广告、寄送的价目表等都仅属于要约邀请。但若接受广告一方

---

① 王泽鉴：《债法原理》，北京，北京大学出版社，2009，第 126 页。

② Vgl. Dieter Medicus, Allgemeiner Teil des BGB, 9 neu bearbeitete Auflage, C. F. Müller Verlag, Heidelberg, 2006, S. 140.

能够证明《民法典》第 473 条第 2 款规定的例外情形存在的，则该商业广告构成要约，而非视为要约。相关司法解释中对商业广告的法律性质也作了要约和要约邀请的区别对待。法释〔2020〕17 号最高人民法院《关于审理商品房买卖合同纠纷案件适用法律若干问题的解释》第 3 条规定："商品房的销售广告和宣传资料为要约邀请，但是出卖人就商品房开发规划范围内的房屋及相关设施所作的说明和允诺具体确定，并对商品房买卖合同的订立以及房屋价格的确定有重大影响的，构成要约。该说明和允诺即使未载入商品房买卖合同，亦应当为合同内容，当事人违反的，应当承担违约责任。"2020 年《民间借贷司法解释》第 21 条第 2 款规定："网络贷款平台的提供者通过网页、广告或者其他媒介明示或者有其他证据证明其为借贷提供担保，出借人请求网络贷款平台的提供者承担担保责任的，人民法院应予支持。"

另一方面，主张权利消灭的一方，应当就该事实承担举证责任。对要约人来说，其撤回乃至依法撤销要约的事实是对其有利之积极事实（有利于要约人从要约的法律约束力中解脱出来），故应该由其承担举证责任。《民法典》第 477 条规定："撤销要约的意思表示以对话方式作出的，该意思表示的内容应当在受要约人作出承诺之前为受要约人所知道；撤销要约的意思表示以非对话方式作出的，应当在受要约人作出承诺之前到达受要约人。"依此要约人在举证证明其发出撤销要约的通知之事实时，须同时证明撤销要约的意思表示为受要约人所知道或者其到达受要约人的时间；受要约人则可以反证其承诺是在知道要约人撤销要约的意思表示之前作出或者是在要约人撤销要约的意思表示到达之前作出。① 这样一来，要约人和受要约人对撤销要约过程中对己方有利的事实分别承担了举证责任。

2. 受要约人的举证责任

受要约人的举证责任包括证明要约不可撤销和承诺生效两个方面的责任。

一方面，对不可撤销之要约须由受要约人承担举证责任。例如，在《民法典》第 476 条第 1 项规定的背景之下，受要约人须举证证明"要约人以确定承诺期限或者其他形式明示要约不可撤销"的事实。有学者根据比较法解释方法得出结论："对承诺期限的规定，应为一种可以被推翻的

---

① 参见韩世远：《合同法总论》，3 版，北京，法律出版社，2011，第 92 页。

对于此期限内受拘束之意思的推定；确定了期限即表明要约人在该期限届满前受其要约的拘束，这一解释因而可以通过证明这一期限仅意在表明于此期间后要约即行失效而推翻。"① 在《民法典》第 476 条第 2 项规定的背景之下，受要约人须举证证明 "有理由认为要约是不可撤销的，并已经为履行合同做了合理准备工作" 的事实可见，受要约人对要约的信赖须在具体环境中加以证明，即受要约人须证明存在信赖要约不可撤销之理由和基于此信赖而为履行进行的合理准备工作，如开始生产或准备材料，开始雇用工人，不再寻求其他要约，等等。

另一方面，对承诺生效的事实须由受要约人承担举证责任。《民法典》第 483 条规定："承诺生效时合同成立，但是法律另有规定或者当事人另有约定的除外。" 有学者认为："原告应证明承诺的内容与要约一致。原告应当证明承诺人接受了要约中的所有条款，即双方对要约中的所有条款达成一致。"② 抽象地看，要约和承诺的意思表示一致则合同成立，主张合同成立之人自然须对此一并承担举证责任。具体地看，合同订立过程中的主动权之争有时表现为要约人不想受合同约束，这就无法期待要约人主张并证明受要约人的承诺已经生效；而受要约人则想通过合同的法律约束力锁住要约人，此时承诺生效的积极事实有助于将要约人约束在合同这把 "法锁" 中，因此须由受要约人证明承诺生效。比较法上还有立法例对承诺到达的事实采取推定规则，如根据《意大利民法典》第 1326 条和第 1335 条的规定，"要约人获悉承诺的意思表示时，合同即宣告订立；一旦承诺的意思表示符合要约人日常的通讯方法，并且只要要约人没有举证说明他在没有责任的条件下未获得任何承诺的信息，则可以推定要约人已经获得了承诺"③。

综上，在合同纠纷案件中，合同成立的要件事实须由缔约当事人承担举证责任，而具体的举证责任则往往由行使合同请求权乃至违约请求权的一方当事人承担，因为合同的成立是合同一方当事人行使合同请求权或者违约请求权的前提。"否定双方就合同成立达成一致的一方当事人，应举证证明合同订立过程中的要约、承诺不符合合同法相关规定的要件

---

① 韩世远：《合同法总论》，3 版，北京，法律出版社，2011，第 93 页。

② 胡东海：《合同成立之证明责任分配》，载《法学》，2021（1）。

③ ［德］康拉德·茨威格特、海因·克茨：《三大法系的要约与承诺制度》，孙宪忠译，载《外国法译评》，2000（2）。

事实。"①

（三）表见代理与表见代表的举证责任差异

民法学界多数学者主张，我国原《民法通则》并未规定表见代理制度，认为该法第 66 条第 1 款第三句是对默示授权制度的规定。② 原《合同法》第 49 条、原《民法总则》第 172 条和《民法典》第 172 条规定了表见代理制度。

2001 年《民事诉讼证据规定》第 5 条第 3 款规定："对代理权发生争议的，由主张有代理权一方当事人承担举证责任。"笔者认为，对 2001 年《民事诉讼证据规定》第 5 条第 3 款规定的适用范围应再作限缩解释，即该条所对应的证明责任配置规则仅适用于被代理人和本人就代理权是否存在发生争议的情形。而在表见代理情形下，交易相对人须就"有理由相信行为人有代理权"的事实承担证明责任，即在表见代理中相对人须证明有权利外观存在的事实③，被代理人则须反证相对人并非善意④或者代理权外观的形成不可归责于自己（如代理权外观文件系拾得、盗得或者伪造而来，被代理人即不必承担授权之责）。⑤ 当相对人举证不成或者被代理人反证成功时，当事人之间的法律关系不构成表见代理，而适用狭义无权代理法律规则。这就是相对人应该承担的不利后果。

法发［2009］40 号最高人民法院《关于当前形势下审理民商事合同纠纷案件若干问题的指导意见》第 13 条规定："合同法第四十九条规定的

---

① 沪高法民一［2003］10 号上海市高级人民法院民一庭《民事办案要件指南》第 26 条。
② 参见朱庆育：《民法总论》，北京，北京大学出版社，2013，第 354～356 页。
③ 参见《江苏省高级人民法院公报》，2014 年第 1 期，北京，法律出版社，2014。
该案的基本案情是：买卖合同的需方填写的是中兴公司，但最终签字确认的是钮某个人，中兴公司并未签章；签约时钮某亦未向陈某出示其代表中兴公司或受中兴公司委托订立买卖合同的授权委托书。2013 年 8 月 12 日，江苏省高级人民法院审判委员会第 19 次会议讨论该案，江苏省高级人民法院批复认为：钮某以中兴公司的名义与陈某签订买卖合同的行为是无权代理行为。钮某与陈某签订合同时，也不具有足以使陈某相信其有权代理中兴公司的事实和理由。陈某在与钮某签订合同时，既不审查核实钮某身份及有无代理权，又不要求中兴公司在合同上加盖印章；在合同履行过程中，也未要求中兴公司予以确认或追认，具有明显过错。
④ 法发［2009］40 号最高人民法院《关于当前形势下审理民商事合同纠纷案件若干问题的指导意见》第 14 条规定："人民法院在判断合同相对人主观上是否属于善意且无过失时，应当结合合同缔结与履行过程中的各种因素综合判断合同相对人是否尽到合理注意义务，此外还要考虑合同的缔结时间、以谁的名义签字、是否盖有相关印章及印章真伪、标的物的交付方式与地点、购买的材料、租赁的器材、所借款项的用途、建筑单位是否知道项目经理的行为、是否参与合同履行等各种因素，作出综合分析判断。"
⑤ 参见朱庆育：《民法总论》，北京，北京大学出版社，2013，第 360 页。

表见代理制度不仅要求代理人的无权代理行为在客观上形成具有代理权的表象，而且要求相对人在主观上善意且无过失地相信行为人有代理权。合同相对人主张构成表见代理的，应当承担证明责任，不仅应当举证证明代理行为存在诸如合同书、公章、印鉴等有权代理的客观表象形式要素，而且应当证明其善意且无过失地相信行为人具有代理权。"该条将有权代理的客观表象形式要素和善意且无过失地相信行为人具有代理权的主观要素一并交由合同相对人承担证明责任①，不尽妥当。根据待证事实分类说的观点，"主张积极事实的人，应该举证，主张否定事实的人，即为消极事实上陈述的人，不负证明责任"②。合同相对人先举证证明有权代理的客观表象形式要素即可推定其为善意，未发生的事实无从举证；此后，否定相对人为善意且无过失之被代理人则须承担证明责任。对表见代理中代理权外观和相对人并非善意且无过失的事实分别交由交易相对人和被代理人证明，符合"当事人就对自己有利的事实承担证明责任"的分配原则。当事人对其所主张的权利发生要件事实和权利妨碍要件事实分别承担证明责任，有助于在合理信赖保护和被代理人保护之间实现平衡，避免陷入肯定表见代理构成对被代理人过苛、否定表见代理构成又对相对人过苛的两难境地。

《民法典总则编司法解释》第 28 条规定："同时符合下列条件的，人民法院可以认定为民法典第一百七十二条规定的相对人有理由相信行为人有代理权：（一）存在代理权的外观；（二）相对人不知道行为人行为时没有代理权，且无过失。"因是否构成表见代理发生争议的，相对人应当就无权代理符合前款第一项规定的条件承担举证责任；被代理人应当就相对人不符合前款第二项规定的条件承担举证责任。"需要注意的是，第 28 条第 1 款第 2 项将"相对人有理由相信行为人有代理权"进一步明确为"相对人不知道行为人行为时没有代理权，且无过失"。这不同于《民法典物权编司法解释一》第 14 条规定的善意取得制度中受让人善意的认定采用无重大过失的标准。表见代理的认定采无过失标准更有利于平衡被代理人

---

① 有的法院也接纳此种做法。如江苏省高级人民法院民二庭段晓娟法官认为："在举证责任分配上，相对人主张构成表见代理的，不但须就代理权表象的存在承担证明责任，还必须就自己的善意承担证明责任。在双方均举出相关证据，导致相对人是否善意无过失的认定处于真伪不明状态时，应当由相对人承担不利后果。"（《江苏省法学会民法学研究会 2013 年年会综述》，载 http://www.chinalaw.org.cn/html/dfxh/xsjl/8247.html，访问日期：2014 - 08 - 25。）另参见福建省厦门市中级人民法院（2011）厦民终字第 2865 号民事判决书。

② 《民事举证责任著作选译》，王锡三译，重庆，西南政法学院，1987，第 17 页。转引自李浩主编：《证据法学》，北京，高等教育出版社，2009，第 220 页。

与相对人的利益。较之善意取得，在表见代理中，行为人必须以被代理人的名义作出代理行为，因此相对人至少知道被代理人的存在，获知行为人无权代理的信息成本要低一些，因此，表见代理中对相对人善意的要求更高一些：相对人不仅不能有重大过失，而且应无一般过失。否则容易因滥用表见代理制度而损害被代理人的利益。表见代理制度本是以牺牲被代理人的利益为代价来实现交易安全的一项制度。在未将代理权外观的形成可归责于被代理人规定为表见代理的一个构成要件的情况下，如果仅要求相对人负担较轻的注意义务（无重大过失），被代理人通常会面临较高的受损害风险。[①]

值得关注的是，2015 年 6 月 19 日提交全国人大法工委民法室的《中华人民共和国民法典·民法总则专家建议稿（征求意见稿）》（第二稿）第 169 条规定了表见代理中相对人的审核义务："代理行为中，相对人对代理人的代理权限有必要的审核义务。未尽此义务的，不能认定其合理信赖行为人有代理权。"[②] 第 172 条规定不得适用表见代理的情形："下列情形，不得适用表见代理的规定：（一）伪造他人的公章、营业执照、合同书或者授权委托书，假冒他人的名义实施法律行为；（二）被代理人公章、营业执照、合同书或者授权委托书遗失或者被盗，或者与行为人特定的职务关系已经终止，并且已经以合理方式公告或者通知，相对人应当知悉的。（三）法律规定的其他情形。"[③] 这些规定较好地平衡了表见代理中相对人

---

① 参见郭锋、陈龙业、蒋家棣、刘婷：《〈关于适用民法典总则编若干问题的解释〉的理解与适用》，载《人民司法》，2022（10）。

② "表见代理是合同纠纷案件审判实务中长期以来争论较大的问题。鉴于表见代理属于市场交易法则中极其例外的情形，为维护正常的市场交易秩序，在保护相对人交易安全的同时也要适当兼顾本人的利益，应当严格认定表见代理的构成要件，要求相对人承担一定程度的注意义务，即构成表见代理应同时具备行为人具有代理权的客观表象和相对人善意无过失这两个方面的要件。相对人有过错的，不应适用表见代理规则，各方当事人应当根据各自的过错程度承担相应的民事责任。"［江苏省高级人民法院（2013）苏商再提字第 0015 号民事判决书，载《人民司法·案例》，2013（24）。］

③ 关于表见代理的构成只提到"相对人有理由相信行为人有代理权"，是否以被代理人的过错为要件，仅凭条文文义难以断定。在商事纠纷案件审理时，从安全与效率的商事活动价值博弈入手，对照民事表见代理与商事表见代理的区别，不能以被代理人有过错作为表见代理的构成要件，而应以审查被代理人的行为与代理权外观是否具有关联作为表见代理构成的事实基础。完成对这一关联性的审查之后，还应综合考量构成关联的各项客观事由是否足以引起善意第三人的信赖这一因素，以判断是否成立表见代理。参见上海市第一中级人民法院（2013）沪一中民一（民）终字第 1005 号民事判决书。转引自周荃：《商事案件中表见代理构成的司法审查》，载《人民司法（案例）》，2013（24）。

的审核义务和被代理人保护之间的关系。然而，原《民法总则》和《民法典》均未保留这些规定。

与表见代理制度不同，《民法典》第 504 条规定的表见代表制度中相对人的举证责任较轻。表见代表制度与表见代理制度的最大不同体现在举证责任配置上。前者规定"除相对人知道或者应当知道其超越权限外，该代表行为有效"。后者则规定"相对人有理由相信行为人有代理权的，代理行为有效"。在表见代理中，相对人须证明有权利外观存在的事实，被代理人则须证明相对人并非善意的事实。在表见代表中，相对人须证明实际缔结合同的对方为"法人的法定代表人或者非法人组织的负责人"的事实，凭此就可以推定相对人有理由相信对方有代表权限；而该法人或者非法人组织则须证明相对人"知道或者应当知道其（法定代表人、负责人）超越权限"的事实。

在表见代表中相对人举证责任较轻的原因如下：第一，这是由代表行为的性质所决定的。法定代表人、负责人本身属于法人、非法人组织的执行机关，其代表法人、非法人组织行使职权。基于此种职权，相对人可以对其有更多的信赖，而一般不会产生疑问[1]，甚至可以基于法定代表人、负责人的身份本身推定其有全权代表权限[2]，故法人、非法人组织对它的法定代表人、负责人的经营活动当然应该承担民事责任。[3] 对比来看，代理人与被代理人之间的代理关系属于偶尔的外部联系，没有法定代表人、负责人与法人、非法人组织之间的关系那么紧密，也没有使相对人足够信赖其代理权的内部基础，因而对相对人的注意义务和举证责任的要求就更高。第二，相对人的信赖利益是不特定第三人的利益，属于社会公共利益的一种，可以基于对此种利益的保护而限制法人、非法人组织的自由。这也是足够充分且正当的理由。但是，对因此而自由受到限制的一方的限制程度须符合比例原则。法人、非法人组织通过法定代表人、负责人享受到了更多的利益，使自己的行为更加便利，其也应该由此承担更大的风险，而被代理人并不像法人、非法人组织那样享有如此常态的利益，由此对作

---

① 参见许明月：《企业法人目的范围外行为研究》，载梁慧星主编：《民商法论丛》，第 6 卷，北京，法律出版社，1997，第 199 页。

② 有学者认为："当法定代表人、负责人在对外订立合同时视为法人或者其他组织的全权代理人。"（江平主编：《中华人民共和国合同法精解》，北京，中国政法大学出版社，1999，第 41 页。）

③ 在这一点上《民法典》第 61 条第 2 款的规定具有合理性，即直接认定法人、非法人组织要承担其法定代表人、负责人之代表行为的法律后果。

为被代表人的法人、非法人组织自由的限制理当更重。第三，相对人确定法定代表人、负责人身份即可认定其有代表权，强求相对人在此之外审查其实际代表权限不现实，不具有可操作性。特别是公司法人章程或者权力机关对经营范围的规定只是对代表权的内部限制，由此控制投资人的风险，但并不能产生对抗相对人的效果①，而此种规定也符合商事交易便捷的要求和对外观主义原则的强调。在我国现行法对此无明确规定的情况下，更不能任意对相对人的自由加以限制，否则会导致利益衡量的显失公平。有例外的是，《公司法》第 16 条所规定的对公司担保权的限制，担保权人有义务对此进行审查。②《公司法》第 16 条规定："公司向其他企业投资或者为他人提供担保，依照公司章程的规定，由董事会或者股东会、股东大会决议；公司章程对投资或者担保的总额及单项投资或者担保的数额有限额规定的，不得超过规定的限额。""公司为公司股东或者实际控制人提供担保的，必须经股东会或者股东大会决议。""前款规定的股东或者受前款规定的实际控制人支配的股东，不得参加前款规定事项的表决。该项表决由出席会议的其他股东所持表决权的过半数通过。"第四，比较法上的通行做法也是就相对人对代表人的代表权的信赖作了最宽松的推定式规定。比如《日本民法典》第 54 条规定"对理事的限制，不得对抗善意第三人"。须要特别注意的是，《德国民法典》第 26、64、68 条似乎规定了对法定代表人代表权限制的公示对抗主义，但是随后《德国有限公司法》第 37 条第 2 款和《德国股份有限公司法》第 78 条又均否定了此种做法。根据特别法优于一般法的原则，当然适用代表权限制无对抗效力之观点。此做法也是比较法上的通例。③ 总之，相对人对法定代表人、负责人身份的确定就可以推定代表权限的存在，这是由对法定代表人、负责人的"职务信赖"④ 所决定的，属于强理由；而相

---

①　参见张开平：《公司权利解构》，北京，中国社会科学出版社，1999，第 69～70 页。

②　参见高圣平：《公司担保相关法律问题研究》，载《中国法学》，2013（2）。

③　可以进一步参见《欧洲共同体法》第 9 条第 1 款、《法国商事公司法》第 14 条、《日本民法典》第 50 条、《日本商法典》第 72 条第 2 款、《日本商法典》第 262 条、《意大利民法典》第 2298 条、《英国公司法》第 108 条等的规定。对比较法上此类规定的更多分析，参见温世扬、何平：《法人目的事业范围限制与"表见代表"规则》，载《法学研究》，1999（5）；李建华、许中缘：《表见代理及其适用——兼评〈合同法〉第 50 条》，载《法律科学》，2000（6）。

④　当然，如果法人、非法人组织证明其法定代表人、代表人从事的是明显不属于其职权代表范围的事项，则不产生此种"职务信赖"，除非相对人举出更充分的证据支持其此种信赖，此时相对人的举证责任就更重，而并非单纯基于对方职务即可推定其存在信赖。See Rodowicz v. Massachusetts Mut. Life Ins. Co.，192 F. 3d 162，177（1st Cir.，1999）.

对人对职务的此种信赖属于社会公共利益中的不特定第三人利益，这是更深层次的决定性理由；其他的则为补强性理由。

（四）交易习惯及其举证责任分配

《民法典》第 480、509、510、558、599、814、891 条都规定了"交易习惯"。《民法典》中"交易习惯"一词出现了 14 次。这些"交易习惯"属于事实上的习惯（Brauch），并因法律的特别规定而有法律适用地位，可以作为补充性法源、优先效力法源、派生合同义务的来源、合同补充解释的辅助手段等，但其本身并不当然具有习惯法（Gewohnheitsrecht）的法源性质。[①] 习惯需要满足如下要件方可成为习惯法：一是有事实上之惯行；二是对该惯行，其生活（交易）圈内的人对之有法的确信；三是惯行之内容不悖于公序良俗。[②]

当事人之间的交易习惯可能对合同义务是否已经履行的证明责任产生影响。如在货运代理业中，托运者凭单领款已是一条不成文的规则，其原因在于托运者往往委托其员工持单领款，领款人也并不是固定不变的，而承运者每天承接大量的托运业务，要一一核对领款者的身份极不现实。因此，"见单付款"的方式兼顾了交易双方的便利，在该行业领域内已然具有实体法规范的效力。双方对究竟是"见单付款"还是"必须签字方能付款"的争议，实质是托运者试图推翻收货单据的无因性，以否认"见单付款"之交易习惯的效力。在"见单付款"的交易习惯规制下，承运者无义务在托运者无单时交付货款，也无须在托运者无法提供收货单据时对已付款之事实承担证明责任，此时托运者若请求承运者付款，必须对承运者未付款之事实进行举证，并承担该事实不被认可之风险。[③]

就交易习惯的功能、举证责任，以及交易习惯在《民法典》合同编中的体系地位，分析如下。

第一，交易习惯作为补充性法源。原则上，只在《民法典》合同编未规定时，交易习惯方有补充、填补法律的第二顺位法源效力，居于补充性的法源地位，如《民法典》第 10 条规定："处理民事纠纷，应当依照法律；法律没有规定的，可以适用习惯，但是不得违背公序良俗。"该规定

---

① 参见王泽鉴：《民法总则》，北京，北京大学出版社，2009，第 46～48 页。
② 参见黄茂荣：《法学方法与现代民法》，5 版，北京，法律出版社，2007，第 12 页。
③ 参见吴杰、刘璐：《交易习惯对证明责任分配的影响》，载《人民法院报》，2010-10-28。

中的习惯"乃专指有法之效力与价值者而言"①。作为处理民事纠纷法源的习惯，应当如何分配举证责任？值得思考。关于习惯的证明，司法实务中采取以由当事人主张并提供证据为主、人民法院依职权查明为辅的方式。②不过，这些规定将习惯作为制定法之外的补充性法源，仅体现了习惯的一般性法源地位，并未全面概括习惯，特别是交易习惯的各类法源地位，后者由法律另作规定。

第二，交易习惯作为具有优先效力的法源。在法律有特别规定的情况下，习惯也可以成为具有优先效力的法源，从而排斥制定法的适用。此时法律会有类似的特别规定："另有习惯者，依其习惯""但另有交易习惯的除外"等。如《民法典》第480条规定："承诺应当以通知的方式作出；但是，根据交易习惯或者要约表明可以通过行为作出承诺的除外。"第814条规定："客运合同自承运人向旅客出具客票时成立，但是当事人另有约定或者另有交易习惯的除外。"第891条规定："寄存人向保管人交付保管物的，保管人应当出具保管凭证，但是另有交易习惯的除外。"交易习惯作为自生自发的法秩序，属于默默运转的内在力量，赋予其优先于制定法的法源地位具有正当性。分析实证法学派代表人物凯尔森、历史法学派代表人物萨维尼都曾表达过习惯法应享有优越地位的观点，前者基于习惯法的形成较之成立法的制定有受规范之人民更广泛及直接的参与，后者则主张习惯和制定法皆非创设，而是都经由民族精神产生，因此习惯与立法同具有创设法律的功能。③

第三，交易习惯作为派生合同附随义务、后合同义务的来源。《民法典》第509条第2款规定交易习惯派生出合同履行中的附随义务："当事人应当遵循诚信原则，根据合同的性质、目的和交易习惯履行通知、协助、保密等义务。"第558条规定交易习惯派生出当事人在合同权利义务终止后的后合同义务："债权债务终止后，当事人应当遵循诚信等原则，根据交易习惯履行通知、协助、保密、旧物回收等义务。"

第四，交易习惯作为合同补充解释的手段。《民法典》第142条第1

---

① 黄阳寿：《民法总则》，3版，台北，新学林出版股份有限公司，2013，第26页。
② 《民法典总则编司法解释》第2条规定："在一定地域、行业范围内长期为一般人从事民事活动时普遍遵守的民间习俗、惯常做法等，可以认定为民法典第十条规定的习惯。""当事人主张适用习惯的，应当就习惯及其具体内容提供相应证据；必要时，人民法院可以依职权查明。""适用习惯，不得违背社会主义核心价值观，不得违背公序良俗。"
③ 参见黄茂荣：《法学方法与现代民法》，5版，北京，法律出版社，2007，第13页。

款、第 599 条均承认习惯、交易习惯的"解释法"功能。第 142 条第 1 款规定："有相对人的意思表示的解释，应当按照所使用的词句，结合相关条款、行为的性质和目的、习惯以及诚信原则，确定意思表示的含义。"①第 599 条规定："出卖人应当按照约定或者交易习惯向买受人交付提取标的物单证以外的有关单证和资料。"

就合同履行的具体规则而言，《民法典》第 510 条先于第 511 条适用。第 510 条规定："合同生效后，当事人就质量、价款或者报酬、履行地点等内容没有约定或者约定不明确的，可以协议补充；不能达成补充协议的，按照合同相关条款或者交易习惯确定。"也就是说，当事人对合同质量、价款或者报酬、履行地点等内容没有约定或者约定不明确的，首先依照第 510 条予以确定，依照第 510 条仍不能确定的，方适用《民法典》第 511 条这一任意性规范。可见，在解释论上《民法典》将合同履行中基于合同有关条款或者交易习惯进行的补充解释优先于任意性规范予以适用。有学者认为，允许合同的补充解释赋予法官过大的自由裁量权，会导致对当事人意思的过多介入，补充性任意性规范则是立法者斟酌某类型合同的典型利益状态而设，一般多符合当事人的利益；并主张从立法论上看，"没有足够充分且正当的理由，不得置任意性规范于不顾，去进行合同的补充解释。换言之，应将任意性规范的优先适用确立为一般的法律原则"②。

法律应该尊重社会生活，并考虑将不违反法律的通行习惯上升为法律，以避免法律的效力与实效脱节。社会生活中存在哪些民事习惯？这属于民法事实判断问题，需要立法者在立法过程中广泛调研，充分论证这些习惯的合法性和合理性，并进一步探讨是否有必要将之上升为法律。从司

---

① 如在某建设工程施工合同案件中，当事人对合同中的"绿化区域地面及地下附属物（仅限塑料、树木、垃圾）为原告所有"产生理解上的争议，法院在裁判过程中运用文义解释、体系解释和目的解释等方法将涉案条款中的"树木"解释为"不再需要利用的树木"。[参见江苏省南通市中级人民法院（2008）通中民一终字第 0009 号民事判决书，载《中国审判案例要览》（2009 年民事审判案例卷），北京，中国人民大学出版社、人民法院出版社，2010，第 298～304 页。]

另参见张朦、崔道远：《"车库"变"自行车库"房地产公司"耍赖"败诉》，载北京法院网，访问日期：2013 - 03 - 11；沐曦：《海淀法院审结八旬老太租别墅饲养大量猫狗案》，载中国法院网，载 http://www.chinacourt.org/article/detail/2014/04/id/1270585.shtml，访问日期：2014 - 04 - 16。

② 王轶：《民法典的规范配置——以对我国〈合同法〉规范配置的反思为中心》，载王轶：《民法原理与民法学方法》，北京，法律出版社，2009，第 224 页。另参见崔建远：《合同法》，2 版，北京，北京大学出版社，2013，第 425 页。

法的角度看，就交易习惯的举证责任问题，2009 年《合同法司法解释二》第 7 条规定："下列情形，不违反法律、行政法规强制性规定的，人民法院可以认定为合同法所称'交易习惯'：（一）在交易行为当地或者某一领域、某一行业通常采用并为交易对方订立合同时所知道或者应当知道的做法；（二）当事人双方经常使用的习惯做法。""对于交易习惯，由提出主张的一方当事人承担举证责任。"① 习惯是否存在以及其内容如何皆为事实判断问题，"法院职务上应知之法规，以本国中央法规为限。如为习惯法，则非法院在职务上应知之范围，故仍得为证据之标的……是习惯之存在，原则上须由当事人提出，盖有无某种习惯存在，系属事实，须经当事人主张，法院始有依职权调查之可能。唯习惯事实于法院如已显著，或为职务上所已知者，虽非当事人之提出，亦得审酌之"②。当然，合同纠纷中的相对方可以反驳主张交易习惯一方所提出的证据事实，如相对方可以举证证明不存在该交易习惯或者当事人之间已经通过特别约定排除该交易习惯的适用。

须注意的是，对于交易习惯，原则上须由当事人提出，不排除有例外情形。如在房屋买卖过程中，若出卖人就对房屋价格的确定有重大影响的瑕疵事项未作具体说明或真实说明，则可能构成欺诈，会影响房屋买卖合同的法律效力，如凶宅（曾发生过人为因素致人非正常死亡案件的住宅）买卖案件。

《民法典》第 612、615 条分别规定了买卖合同中出卖人权利的瑕疵担保义务和物的瑕疵担保义务。根据狭义的法律解释方法，出卖人的物的瑕疵担保义务和权利的瑕疵担保义务在凶宅买卖中较难适用。"我国对于商品有'默示担保'的规定，要求卖给消费者的产品符合一般的质量标准和用途，权利上也没有瑕疵，这很难用于买卖凶宅上，毕竟没有任何的房屋质量标准包括'无凶杀案发生'这一条。"③ 我国台湾地区学者指出："凶宅本身并非物之瑕疵，除非出卖人明示或默示承诺就系争房屋为凶宅者负瑕疵担保责任，否则买受人无从依物之瑕疵担保规定主张权利……按

---

① 如在"徐甲与徐乙服务合同纠纷上诉案"中，法院认为：消费者选择美容院的产品主要是为了享受美容院的服务，将购买的美容院产品存放在美容院是惯例，这既方便消费者，也保证了美容院所承诺的每个产品套盒可享受的次数。因此，徐甲主张已经将上述产品交给消费者徐某，应提供进一步的证据，并承担举证不能的法律后果。参见浙江省宁波市中级人民法院（2011）浙甬民二终字第 247 号民事判决书。

② 黄阳寿：《民法总则》，3 版，台北，新学林出版股份有限公司，2013，第 27 页。

③ 《女子购买凶宅不知情提出上诉 法院判决退房》，载《沈阳今报》，2006 - 11 - 09。

缔约协商时，双方当事人均有义务，对他方当事人就与缔约有重要意义之情况为适当之说明；其范围则应依据诚信原则判断，并斟酌阻碍契约生效之特别情况、标的物之特性，以及对相对人作成决定之重要因素。而衡诸台湾地区一般社会大众感情，应认为系争房屋是否为凶宅，系影响买卖契约成立之重要因素，因此出卖人即有义务说明并告知。至于其说明范围，则应视发生凶宅之时间、方式与原因是否影响交易价格而定。"[①] 笔者认为，凶宅信息会对房屋价格产生重大影响，若否定出卖人对凶宅这一重大信息的如实告知义务[②]，根据社会一般观念、风俗习惯及交易习惯，会造成出卖人和买受人之间的利益失衡。结合利益衡量方法和目的解释方法，可以将出卖人对凶宅信息的如实告知义务解释为《民法典》第 509 条第 2 款所规定的"当事人应当遵循诚信原则，根据合同的性质、目的和交易习惯履行通知……等义务"。出卖人违反此种告知义务，买受人可以根据《民法典》第 148 条，以出卖人欺诈，致使自己在违背真实意思的情况下订立合同为由，主张撤销凶宅买卖合同。《民法典》第 509 条第 2 款和第 148 条为凶宅买卖纠纷中的买受人的请求权基础规范，第 152 条和第 157 条为买受人的请求权辅助规范。可见，虽然基于违反物的瑕疵担保义务的违约责任无法为凶宅买卖纠纷中的买受人提供有效救济，但是买受人可以出卖人欺诈为由主张撤销买卖合同。在凶宅买卖合同的效力判断问题上，理论上和司法实务中存在适用公序良俗原则，从而向一般条款逃避的现象。另一个关键问题是，凶宅买卖合同因欺诈被撤销后，买受人得向出卖人主张的赔偿损失责任的范围有多大。法院在撤销凶宅买卖合同的同时，一般会判令出卖人退还购房款及其利息，并认定买受人在订立合同时未全面了解房屋状况，对纠纷亦有一定责任，应承担部分诉讼费用[③]，或者承担部分中介费、税费等损失。[④] 可见，在凶宅买卖合同被撤销后的缔约过失损害赔偿责任中，法院所支持的仅是买受人信赖利益中的"所受损失"，对机会损失对应的"所失利益"并未提供救济。笔者认为，凶宅信息对房

---

① 邱琦：《凶宅与纯粹经济上损失》，载《月旦裁判时报》，第 7 期，台北，元照出版公司，2011，第 26～27 页。

② 参见：《公墓紧邻别墅 房主要求退款》，载《北京晨报》，2014-02-17。

③ 参见陆倩、杨阳：《金牛法院审结备受社会关注的"凶宅"买卖纠纷案》，载中国法院网，http://cdfy.chinacourt.org/article/detail/2008/06/id/561913.shtml，访问日期：2014-08-08。

④ 参见《杭州一女子花 780 万买"凶宅"法院认定按民俗不吉利》，载《北京晚报》，2012-09-17。

屋价格有重大影响之事实属于已成为社会一般观念的交易习惯①，此属于2019 年《民事诉讼证据规定》第 10 条第 1 款第 2 项所规定的众所周知的当事人无须举证证明的免证事实。

四、合同诉讼上的抗辩以及其证据规范

（一）合同诉讼上的抗辩及其举证责任

合同实体法规范包括合同权利发生规范和合同权利对立规范，后者进一步包括合同权利妨碍规范、合同权利消灭规范和合同权利受制规范。合同权利发生规范主要对应合同请求权及其证明责任，合同权利对立规范主要对应合同权利妨碍、消灭或者受制要件事实及其证明责任。

对一方当事人的合同请求权提出诉讼上抗辩的对方当事人须就其抗辩事由承担举证责任，如就其主张的合同变更、解除、终止、撤销、履行等承担举证责任。结合民事权利规范配置理论，合同当事人须就下列类别的权利否定事项承担举证责任。

第一，权利妨碍事实，如订立合同的当事人为限制民事行为能力人，合同订立过程中相对人存在欺诈②，客运合同中的伤亡是旅客自身健康原因造成的或者是旅客故意、重大过失造成的③，以及第 832 条对承运人抗

---

① 有学者曾经指出：法律是一般社会观念经过法律思维与立法方式选萃后的观念结晶。在司法审判对事实认定与法律适用的分析论证过程中，一般社会观念始终都是必不可少的观念在场者。熟练而富有经验的法官甚至可以凭借一般社会观念形成案件辨析的直觉能力，即凭借一般社会观念直觉地预先论证结论的可能范围以及形成结论的基本思路，然后通过逻辑建构形成符合法律需要的论证体系。当然，既有法条不可能涵括所有蕴含法律意义的一般社会观念，溢于法条体系之外的一般社会观念仍对法条内容具有补充、延展或限制作用。法官在审理案件时，不能满足于纯粹用法条构成的逻辑自洽，而应将一般社会观念作为其论证体系的有机构成。参见陈甦：《审判中的法条辨析与一般社会观念考量》，载《人民法院报》，2014 - 07 - 23 (5)。

② 合同订立过程中的欺诈事实既可以在交易关系中作为合同权利妨碍事实，也可以在非交易关系中作为受欺诈方据此请求《消费者权益保护法》第 55 条规定的三倍惩罚性赔偿的权利发生事实。参见《最高人民法院公报》，2006 (10)。

当然，对《消费者权益保护法》第 55 条所规定的欺诈要件，有学者主张"其中的欺诈可以被单独地、特殊地界定，不一定如同民法那样要求欺诈的构成必备故意这个要素。因为若强调欺诈的构成必须是经营者在提供商品或服务时具有故意，在相当多的案件中，消费者难以举证经营者具有故意，所以就无法……请求经营者承担惩罚性损害赔偿；在另外一些案件（如商店出售假冒茅台酒）中，假货是由个别的营销人员购入的，甚至是无意中进的货，作为法人的经营者的确不是故意出售假货，于此场合，若坚持民法关于欺诈构成的要求，买入假货的消费者也无法向经营者请求惩罚性损害赔偿。而这并不符合《消费者权益保护法》的立法本意"（崔建远：《合同法》，2 版，北京，北京大学出版社，2013，第 360 页注①）。另参见最高人民法院指导案例 23 号。

③ 参见《最高人民法院公报》，1999 (3)。

辩的规定，第 925 条第二分句规定的间接代理中委托合同只约束受托让人和第三人的证明等。主张合同存在胁迫等其他瑕疵事由时，主张者也须就存在该胁迫等瑕疵事由承担证明责任。[①]

对于《民法典》第 897 条规定的无偿保管中保管人须证明自己没有重大过失方可以免责，笔者认为，在有偿保管中，保管物毁损、灭失时，寄存人须对保管人保管不善之构成要件事实承担证明责任；但在无偿保管中，强求"保管人证明自己没有重大过失"则不妥当[②]，否则无偿保管中的保管人的证明责任反倒比有偿保管中保管人的证明责任更重，利益衡量显失公平。此种相对于保管人而言的消极要件事实应当由寄存人承担证明责任，因此，在无偿保管中，当保管物毁损、灭失时，寄存人对保管人存在"重大过失"之构成要件事实承担证明责任方为妥当。

第二，权利消灭事实，如导致合同请求权消灭的解除、终止（《民法典》第 557 条）、履行等事实。合同义务已履行是合同债务人对合同债权人的债权请求权的抗辩事实，应该由债务人承担证明责任。[③] 若合同债权人进一步主张债务人的履行存在瑕疵，则债权人须对自己的此种抗辩事实承担证明责任。[④]

[①] 参见《人民法院报》，2014 - 07 - 25 (3)。

有学者建议，在可撤销合同纠纷中，当事人对自身主观心理状态的证明存在一定的难度，针对这类案件的自身特点设计以间接证据、推定和适度降低证明标准相结合的证明规则，是处理此类纠纷的程序性方法之所在。参见胡思博：《合同效力认定案件中证明当事人主观心理状态的间接证据》，载《领导之友》，2016 (23)。

[②] 参见许德风：《法教义学的应用》，载《中外法学》，2013 (5)。

[③] 参见"欠条撕毁案"。在本案中，法院依据经验法则，认为原告在被告履行债务后，从被告家马桶中捞回并拼接欠条的行为不合理，因此作出被告已履行偿还借款义务的事实真伪不明的判断。参见肖建国、包建华：《证明责任：事实判断的辅助方法》，北京，北京大学出版社，2012，第 71～73 页。

[④] Vgl. Jauernig, Bürgerliches Gesetzbuch Kommentar, Verlag, C. H. Beck, München, 12 Auflage 2007, § 363, Rn. 1, S. 470. 另参见袁中华：《瑕疵给付要件之证明责任分配——以异类物交付瑕疵问题为核心》，中国法学会民事诉讼法学研究会于 2018 年 3 月 31 日主办的第九届紫荆民事诉讼青年沙龙。

第三，权利受制事实，如《民法典》第 526 条规定的先履行抗辩权[①]，第 527 条规定的导致合同请求权暂时受制的不安抗辩权，第 590 条第 1 款规定的导致违约责任人责任减轻的不可抗力事实之证明，第 591 条规定的违约方对适用违约责任减免规则的证明[②]，第 614 条规定的买受人中止支付价款的抗辩、诉讼时效抗辩等。主张基于不可抗力解除合同或者减免自己违约责任的一方当事人须就不可抗力发生的事实承担证明责任，还须证明该不可抗力的发生导致不能实现合同目的或者不能履行合同。[③]

如在不安抗辩权纠纷中，根据法律要件分类说中的举证责任分配理论，对不安抗辩权的构成要件事实的证明责任均由行使该抗辩权的先履行一方负担。根据《民法典》第 527 条第 2 款的规定，若先履行一方"没有确切证据中止履行的，应当承担违约责任"。由此可以防止不安抗辩权的滥用。不过，因为不安抗辩权的构成要件事实多对应不确定法律概念，所以需要法官在先履行一方举证的基础上，从各证据与案件事实的关联度、各证据之间的联系等方面妥当行使自由裁量权进行综合审查判断。《民法

---

① 有学者认为：先履行抗辩权应予删除。既然是抗辩权，就一定需要抗辩权人行使，否则就不能排除对方请求权的效力。原《合同法》第 67 条所规定的究竟是先履行抗辩权还是先履行之抗辩事由？这就涉及诉讼上的抗辩和抗辩权的差别。抗辩权是一种权利，所针对者乃对方确实存在的请求权，旨在阻止、抵抗该请求权的效力，可能只是一时性的，也可能是永久性的。诉讼上的抗辩则不同，又称为异议，包括权利不发生之抗辩和权利消灭之抗辩。如果合同订立后一度产生请求权，嗣后被告证明业已清偿的，则请求权消灭，这属于权利消灭的抗辩。抗辩和抗辩权区分的重大意义在于，诉讼上的抗辩事由存在与否，法官得依职权审查。在此类案件中完全是抗辩事由的问题，不需要考虑什么抗辩权的赋予。反之，如果按照原《合同法》第 67 条的抗辩权设计，因被告方缺席、未行使先履行抗辩权，法院进而判决原告方胜诉，显非妥当。国际统一私法协会的国际商事合同通则（PICC）第 7.1.3 条规定了不按顺序履行的违约救济——"暂停履行"。其中第 2 款规定："当事人各方应相继履行合同义务的，后履行的一方当事人可在应先履行的一方当事人完成履行之前暂停履行。"第 7.1.3 条并没有说谁有请求权，也没有说谁有抗辩权，只是说，在有先后履行关系的双务合同中，应该先履行的一方没有先履行的，应该后履行的一方可以中止自己的履行；强调的是后履行一方的"中止履行"。而到了原《合同法》第 67 条，则将"中止履行"改造成了先履行一方的请求权和后履行一方的抗辩权，进而改造成了进攻和防御的关系。总之，一方的权利声称和实体上有请求权的权利行使不同，诉讼上的抗辩事由和实体上的抗辩权不同，一方的中止履行与其行使抗辩权不同。参见张谷：《民法典合同编若干问题漫谈》，载《法治研究》，2019（1）。

② 法发〔2009〕40 号最高人民法院《关于当前形势下审理民商事合同纠纷案件若干问题的指导意见》第 11 条规定："人民法院认定可得利益损失时应当合理分配举证责任。违约方一般应当承担非违约方没有采取合理减损措施而导致损失扩大、非违约方因违约而获得利益以及非违约方亦有过失的举证责任；非违约方应当承担其遭受的可得利益损失总额、必要的交易成本的举证责任。对于可以预见的损失，既可以由非违约方举证，也可以由人民法院根据具体情况予以裁量。"

③ See H. G. Beale（general editor），chitty on contracts，thirtieth edition，Volume Ⅰ，General Principles，Thomson Reuters（Legal）Limited，2008，pp. 981 - 983.

典》第 527 条所规定的"确切证据"只是对不安抗辩权发生事由须达到使后履行一方"丧失或者可能丧失履行债务能力"之程度的概括要求，不能认为其提高了证明标准。另外，对不安抗辩权中的"转移财产、抽逃资金，以逃避债务"要件事实，先履行一方只需证明后履行一方存在"转移财产、抽逃资金"的行为，即可推定其此类行为的目的是"逃避债务"，除非后履行方能够反证证明自己有其他合法目的。

结合下述"甲起诉乙偿还借款"之事例，我们可以对前述举证责任分配的类型作如下解析：(1) 甲起诉乙返还借款，乙否认曾借过甲的钱，甲须就其与乙之间借款合同成立的事实承担举证责任。[①] 甲未能提供证据或证据不足以证明其事实主张的，甲败诉。(2) 甲起诉乙返还借款，乙认可曾借过甲的钱，但主张自己已经偿还给甲。此时，由于乙的诉讼自认，甲被免除了举证责任。因乙主张偿还了甲的钱款，故乙应对偿还（合同履行）这一事实承担举证责任，若举证不能，乙败诉。(3) 甲起诉乙返还借款，乙认可曾借过甲的钱，但主张自己已经偿还给甲，并提供银行转账单予以证实，甲则主张此银行转账单系乙基于另外的买卖合同向其支付的货款，而非偿还的借款。因甲提出了新的主张，则其对该主张应提供证据证实，若不能证实，甲败诉。(4) 甲起诉乙返还借款，乙认可曾借过甲的钱，但主张此借款债权的诉讼时效届满，乙须就诉讼时效开始和届满的事实负担举证责任；若甲进一步主张诉讼时效因存在中止、中断或者延长的事由而未届满，则甲须就此种事由承担举证责任。

(二) 合同无效事由的举证责任分配

2001 年《民事诉讼证据规定》第 5 条对合同纠纷案件的证明责任分配作了概括的规定，该条未将合同无效之证明责任分配给合同当事人承担。无效合同本质上损害了国家利益或者社会公共利益，合同无效之要件事实属于人民法院依职权调查证据的范围。2001 年《民事诉讼证据规定》第 15 条第 1 款规定："《民事诉讼法》第六十四条规定的'人民法院认为审理案件需要的证据'，是指以下情形：(一) 涉及可能有损国家利益、社会公共利益或者他人合法权益的事实；(二) 涉及依职权追加当事人、中止诉讼、终结诉讼、回避等与实体争议无关的程序事项。"2022 年《民事诉讼法司法解释》第 96 条第 1 款规定："民事诉讼法第六十七条第二款规

---

① 原《合同法》第 210 条规定："自然人之间的借款合同，自贷款人提供借款时生效。"《民法典》第 679 条规定："自然人之间的借款合同，自贷款人提供借款时成立。"

定的人民法院认为审理案件需要的证据包括：（一）涉及可能损害国家利益、社会公共利益的；（二）涉及身份关系的；（三）涉及民事诉讼法第五十八条规定诉讼的；（四）当事人有恶意串通损害他人合法权益可能的；（五）涉及依职权追加当事人、中止诉讼、终结诉讼、回避等程序性事项的。"

但司法实务中，在恶意串通损害特定第三人利益的合同纠纷案件中，该第三人主张合同无效的，须对恶意串通之事实承担一定的举证责任。根据 2022 年《民事诉讼法司法解释》第 96 条第 1 款第 4 项，在恶意串通损害特定第三人利益的合同纠纷案件中，该第三人须先举证证明"当事人有恶意串通损害他人合法权益可能"的事实，随后由法院调查收集证据。《民法典》第 154 条规定："行为人与相对人恶意串通，损害他人合法权益的民事法律行为无效。"原《合同法》第 52 条第 2 项规定"恶意串通，损害国家、集体或者第三人利益"的合同无效。法释〔2020〕17 号最高人民法院《关于审理商品房买卖合同纠纷案件适用法律若干问题的解释》第 7 条规定："买受人以出卖人与第三人恶意串通，另行订立商品房买卖合同并将房屋交付使用，导致其无法取得房屋为由，请求确认出卖人与第三人订立的商品房买卖合同无效的，应予支持。"这就是通过授权第三人规范的方式对买受人加强保护，当然，买受人须举证证明出卖人与第三人恶意串通的事实。对恶意串通事实的认定，需要作动态综合判断，如"出卖人将房屋出售后又转卖他人，后买受人是否尽到必要的审查义务，是否支付了合理对价，以及其与出卖人是否存在特殊关系等，均是判断后买受人与出卖人是否构成恶意串通的依据"①。

2015 年《民事诉讼法司法解释》第 31 条规定："经营者使用格式条款与消费者订立管辖协议，未采取合理方式提请消费者注意，消费者主张管辖协议无效的，人民法院应予支持。"2020 年《民事诉讼法司法解释》第 31 条的内容保持不变："经营者使用格式条款与消费者订立管辖协议，未采取合理方式提请消费者注意，消费者主张管辖协议无效的，人民法院应予支持。"该条未与《民法典》第 496 条、第 497 条保持协调一致。具体分析如下：第一，2022 年《民事诉讼法司法解释》第 31 条规定的经营者未尽对管辖协议格式条款的提示义务，因未与《民法典》第 496 条协

---

① 最高人民法院中国应用法学研究所编：《人民法院案例选》，2013 年第 4 辑，北京，人民法院出版社，2014。

调，此时消费者是主张管辖协议条款不成为合同内容为宜，还是主张管辖协议条款无效为宜？值得思考。当然，无论何种法律后果，在举证责任方面，参照 2009 年《合同法司法解释二》第 6 条第 2 款，均应由"提供格式条款一方对已尽合理提示及说明义务承担举证责任"。第二，2022 年《民事诉讼法司法解释》第 31 条只突出经营者未尽提示义务的法律后果，未规定经营者未尽说明义务的法律后果。如此区别对待，有何考量？第三，若认为经营者使用格式条款与消费者订立管辖协议，构成《民法典》第 497 条规定的"不合理地限制消费者主要权利"或者"排除消费者主要权利"，从而无效，那么 2022 年《民事诉讼法司法解释》第 31 条就不应该保留"未采取合理方式提请消费者注意"这个行为方式要件。[①]

（三）对合同当事人恶意串通事实的举证责任

恶意串通不同于通谋虚伪表示。通谋虚伪表示中会存在内部的隐藏行为和外部的表面行为，其中表面行为无效，因表面行为只是假象。在担保型买卖中，当事人之间对借款合同和房屋买卖合同均存在真实意思表示：不履行借款合同，就请求履行房屋买卖合同，这两个合同之间不存在隐藏行为和表面行为之间的关系。恶意串通导致合同无效的根本原因不在于当事人真意，而在于其通过恶意串通的方式损害了他人的合法权益。

原《合同法》第 52 条第 2 项规定："有下列情形之一的，合同无效：……（二）恶意串通，损害国家、集体或者第三人利益……"《民法典》第 154 条规定："行为人与相对人恶意串通，损害他人合法权益的民事法律行为无效。"恶意是主观意图，串通是客观行为。恶意的内容包括损害他人利益与获得利益，其中获得利益是恶意串通的终极主观目的，而损害他人合法权益只是手段。[②] 对行为人的主观心理，应该根据社会一般生活观念（常理）结合客观结果进行推理认定。此外，认定恶意串通不需要以客观获利为必要条件，不是所有的恶意串通行为人都能实现非法获利的目的，但客观损害是认定恶意串通的必要条件。司法实践中以间接证据推理的方式认定"恶意串通"。损害国有企业利益不等同于损害国家利益。[③] 损害特

---

① 管辖协议格式条款排除了相对方依法选择管辖法院的权利，无论根据原《合同法》第 40 条还是根据《民法典》第 497 条，都应当直接认定相关条款无效。增加"未采取合理方式提请注意"这个行为方式要件反倒降低了对消费者的保护力度。

② 参见栗红霞：《论恶意串通行为的认定》，北京，中国人民大学，2019，第 42 页。

③ 有法院认为，造成国有资产流失，损害国有企业利益，就损害了国家利益。参见云南省高级人民法院（2016）云民初 95 号民事判决书。

定第三人利益的合同不宜认定为无效合同。损害特定第三人利益的合同，基于意思自治原则，只有被损害的第三人才有权主张合同无效，这属于相对特定第三人无效。如果恶意串通损害国家利益或者社会公共利益，相关民事法律行为当然无效，不因为通过恶意串通手段实施方为无效，民事法律行为只要损害国家利益或者社会公共利益，即无效，不因实施手段的不同而有差别。

恶意不同于故意，恶意是指明知行为会损害他人合法权益而仍然为之。恶意串通行为人的主观心理状态具有隐蔽性，并且默示的串通方式也很隐蔽，对受害人而言存在举证难的问题，故在举证问题上应该充分考虑恶意串通事实的特殊性。收集恶意串通要件事实直接证据的可能性小。本着主客观相结合的原则，主观恶意是行为人的主观意思联络（合谋），行为人的主观恶意会体现在客观行为之上。在没有直接证据证明主观恶意的情况下，可以根据日常生活经验法则，从社会一般生活观念出发，结合客观行为结果进行推理认定。如果没有客观"损害他人合法权益"的实际情况出现，证明单纯的主观恶意是没有意义的。根据 2022 年《民事诉讼法司法解释》第 109 条的规定，当事人对恶意串通事实的证明，须达到排除合理怀疑的证明标准。当然，这种证明标准不等同于刑事定罪证明标准中的排除合理怀疑。民事案件中一方当事人对恶意串通的举证应使法官确信该待证事实具有存在的可能，对方当事人应该对此种举证无法排除合理怀疑进行反证，如果反证不成则败诉。

针对恶意串通损害他人合法权益的民事法律行为，被损害的第三人还可选择撤销之诉或者侵权之诉来维护自己的合法权益。一方面，受害人可行使《民法典》第 538～541 条规定的合同保全中的债权人撤销权。此时受害人只需要举证证明合同当事人的行为损害其合法权益即可，不必举证证明合同当事人的主观恶意，故举证难度相对较低。当然，合同保全中的撤销权要受除斥期间的限制。另一方面，如果受害人选用侵权之诉保护自己的合法权益，并且被侵害的合法权益是债权之外的绝对权，则受害人的举证难度也低于基于恶意串通主张合同/民事法律行为无效的举证难度。当然，侵权之诉受诉讼时效期间的限制（在选择适用《民法典》第 154 条与第 164 条第 2 款时，选择适用《民法典》第 541 条时，选择适用《民法典》第 149 条与第 154 条时，都存在同样的诉讼时效/除斥期间问题）。在解释论上看，受害人在无效之诉中的权利主张不受诉讼时效限制。

对于"行为人与相对人恶意串通，损害他人合法权益的民事法律行为"要件事实的举证证明，司法实践中出现如下推理逻辑：结合案件多种因素对应的间接证据综合判断，以形成完整的证据链。如行为人与相对人之间存在亲属关系、控股关系等关联关系（利害关系），则存在此种关系之人应当知道行为人的负债情况、主观意图、逃避债务和不当获益的动机。此外，从正常商业逻辑、诚信和公平的角度看对价是否合理，结合客观上是否带来损害反过来检验行为人是否存在主观恶意，如果欠缺损害要件，则不会构成民法上的恶意串通。[①] 司法实践中的常见恶意串通行为有如下几种：债务人恶意转让财产以逃避债务（这其实与债权人享有撤销权的情形类似）；恶意设立事后的、虚假的抵押权以逃避债务；数个投标者恶意串通围标；拍卖行与竞买人恶意串通竞标（拍卖行与竞买人存在关联关系，拍卖标的物的评估价明显低于实际价格但仍以该评估价成交）；等等。

（四）合同违约责任及其免责、减责事由的举证责任分配

在以严格责任为一般归责原则的违约损害赔偿责任中，债权人无须证明债务人的故意或过失，而只需证明合同关系和损害的存在即可。就违约损害赔偿责任中可得利益损失事实的举证，法发［2009］40号最高人民法院《关于当前形势下审理民商事合同纠纷案件若干问题的指导意见》第11条作了具体规定。债务人应当就债务已经圆满履行或者存在免责、减责事由承担举证责任，如《民法典》第590条规定的导致违约责任人责任减轻的不可抗力事实之证明[②]，第591条规定的违约方对适用违约责任减免规则的证明。以下就违约金酌减及格式条款免责、减责等规定的证明责任问题进行讨论。

就赔偿性违约金的调整，2009年《合同法司法解释二》第28、29条

---

① 参见栗红霞：《论恶意串通行为的认定》，北京，中国人民大学，2019，第31页。
类似问题还可参见法发［2020］32号最高人民法院《关于审理涉电子商务平台知识产权民事案件的指导意见》第6条第1款和第8条。该意见第6条第1款指出："人民法院认定通知人是否具有电子商务法第四十二条第三款所称的'恶意'，可以考量下列因素：提交伪造、变造的权利证明；提交虚假侵权对比的鉴定意见、专家意见；明知权利状态不稳定仍发出通知；明知通知错误仍不及时撤回或者更正；反复提交错误通知等。"第8条指出："人民法院认定平台内经营者发出声明是否具有恶意，可以考量下列因素：提供伪造或者无效的权利证明、授权证明；声明包含虚假信息或者具有明显误导性；通知已经附有认定侵权的生效裁判或者行政处理决定，仍发出声明；明知声明内容错误，仍不及时撤回或者更正等。"

② 当然，不可抗力虽然可以免除合同债务人的合同主给付义务，但不可抗力也可能引发债务人附随义务的产生。参见最高人民法院审判委员会讨论通过于2015年4月15日发布的指导案例51号。

均有具体规定。在调整违约金数额的过程中，应该根据法发〔2009〕40号最高人民法院《关于当前形势下审理民商事合同纠纷案件若干问题的指导意见》第 7 条在合同当事人之间合理分配举证责任，但该指导意见第 8 条第二句又规定："……人民法院要正确确定举证责任，违约方对于违约金约定过高的主张承担举证责任，非违约方主张违约金约定合理的，亦应提供相应的证据……"有学者对此种全有全无式的证明责任分配做法持批评意见："一般说来，违约方很难举证证明守约方因对方当事人违约而受多少损失。按照一般的逻辑，违约方若举证不成功，则关于减少违约金数额的请求难获支持。如此理解和操作，原《合同法》第 114 条第 2 款后段以及法释〔2009〕5 号第 29 条的规定，难以发挥应有的作用……对违约方在这方面的举证，采取较为宽容的态度，适当减轻违约方的举证负担。"[①] 有法院在裁判中也指出："当事人主张调整过高违约金的，一般应以实际损失为参照标准予以衡量，但在双方提供的证据均不能证明实际损失的数额时，应结合合同的履行情况、当事人的过错程度、预期利益、合同目的等因素，根据公平原则和诚实信用原则予以衡量。"[②]《最高人民法院关于适用〈中华人民共和国民法典〉合同编的解释（一）》（2021 年 9 月 18 日中国人民大学讨论稿）第 92 条规定："合同双方当事人均不能证明因违约所造成的损失的数额的，人民法院可以结合合同的类型和履行情况、非违约方为准备履行合同的合理支出、当事人的过错程度以及预期利益等因素，根据公平原则、诚信原则酌定违约金的数额。"

　　就格式条款及其免责、减责条款的证明，有学者认为，"主张某条款为格式条款并应受原《合同法》之特别规制者，对该条款为格式条款应负举证责任"[③]。主张基于格式条款所载内容而减轻或者免除自己责任的格式条款提供方应该对其采取合理方式提请注意乃至说明承担举证责任。格式条款订入合同是解释、判断格式条款的内容及效力，乃至规范格式条款的前提。[④]《民法典》第 496 条第 2 款规定了格式条款提供方的提示义务和说明义务，依此格式条款提供方须对其采取合理方式履行提示义务和说明义

---

①　崔建远：《合同法》，2 版，北京，北京大学出版社，2013，第 393 页。

②　江西省高级人民法院（2013）赣民一终字第 26 号民事判决书。

③　高圣平：《格式合同司法规制中的几个问题》，载王利明等主编：《合同法评论》，2004 年第 4 辑，北京，人民法院出版社，2005，第 21 页。

④　参见王利明：《合同法研究》，第 1 卷，2 版，北京，中国人民大学出版社，2011，第 416 页。

务的事实承担举证责任。

五、合同法律事实推定规范

（一）可推翻的与不可推翻的合同法律事实推定规范

除合同形式和合同内容所对应的合同成立的证据方法规范、合同请求权及对之为抗辩的证据规范之外，合同法上还存在就合同法律事实中的具体内容加以推定的规范，即合同法律事实推定规范。

合同法律事实推定规范建立在意思表示推定规范的基础之上。意思表示的具体形式包括口头形式、书面形式、推定形式和沉默形式。意思表示的形式实际上对应民事法律行为的形式。《民法典》第 140 条区分了意思表示的默示方式和沉默方式。默示方式即推定形式，对应可以推翻的推定。而沉默方式则基于法律规定或者当事人的约定而成为不可推翻的推定，规范表述上采取了"视为"的拟制规定。[①]

合同法律事实推定规范主要包括如下两类。

其一，不可推翻的合同法律事实推定规范。如《民法典》第 145 条第 2 款第一句和第二句规定："相对人可以催告法定代理人自收到通知之日起三十日内予以追认。法定代理人未作表示的，视为拒绝追认。"[②] 第 171 条第 2 款第一句和第二句规定："相对人可以催告被代理人自收到通知之日起三十日内予以追认。被代理人未作表示的，视为拒绝追认。"第 544 条规定："当事人对合同变更的内容约定不明确的，推定为未变更"。第 621 条规定：第 1 款在买受人怠于通知标的物瑕疵的情形下"视为标的物的数量或者质量符合约定"。第 638 条规定："试用期限届满，买受人对是否购买标的物未作表示的，视为购买"。第 680 条第 2 款规定："借款合同对支付利息没有约定的，视为没有利息"。第 707 条规定："租赁期限六个月以上的，应当采用书面形式。当事人未采用书面形式，无法确定租赁期限的，视为不定期租赁"。第 831 条规定："承运人已经按照运输单证的记载交付"。第 889 条第 2 款规定："当事人对保管费没有约定或者约定不明确，依据本法第五百一十条的规定仍不能确定的，视为无偿保管"。

---

① 1988 年《民法通则意见（试行）》第 66 条规定："一方当事人向对方当事人提出民事权利的要求，对方未用语言或者文字明确表示意见，但其行为表明已接受的，可以认定为默示。不作为的默示只有在法律有规定或者当事人双方有约定的情况下，才可以视为意思表示。"

② 原《民法通则》第 66 条第 1 款第三句规定："本人知道他人以本人名义实施民事行为而不作否认表示的，视为同意。"这也属于不可推翻的事实推定制度。

其二，可推翻的合同法律事实推定规范。如 2009 年《合同法司法解释二》第 2 条规定："当事人未以书面形式或者口头形式订立合同，但从双方从事的民事行为能够推定双方有订立合同意愿的，人民法院可以认定是以合同法第十条第一款中的'其他形式'订立的合同。但法律另有规定的除外。"该条第一句对应可推翻的推定，该条第二句则主要适用于法律规定将沉默作为意思表示形式的情形，对应不可推翻的推定。2020 年《买卖合同司法解释》第 1 条第 2 款也属可推翻的事实推定规范："对账确认函、债权确认书等函件、凭证没有记载债权人名称，买卖合同当事人一方以此证明存在买卖合同关系的，人民法院应予支持，但有相反证据足以推翻的除外。"

上述第一类不可推翻的事实推定又被称为"推定式拟制"，主要包括法律基于某种规范目的将当事人未为意思表示拟制为有某种意思表示存在，或者将当事人不明确的意思表示拟制为有特定内容的意思表示。对于不可推翻的推定，《民法典》大多采用了"视为"的立法用语加以表征。而对于可以推翻的推定，从条文结构中则往往可以推导出反证的事由。对于推定式拟制与可推翻的推定之间的关系，有学者指出："推定式的拟制实际上是一种法律上的推定，其推定之特征在于通过拟制的方式，使之不能举证推翻……以不得举证推翻之推定的方式表彰这种拟制之意义在于：明白地显示在这种案型，所拟制之法律事实实际上可能与事实相符……不得举证推翻之推定，兼具有推定（可能与事实相符）和拟制（不得举证推翻）的性质。"[1] 因此，不可推翻的推定（推定式拟制）并不像可推翻的推定那样具有举证责任移转的效果。也正是基于这种本质差异的角度，有学者认为："这种推定虽然在形式上与证据法相联系，但实际上却是用程序法语言表示出来的实体法规则。"[2] 笔者认为，不可推翻的推定（推定式拟制）和可推翻的推定在总体上都属于基于已知事实推定某未知事实的情形，二者并非毫不相干，但是否有必要基于二者在举证责任问题上的差异而突出前者为拟制规定的特点，属于涉及纯粹民法学问题中概念术语的解释选择问题。

---

① 黄茂荣：《法学方法与现代民法》，5 版，北京，法律出版社，2007，第 200～201 页。另参见王立争：《民法推定性规范研究》，北京，法律出版社，2013，第 99～104 页。

② ［美］塞西尔·特纳：《肯尼刑法原理》，王国庆、李启家等译，北京，华夏出版社，1989，第 486～487 页。类似观点，参见［德］莱奥·罗森贝克：《证明责任论》，第 4 版，庄敬华译，北京，中国法制出版社，2002，第 220 页。

（二）合同法律事实的立法与司法推定

不可推翻的合同事实推定（推定式拟制）规范和可推翻的合同事实推定规范都属于合同法上明确规定的立法推定规范。立法上的合同法律事实推定起到转移举证责任的效果，而司法上的合同法律事实推定不涉及举证责任转移问题，只是根据已经查明的事实，经由经验法则，推定待证事实是否存在。简言之，司法推定是根据经验法则对已经查明事实的证据评价。

2019 年《民事诉讼证据规定》第 10 条第 3、4 项规定："根据法律规定推定的事实""根据已知的事实和日常生活经验法则推定出的另一事实"，当事人无须举证证明。此处就包括对立法推定和司法推定的概括规定。法院在一些疑难事实认定环节中存在进行司法推定的情形。如在"朱某诉长阔出租汽车公司、付某启赔偿纠纷案"中，当事人对于朱某是癫痫病突然发作进入睡眠状态后被司机付某启拖下车弃于路旁，还是疾病发作、神志恢复后自行下车之案件事实存在争议。法院根据经验法则作出事实认定："对朱某所患的是癫痫病，被告方没有异议。主治医生齐某证明，朱某的癫痫病大发作后，一般会（不是必然会）进入睡眠状态。被告方既没有证明此次朱某发病后未进入睡眠状态，也没有以相反证据反驳'一般会进入睡眠状态'的证明。根据证据高度盖然性的原则，可以推定朱某此次癫痫病大发作后进入了睡眠状态……此时朱某已进入癫痫病大发作后的睡眠状态，无神智，已无自行开门下车的能力。付某启遂将朱某置于车下后，驾车离去。"[1] 又如在"王某诉捷达长途运输公司客运合同纠纷案"中，原告在长途客运高速服务区下车休息时被丢在服务区，原告诉称他放在座位上的包丢失，其中包括 2 万元现金。但原告无法证明此 2 万元现金的存在。"法院认为王某下车时将装有 2 万元现金的包置于有陌生人乘坐的车上，与生活常理不符，故以王某举证不足为由，未认定王某主张的事实。"[2]

六、超市自助存包丢失纠纷案件中的证据难题

江苏省无锡市××区人民法院于 1998 年审理了一起超市寄存纠纷案

---

[1] 《最高人民法院公报》，2002（3）。也有学者认为，该案对应的是运用间接证据认定事实，而非"事实推定"。参见孙远：《论事实推定》，载《证据科学》，2013（6）。

[2] 李浩主编：《证据法学》，北京，高等教育出版社，2009，第 25 页。

件。法院经审理确认被告（某超市）将原告（消费者）寄存的物品遗失，但原告不能证明在被告处所遗失的物品的种类、数量及价值的事实。法院认为遗失物品的价值这一争议事实真伪不明，但没有按照证明责任规则判决原告败诉，而是判决双方当事人各承担一定比例的损害后果（对原告索赔2万元的请求不予支持，判决被告赔偿原告2 000元）。该判决有悖举证责任的基本法理，当争议的标的事实真伪不明时，法院应该判决其请求权依赖该事实（损害事实）才能成立的原告败诉，但该案的确反映了超市自助存包丢失纠纷案件中的证据难题。

对超市自助存包丢失纠纷案的理论反思主要包括消费者在超市自助存包行为的法律性质、自助存包丢失纠纷案件中的举证责任分配超市要求，以及存包是否侵害消费者人格尊严等。对此类案件，有法院认为：人格尊严确实具有一定的主观性，是公民基于地位、能力、年龄、性别以及文化程度等因素而对自身价值的认识。但同时人格尊严也取决于一定时期社会大多数人的价值判断，存在客观的考察标准，其是他人、社会对特定主体作为人的尊重，是对人的价值的评价，对做人资格的评价。这种评价与人类所处的时代、社会的文明程度不可分离。人格尊严是否受到侵犯，应以人的主观认识和客观评价相结合作为判断的标准，而不能简单地以主观因素为主，以客观因素为辅作出判断。超市要求消费者存包是在当前社会条件下，基于安全考虑而采取的一种较为普遍的经营措施，虽然消费者主观上可能感到尊严受损，但不能认定其因此丧失了最起码的社会地位和最起码的社会尊重，但社会和他人并没有因消费者存包购物而不尊重消费者，故超市要求存包不构成对人格尊严的侵犯。①

对于消费者在超市自助存包行为的法律性质及举证责任配置，司法实践中存在如下几种观点：第一，有的法院认为，自助存包服务过程中，顾客与超市并不形成保管合同关系，超市无法对放置于存包柜中的物品形成控制和占有，而只存在顾客向超市借用存包柜的借用关系。② 类似地，有的法院认为，与人工存包不同，在自助存包情形下，顾客和超市之间仅形成借用合同关系。顾客只是借助自助密码寄存柜继续实现对自己物品的控制和占有，而超市由于没有收到交付的物品，也无法履行保管职责。在此

---

① 参见最高人民法院中国应用法学研究所编：《人民法院案例选》，2006年第1辑，北京，人民法院出版社，2006。

② 参见《自助存包丢失物品超市需赔偿吗？》，载 http://www.syskyl.com/newsview.asp? id=545，访问日期：2013-10-12。

过程中产生的密码条应认定为是超市借用给消费者自助密码寄存柜存放物品的凭证，而非超市出具给消费者的保管凭证。双方当事人就免费使用自助密码寄存柜形成的不是保管合同关系，而是借用合同关系。① 第二，有的法院认为，顾客和超市之间存在保管合同关系，但是顾客必须证明自己的存包损失，否则，其须承担对损害举证不能的败诉后果。② 第三，还有的学者认为："（就）超市存包纠纷而言，超市与消费者之间的存包行为到底属于什么性质的法律关系，其实没有那么重要，因为不管是什么法律关系，作为对存包行为及存包内容负有举证责任的消费者，要就其损失主张权利。"③

根据原《合同法》第 365 条和第 367 条、《民法典》第 888 条第 1 款和第 890 条的规定，保管合同是实践合同，即保管合同的成立，不仅须有当事人双方对保管寄存物品达成的一致意思表示，而且还需寄存人向保管人移转寄存物的占有。在司法实践中，法院大多将消费者自助存包行为定性为无偿借用行为：他们之间不存在保管合同成立的必备要件——保管物转移占有的事实。因此，双方当事人就使用自助寄存柜形成的不是保管合同关系，而是借用合同关系。④ 若将自助存包行为界定为无偿借用行为：则对超市的归责原则就不是《民法典》第 897 条规定的有偿保管下的过失责任或者无偿保管下的重大过失责任。在无偿借用关系中，贷与人只有在故意不告知借用物瑕疵，从而致使借用人受损害时，方承担赔偿责任，而此种事实须由借用人承担举证责任。

一个延伸的问题是，在人工寄存（存包）构成无偿保管合同的情形，若保管物毁损、灭失，根据《民法典》第 897 条的规定，保管人对寄存人承担损害赔偿责任，除非"保管人证明自己没有重大过失"。若毁损、灭失是第三人原因所致，则可能会涉及《民法典》第 1198 条第 2 款的适用，即"因第三人的行为造成他人损害的，由第三人承担侵权责任；管理人或者组织者未尽到安全保障义务的，承担相应的补充责任"。保管人（如超市）自己的行为导致保管物毁损、灭失，涉及《民法典》第 897 条与《民

---

① 转引自张倩：《全国首例 超市损失四万没证据 请求测谎讨公平》，载《北京青年报》，2006 - 09 - 12。

② 转引自张倩：《全国首例 超市损失四万没证据 请求测谎讨公平》，载《北京青年报》，2006 - 09 - 12。

③ 顾艳伟：《超市自助存包纠纷引发责任争议》，载《中国消费者报》，2006 - 10 - 20（A2）。

④ 参见《最高人民法院公报》，2002（6）。

法典》第 1198 条第 1 款的适用，后者规定："宾馆、商场、银行、车站、娱乐场所等公共场所的管理人或者群众性活动的组织者，未尽到安全保障义务，造成他人损害的，应当承担侵权责任。"此时，如何结合《民法典》第 186 条，协调《民法典》第 897 条和《民法典》第 1198 条在归责原则和责任承担等问题上的关系就成为一个值得研究的问题。如上所述，在人工寄存（存包）构成无偿保管合同的情形下，若保管物毁损、灭失，则消费者对存包行为及存包内容负有举证责任。而此类纠纷中，消费者大多无法提供充分的证据证明自己所遭受的损失①，即便起诉也可能产生举证不能的败诉结果。

值得注意的是，《民法典》第 888 条第 2 款规定："寄存人到保管人处从事购物、就餐、住宿等活动，将物品存放在指定场所的，视为保管，但是当事人另有约定或者另有交易习惯的除外。"该条通过拟制规范统一了对消费者人工寄存和自助存包的定性——保管合同。而寄存行为作为辅助行为，不能脱离购物、就餐、住宿等主行为，故此种保管为有偿保管。但无论是何种寄存行为，当寄存物品丢失时，寄存人均存在难以证明所丢失物品价值的举证难题。

七、小结：合同请求权及对之为抗辩的规范是合同编证据规范的鲜明特色

在纠纷解决过程中，民事权利的要件事实只有被证明后方能产生所对应的法律效果。为了便于合同权利的实现，《民法典》合同编在立法技术上应该配置妥当的举证责任等证据规范。我国民商事司法解释表现出对举证责任规范日益重视的趋势。对与法律要件分类说的通说观点对应的举证责任只需要通过一般条款的方式予以概括规定，不必对之作逐一规定，但民商事立法条文须增强体系化配置举证责任等证据规范的意识。合同请求权及对之为抗辩的规范是《民法典》合同编证据规范的常态和鲜明特色。"实体法明文规定证明责任终究是少数，在多数情况下，需要运用法律要件分类说分析实体法的逻辑结构以及实体法条文之间的关系，来辨别哪些

---

① 参见江苏省南京市中级人民法院（2010）宁民终字第 3947 号民事判决书。在该案中，原告到被告经营的洗浴会所洗浴过程中，原告储存于洗浴会所的更衣室衣柜中的财物被盗，原告要求被告赔偿损失。法院认为："这些证据尚不足以证明徐卫东当天携带了 3 万元现金放入浴室衣柜"。被告在其经营的浴室摆放张贴了"贵重物品寄存吧台"等警示标志，对消费者随身物品的保管尽到了合理的提示义务，也为消费者提供了相对安全的存衣橱柜服务。遂驳回原告的诉讼请求。

事实属于产生权利的事实，哪些事实属于阻碍权利发生的事实，哪些事实属于变更或者消灭权利的事实。"① 需要统一对证据规范的立法配置，以避免体系冲突。需要被法定化的《民法典》合同编证据规范主要包括举证责任倒置规范、合同法律事实推定规范。关于对举证责任配置通说观点起补充作用的待证事实分类说对应的证据规范，也宜在立法上作出明确的规定。

从法律解释的角度看，对《民法典》合同编中证据规范类型的发现和转述是重要的民法价值判断问题，其直接涉及合同当事人实体权利的实现和败诉风险的承担。对合同权利对应的举证责任的不适当配置可能会直接导致合同实体权利配置的本来目的无法实施。民法解释学不应该仅仅满足于对合同请求权等合同权利从静态考察其要件事实应如何被证明，还应该同时思考该合同请求权及对之为抗辩的要件事实在诉讼或者仲裁中应如何被证明。当然，这既是民法解释的任务，也是民事立法的任务。

---

① 李浩：《民事诉讼法学》，北京，法律出版社，2011，第220页。

第七章　违约金酌减纠纷中的举证责任配置

一、违约金酌减纠纷中的举证难题

在司法实践中，违约金调整案件以酌减为主导。违约金酌减案件的裁判尺度不统一，几乎无章可循。如何配置违约金酌减纠纷中的要件事实的举证责任成为司法实践中的疑难问题。本章致力于将违约金酌减案件中的考量因素揭示出来，动态评价不同考量因素在个案中的权重，以提高法律适用的可预期性。实体法中赋予违约方违约金酌减请求权，如果在诉讼或仲裁程序中不能通过举证责任予以配合，该权利就易沦为"水中月、镜中花"，无法获得实效。

利益动态衡量方法结合利益衡量和动态系统论[①]，将价值判断考量因素揭示出来，动态权衡其论证力强弱，以形成论证的合力。利益动态衡量方法包括利益发现（利益识别）和利益证成两个阶段。利益发现和利益证成两个过程的有机结合可以解决民法价值判断的妥当性问题。[②] 利益动态衡量方法使复杂民法规范的适用不再是全有全无式的简单逻辑推演，而更强调或多或少式的法律论证。本章论证的利益动态衡量方法在违约金酌减衡量因素的揭示和论证方面有重要的方法论意义，在违约金酌减所对应的要件事实的举证责任分配上也具有可适用性。

---

① 参见 [日] 山本敬三：《民法中的动态系统论——有关法律评价及方法的绪论性考察》，解亘译，载梁慧星主编：《民商法论丛》，第 23 卷，香港，金桥文化出版（香港）有限公司，2002；[奥] 瓦尔特·维尔伯格：《私法领域内动态体系的发展》，李昊译，载《苏州大学学报（法学版）》，2015（4）；[奥] 海尔穆特·库奇奥：《损害赔偿法的重新构建：欧洲经验与欧洲趋势》，朱岩译，载《法学家》，2009（3）；解亘、班天可：《被误解和被高估的动态体系论》，载《法学研究》，2017（2）。

② 利益动态衡量方法在民事法律行为和情谊行为区分问题上具有解释力。参见王雷：《论情谊行为与民事法律行为的区分》，载《清华法学》，2013（6）。

二、违约金酌减的具体考量因素类型化

违约金的功能是违约金酌减案件中的首要考量因素，其不仅影响对违约金数额的调整，还会进一步影响举证责任的分配。合同违约金是对合同损害赔偿额的预定①，在一定程度上体现了合同守约方的私力救济，并对债务人施加履行压力，是合同当事人对未来风险的事先分配。违约金并非典型的担保方式，但违约金的确具有一定的"合同履行担保"功能。② "约定违约金的积极意义之一在于对损失的预定，免除纠纷发生后当事人对损失进行举证的烦琐。"③ 违约金仍以补偿性为主要性质，以填补守约方的损失为主要功能。当违约金高于实际损失时，法院不予调整酌减，将体现违约金一定的惩罚功能（赔偿功能为原则，惩罚功能为例外）。当事人也可以特别约定惩罚性违约金。山东省高级人民法院民二庭《关于合同纠纷审判实践中的若干疑难问题》第 10 条指出，设立违约金 "是为了在发生纠纷时免除守约方对自己违约损失的举证责任"。合同当事人很难在缔约时对违约造成的实际损失作出精确的预估。合同违约金调整规则实际上也就是在合同自由和利益均衡之间进行平衡，故迟延履行违约金和继续履行请求权可以并用。"违约金条款是合同主体契约自由的体现，除具有对违约行为的惩罚和对守约方的补偿功能之外，还应体现预先确定性和效率原则。约定违约金降低了发生纠纷时合同主体的举证成本……人民法院对约定违约金进行调整应依法、审慎、适当。"④ 对违约金这种私力救济方式，自然不能完全自由放任，公平原则、诚信原则和公序良俗原则构成对违约金自由的必要限制。

合同中的法违约金调整规则实际上是授予法官一定程度的自由裁量权。根据 2009 年《合同法司法解释二》第 29 条的规定，法院判断违约金高低的最重要因素应为对损失（包括实际损失和预期利益损失）的判断。2009 年《合同法司法解释二》第 29 条规定："当事人主张约定的违约金过高请求予以适当减少的，人民法院应当以实际损失为基础，兼顾合同的

---

① 参见王洪亮：《违约金请求权与损害赔偿请求权的关系》，载《法学》，2013（5）。

② 参见王洪亮：《违约金功能定位的反思》，载《法律科学》，2014（2）。

③ 姚蔚薇：《对违约金约定过高 如何认定和调整问题探析——〈合同法〉第 114 条第 2 款的理解与适用》，载《法律适用》，2004（4）。另参见姚明斌：《违约金双重功能论》，载《清华法学》，2016（5）。

④ 最高人民法院（2016）最高法民终 20 号民事判决书。

履行情况、当事人的过错程度以及预期利益等综合因素，根据公平原则和诚实信用原则予以衡量，并作出裁决。""当事人约定的违约金超过造成损失的百分之三十的，一般可以认定为合同法第一百一十四条第二款规定的'过分高于造成的损失'。"相对比于原《合同法》第 114 条规定的实际损失的单一标准，2009 年《合同法司法解释二》第 29 条规定了对违约金调整时采用客观因素加上主观状态的"综合考量"法，并且以公平原则和诚实信用原则作为法院裁量的根本依据。不过，违约金是否过高，法院仍然需要根据违约行为对当事人造成的损失来作出判断，因为这是最根本的考量标准。并且法院不必人为区分"实际损失"与"造成的损失"。值得注意的是，该条第 2 款规定的"百分之三十"并非一成不变的标准，故不能机械地以该标准来认定违约金是否过高，也不能机械地将违约金数额调整至实际损失的 1.3 倍。① 例如，对违约金金额予以适当减少时，应充分考虑违约方的逾期付款行为给对方带来的资金占用损失（利息损失）的程度。② 欠付租赁费的违约金，以租金为基数，按民间借贷法定利率上限标准支付。在建筑工程类租赁合同中，合同条款既约定了丢失租赁物的赔偿金，又约定了结算日至实际给付之日期间已丢失租赁物的租赁费，该条款应视为对偿付赔偿金的违约责任条款的约定。当事人未举证证明其损失的，应参考金钱类债权违约金约定调整的原则予以综合考虑。③

2009 年《合同法司法解释二》第 29 条建构了违约金调整的"动态系统"，而非将违约金调整的构成要件具体化。除上述考量因素之外，当事人双方的缔约能力（交涉能力）是否对等或者说是否使用格式条款，也属于会影响裁判结果的重要因素，这彰显出当事人的意思自治（合意度强弱）在违约金调整问题上的重要性。此外，还应区分商事合同与消费合同来区别对待二者的违约金调整问题。如有学者认为："违约金条款只要是当事人的理性的合意，就不应当以'数额过高'而轻易否定其效力……约定的数额是否会被减额也应当基于当事人合意拘束力的界限……若有关违约金条款的约定属于'强合意型'，则应当承认其效力。"④

法发［2009］40 号最高人民法院《关于当前形势下审理民商事合同

---

① 参见《最高人民法院公报》，2011（9）。

② 参见北京市高级人民法院（2014）高民终字第 1043 号民事判决书。

③ 参见北京市第三中级人民法院（2016）京 03 民终 7233 号民事判决书，北京市第三中级人民法院（2016）京 03 民终 7051 号民事判决书。

④ 刘勇：《论违约金之减额——从"实益"到"原理"》，载《北方法学》，2017（4）。

纠纷案件若干问题的指导意见》第 6 条和第 7 条还规定了违约金调整案件中更多的具体考量因素，如第 6 条中的企业经营状况、诚实信用原则、公平原则、违约金性质，以及第 7 条的中违约造成的损失、合同履行程度、当事人的过错、预期利益、当事人缔约地位强弱、是否适用格式合同或条款、公平原则和诚实信用原则等。苏高发审委［2005］16 号江苏省高级人民法院《关于适用〈中华人民共和国合同法〉若干问题的讨论纪要（一）》（已失效）第 29 条第 2 款："对于故意违约，违约方请求减少违约金的，人民法院不予支持。"① 有法官认为，对违约金调整的考量因素，应该区分不同的适用层次：首先，以守约方的实际损失和可得利益损失结合 30% 的标准，认定违约金是否过高。然后，再参考合同的履行情况、当事人的过错程度、公平原则、诚实信用原则等，对过高的违约金进行调整。② 此外，合同解除并不当然否定违约金条款的可适用性。申言之，守约方可以同时主张解除合同与逾期付款违约金。③ 最高人民法院法发［2009］40 号最高人民法院《关于当前形势下审理民商事合同纠纷案件若干的指导意见》第 8 条第三句、2012 年《买卖合同司法解释》第 26 条中也作了相应规定。

我国台湾地区"最高法院"有关违约金酌减的判决体现出十大考量因素：客观事实、社经状况（如房价涨跌情况）、实际损害（如转售时的降价损失）、可受利益（如利息损失）、债务履行情况（一部履行与否）、与有过失、主观因素、客观情节（常与一部履行因素重叠）、比例（违约金占据合同价款的比例）及其他。④ 在以上权衡因素中，实际损害和可受利益出现的频次最多。⑤ 在酌减比例问题上，在买卖合同中，酌减到原定违约金的 50%～59% 的案例比例为 65.6%；在承揽合同中，该数据为 88.8%。在买卖合同中，违约金酌减总平均成数为 39%；在承揽合同中，该数据为 41%。⑥

总之，对约定违约金进行调整应依法、审慎、适当。对违约金应该

---

① 司法实践中法院并没有根据这单一标准裁判不予酌减。参见北京市第三中级人民法院（2016）京 03 民终 7051 号民事判决书。另参见韩强：《违约金担保功能的异化与回归》，载《法学研究》，2015（3）。

② 参见雷继平：《违约金司法调整的标准和相关因素》，载《法律适用》，2009（11）。

③ 参见北京市第三中级人民法院（2016）京 03 民终 4156 号民事判决书。

④ 参见吴从周：《违约金酌减之裁判分析》，2 版，台北，元照出版公司，2015，第 2～4 页。

⑤ 参见吴从周：《违约金酌减之裁判分析》，2 版，台北，元照出版公司，2015，第 262～265 页。

⑥ 参见吴从周：《违约金酌减之裁判分析》，2 版，台北，元照出版公司，2015，第 313 页。

"以不酌减为原则以酌减为例外，以赔偿性违约金为原则以惩罚性违约金为例外"①。对违约金本身还需要类型化，区分作为损害赔偿额替代的违约金与针对迟延履行预定的违约金。通过案例类型化与具体化的实证分析，将违约金调整的参考因素揭示出来，有助于将法院的操作过程透明化，克服法院在个案中不理性的感觉判断，提高法院操作的可预期性和说服力，增强司法的权威。对违约金调整的考量因素并非在每个案件中均应被纳入衡量。实际上，也不存在能够一体适用于不同个案的违约金酌减情节。对违约金酌减的影响因素，特别是相关影响因素在立法、司法解释中的变化过程，详见下表。

表 7-1　违约金酌减的影响因素

违约金的功能	违约金的类型	违约金酌减的具体考量因素	违约金酌减的基本原则
对合同损害赔偿额的预定（损失总额预定功能）	赔偿性违约金：（1）替代损害赔偿额的违约金；（2）迟延履行违约金＋继续履行；（3）违约金请求权＋解除合同	原《合同法》第 114 条第 2 款、《民法典》第 585 条第 2 款规定：约定违约金是否过分高于造成的损失	合同自由原则
赔偿功能为原则，惩罚功能为例外		2009 年《合同法司法解释二》第 29 条规定：以实际损失为基础，兼顾合同的履行情况、当事人的过错程度以及预期利益等综合因素；约定的违约金超过造成损失的 30％的，一般可以认定为"过分高于造成的损失"	2009 年《合同法司法解释二》第 29 条第 1 款规定，根据公平原则和诚实信用原则综合权衡
简化对损失的证明	惩罚性违约金	法发［2009］40 号最高人民法院《关于当前形势下审理民商事合同纠纷案件若干问题的指导意见》第 6、7 条规定了违约金调整案件中更多的具体考量因素：当前企业经营状况、违约造成的损失、合同履行程度、当事人的过错、预期利益、当事人缔约地位强弱、是否适用格式合同或条款等多项因素	

① 罗昆：《我国违约金司法酌减的限制与排除》，载《法律科学》，2016（2）。

三、违约金酌减的利益动态衡量方法：对考量因素的动态权衡

调整过高违约金时如何把握各考量因素的关系？司法实践中，违约金酌减案件的裁判尺度不统一，几乎是无章可循。"司法解释和指导文件规定了违约金酌减时的考量因素，'以损失为基础，综合各项因素'，因素作用力的大小如何，却未尽明晰。"[①] 违约金是一个类型式概念，违约金的调整也是需要结合利益动态衡量方法进行要素权衡的问题。[②] 在违约金酌减问题上，并不存在全有全无式的规则，而应进行或多或少式的动态权衡。对违约金酌减的相关影响因素的合理化及具体调整方法，分析如下。

第一，判断违约金高低的最重要因素应为对损失（包括实际损失和预期利益损失）的判断。[③] 对 2009 年《合同法司法解释二》第 28 条规定的"实际损失"应该作广义理解，不必人为区分第 28 条、第 29 条第 1 款规定的"实际损失"与第 29 条第 2 款规定的"造成损失"，以及原《合同法》第 114 条第 2 款、《民法典》第 585 条第 2 款规定的"造成的损失"[④]。违约金损失总额预定功能也与以实际损失为基础酌减违约金的做法存在矛盾。值得注意的是，约定的违约金超过造成损失的 30％的，一般可以认定为"过分高于造成的损失"，但并非绝对。该比例的论证力可以为违约方恶意违约[⑤]、违约方属于强势缔约方或者缔约当事人强合意度等考量因素的论证力所削弱。[⑥]

第二，损失以实际损失为主，而可得利益（预期利益）损失被司法裁判定位为"兼顾"因素。这种做法不合理，在一定程度上助推了违约金大概率被调整[⑦]，损害了交易信用（诚信），且违约金酌减类案件的二审和再

---

① 屈茂辉：《违约金酌减预测研究》，载《中国社会科学》，2020（5）。

② 类型是与概念相对应的思维方式。类型以归纳为运作方式，只能通过一系列要素来限定和描述，不仅要素之间存在有机联系，还可以开放地舍弃某些要素而保持该类型的品格，所以不同类型之间存在流动过渡的层次。关于类型思维的特征，参见姚明斌：《违约金的类型构造》，载《法学研究》，2015（4）。

③ 参见北京市第三中级人民法院（2016）京 03 民终 4156 号民事判决书，最高人民法院（2017）最高法民申 3354 号民事裁定书。

④ 北京市第二中级人民法院（2017）京 02 民终 2814 号民事判决书。

⑤ 参见北京市第二中级人民法院（2017）京 02 民终 8676 号民事判决书。

⑥ 动态系统论就以要素力量相互作用的变动性和效力相对性为鲜明特点。参见［奥］瓦尔特·维尔伯格：《私法领域内动态体系的发展》，李昊译，载《苏州大学学报（法学版）》，2015（4）。

⑦ 有学者经实证统计发现，债务人请求违约金酌减案件中，被支持率为 72％～79％。参见罗昆：《我国违约金司法酌减的限制与排除》，载《法律科学》，2016（2）。

审率高。可得利益损失估算困难恰恰是应尊重约定违约金的重要原因。从某种意义上说，约定违约金就是用来解决可得利益损失估算困难问题的，故应该将可得利益的损失明确纳入损失范围。[①] 鉴于违约金还有填补不可赔损害的功能，在对违约金进行调整的过程中，还应该兼顾违约损害的类型。在违约致精神损害的情况下，不能单纯根据财产损失来酌减违约金。德国民法典第 343 条就规定：在判断违约金是否适当时，必须斟酌债权人的一切正当利益而不拘于财产利益。

第三，在违约金酌减案件中，法院应该衡量合同履行情况，包括履行程度、违约发生时间、违约持续时间[②]、合同是否属于可分之债（如已经交付的设备因为未交付的设备而被闲置）、是否存在损益相抵等。[③] 例如，一方违反合同非主要义务，根本违约的另一方有权主张降低违约金。[④] 又如，当事人约定以总价款作为计付违约金的基数的，在违约方已经给付部分款项时，应以违约方未付的剩余款项为基础考量约定的违约金是否过高。[⑤] 有学者甚至认为，在违约金酌减案件中，基于违约金的合同履行担保功能，首要的考量因素应该是债务人的义务违反程度及过错程度。[⑥]

第四，虽然违约责任不以过错为一般构成要件，但在违约金调整案件中，过错具有重要意义。"当事人的过错"既包括债务人的过错[⑦]，也包括债权人的与有过失。例如，对于合同不能履行双方均有过错时，债权人请

---

① 参见孟勤国、申蕾：《论约定违约金调整的正当性与限度》，载《江汉论坛》，2016（7）。另参见韩强：《违约金担保功能的异化与回归》，载《法学研究》，2015（3）。

最高人民法院在最近的判决中也指出，因违约"造成的损失"不仅仅是指实际损失，还应包括合同履行后可以获得的利益。如果仅将违约成本控制在实际损失，不利于对守约方的保护。参见最高人民法院（2018）最高法民终 355 号民事判决书。2019 年 7 月 3 日，最高人民法院审判委员会专职委员刘贵祥在全国法院民商事审判工作会议上的讲话中指出："……在确定违约金是否过高时，一般应当以造成的包括预期利益在内的损失为基础来判断……"《全国法院民商事审判工作会议纪要》第 50 条第一句指出："认定约定违约金是否过高，一般应当以《合同法》第 113 条规定的损失为基础进行判断，这里的损失包括合同履行后可以获得的利益……"

② 参见《最高人民法院公报》，2011（9）。

③ 参见最高人民法院（2016）最高法民终 20 号民事判决书。

④ 参见最高人民法院（2015）民二终字第 161 号民事判决书。

⑤ 参见最高人民法院（2016）最高法民终 51 号民事判决书。

⑥ 参见王洪亮：《违约金功能定位的反思》，载《法律科学》，2014（2）。

⑦ 在"史某与甘肃皇台酿造（集团）有限责任公司、北京皇台商贸有限责任公司互易合同纠纷案"中，最高人民法院认为："鉴于甘肃皇台在本案中已经构成违约，且存在恶意拖延乃至拒绝履约的嫌疑，加之没有证据能够证明日万分之四的违约金属于过高情形，因此'易货协议'约定的日万分之四的违约金不能被认为过高"〔最高人民法院（2007）民二终字第 139 号民事判决书，载《最高人民法院公报》，2008（7）〕。

求高额违约金难获支持，法院可依各方过错程度酌定违约金数额。① 又如，出租人在承租人根本违约后长期闲置租赁房屋的，承租人有权主张降低违约金，法院有权酌定合理的违约金计算方式。② 当然，当事人之间的惩罚性违约金以过错为构成要件，故债务人故意违约时，不能请求酌减。③ 例如，商事主体在诉讼中自愿签订和解协议并承诺支付高额违约金，但在银行账户冻结解除后未依约履行和解协议中约定的给付义务，具有极强的主观恶意，严重违反诚实信用原则。在此种情形下，法院应注重违约金的惩罚性功能。即使实际损失数额远小于违约金数额，法院也可以不予酌减。④

第五，当事人的缔约能力对认定违约金是否过高也有重要意义。具体涉及当事人缔约地位强弱、是否采用格式合同或条款等。例如，在"海口电信城市建设投资有限公司与海口市人民政府等合同纠纷上诉案"中，关于海口市住建局应承担的违约金的标准的确定问题。案涉"框架协议"第12 条约定："甲方违反本协议第二条、第五条约定，每逾期一天，应承担应付款项万分之五的违约金。""甲方违反本协议第九条约定，每逾期一天，应承担应补偿数额万分之五的违约金。"且按照案涉"框架协议"的约定，如海口电信城投公司违反协议约定，亦应向海口市住建局承担相应的违约责任，故该协议约定的违约金的适用条件对任何一方而言都是公平的。法院认为，案涉"框架协议"的一方主体为主管工程建设的政府机构，另一方为专业的工程投资公司，双方具有相当的缔约能力。因此，该协议约定的违约金计算标准，系双方在平等协商的基础上确定的，其主要目的是督促海口市住建局如期履行资金投入的义务。⑤ 又如，有学者指出："格式条款中针对提供方的违约金不得减少，针对接受方的违约金不得增加。""针对商人的违约金原则上不得减少。"⑥《德国商法典》第 348 条也规定："一个商人在自己的商事营利事业的经营中所允诺的违约金，不得依民法典第 343 条的规定减少。"再如，对竞业限制违约金可以调整，在

---

① 参见最高人民法院（2015）民一终字第 57 号民事判决书。
② 参见最高人民法院（2015）民一终字第 340 号民事判决书。
③ 参见罗昆：《我国违约金司法酌减的限制与排除》，载《法律科学》，2016（2）。
④ 参见北京市第二中级人民法院（2017）京 02 民终 8676 号民事判决书。该案入选最高人民法院指导案例，其裁判要点为："当事人双方就债务清偿达成和解协议，约定解除财产保全措施及违约责任。一方当事人依申请人民法院解除了保全措施后，另一方当事人违反诚实信用原则不履行和解协议，并在和解协议违约金诉讼中请求减少违约金的，人民法院不予支持。"
⑤ 参见最高人民法院（2016）最高法民终 469 号民事判决书。
⑥ 罗昆：《我国违约金司法酌减的限制与排除》，载《法律科学》，2016（2）。

调整时应考虑签订竞业限制协议时劳动者的议价能力等多方面因素，予以个案判定。在劳动争议纠纷案件中，若劳动者提出约定的竞业限制违约金过高并申请酌减，法院可以根据公平原则和诚实信用原则，从当事人双方约定的竞业限制补偿金数额、劳动者离职时的工作岗位及收入水平、劳动者的主观恶意、违约行为及其给用人单位造成的损失等多方面因素综合考量，认定竞业限制违约金是否过高，并确定减少的幅度。[①]

第六，金钱债务迟延履行对应的利息损失应该被衡量。根据 2015 年《民间借贷司法解释》第 30 条、2020 年《民间借贷司法解释》第 29 条的规定，在金钱债务违约金酌减案件中，法院应该注意衡量违约金数额与迟延履行金钱债务对应的利息损失。在司法实践中，金钱债务迟延履行违约金的计算方法有多种。[②] 当事人主张约定的违约金过高，请求酌减的，应当以实际损失为基础，但不能过分依赖实际损失。[③] 当事人在金钱债务中均未提交相应证据证明实际损失的，逾期给付价款所造成的资金占用损失为守约方的实际损失。[④] 在借款合同纠纷案件中，当银行和借款人同时约定罚息和违约金时，因罚息具有弥补损失和惩罚的双重作用，已经涵盖了违约金的功能，故法院应优先选择罚息条款，并驳回银行关于违约金的请求。[⑤] 《全国法院民商事审判工作会议纪要》第 50 条第二句指出："……除借款合同外的双务合同，作为对价的价款或者报酬给付之债，并非借款合同项下的还款义务，不能以受法律保护的民间借贷利率上限作为判断违约金是否过高的标准，而应当兼顾合同履行情况、当事人过错程度以及预期利益等因素综合确定……"

总之，法院应当充分尊重当事人关于违约金的约定，一般不予主动调整。调整合同违约金实际上是在合同自由和利益均衡之间进行平衡。法院对过高违约金进行酌减时，应当结合案件的具体情形，以违约造成的损失（包括实际损失和预期利益损失）为基准，根据公平原则和诚信原则，综

---

① 参见北京市第一中级人民法院（2016）京 01 民终 6979 号民事判决书。

② 参见姚明斌：《金钱债务迟延违约金的规范互动——以实践分析为基础的解释论》，载《华东政法大学学报》，2015（4）。

③ 参见江西省高级人民法院（2013）赣民一终字第 26 号民事判决书。另参见最高人民法院（2013）民提字第 145 号民事判决书，最高人民法院（2012）民二终字第 22 号民事判决书，最高人民法院（2014）民二终字第 47 号民事判决书。

④ 参见最高人民法院（2015）民二终字第 63 号民事判决书。

⑤ 参见付建国、郝绍彬：《借款合同罚息与违约金并存应如何处理》，载《人民法院报》，2018－04－26（7）。

合衡量交易的类型（行为的性质和目的）①、合同履行情况（包括履行程度、违约发生时间、违约持续时间、合同是否属于可分之债等）、当事人的过错（包括债务人的过错程度，也包括债权人的与有过失）、当事人的缔约地位强弱（缔约能力）、是否适用格式合同或条款、金钱债务迟延履行对应的利息损失等多项因素，避免简单地采用固定比例等"一刀切"的做法，防止机械司法可能造成的实质不公平。当然，也不能过分依赖于实际损失去判断。违约金酌减考量因素及对其动态权衡都不是封闭的，而是动态开放的。这就是超越概念法学和自由法学/利益法学的评价法学利益的动态衡量思维。这种思维避免了概念法学可能带来的机械司法，有效解决了自由法学/利益法学对评价对象与评价标准不分的理论弊端②，也暗合中国儒家传统的执两用中、中庸权衡思维。

运用违约金酌减的利益动态衡量方法得出的结论，详见下表。

表7-2　对违约金酌减考量因素的动态权衡

对违约金酌减法定考量因素的动态权衡	对损失（包括实际损失和预期利益损失）的判断	判断违约金高低的最重要因素。约定的违约金超过造成损失的30%的，一般可以认定为"过分高于造成的损失"，但也不能过分依赖实际损失作判断
	合同履行情况（包括履行程度、违约发生时间、违约持续时间、合同是否属于可分之债、是否存在损益相抵等）	如是根本违约还是非根本违约，是部分违约还是全部违约
	当事人的过错（包括债务人的过错程度和债权人与有过失）	依各方过错程度酌定违约金数额
	当事人的缔约地位强弱、是否使用格式合同或条款等	针对商事主体设定的违约金、格式条款中针对提供方的违约金原则上均不得减少

①　如对赌协议中的估值调整条款就不能简单根据违约金过高规则进行酌减，而应该更加尊重"愿赌服输"规则。同样地，业绩补偿条款的性质也并非违约金，非基于违约产生，其性质并非违约金条款。业绩补偿金系业绩未达标情况下一方当事人的给付义务，其内容并不等同于违约金。业绩补偿金的计算结果系由商事主体基于自身风险预测和风险偏好所决定，应遵从当事人的意思自治。参见浙江省绍兴市中级人民法院（2014）浙绍商初字第48号民事判决书，浙江省高级人民法院（2015）浙商终字第84号民事判决书，最高人民法院（2015）民申字第2593号民事判决书。

②　参见［德］卡尔·拉伦茨：《法学方法论》，陈爱娥译，北京，商务印书馆，2003，第1页。

续表

司法实践中其他常见考量因素	金钱债务迟延履行对应的利息损失	金钱债务中守约方的实际损失最低为逾期付款所造成的利息损失
	交易的类型（行为的性质和目的）	对对赌协议中的估值调整条款不能简单根据违约金过高规则进行酌减，而应该更加尊重"愿赌服输"规则。此类条款非基于违约产生，其性质并非违约金条款，故应遵从当事人的意思自治； 对预约和本约中的违约金条款也应该有所区别
总结	违约金酌减考量因素及对其动态权衡不是封闭的，而是动态开放的。不存在能够一体适用于不同个案的违约金酌减情节。法院应当结合案件的具体情形，运用利益动态衡量方法，作或多或少式而非全有全无式的个案分析。违约金酌减考量因素也并不是在所有个案中都会同时出现。在坚持损失因素作用力最大的前提下，对其他不同考量因素的作用力须作个案分析	

四、违约金酌减案件中的举证责任分配

就违约金酌减、调整对应的构成要件事实（如是否存在违约行为）的举证责任，《德国民法典》第 345 条规定："债务人主张债务履行而争执违约罚之发生者，给付如非为不作为时，债务人对债务之履行负举证责任。"结合举证责任分配的消极事实说，可将我国 2001 年《民事诉讼证据规定》第 5 条第 2 款目的性限缩解释为，作为之债中的债务人才须对债务的履行承担举证责任。

（一）违约金酌减案件中举证责任分配的六种观点

就违约金调减权对应的"违约金约定过高"这一构成要件事实的举证责任，理论上和司法实践中存在如下观点：

第一，违约方承担举证责任说。就违约金过高的标准及举证责任，《全国法院民商事审判工作会议纪要》第 50 条指出："认定约定违约金是否过高，一般应当以《合同法》第 113 条规定的损失为基础进行判断，这里的损失包括合同履行后可以获得的利益。除借款合同外的双务合同，作为对价的价款或者报酬给付之债，并非借款合同项下的还款义务，不能以受法律保护的民间借贷利率上限作为判断违约金是否过高的标准，而应当兼顾合同履行情况、当事人过错程度以及预期利益等因素综合确定。主张违约金过高的违约方应当对违约金是否过高承担举证责任。"根据法律要

件分类说，"当事人应当举证因其违约行为给对方造成的实际损失的范围，从而证明约定的违约金过高"[1]。如在"刘某斌、刘某耀与北京中铁华升置业有限公司房屋买卖合同纠纷案"中，在违约方开发商未提供充分证据证明当事人约定的违约金过高的情况下，按日计算向买受人支付已付款万分之五的迟延交房违约金，且相关数额占全部房款的比例约为 4%，并非过高，故法院不宜对违约金进行酌减。[2] 当然，在这个案件中，由违约方承担举证责任还与违约方是格式合同的提供方有关，因为对格式合同提供方和非格式合同提供方应有所区别。

第二，守约方承担举证责任说。该观点主张，因守约方离证据较近，故守约方应该证明其损失的数额。[3] 笔者认为，此种举证责任分配方案与违约金避免损失的举证的功能定位不尽契合。在"北京杰必信科技发展有限责任公司诉绍兴上虞英达风机有限公司买卖合同纠纷案"中，守约方主张违约方逾期交货造成损失。法院认为，守约方提交的现有证据不足以证明其所主张的已经产生的 8 万元损失，且"每天支付合同总额 5% 的违约金"过高，因而酌减为按照延迟交货货款的年息 24% 的标准支付违约金427 元。[4] 可见，法院在本案中适用的举证责任分配顺序是，鉴于本案属于非金钱债务的迟延履行，合同约定的违约金相对比于货款年利息过高，而守约方主张自己遭受的实际损失是 8 万元，则守约方须就该事实承担本证的举证责任。

第三，违约金过高事实的本证、反证说。根据沪高法民二［2009］13号上海市高级人民法院《关于商事审判中规范违约金调整问题的意见》第6 条、第 7 条，违约方主张约定的违约金过高的，应当提供违约金约定缺乏公平性的相应证据。守约方认为约定公平合理，否认约定的违约金过高

---

① 姚蔚薇：《对违约金约定过高 如何认定和调整问题探析——〈合同法〉第 114 条第 2 款的理解与适用》，载《法律适用》，2004（4）。另参见吴从周：《违约金酌减之裁判分析》，2 版，台北，元照出版公司，2015，第 23 页。

② 参见北京市第二中级人民法院（2017）京 02 民终 2825 号民事判决书。

③ 参见祝来新、陈敏：《违约金的理解与适用》，载《重庆工商大学学报（社科版）》，2004（1）。

④ 参见北京市第三中级人民法院（2017）京 03 民终 6708 号民事判决书。

类似做法，参见北京市第三中级人民法院（2016）京 03 民终 2780 号民事判决书，北京市第三中级人民法院（2017）京 03 民终 6381 号民事判决书，北京市第三中级人民法院（2016）京 03 民终 7233 号民事判决书，北京市第三中级人民法院（2016）京 03 民终 7051 号民事判决书，北京市第三中级人民法院（2016）京 03 民终 4156 号民事判决书，北京市第二中级人民法院（2017）京 02 民终 2814 号民事判决书。

的，在违约方提供相应证据后，其也应当举证证明违约金约定的合理性。[①]
有学者认为，"二分法"指引下违约金调减的具体证明过程为：首先违约
方要就"违约金过分高于损失"主张具体事实，守约方应对违约方主张的
事实进行具体化的否认；然后，对于双方争议的主要事实，违约方应举证
证明（主观证明责任），而后守约方可以对违约方的证明进行反证；最后，
法院应结合本案全部证据和事实，对违约金是否过分高于损失作出判断。[②]

第四，违约方承担初步举证责任说。该观点主张违约方需先提供足以
让法官对违约金的公平性产生怀疑的证据，然后法官才可将举证责任分配
给守约方。[③] 法发［2009］40 号最高人民法院《关于当前形势下审理民商
事合同纠纷案件若干问题的指导意见》第 8 条第二句规定："……违约方
对于违约金约定过高的主张承担举证责任，非违约方主张违约金约定合理
的，亦应提供相应的证据……"有学者也对"全有全无"式的举证责任分
配做法持批评意见："一般说来，违约方很难举证证明守约方因对方当事
人违约而受多少损失……在审判、仲裁的实务中，有些合议庭、仲裁庭为
了解决上述难题，巧妙地运用了举证责任转换的技术，对违约方在这方面
的举证，采取较为宽容的态度，适当减轻违约方的举证负担。"[④]

在司法实践中，法官常对违约方的举证责任予以减轻，只要违约方提
供了初步的，或者能够引起法官对违约金过高产生合理怀疑（而非内心确
信）的证据，即完成了举证责任。[⑤] 2019 年 8 月 6 日《全国法院民商事审

---

① 参见最高人民法院（2016）最高法民终 20 号民事判决书。在本案二审审理中，法院指
出："凯达公司作为违约方主张违约金约定过高，应承担举证责任，非违约方陈某峰、陈某主张
违约金约定合理的，亦应提供相应的证据。在凯达公司未提交证据证明违约金过高的情况下，一
审法院认为逾期办理交付土地使用权证造成损失的证明责任主体为守约方陈某峰、陈某，举证责
任分配有失妥当。"

② 参见吴泽勇：《违约金调减的证明责任问题》，载 http://msjjfxy.cupl.edu.cn/info/1046/
7405.htm。

③ 参见苏高发审委［2005］16 号江苏省高级人民法院关于适用《中华人民共和国合同法》
若干问题的讨论纪要（一）第 30 条，山东省高级人民法院民二庭《关于合同纠纷审判实践中的
若干疑难问题》第 10 条。

④ 崔建远：《合同法》，2 版，北京，北京大学出版社，2013，第 393 页。
崔建远教授对这个观点的最新表达如下："在审判、仲裁的实务中，有些合议庭、仲裁庭为
了解决上述难题，巧妙地运用了分阶段分配举证责任的技术，对违约方在这方面的举证，采取较
为宽容的态度，适当减轻违约方的举证负担。"（崔建远：《论诉讼请求与举证之间的关系》，《"私
法中的法理"暨第五届"法理研究行动计划"学术研讨会论文集》，上海，上海交通大学凯原法
学院，2018，第 28 页。）

⑤ 参见甘肃省高级人民法院（2015）甘民一终字第 91 号民事判决书，最高人民法院
（2016）最高法民申 3355 号民事裁定书。

判工作会议纪要（最高人民法院民二庭向社会公开征求意见稿）》第50条第三句指出："……违约方应当对违约金是否过高承担初步的举证责任。"然而，征求意见稿中的此种裁判态度在正式发布的《全国法院民商事审判工作会议纪要》中未被保留。此外，举证责任并非固定不变，在满足特定条件下，法院可以将举证责任在当事人间转移。在"夏某富与森都公司等股权转让合同纠纷再审案"中，法院认为："违约方至少应提供足以让人对违约金约定的公平性产生合理怀疑的初步证据，法院方可将举证责任转移给守约方，由其证明因违约造成的实际损失或者违约金约定的合理性。"① 笔者认为，对违约金调整的举证责任分配采取"违约方初步举证—举证责任转移至守约方"的方式较为合理地处理了对违约金调整的举证矛盾。还可以发挥2022年《民事诉讼法司法解释》第112条缓解举证负担的功能："书证在对方当事人控制之下的，承担举证证明责任的当事人可以在举证期限届满前书面申请人民法院责令对方当事人提交。""申请理由成立的，人民法院应当责令对方当事人提交，因提交书证所产生的费用，由申请人负担。对方当事人无正当理由拒不提交的，人民法院可以认定申请人所主张的书证内容为真实。"

第五，证明标准降低等综合解决说。该观点主张：违约金过分高于实际损失的初始证明责任由违约方承担，这符合证明责任分配的一般标准，也契合违约金对损失预定的功能定位。当违约方证明损失确有困难时，在其提供初步证据后，如果可以将举证责任转移给守约方，则在诉讼中可能移转的是提供证据的责任，而非证明责任。这不符合证明责任分配的一般标准，也违背违约金的功能定位。② 因此，当违约方证明损失确有困难时，法院应当通过适用举证妨碍制度、降低证明标准为较高程度盖然性、法官指导当事人调查取证、法官代为调查取证、询问当事人等方式综合解决，而不能简单消极地利用证明责任规则进行裁判，因某项事实不能被证明并不意味着其就不存在。③

笔者认为，综合解决说体现了证明责任作为最后裁判手段的特点，

---

① 浙江省高级人民法院（2011）浙商提字第55号民事判决书。
② 参见吴玉萍：《当事人双方均不能证明实际损失时违约金的调整》，载《人民法院报》，2013-10-31。
③ 参见谭启平、张海鹏：《违约金调减权及其行使与证明》，载《现代法学》，2016（3）。

值得肯定；但认为证明责任绝对不会发生转移，则不符合通说观点。^① 而且证明标准降低和初步举证责任之间也仅仅是概念术语解释选择上的差别。

第六，非金钱债务中违约金是否过高的三阶段举证责任说。该观点主张：债务人首先应证明约定违约金金额高于违约造成的损失。一旦法院确定约定违约金金额高于造成的损失，则须考察是否"过分高于"。如果债务人举证证明违约金过高已达到 30% 的标准，则债权人可证明即使达到该标准，也不属"过分高于"；债务人对此还可再反证。笔者认为，金钱债务迟延履行违约金有其特殊性。因迟延履行金钱债务造成的主要是利息损失，故法院可以根据日常生活经验法则免除债务人的举证负担。当然，债权人主张自己在利息损失之外还有其他损失的，则应该对该"其他损失"承担举证责任。^②

（二）违约金酌减案件中举证责任分配的类型化思考

综合上述六种观点，就违约金酌减案件中的举证责任分配，笔者分析如下：第一，应该区分作为之债与不作为之债，分别配置举证责任；区分金钱债务与非金钱债务，分别配置举证责任。例如，因迟延履行金钱债务造成的主要是利息损失，故法院应当根据日常生活经验法则豁免债务人的举证负担或者根据表见证明减轻债务人的举证负担。第二，在违约金酌减诉讼中，举证责任分配应该注意区分违约方的本证与守约方的反证。违约方和守约方并不是同时负担举证责任：违约方承担本证的举证责任后，守约方才需要承担反证的举证责任。因此，不宜由双方当事人同时对"过高"或者"合理"的事实承担举证责任。第三，应该采取"违约方初步举证——举证责任转移至守约方"的举证责任分配方式。这较为合理地处理了对违约金调整的举证矛盾，也实质上降低了违约方本证的证明标准，且符合违约方和守约方之间的利益衡量。笔者认为，究竟采取违约方承担初步的举证责任说，还是采取降低违约方在本证中的证明标准说，这属于纯粹民法学问题中的解释选择问题。

---

① 民事诉讼法学界通说认为，举证责任可以发生转移。参见张卫平：《民事证据法》，北京，法律出版社，2017，第 275~276 页。

② 参见姚明斌：《违约金司法酌减的规范构成》，载《法学》，2014（1）；北京市高级人民法院（2014）高民终字第 1043 号民事判决书。

在金钱债务迟延履行违约金纠纷案件中，法院经常要求债权人为自己受到的损失提供证据。［参见《最高人民法院公报》，2007（5）。］这种做法并不妥当。

　　虽然《全国法院民商事审判工作会议纪要》第 50 条第三句规定，在违约金酌减案件中，对"约定的违约金过分高于造成的损失"采取违约方承担举证责任说，即"……主张违约金过高的违约方应当对违约金是否过高承担举证责任"，但有趣的是，最高人民法院民事审判第二庭在《〈全国法院民商事审判工作会议纪要〉理解与适用》中指出："……违约方负有证明违约金过高的举证责任。但是，鉴于衡量违约金是否过高的最重要标准是违约造成的损失，守约方因更了解违约造成损失的事实和相关证据而具有较强的举证能力，因此，违约方的举证责任也不能绝对化，守约方也要提供相应的证据。"①

　　此外，尤其重要的是，在违约金酌减案件中，负有举证责任的合同当事人未尽到自己的举证责任时，法院能否直接作出败诉判决？这涉及对违约金过高与否的相关事实，究竟遵循辩论主义立场由合同当事人承担举证责任，还是依循职权主义由法院审查。笔者认为，证明责任是一种假定，法院不能简单适用证明责任规范裁判案件。守约方受到损失的数额不能证明，并不等于守约方未遭受任何损失。因此在违约金酌减案件中，负有举证责任的合同当事人未尽到自己的举证责任时，法院不宜简单直接作出败诉判决。例如，双方合同约定的滞纳金或者固定金额违约金明显过高，守约方在无法证明其实际损失的情况下，要求违约方按照合同约定承担违约责任，而违约方请求法院酌减时，法院能否应以不超过年利率 24%（合同成立时一年期贷款市场报价利率 4 倍）为酌定减少的标准？当事人主张对过高违约金酌减的，一般应以实际损失为参照标准予以衡量，但也不能过分依赖实际损失。② 除借款合同外的双务合同，作为对价的价款或者报酬给付之债，并非借款合同项下的还款义务，不能简单化地以受法律保护的民间借贷利率上限作为判断违约金是否过高的标准，而应当兼顾合同履行情况、当事人过错程度以及预期利益等因素综合确定。

　　违约金调减案件对应的"违约金约定过高"这一要件事实的举证责任，详见下表。

---

　　① 最高人民法院民事审判第二庭编：《〈全国法院民商事审判工作会议纪要〉理解与适用》，北京，人民法院出版社，2019，第 328 页。

　　② 参见吴玉萍：《当事人双方均不能证明实际损失时违约金的调整》，载《人民法院报》，2013 - 10 - 31（6）。

表7-3 违约金酌减案件中举证责任分配

争议的不同学说	实质理由或者评析
违约方承担举证责任说	违约方是格式合同提供方时，由违约方承担举证责任是合理的
守约方承担举证责任说	该说与违约金避免损失举证烦琐的功能定位不尽契合
违约金过高事实的本证反证说	违约方通常很难举证证明守约方因违约而受到多少损失
违约方承担初步的举证责任说	"违约方初步举证—举证责任转移至守约方"的方式，较为合理地处理了违约金调整的举证矛盾，也实质上降低了违约方本证的证明标准
证明标准降低等综合解决说	违约方证明损失确有困难时，法院应当通过适用举证妨碍制度、降低证明标准为较高程度盖然性、法官指导当事人调查取证、法官代为调查取证、询问当事人等方式综合解决
非金钱债务中违约金是否过高的三阶段举证责任说	迟延履行金钱债务造成的主要是利息损失，法院可依日常生活经验法则免除违约方的举证负担
总结延伸	
在违约金酌减案件中，负有举证责任的合同当事人未尽到自己的举证责任时，法院不宜简单直接进行败诉判决。举证责任是一种假定，守约方受到的损失数额不能证明，并不等于守约方未遭受任何损失	

五、法院依职权酌减违约金的相关程序法问题

违约金调整权属于当事人的形成诉权。就违约金调整权的行使主体仅为当事人。法官或者仲裁员对合同违约金的调整应该遵循"不告不理原则"，不能依职权主动调整违约金[1]，否则就违反了民事诉讼处分原则。[2] "作为当事人的一项形成诉权，违约金调减权的行使主体仅为当事人，人民法院不得依职权主动行使。"[3] 申言之，违约金是否过高，是裁判机关决定是否对违约金调整的前提，而非当事人申请酌减的条件。[4] 如果债务人违约导致产生高额违约金，之后又明确承诺愿意支付该高额违约金，以换

---

[1] 参见最高人民法院（2007）民一终字第62号民事判决书。

[2] 参见北京市第三中级人民法院（2017）京03民终6708号民事判决书。在本案中，一审被告并未出庭，也未提交答辩意见。一审法院视为被告放弃答辩和质证的权利，但主动减调违约金。二审法院判决维持一审法院的裁判结果。类似做法，参见北京市第三中级人民法院（2016）京03民终2780号民事判决书。

[3] 谭启平、张海鹏：《违约金调减权及其行使与证明》，载《现代法学》，2016（3）。

[4] 参见姚明斌：《违约金司法酌减的规范构成》，载《法学》，2014（1）。

取守约方继续履行其他义务，后又在诉讼中请求人民法院酌情调减违约金的，人民法院应不予支持。①

就违约金调整权的行使方式，根据 2009 年《合同法司法解释二》第 27 条的规定，可以通过反诉或者诉讼上的抗辩方式行使。有学者认为，违约金调整权可以通过本诉或者反诉的独立诉讼方式行使。而针对本诉请求的抗辩不属于独立的诉讼：如果抗辩理由成立，仅导致对方当事人的诉讼请求不被法院支持。允许以抗辩方式行使违约金调减权的主要目的在于方便诉讼，但这一目的可以通过法官释明的方式实现，无须增加抗辩这一方式。②

就违约金调整权的行使时间，从解释论上看，2012 年《买卖合同司法解释》第 27 条第 2 款、2020 年《买卖合同司法解释》第 21 条第 2 款规定二审法院"可以直接释明并改判"。这种做法的确有利于提高诉讼效率。二审法院在审理过程中也会遵循这种规定。③ 但从立法论上看，直接改判的做法剥夺了当事人的上诉权，损害了其审级利益，以诉讼效率牺牲了实体公正。如果当事人没有明确表示放弃违约金调整权，则其调整权应受到二审的保护。根据 2022 年《民事诉讼法司法解释》第 326 条第 1 款的规定，当事人在二审中提出违约金调减申请时，法院可以根据当事人自愿原则进行调解；调解不成的，告知其另行起诉，而非发回重审。④

就违约金调整权行使与否的释明，从法发〔2009〕40 号最高人民法院《关于当前形势下审理民商事合同纠纷案件若干问题的指导意见》第 8 条到 2012 年《买卖合同司法解释》第 27 条第 1 款，最高人民法院就法官对违约金调整进行释明的态度，由"可以"释明转变为"应当"释明。不同于 2008 年《诉讼时效司法解释》第 3 条禁止对诉讼时效进行释明的立场，对违约金调整进行释明属于诉讼指挥权，体现了法官的自由裁量职权，实现了当事人之间诉讼能力的实质平等。有学者认为，"法官不主动酌减但向当事人释明已然成为一种较具代表性的违约金酌减启动方式"⑤。《最高人民法院关于适用〈中华人民共和国民法典〉合同编的解释（一）》（2021 年 9 月 18 日中国人民大学讨论稿）第 93 条规定："根据查明的事

---

① 参见最高人民法院（2018）最高法民再 303 号民事判决书。
② 参见谭启平、张海鹏：《违约金调减权及其行使与证明》，载《现代法学》，2016（3）。
③ 参见北京市第二中级人民法院（2017）京 02 民终 2814 号民事判决书。
④ 参见谭启平、张海鹏：《违约金调减权及其行使与证明》，载《现代法学》，2016（3）。
⑤ 屈茂辉：《违约金酌减预测研究》，载《中国社会科学》，2020（5）。

实，合同约定的违约金过分高于违约造成的损失，但违约方以合同不成立、未生效、无效或者不构成违约等为由进行免责抗辩，因而未主张调整过高的违约金的，人民法院可以向当事人释明。""一审法院认为免责抗辩成立且未予释明，二审法院认为应当判决支付违约金的，可以直接释明并改判。"当然，法官对违约金调整的释明不能"一刀切"，应该进行利益动态衡量。当开发商作为违约方、买房人作为守约方时，法官就不宜直接对违约方申请调减与否进行释明。此外，法官的过度释明导致当事人对司法中立产生合理怀疑时，可以作为当事人申请回避的理由。[①]

六、小结：违约金酌减纠纷中证明对象的新发展
——不是要件事实具体化，而是考量因素类型化、动态化

民法具体规则的法律适用方法以司法三段论涵摄为主。民法基本原则的法律适用方法以法律论证权衡（价值判断问题的实体性论证）为主。违约金酌减中"过分高于"这一构成要件事实无法具体化并进行简单涵摄操作，更宜将认定是否"过分高于造成的损失"的相关考量因素动态化、系统化。违约金酌减案件中对"约定的违约金过分高于造成的损失"的判断不是要件事实具体化，而是考量因素类型化、动态化。这是违约金酌减案件中证明对象的新发展。

通过对违约金酌减案件的社会实证分析，将违约金酌减考量因素揭示出来，有助于将法院的操作过程透明化；既要避免"一刀切"式的机械司法，也要减少在个案中不理性的感觉判断和主观恣意。[②] 对过高的违约金进行酌减时，法院应当结合案件的具体情形，以违约造成的损失（包括实际损失和预期利益损失）为基准，但也不能过分依赖实际损失，而是要综合衡量交易的类型（行为的性质和目的）、合同履行情况（包括履行程度、违约发生时间、违约持续时间、合同是否属于可分之债等）、当事人的过错（包括债务人的过错程度，也包括债权人的与有过失）、当事人的缔约地位强弱（缔约能力）、是否使用格式合同或条款、金钱债务迟延履行对应的利息损失等多项因素，根据公平原则和诚实信用原则进行利益动态衡量和实质判断。违约金酌减案件中的考量因素是动态开放的而非封闭僵化

---

　　① 参见谭启平、张海鹏：《违约金调减权及其行使与证明》，载《现代法学》，2016（3）。
　　② 这对应了民法发展的双重困境：一方面，民法体系的封闭僵化；另一方面，民法适用者的自由裁量权过大。参见［奥］瓦尔特·维尔伯格：《私法领域内动态体系的发展》，李昊译，载《苏州大学学报（法学版）》，2015（4）。

的，不同考量因素在个案中有不同的结合方式，不存在能够一体适用于不同个案的违约金酌减情节。并非对个案中所有考量因素的作用力可等量齐观，不同考量因素的论证力存在变动性乃至相对性，故法院应当结合案件的具体情形，运用利益动态衡量方法，做或多或少式而非全有全无式的个案分析。在违约金酌减案件中，法院还应该采取"违约方初步举证—举证责任转移至守约方"的举证责任分配方式。这也实质上降低了违约方本证的证明标准。此外，负有举证责任的合同当事人未尽到自己的举证责任时，法院不宜简单直接地作出败诉判决。

第八章 借款合同纠纷中的举证责任

近年来民间借贷纠纷案件数量猛增。打官司就是打证据，借款合同纠纷，特别是民间借贷合同纠纷中，当事人的证据意识薄弱，事实认定难是民间借贷纠纷中最大的难题相关法律和司法解释根据合同主体不同将借款合同区分为金融借款合同和民间借贷合同，再将民间借贷合同分为自然人之间的借贷合同与非自然人之间的借贷合同。《民法典》规定的借款合同基本上以金融借款合同为规范原型。本章讨论借款合同纠纷中的常见举证责任难题时，以民间借贷合同为典型，也论及金融借款合同，以期有助于将借款合同规范落到实处。

一、借款合同纠纷中的常见举证责任难题

（一）借据真实性的举证责任分配

在借款合同纠纷中，如果被告否认原告所提交的借款合同、借据、欠条等书证的真实性，谁有义务提出鉴定申请及承担鉴定费用？否定借据真实性的一方并不一定承担申请鉴定责任。

结合 2001 年《民事诉讼证据规定》第 70 条，区分书证的形式证明力和实质证明力。如果对书证签章本身的真实性存在争议，这就属于书证的形式证明力问题。根据 2022 年《民事诉讼法司法解释》第 121 条第 1 款第二句的规定，只有当借款单据的真实性与待证事实存在关联，对于证明待证事实有意义，而且借款单据的真实性争议能够通过鉴定澄清时，启动鉴定才是必要的。[①]

原告除借据外没有其他证据佐证时，须由原告承担申请鉴定的举证责任。原告在借条之外还有款项交付证据等进行佐证时，可以认可原告的举

---

① 参见吴泽勇：《证明责任视角下民间借贷诉讼中的借款单据鉴定问题研究》，载《法律适用》，2018（9）。

证已经达到证明标准，此时应当由被告承担申请鉴定的举证责任。不管是原告还是被告负担鉴定申请义务，被告都有义务提供笔迹比对样本。

　　"借贷案件中由原告对借贷关系是否成立承担证明责任，并应对借据等证明借贷关系成立的书证之真实性举证，如被告对书证签章真实性有异议，原则上应当由原告申请鉴定……如果原告提交的佐证证据已具备一定的可信性，即使不通过鉴定，法官亦能形成借贷关系成立之心证的，被告对书证签章真实性提出异议的，由被告申请鉴定。"[1] 对案件基本事实存在举证责任分配问题。就案件辅助事实和间接事实，法院会根据当事人在诉讼中的攻击防御情况，首先须对是否存在"证明的必要"进行认定。例如，对欠条本身是否经过伪造这一辅助事实存在争议时，出借人进一步提供了取款回执和证人证言等证据证明间接事实，应该视为其履行了主观举证责任，此时欠条真伪这一辅助事实不再具有"证明的必要"。如果出借人除了欠条并未提供其他任何证据，借款人同样主张欠条经过变造，申请鉴定的证明之必要就在出借人。[2] 例如，男方提交自己书写的一张字条，用以证明女方同意放弃主张 2006 年离婚协议中的所有财产权利，并提出该字条上的手印为女方所按。女方称其对该字条的内容不知情，并表示其不识字，手印不是其所按。此时应当由谁承担举证责任成为案件审理的关键。如果将证明字条中的手印并非本人所按的举证责任分配给女方，有违公平原则。因男方未在法院规定的期限内提交书面指纹鉴定的申请，故应由男方承担举证不能的法律后果，即法院对其提交的该字条不能采信。[3]

（二）只有借据等债权凭证时如何认定案件事实

　　在民间借贷司法实务中，有资金往来的当事人经常就基础法律关系发生争议。例如，有多种业务往来的当事人，对同一笔资金，一方认为是提供借款，另一方认为是支付业务款、货款等其他法律关系。此时，法院不能简单依据债权凭证认定民间借贷事实，而应该采取实质主义的解释立场。若借据等债权凭证展现出来的法律关系和当事人之间被隐藏的真实法律关系不一致，根据《民法典》第 146 条，应该以被隐藏的真实法律关系认定。2020 年《民间借贷司法解释》第 14 条第 1 款规定："原告以借据、

---

　　[1]　庞小菊：《借据签章真实性应由谁申请鉴定？》，载高杉峻主编：《民商法实务精要》，3，北京，中国法制出版社，2016，第 53 页。

　　[2]　参见王亚新：《举证责任如何分配》，载高杉峻主编：《民商法实务精要》，5，北京，中国法制出版社，2017，第 55～56 页。

　　[3]　参见江苏省南京市中级人民法院于 2015 年发布的婚姻家事 9 类经典案例之 5。

收据、欠条等债权凭证为依据提起民间借贷诉讼，被告依据基础法律关系提出抗辩或者反诉，并提供证据证明债权纠纷非民间借贷行为引起的，人民法院应当依据查明的案件事实，按照基础法律关系审理。"如果原告仅有借条而无其他证据相佐证，而被告提出反驳证据足以使人对借款关系的真实性产生合理怀疑的，原告应当进一步提供证据。

2020 年《民间借贷司法解释》第 15 条规定："原告仅依据借据、收据、欠条等债权凭证提起民间借贷诉讼，被告抗辩已经偿还借款的，被告应当对其主张提供证据证明。被告提供相应证据证明其主张后，原告仍应就借贷关系的存续承担举证证明责任。""被告抗辩借贷行为尚未实际发生并能作出合理说明的，人民法院应当结合借贷金额、款项交付、当事人的经济能力、当地或者当事人之间的交易方式、交易习惯、当事人财产变动情况以及证人证言等事实和因素，综合判断查证借贷事实是否发生。"抗辩的基础事实与请求的基础事实具有两立性，二者可以都成立，但抗辩起到消灭、妨碍或者限制请求的作用；否认对应的事实和请求对应的事实不能两立。抗辩包含抗辩者的权利主张，对应权利主张的要件事实；否认不包含否认者的权利主张，不对应权利主张的要件事实。因此，否认者无须对否认事实承担举证责任，而抗辩者须对抗辩事实承担举证责任。[①] 2020 年《民间借贷司法解释》第 15 条和第 16 条都提到了被告的"抗辩"，但只有第 15 条第 1 款中的"抗辩"才是真正意义的抗辩，其他条款中的"抗辩"在性质上都是否认。[②] 就 2020 年《民间借贷司法解释》第 15 条分析如下：

第一，2020 年《民间借贷司法解释》第 15 条第 1 款和第 2 款中被告承担的义务不同。第 1 款中被告须"提供证据证明"，达到高度盖然性的证明标准；第 2 款中被告须"作出合理说明"，这是一种主张的具体化义务，而不是提出证据的责任；也是一种较低程度的反驳义务，需要具有表面合理性，使法官对借款实际交付产生怀疑，达到让待证事实陷入真伪不明状态即可，是对原告主张的否认。[③]

第二，2020 年《民间借贷司法解释》第 15 条第 1 款中被告须"提供证据证明"的规定也不同于第 16 条中"提供证据证明"的规定。根据第

[①]　参见陈刚：《论我国民事诉讼抗辩制度的体系化建设》，载《中国法学》，2014 (5)。

[②]　参见吴泽勇：《民间借贷诉讼中的证明责任问题》，载《中国法学》，2017 (5)。

[③]　参见吴泽勇：《民间借贷诉讼中的证明责任问题》，载《中国法学》，2017 (5)。

15 条第 1 款首先由被告承担本证的举证责任,且须达到高度盖然性的证明标准。针对被告的本证,原告可以进行反证。被告对已偿还事实抗辩的本证视为对借贷关系成立的自认,故该款第二句要求原告"仍应就借贷关系的存续承担举证责任",实属多余。① 因为抗辩者自认,请求基础事实丧失争议性。这就免除了主张请求基础事实者的举证责任,转由抗辩者就抗辩事实承担举证责任。② 在严格、理想的当事人主义诉讼模式下,前述质疑自然可以成立。而本着证据规范配置的公道正义观,"被告抗辩已经偿还借款"是否构成对借贷关系的自认,尚需谨慎,详见本书第十四章。

第三,根据 2020 年《民间借贷司法解释》第 15 条第 2 款的规定,主张借款事实存在的一方当事人仅凭对方当事人出具的借条主张权利,在对方当事人对借款实际发生的事实提出异议,且该事实本身存在合理性怀疑的情况下,法院可以责成主张借款实际发生的一方当事人对借款资金的来源(如银行取款凭条等)、款项交付过程等事实继续举证。若主张借款实际发生的一方当事人无法作出合理解释、举证不足或提供的证据不能形成证据链,则法院不能认定借款实际发生。在民间借贷纠纷中,借条是证明双方存在借贷合意和借贷关系实际发生的直接证据,具有较强的证明力。但借条并非认定借贷存在的唯一依据,故法院应当审慎调查,准确认定借条的实质证明力。此外,对于现金交付的借贷,法院应当根据交付的金额大小、出借人的经济实力、交易习惯及借贷双方的亲疏关系等因素,结合当事人本人的陈述及庭审调查和言辞辩论情况及其他证据,依据民事诉讼高度盖然性的证明标准,运用逻辑推理和日常生活经验法则等,认真审查借款过程,合理分配举证责任。③

(三) 只有转账凭证时如何认定案件事实

在民间借贷纠纷中,经常出现原告只有汇款单(转账凭证)这一孤证的现象。孤证这一短缺证据只带来模糊事实。原告主张该转账凭证是出借款项的证据,被告抗辩是归还欠款的证据,此时如何认定案件事实? 2020年《民间借贷司法解释》第 16 条规定:"原告仅依据金融机构的转账凭证提起民间借贷诉讼,被告抗辩转账系偿还双方之前借款或者其他债务的,被告应当对其主张提供证据证明。被告提供相应证据证明其主张后,原告

---

① 参见吴泽勇:《民间借贷诉讼中的证明责任问题》,载《中国法学》,2017 (5)。
② 参见袁琳:《证明责任视角下的抗辩与否认界别》,载《现代法学》,2016 (6)。
③ 参见唐伟伟、章丽美:《卢某与徐某等借款合同纠纷上诉案——民间借贷案件中借款是否实际发生的证据认定》,载《人民司法•案例》,2015 (20)。

仍应就借贷关系的成立承担举证责任。"对此，区分两种情况分别讨论。

第一，如果被告否认双方存在民间借贷关系，原告应当就双方存在借贷关系承担举证责任。

第二，根据2020年《民间借贷司法解释》第16条，被告抗辩转账系偿还双方之前借款（如承兑汇票借款）或者其他债务的，如果此时当事人对付款事实没有争议，只是对付款原因存在争议，则被告应当对其主张承担举证责任。但2020年《民间借贷司法解释》第16条仍属于不完全法条。原、被告之间的主张形成"非此即彼"的关系：原告依凭孤证只能达到证明借款事实50%的可能性。被告须对借款关系对应的抗辩事实承担举证责任。当被告和原告手中证据相同时，原告证明借款合同事实的证据属于短缺证据，被告证明借款事实的证据也属于短缺证据，但证据短缺程度不同，事实模糊程度也不同。如果原告主张借款合同成立的可能性高于被告抗辩已偿还借款的可能性，则法院应当支持原告。[①] 申言之，原告仅依据金融机构的转账凭证提起民间借贷纠纷诉讼，被告以该转账系偿还双方之前的借款或其他债务为由进行抗辩的，应当对其主张提供证据证明。被告举证不足的，法院应认定借贷关系成立。[②]

2020年《民间借贷司法解释》第16条实际上采取了"请求、抗辩、再抗辩"的动态举证责任安排：首先，原告仅依据金融机构的转账凭证提起民间借贷诉讼的，转账凭证是认定当事人之间存在借款合同的初步证据。原告已经尽到初步举证责任，但尚不能据此推定借贷合同的存在。其次，被告抗辩转账系偿还双方之前的借款或其他债务的，被告应当对其主张"提供证据证明"，以"作出合理说明"。被告不仅可以抗辩第16条所对应的情形，还可以抗辩自己并非借款人，仅仅是出借人和借款人之间走账的账户名义人。[③] 被告甚至可以抗辩转账系工程居间费或者工程招投标保证金。[④] 此时，被告的举证只要达到使法官对借款合同的真实性产生合理怀疑（动摇法官对本证的内心确信）的程度即可，因为被告否定要件事实存在而进行的证明属于反证，反证时只需要将法官的心证拉低到真伪不

① 参见李亚洁：《只有汇款单的民间借贷案件事实如何认定》，载高杉峻主编：《民商法实务精要》，2，北京，北京联合出版公司，2015，第89～94页。

② 参见最高人民法院（2016）最高法民申3335号民事裁定书。

③ 参见刘生亮：《仅有金融机构转账凭证的民间借贷案件如何运用举证规则》，载《法律适用》，2017（24）；最高人民法院（2017）最高法民申1780号民事裁定书。

④ 参见最高人民法院（2018）最高法民申316号民事裁定书。

明的状态。最后，被告提供相应证据证明其主张后，原告仍应就借贷合同的成立承担举证证明责任。这就构成原告的再抗辩。当然，在第 16 条规定的情形下，被告对反证同样要承担举证责任，但其证明标准不同于原告对本证的证明标准。如果被告的抗辩达到高度盖然性的标准，则不必适用该条最后一句将举证责任再反转给原告，此时直接认定被告抗辩证成的法律关系（如合伙法律关系中的分红款、退伙款，投资款，货款，等等）即可。

　　从 2020 年《民间借贷司法解释》第 16 条来看，即使出借人无法完全举证证明借贷合意的成立和款项交付的事实，法院也不能直接判决出借人败诉。当原告仅有转账凭证这一间接证据时，如果被告对其抗辩未能尽到举证责任，而原告又能够对借款合同的存在作出合理解释，此时法院可以支持原告的诉讼请求。例如，子女婚后购房，父母出资且未明确表示赠与的，该出资应被认定为借款。2003 年《婚姻法司法解释二》第 22 条第 2 款规定："当事人结婚后，父母为双方购置房屋出资的，该出资应当认定为对夫妻双方的赠与，但父母明确表示赠与一方的除外。"[①] 该条适用于父母的购房出资已经明确是赠与的情形，解决的是父母的购房出资是赠与夫妻一方还是赠与双方的问题，并不适用于"子女婚后购房，父母出资且未明确表示是赠与还是借款"的情况。在父母出资且未明确表示是赠与的情况下，子女未能提供有效证据证明该出资属于赠与性质的，应认定该出资款是对子女的临时性资金出借，故子女应当承担返还义务。对 2011 年《婚姻法司法解释三》第 7 条也应该作类似解释。根据 2022 年《民事诉讼法司法解释》第 109 条，对赠与事实的证明标准高于对一般事实所要求的"具有高度可能性的"的证明标准。在出借人一方所提出的证据能够证明款项交付真实存在，且没有明确的赠与意思表示的情况下，法院应根据 2020 年《民间借贷司法解释》第 16 条的规定，要求借款人承担款项系赠与的举证责任。子女婚后买房时父母出资，除明确表示赠与外，应视为以帮助为目的的临时性资金出借，子女负有偿还义务。子女主张该购房出资是父母的赠与，但未能提供充分证据证明的，人民法院应不予支持。从公序良俗角度来看，一般不宜将父母出资认定为理所应当的赠与。敬老慈幼

　　[①]　《民法典婚姻家庭编司法解释一》第 29 条第 2 款规定："当事人结婚后，父母为双方购置房屋出资的，依照约定处理；没有约定或者约定不明确的，按照民法典第一千零六十二条第一款第四项规定的原则处理。"

为人伦之本，也为法律所倡导。子女一旦成年，应自立生活，父母续以关心关爱，但这并非父母所应当负担的法律义务，子女应知感恩。因此，在父母出资但未明确表示该出资系赠与的情况下，应认定购房出资款为对子女的临时性资金出借。其目的在于帮助子女渡过经济困难，子女理应负有偿还义务。此亦为敬老之应有道义。至于事后父母是否要求子女偿还，系父母行使自己债权或放弃债权的范畴，与债权本身的客观存在无关。①

二、买卖型担保合同的性质认定与举证责任

买卖型担保是借款合同实践中的常见商业逻辑形态。在相关纠纷中，主张存在房屋买卖关系的一方往往只需要完成初步举证即可，如提供房屋买卖合同原件、发票等证据；否认存在房屋买卖关系而主张存在借款合同关系的一方通常被课以严格的举证责任。一方当事人主张房屋买卖合同实为民间借贷合同的担保的，应当举证证明民间借贷关系的存在。当事人之间以借贷为目的签订房屋买卖合同作为担保时，法院应当采取实质解释方法，认定双方存在名为房屋买卖实为民间借贷的法律关系。买卖合同展现出来的法律关系和当事人之间被隐藏的民间借贷法律关系不一致，根据《民法典》第146条、2020年《民间借贷司法解释》第23条第1款，应该以被隐藏的真实法律关系认定。在实现买卖型担保这一非典型担保时，债权人负有强制清算义务，不能直接取得房屋所有权或者直接行使优先受偿权，也不能主张标的物拍卖所得全部归其所有。② 债权人甚至不能依据最高人民法院《关于人民法院民事执行中查封、扣押、冻结财产的规定》第15条关于"被执行人将其所有的需要办理过户登记的财产出卖给第三人，

---

① 参见《婚后子女购房父母出资且未明确表示赠与的，应认定为借款——余某、毛某诉黄某、余某莎民间借贷纠纷案》，载《人民法院报》，2018-06-14。
另参见浙江省绍兴市中级人民法院（2016）浙06民终2248号民事判决书。
相反观点，苏高法电〔2019〕474号江苏省高级人民法院《家事纠纷案件审理指南（婚姻家庭部分）》第39条指出：父母为子女购置不动产出资性质的举证责任应当如何分配？父母为子女购置不动产出资，事后以借贷为由主张返还，子女主张出资为赠与的，应当遵循谁主张谁举证的原则，由父母承担出资为借贷的举证责任。父母不能就出资为借贷提供充分证据证明导致出资性质处于真伪不明状态时，应当由父母承担举证不能的责任。
② 2020年《民间借贷司法解释》第23条第1款规定："当事人以订立买卖合同作为民间借贷合同的担保，借款到期后借款人不能还款，出借人请求履行买卖合同的，人民法院应当按照民间借贷法律关系审理。当事人根据法庭审理情况变更诉讼请求的，人民法院应当准许。"第2款规定："按照民间借贷法律关系审理作出的判决生效后，借款人不履行生效判决确定的金钱债务，出借人可以申请拍卖买卖合同标的物，以偿还债务。就拍卖所得的价款与应偿还借款本息之间的差额，借款人或者出借人有权主张返还或者补偿。"

第三人已经支付部分或者全部价款并实际占有该财产，但尚未办理产权过户登记手续的，人民法院可以查封、扣押、冻结；第三人已经支付全部价款并实际占有，但未办理过户登记手续的，如果第三人对此没有过错，人民法院不得查封、扣押、冻结"的规定，对涉案房屋提出执行异议。其原因在于，债权人对涉案房屋没有任何民事实体权利，尚不享有最高人民法院《关于适用〈中华人民共和国民事诉讼法〉执行程序若干问题的解释》第 14 条所规定的"所有权或者有其他足以阻止执行标的转让、交付的实体权利"①。

但是，民间借贷合同到期后，当事人签订商品房买卖合同并将借款转为购房款的，民间借贷法律关系已经转为商品房买卖合同法律关系，此时法院应当支持债权人关于履行商品房买卖合同的请求。对此，之所以作出不同于 2020 年《民间借贷司法解释》第 23 条第 1 款的处理，是因为当事人在签订商品房买卖合同并将借款转为购房款时，经过了结算程序，双方之间不再是买卖型担保，而是合同更新。

此外，根据《民法典》第 410 条第 1 款、第 436 条第 2 款，主债权债务设定抵押或者质押，允许当事人在实现抵押权或者质权时达成以物抵债协议。以物抵债协议具有实践性。在民间借贷等普通债权债务法律关系中，债务履行期届满后，当事人达成以物抵债协议的，在办理物权转移手续之前，债务人或者第三人反悔，不履行抵债协议，债权人要求继续履行抵债协议或者要求确认所抵之物的所有权归自己的，人民法院应当驳回债权人的诉讼请求。经释明，当事人要求继续履行原债权债务合同的，人民法院应当继续审理。

三、民间借贷纠纷转为不当得利纠纷后的举证责任承担

结合 2020 年《民间借贷司法解释》第 16 条，原告在民间借贷合同纠纷中无法尽到举证责任时，经常转而变更诉因为不当得利纠纷。即使原告变更诉因，其仍须对不当得利法律关系对应的"没有法律根据"这一要件事实承担举证责任。该要件事实表面上看起来属于消极要件事实，但在给付型不当得利中，原告是财产关系发生变动的控制者，从证据距离和维持法律秩序的角度看，原告更有能力通过直接证据或者间接证据对财产转移行为作出解释，而欠缺给付原因并非单纯的消极事实，原告应该对欠缺给

---

① 最高人民法院（2016）最高法民再 113 号民事判决书。

付原因的具体情形承担举证责任。① 当然，被告在不当得利之诉中也应当负担陈述义务及事案解明义务，不能只进行单纯的否认，而应该进行积极否认，即具体陈述其受益的原因事实并为证据之提出，以特定化、限缩当事人有关法律上原因是否欠缺之事实争点，防止证据调查散漫，从而凝聚争点，实现审理集中化目的。② 供原告作相应反驳并对该反驳作举证。此时，原告就借贷关系的成立承担举证责任，与原告就"没有法律根据"这一要件事实承担举证责任，负担相同，价值判断结论不存在体系违反。

类似地，借贷纠纷案件当事人在诉讼请求被驳回后，又以不当得利为由另行起诉主张权利的，根据诉讼标的的旧实体法说，借贷之诉和不当得利之诉的请求权基础不同，不构成重复诉讼；而根据诉讼标的的新实体法说，借贷之诉和不当得利之诉的实体法请求相同，构成重复诉讼。不过，若原告看到借贷之诉难以胜诉时，马上转为要求返还不当得利，或者经法院释明变更诉讼请求为返还不当得利③，这就不构成两个诉。此时，给付型不当得利中"没有法律根据"这一要件事实由请求权人承担举证责任就尤为重要。即使认为借贷之诉和不当得利之诉不属于重复诉讼，原告在借贷之诉中败诉后，转而提起不当得利之诉的，也并不当然发生举证责任的转移，否则不当得利就会成为当事人在其他法律关系缺少证据时的请求权基础，甚至会出现向不当得利返还请求权逃逸的现象，易导致不当得利之诉被滥用。

当然，在 2020 年《民间借贷司法解释》第 16 条的背景下，如果原告在借贷之诉中面临败诉，而转为要求返还不当得利时，被告在借贷之诉中的抗辩会继续出现在不当得利之诉中。当被告抗辩达到合理可能时，原告在不当得利之诉中同样会败诉。原告仅有转账凭证这一间接证据时，被告对其抗辩未能尽到举证责任，原告又能够对借款关系的存在作出合理解释，此时可以支持原告的诉讼请求。总体上，从举证责任分配这一价值判断问题的角度看，借贷之诉和不当得利之诉在原告的诉讼请求能否获得实现方面区别不大。

---

① 不当得利返还请求权人对自己的行为所造成财产归属变动之既存状态表示异议，由其提出证据证明该变动欠缺法律上原因，方符合责任自负原则及公平原则。参见许士宦：《不负举证责任当事人之事案解明义务》，载许士宦：《证据蒐集与纷争解决》，台北，新学林出版股份有限公司，2014，第 538 页。

② 参见许士宦：《不负举证责任当事人之事案解明义务》，载许士宦：《证据蒐集与纷争解决》，台北，新学林出版股份有限公司，2014，第 592 页。

③ 参见广东省江门市新会区人民法院（2017）粤 0705 民初 3811 号民事判决书。

四、2018年《关于审理涉及夫妻债务纠纷案件适用法律有关问题的解释》对夫妻共同债务推定规范中基础事实的举证责任配置

借款合同和夫妻共同债务经常发生关联交叉。夫妻一方对外的借款，能否认定为夫妻共同债务？夫妻共同债务认定的核心问题在于非举债配偶的举证困难和法院查证困难。尤其对于非举债配偶不知情但又无法证明并非用于家庭共同生活的合法债务，是否应当认定为夫妻共同债务？2018年《关于审理涉及夫妻债务纠纷案件适用法律有关问题的解释》（已失效）并没有废止2003年《婚姻法司法解释二》第24条①规定的夫妻共同债务推定规范，应当以"夫妻共同生活所负债务"为该推定规范的基础事实。

2018年《关于审理涉及夫妻债务纠纷案件适用法律有关问题的解释》第1条规定夫妻债务共债共签规则；第2条规定家庭日常生活需要标准；第3条规定实际用途标准，强调了出借方的审查义务和相应的举证责任。②在超出日常生活需要负债的情形下，举证责任在债权人，而债权人一旦举证失败将承担不利后果，即导致无法实现债权。"交易过程中，债权人处于相对优势地位，完全可以也有条件在交易时即要求相对人配偶做出共同负债的意思表示，以避免日后产生纠纷时的举证风险。"③笔者认为，第3条规定的"夫妻共同生活"，在概念外延上大于"家庭日常生活"。对第3条规定的"共同意思表示"，应结合《民法典》第140条作广义理解，例如，非举债方通过偿还部分借款的行为可以认定为共同意思表示，所借款项打入非举债方账户也可认定为非举债方和举债方的共同意思表示④；另如，债权人与举债方、非举债方系亲戚关系，债权人为非举债方的姨夫，按照常理，债权人出借资金是基于其与非举债方的关系，应认定为非举债方对借款明知，借款应属夫妻双方共同意思表示。⑤借款用于举债人单方

---

① 2003年《婚姻法司法解释二》第24条规定："债权人就婚姻关系存续期间夫妻一方以个人名义所负债务主张权利的，应当按夫妻共同债务处理。但夫妻一方能够证明债权人与债务人明确约定为个人债务，或者能够证明属于婚姻法第十九条第三款规定情形的除外。"

② 2018年《关于审理涉及夫妻债务纠纷案件适用法律有关问题的解释》第3条规定："夫妻一方在婚姻关系存续期间以个人名义超出家庭日常生活需要所负的债务，债权人以属于夫妻共同债务为由主张权利的，人民法院不予支持，但债权人能够证明该债务用于夫妻共同生活、共同生产经营或者基于夫妻双方共同意思表示的除外。"

③ 浙高法〔2018〕89号浙江省高级人民法院《浙江省高级人民法院关于妥善审理涉夫妻债务纠纷案件的通知》。

④ 参见上海市第一中级人民法院（2018）沪01民终3734号民事判决书。

⑤ 参见上海市第二中级人民法院（2018）沪02民终347号民事判决书。

从事的生产经营活动，但配偶一方分享经营收益的，应认定为夫妻共同债务。夫妻一方虽然以个人名义借贷了超出日常开支所需的债务，但若该行为被债权人举证证实属于赚取利差的投资经营行为，且所获利息亦用于夫妻共同生活的，则该债务属于夫妻共同债务，应由夫妻二人共同偿还。① 借款用于夫妻一方以单方名义经商、办企业，或进行股票、期货、基金、私募等高风险投资的，不宜一律以"不能排除收益用于共同生活"为由，"一刀切"地认定为夫妻共同债务。尤其在夫妻长期分居、矛盾激烈等情况下，如果有独立收入来源的配偶一方抗辩对举债人的经营或投资行为完全不知情，且未分享经营或投资所得的，应谨慎认定债务性质为夫妻共同债务。② 但夫妻双方系公司共同股东的，该公司的对外借款，应认定为系用于夫妻共同生产经营；该债务系夫妻共同债务，应由夫妻双方共同偿还。③ 债务人举债用于其他亲属资金周转或者用于放贷的，也不属于债务人的夫妻共同债务。还有法院认为，"能够作为夫妻共同债务认定的债务应当是指该笔债务特定化地用于了夫妻的共同生活或共同生产经营，与夫妻关系存续期间，夫妻一方的部分收入用于家庭属于不同的概念"。对此，债权人需要举证证明借款直接用于了夫妻共同生活、共同生产经营④或基于夫妻共同意思表示。但"如果夫妻一方完全没有享受到债务所带来的任何利益，则其也没有义务来承担这与自己无关的债务"，否则就违背了夫妻有福同享、有难同当的共同体特点。在婚姻关系存续期间，夫妻生产经营性活动通常是为维持家庭生活，故生产经营活动盈亏应由夫妻共享共担。

　　在民间借贷纠纷中，双方签订借贷协议时，实践中并不存在出借人询

---

① 参见最高人民法院（2018）最高法民申 634 号民事判决书。

② 参见浙高法〔2018〕89 号浙江省高级人民法院《浙江省高级人民法院关于妥善审理涉夫妻债务纠纷案件的通知》。

③ 参见黑龙江省高级人民法院（2018）黑民终 270 号民事判决书，最高人民法院（2018）最高法民申 5410 号民事裁定书。

④ 参见北京市第一中级人民法院（2018）京 01 民终 3640 号民事判决书。

小马奔腾的创始人李某去世后，其和建银文化基金公司签订的"增资及转股协议"因未能履约，其遗孀金某被建银文化基金公司诉至法院，并被要求承担 2 亿元股权回购债务连带责任。一审法院根据原《婚姻法司法解释二》第 24 条判金某败诉。北京市高级人民法院于 2019 年 10 月的二审中维持了一审判决，认为金某对于案涉协议约定的股权回购义务是明知的，其参与了公司的共同经营，故案涉债务属于夫妻共同经营所产生的债务。〔参见北京市高级人民法院（2018）京民终 18 号民事判决书。〕2021 年 7 月 31 日，小马奔腾创始人遗孀金某收到了最高人民法院的民事裁定书。其再审申请被驳回。这就意味着，在创始人李某身故后，金某需要承担 2 亿元连带清偿债务。

问举债人婚姻状况、家庭财产状况的交易习惯。出借人对举债人的婚姻状况存在不知晓的可能，举债人一方也存在借助离婚转移财产从而逃避债务的可能。因此，一旦产生纠纷，出借人直接依据合同相对性原理主张举债人的法律责任。至于其后出借人发现债务发生在举债人婚姻关系存续期间的，由于前一诉讼只是解决出借人与举债人之间的争议，未解决举债人配偶的地位与义务问题，因此，应当赋予出借人通过提起新的诉讼救济债权的权利。这不违反 2022 年《民事诉讼法司法解释》第 247 条的规定。[①]

---

① 参见万亿：《重复诉讼的实务判断》，载高杉峻主编：《民商法实务精要》，5，北京，中国法制出版社，2017，第 253～254 页。

第九章 《民法典》婚姻家庭编中的证据规范

一、婚姻家庭编中的民事法律事实推定规范概述

法官在审理婚姻家庭纠纷案件的过程中常常涉及对证据规范的寻找和解释。这在亲子鉴定纠纷等案件中有发生。2012年11月2日召开的"维护妇女儿童合法权益暨婚姻家庭纠纷案件审判实务问题研讨会"就将"亲子鉴定"作为重要议题之一。[1] "一名身家丰厚的商人，突然去世没来得及立下遗嘱。正当他的家人商议如何分配遗产时，一位女士却现身称老先生还有一个儿子，也要分得一份遗产。遭到拒绝后，该女士起诉到法院，同时申请亲子鉴定。这是电视剧里经常出现的桥段。"[2] 北京市基层法院在2006年到2011年间受理的涉亲子鉴定纠纷案件达到155件[3]，这类纠纷大多集中发生在离婚、抚养[4]、继承、抱错孩子[5]等案件中。亲子关系的积极或者消极确认之诉往往构成随之而来的给付之诉的前提条件，成为过渡性诉讼。当事人的最终的诉讼目的往往表现为给付之诉中当事人的诉讼请求。

亲子关系推定规范是婚姻法中证据规范的典型之一。此外，夫妻共同债务纠纷中的举证责任难题是立法和司法的症结与难题所在，相关规范是

---

[1] 参见冀天福：《妇女儿童维权和婚姻家庭纠纷审判实务研讨会在郑举行》，载 http://www.hncourt.org/public/detail.php?id=132518，访问日期：2012-11-11。

[2] 李娜：《申请亲子鉴定民事案件呈爆棚之势 原因越来越奇特》，载《法制日报》，2011-01-25。

[3] 参见赵建国、张立民、吴强兵、陈小红：《北京市基层法院审理涉亲子鉴定纠纷案件的调研报告》，载《法律适用》，2012（7）。

[4] 一旦法院确定亲子关系不存在，就可能产生对抚养非亲生子费用的返还等问题。参见最高人民法院中国应用法学研究所编：《人民法院案例选》，2001年第2辑，北京，人民法院出版社，2001。

[5] 参见田浩：《抱错婴儿30年 瑕疵代价30万》，载《人民法院报》，2009-04-30。

婚姻家庭纠纷中证据规范的另一典型类型。

亲子关系推定规范和夫妻共同债务推定规范均属于民事法律事实推定规范，是原《婚姻法》和《民法典》婚姻家庭编中证据规范的鲜明特色。

二、亲子关系推定规范

（一）亲子关系推定制度

婚姻家庭法律制度侧重从父母子女关系等方面对未成年子女的家庭生活全过程进行周到保护。"……生了孩子不认账，不但可能，而且确有这种对社会不利的事实。"[①] 亲子关系推定制度有利于确定子女的父母，并有利于在此基础上对其进行监护。亲子关系推定制度主要是确定子女的父亲身份。"母子的生物关系是明显的，所以不必经过法律手续就可以确定其社会性的母子关系了。"[②] 亲子关系推定制度中婚生子女的推定规范和婚外亲子关系的推定规范的主要目的都是，明确未成年子女之父母（特别是父亲），以使该未成年子女"幼有所养"。

"在子女身上，母亲爱她的丈夫，而父亲爱他的妻子，双方都在子女身上见到了他们的爱客观化了……父母则在子女身上获得了他们结合的客观体现。"[③] 恩格斯指出：专偶制"……明显的目的就是生育有确凿无疑的生父的子女；而确定这种生父之所以必要，是因为子女将来要以亲生的继承人的资格继承他们父亲的财产。"[④] "父亲和孩子虽然在生理方面也有联系，但这种联系是间接的、假定的和推想的，而且这种联系不能脱离妻子的道德，是属于知识范畴，而不是属于本能范畴的。"[⑤]

亲子关系首先通过婚生推定的方法来确定。有学者甚至指出："婚姻是社会为孩子们确定父母的手段。"[⑥] 婚生子女是指在父母婚姻关系存续期间受胎或者出生的子女。从子女受胎或者出生时丈夫与子女的母亲有婚姻关系这一客观事实出发，就可以推断子女与生母之夫具有血缘关系。此即婚生推定制度。"婚姻的目的是在确定社会性的父亲，对于生物性的父亲

[①]　费孝通：《乡土中国　生育制度》，北京，北京大学出版社，1998，第110页。

[②]　费孝通：《乡土中国　生育制度》，北京，北京大学出版社，1998，第127页。

[③]　[德] 黑格尔：《法哲学原理》，范扬、张企泰译，北京，商务印书馆，1961，第187、189页。

[④]　[德] 恩格斯：《家庭、私有制和国家的起源》，载《马克思恩格斯选集》，第4卷，2版，北京，人民出版社，1995，第59页。

[⑤]　[英] 罗素：《婚姻革命》，靳建国译，北京，东方出版社，1988，第10页。

[⑥]　费孝通：《乡土中国　生育制度》，北京，北京大学出版社，1998，第125页。

的确定，倒还属于次要……自己妻子和外遇所生的子女和自己虽没有生物关系，亦须经过法律手续才能否认父子关系。"① 可见，婚生子女的推定是一种可以被推翻的推定。申言之，婚姻关系的当事人可以否认婚生子女为自己的子女。这就是婚生子女的否认制度。

对亲子关系的确定，在婚生推定制度之外，还存在经由人民法院进行的其他推定方法。这主要是指对非婚生情形下亲子关系的推定。"非婚生子女和他们的生父还是须经过法律手续才能成立父子关系。"② 如2011年《婚姻法司法解释三》第2条第2款就规定："当事人一方起诉请求确认亲子关系，并提供必要证据予以证明，另一方没有相反证据又拒绝做亲子鉴定的，人民法院可以推定请求确认亲子关系一方的主张成立。"该规定就是对存在亲子关系的推定制度。笔者认为，此处所谓"提供必要证据予以证明"就是指证明该子女与拒绝做亲子鉴定一方存在亲子关系具有高度的盖然性。③

不管是婚生子女的推定，还是婚外亲子关系的推定，其最终目的都是明确未成年子女之父母，以使该未成年子女"幼有所养"。一旦确定亲子关系，即使属于非婚生子女，其与婚生子女也享有同等权利，并有权要求生父母负担自己的生活费和教育费。《民法典》第1071条规定："非婚生子女享有与婚生子女同等的权利，任何组织或者个人不得加以危害和歧视。""不直接抚养非婚生子女的生父或者生母，应当负担未成年子女或者不能独立生活的成年子女的抚养费。"1991年7月8日，最高人民法院还在《关于夫妻离婚后人工授精所生子女的法律地位如何确定的复函》（已失效）中指出："在夫妻关系存续期间，双方一致同意进行人工授精，所生子女应视为夫妻双方的婚生子女，父母子女之间权利义务关系适用《婚姻法》的有关规定。"可见，夫妻关系存续期间通过人工授精方法所生子女属于婚生子女，父母任何一方不得以其与该子女无血缘关系为由拒绝承担法律上的抚养义务。④

（二）亲子关系推定规范及其"必要证据"

无论是所罗门"智断夺子案"还是包公"智审杀夫夺子案"，其运用

---

① 费孝通：《乡土中国 生育制度》，北京，北京大学出版社，1998，第127页。

② 费孝通：《乡土中国 生育制度》，北京，北京大学出版社，1998，第127页。

③ 参见最高人民法院中国应用法学研究所编：《人民法院案例选》，2009年第1辑，北京，人民法院出版社，2009。

④ 参见最高人民法院中国应用法学研究所编：《人民法院案例选》，1997年第4辑，北京，人民法院出版社，1998。

的都是纯粹的日常生活经验法则。基于当时的科学技术水平，尚无通过运用生物技术断案的可能。而在我国三国时代就有的"滴血认亲"方式，今天看来也具有不科学性。[①] 基于现代基因技术的亲子鉴定结论与事实具有高度符合性。[②] 最高人民法院在 1987 年曾出台了一个关于亲子鉴定的批复，即法（研）复［1987］20 号最高人民法院《关于人民法院在审判工作中能否采用人类白细胞抗原作亲子鉴定问题的批复》。这仅仅是一个笼统的指导性意见，没有设定明确的操作标准（何为"必须做亲子鉴定"），在实务中难以妥适把握相应的尺度。[③] 2011 年《婚姻法司法解释三》第 2 条规定了亲子关系推定规范："夫妻一方向人民法院起诉请求确认亲子关系不存在，并已提供必要证据予以证明，另一方没有相反证据又拒绝做亲子鉴定的，人民法院可以推定请求确认亲子关系不存在一方的主张成立。""当事人一方起诉请求确认亲子关系，并提供必要证据予以证明，另一方没有相反证据又拒绝做亲子鉴定的，人民法院可以推定请求确认亲子关系一方的主张成立。"该条在亲子关系的举证责任及证据推定方面作了突破规定，便利当事人处理亲子关系确认纠纷[④]，但也导致亲子鉴定一定程度上呈现泛滥之势。2011 年《婚姻法司法解释三》第 2 条中"必要"一词的使用，实际上已经表明主张亲子关系存在或者不存在的一方当事人举证所需达到的证明程度是"必要"而非"充分"，即只要其能够提出使法官认为亲子关系存在（或不存在）具有可能性的证据即可。这就实质上降低了此类案件事实的证明标准。[⑤] 不过，如何准确把握"必要证据"的具体

---

① 参见熊志翔：《双眼皮夫妻生出单眼皮儿子 丈夫"滴血验亲"》，载《重庆晚报》，2014 - 03 - 17。

② 参见张莹：《女子错进男友双胞胎哥哥房间 产子难鉴定生父》，载《潇湘晨报》，2012 - 12 - 27。

③ 最高人民法院《关于人民法院在审判工作中能否采用人类白细胞抗原作亲子鉴定问题的批复》（已失效）指出："鉴于亲子鉴定关系到夫妻双方、子女和他人的人身关系和财产关系，是一项严肃的工作，因此，对要求作亲子关系鉴定的案件，应从保护妇女、儿童的合法权益，有利于增进团结和防止矛盾激化出发，区别情况，慎重对待。对于双方当事人同意作亲子鉴定的，一般应予准许；一方当事人要求作亲子鉴定的，或者子女已超过三周岁的，应视具体情况，从严掌握，对其中必须作亲子鉴定，也要做好当事人及有关人员的思想工作。""人民法院对于亲子关系的确认，要进行调查研究，尽力收集其他证据。对亲子鉴定结论，仅作为鉴别亲子关系的证据之一，一定要与本案其他证据相印证，综合分析，作出正确的判断。"

④ 北京市西城区人民法院自 2011 年《婚姻法司法解释三》施行后半年内受理涉及亲子鉴定案件 23 件，比上年度同期增长 43.7%。参见汪丹：《新婚姻法促亲子鉴定增 4 成》，载《北京日报》，2012 - 03 - 06。

⑤ 参见张海燕：《家事诉讼证据规则的反思与重构》，载《政治与法律》，2018（11）。

标准仍成为裁判中的难点。①

亲子关系推定规范中的"推定"必须具有一定的基础性事实。一方面，"推定"和"视为"不同。"视为"是明知"不是"而当作为"是"。而"推定"是在无直接证据的情况下，根据间接证据对事实作出的一种判断；是指由法律规定或由法院按照经验法则，从已知的基础事实推断未知的结果事实存在，并允许当事人举证推翻的一种证明法则。推定的运用实质就是一个举证责任的承担问题。② 苏高法电〔2019〕474 号江苏省高级人民法院民事审判第一庭《家事纠纷案件审理指南（婚姻家庭部分）》第11 条第 1 款指出："亲子鉴定的启动应当慎重，无论是请求确认亲子关系或者否认亲子关系都要承担相应的举证责任。对当事人提供的证据，人民法院经审查并结合相关事实，认为进行亲子鉴定确有必要的，可以根据当事人申请启动亲子鉴定。当事人仅凭怀疑或者猜测申请亲子鉴定的，不予准许。但另一方当事人同意鉴定的，可以准许。"另一方面，推定也不同于自认。2001 年《民事诉讼证据规定》第 8 条第 1 款规定："诉讼过程中，一方当事人对另一方当事人陈述的案件事实明确表示承认的，另一方当事人无需举证。但涉及身份关系的案件除外。"③ 可见，在亲子身份关系诉讼中，确定亲子身份关系事实的存在不能靠自认，而必须经由亲子鉴定或者亲子关系的法律推定规则方可。

就"必要证据"（也称为"基础证据"或"相当证据"）的具体标准，司法实践中存在三种观点：第一，多数法官认为，此处所指的"必要证据"要求间接证据形成合理的证据链条④；第二，少数法官认为，法官根据单一间接证据形成内心确信即可；第三，还有极少数法官认为，即使一方当事人在无证据的情况下要求鉴定，如果对方同意后又反悔的，也可以

---

① 参见赵建国、张立民、吴强兵、陈小红：《完善亲子处理机制 构建社会和谐安宁——延庆县法院关于涉亲子鉴定纠纷的调研报告》，载北京法院网，访问日期：2012-03-06。

② 参见齐爱民等：《拒绝亲子鉴定能否推定其为生父》，载《法制日报》，2010-01-26。

③ 2019 年《民事诉讼证据规定》第 8 条第 1 款规定："《最高人民法院关于适用〈中华人民共和国民事诉讼法〉的解释》第九十六条第一款规定的事实，不适用有关自认的规定。"第 2 款规定："自认的事实与已经查明的事实不符的，人民法院不予确认。"2022 年《民事诉讼法司法解释》第 96 条第 1 款规定："民事诉讼法第六十七条第二款规定的人民法院认为审理案件需要的证据包括：（一）涉及可能损害国家利益、社会公共利益的；（二）涉及身份关系的；（三）涉及民事诉讼法第五十八条规定诉讼的；（四）当事人有恶意串通损害他人合法权益可能的；（五）涉及依职权追加当事人、中止诉讼、终结诉讼、回避等程序性事项的。"

④ 孙军工法官针对 2011 年《婚姻法司法解释三》第 2 条的规定，做此解读。参见《婚姻法司法解释：拒绝亲子鉴定可认定为非亲生》，载中国新闻网，访问日期：2011-08-12。

妨害取证为由直接对其作出不利的推定。在司法实践中，"必要证据"多属于间接证据。法院对亲子关系否认之诉中的"必要证据"作出了如下类型总结，以免随意化："怀孕七个月后女儿即出生"①，夫妻"均为 B 型血，但女儿却是 A 型"②，"对方与他人有过婚外性关系的事实或自身患有不可能生育的生理疾患"③，丈夫因公外派"14 个月一直在外工作，没有请假探亲"④。《北京市高院关于审理婚姻纠纷案件若干疑难问题的参考意见（2016）》指出："《婚姻法司法解释三》第二条中的'必要证据'指足以使法官产生内心确信，使举证责任产生转移的证据，如血型、DNA 鉴定相符或不相符、载有父母子女关系的出生医学证明、对方与他人在特定时段同居、男女双方在特定时段有或没有同居生活等证据。对于是否构成必要证据人民法院应结合个案案情慎重把握。"当事人一方完成对必要证据的举证，其对亲子关系存否的举证即已经初步完成，就会发生举证责任的转移。此时，另一方如果"没有相反证据又拒绝做亲子鉴定的"，法院方可基于证明妨害理论，结合 2019 年《民事诉讼证据规定》第 95 条的规定⑤，适用亲子关系的事实推定规则。⑥ 如此一来，法院就可以在没有亲子鉴定这一直接证据的情况下，结合当事人一方所提供的"必要证据"这一间接证据来推定亲子关系存在与否。司法实践中还曾经发生过前妻在电视节目中承认孩子是自己与他人所生的事件，此种诉讼外的承认不产生免除证明的效果或者不具有结合证明妨害理论做推定的效力。⑦

---

① 刘必钰：《男子持新法打亲子官司 不配合鉴定承担败诉后果》，载《北京晚报》，2011 - 09 - 02。

② 王巍：《首例无亲子鉴定血亲案宣判 法院参考新解释断案》，载《法制晚报》，2011 - 12 - 09。

③ 吴凰行：《疑妻出轨申请亲子鉴定 缺少基础证据未获支持》，载中国法院网，访问日期：2011 - 06 - 15。

④ 李卉：《丈夫 1 年未归她生了孩子 不愿做鉴定》，载《株洲晚报》，2011 - 08 - 17。

⑤ 2019 年《民事诉讼证据规定》第 95 条规定："一方当事人控制证据无正当理由拒不提交，对待证事实负有举证责任的当事人主张该证据的内容不利于控制人的，人民法院可以认定该主张成立。"

⑥ 在妻子诉丈夫有婚外情并婚外生子的案件中，原告主张被告存在婚外情，并且向法院提交了被告与第三者及在婚外所生孩子在一起的照片及婚外所生孩子的身份证号。法院依职权调取涉案孩子的户籍材料及出生证明。户籍材料及出生证明上所记载的父亲身份信息与本案被告的身份信息完全一致。原告提供的证据及法院依职权调取的证据已在客观上形成一个较为完整的证据链，足以使法官确信被告可能存在婚外情的事实。此时被告需提供相反的证据予以反驳，然而被告仅否认，但并未向法院提供证据予以证实，且被告拒绝做亲子鉴定。因此，法官根据"谁主张、谁举证"的证据规则以及民事诉讼"盖然性优势"证据原则，推定被告存在婚外情。参见方晴等：《丈夫否认婚外情拒亲子鉴定 法院以此推定男方出轨》，载《广州日报》，2015 - 08 - 25。

⑦ 参见李浩主编：《证据法学》，北京，高等教育出版社，2009，第 1～9 页。

　　中国历来是一个注重血缘亲属关系的国家。在一个家庭中，父亲有权知道孩子是不是自己的，孩子也有权知道自己的亲生父亲是谁。这有利于维护父亲和孩子对血缘的知情权，也有利于家庭关系的稳定和谐。亲子关系确认诉讼涉及原告身份权利之确认，与原告人格发展及自我认同有密切关联；亲子关系血缘鉴定又涉及被告的身体不可侵犯性、隐私权及家庭原有圆满状态之维护权利。此外，原、被告的权利均属于社会公共利益，且相关权利在亲子关系确认诉讼中具有高度冲突性。① 笔者认为，虽然举证责任的一般原则是"谁主张，谁举证"，但亲子鉴定程序的开启涉及另一方当事人的人身权利，故应当以双方自愿为原则，不能强制取得另一方当事人的血液等勘验物。在此亲子关系诉讼利益冲突过程中，对被告的配合协力义务的解释就应该另辟蹊径。此时，法院需要本着诚信原则，结合证明妨害理论，综合原告所提出的既有证据形成盖然性评价，以适用"不利事实推定规则"，从而缓和举证责任一般原则过于僵化带来的举证困境。当然，法院也不能随意适用证明妨害理论及其规则，否则会有损家庭身份关系的安定性。2011 年《婚姻法司法解释三》第 2 条结合亲子关系鉴定纠纷案件，对 2001 年《民事诉讼证据规定》第 75 条的适用条件作了具体规定，明确了"必要证据"的条件。② 可见，法院需要本着保护妇女、儿童合法权益的原则，在身份关系的安定性和身份关系的真实明确性之间进行利益衡量，认定亲子关系应当以真实血缘关系为基础并兼顾亲子关系的安定性。2011 年《婚姻法司法解释三》第 2 条对举证妨害情形下亲子关系推定规则的适用条件也未如之前那般严格："如果非婚生子女以及与其共同生活的父母一方有相当证据证明被告为非婚生子女的生父或者生母，且非婚生子女本人尚未成年，亟须抚养和教育的，如果被告不能提供足以推翻亲子关系的证据，又拒绝做亲子鉴定的，应当推定其亲子关系成立。"③

---

　　① 　参见姜世明：《拒绝血缘鉴定之证明妨碍》，载姜世明：《民事证据法实例研习》（一），台北，正典文教出版顾问有限公司，2005，第 125～137 页。

　　② 　"'必要'程度之规定，首先明确否定了亲子关系诉讼中摸索证明（Ausforschungsbeweis）适用的可能性，即坚决拒绝当事人仅提出一个抽象亲子关系存在或不存在的诉讼主张，而意图通过申请亲子鉴定获得对己有利之证据的做法。换言之，申请人在亲子关系诉讼中申请亲子鉴定的前提是其应当对提出的亲子关系存在或不存在这一主张事实提供'必要'之证据材料。"〔张海燕：《亲子关系诉讼中亲子鉴定适用问题研究——兼评〈婚姻法司法解释（三）〉第 2 条》，载《山东社会科学》，2013（5）。〕

　　③ 　贺小荣：《亲子鉴定能否强制》，载最高人民法院民事审判第一庭编：《中国民事审判前沿》，2005 年第 1 辑，北京，法律出版社，2005。

总之，2011年《婚姻法司法解释三》第2条在立法论上需要做如下完善：第一，对"必要证据"这一不确定法律概念需要进行价值补充。[①] 第二，对亲子关系推定规则适用的主体范围也要进行目的性扩张解释。根据该条第1款的规定，其仅适用于夫妻一方请求对方配合进行亲子鉴定的情形。司法实践中也出现父亲请求女儿配合进行亲子鉴定的情形[②]，乃至子女请求父母配合进行亲子鉴定等情形。可见，亲子关系推定规范在适用的主体范围上已经不以夫妻之间为限，子女同样得基于此提起亲子关系确认之诉。第三，司法实践中，法院还往往事先向拒不配合做亲子关系鉴定一方释明拒不配合的法律后果。该方当事人仍不同意做鉴定的，方由其承担不利法律后果。[③] 第四，如果孩子的年龄满8周岁，有自己相对独立的意志，则法官也应该尊重孩子对亲子鉴定的真实意愿。此外，还应该注意的是，如果盲目开启亲子鉴定程序，则可能"让亲子鉴定变成了伤子鉴定"[④]。

（三）亲子关系推定规范的基础事实："必要证据"抑或"正当理由"

2011年《婚姻法司法解释三》第2条中的"必要证据"对应亲子关系推定规范中的基础事实。民法典制定过程中将该司法解释的规定上升为民事基本法律制度。2018年3月15日《民法典婚姻家庭编（草案）》（征求意见稿）第28条规定："对亲子关系有异议时，利害关系人可以向人民法院提起诉讼，请求确认或者否认亲子关系。""生父确认未成年子女的，应当征得子女生母同意；生父确认成年子女的，应当征得子女本人同意。""未成年子女的生母可以请求生父确认亲子关系，成年子女可以请求生父确认亲子关系。"2018年9月5日《民法典婚姻家庭编（草案）》（一次审议稿）第850条规定："对亲子关系有异议的，父、母或者成年子女可以向人民法院提起诉讼，请求确认或者否认亲子关系。"2019年6月17日《民法典婚姻家庭编（草案）》（二次审议稿）第850条规定："对亲子关系有异议且有正当理由的，父、母可以向人民法院提起诉讼，请求确认或者否认亲子关系。""对亲子关系有异议且有正当理由的，成年子女可以向人

---

① 参见陈自强：《亲子关系推定的许可与禁止——对〈婚姻法司法解释三〉第二条的评析》，载《政治与法律》，2013（8）。

② 参见邱伟：《女儿拒绝做亲子鉴定　法院缺席审理判其为非亲生》，载《北京晚报》，2012-01-04。

③ 参见邱伟：《女儿拒绝做亲子鉴定　法院缺席审理判其为非亲生》，载《北京晚报》，2012-01-04。

④ 史智军：《顺义法院调研离婚案件中亲子鉴定程序的特点并提出建议》，载北京法院网，http://bjgy.chinacourt.org/public/detail.php?id=91362。

民法院提起诉讼，请求确认亲子关系。"《民法典》第 1073 条规定："对亲子关系有异议且有正当理由的，父或者母可以向人民法院提起诉讼，请求确认或者否认亲子关系。""对亲子关系有异议且有正当理由的，成年子女可以向人民法院提起诉讼，请求确认亲子关系。"遗憾的是，《民法典婚姻家庭编（草案）》之征求意见稿、一次审议稿、二次审议稿，乃至《民法典》第 1073 条，在亲子关系推定制度上均欠缺证据思维。相对比于司法解释，反倒出现倒退。

但是《民法典婚姻家庭编司法解释一》第 39 条规定："父或者母向人民法院起诉请求否认亲子关系，并已提供必要证据予以证明，另一方没有相反证据又拒绝做亲子鉴定的，人民法院可以认定否认亲子关系一方的主张成立。""父或者母以及成年子女起诉请求确认亲子关系，并提供必要证据予以证明，另一方没有相反证据又拒绝做亲子鉴定的，人民法院可以认定确认亲子关系一方的主张成立。"该条回归 2011 年《婚姻法司法解释三》第 2 条"必要证据"这一表述方式，使"必要证据"而非"正当理由"对应亲子关系推定规范中的基础事实。

值得注意的是，《民法典婚姻家庭编司法解释一》第 39 条使用了"认定"一词，改变了 2011 年《婚姻法司法解释三》第 2 条"推定"之表达。笔者认为，"推定"一词更为准确，也更契合《民法典婚姻家庭编司法解释一》第 39 条的亲子关系推定规范性质和司法推定的品格——2019 年《民事诉讼证据规定》第 10 条第 4 项规定，"……根据已知的事实和日常生活经验法则推定出的另一事实……"，当事人无须举证证明。此处之"推定"即司法推定。

三、2003 年《婚姻法司法解释二》第 24 条对应的夫妻共同债务推定规范

《民法典》第 1064 条规定了夫妻共同债务推定规范，该规定是对 2003 年《婚姻法司法解释二》第 24 条的扬弃。我们需要以 2003 年《婚姻法司法解释二》第 24 条为出发点，鉴往知今，综合运用体系解释、历史解释、目的解释等方法理解和把握夫妻共同债务推定规范。

（一）夫妻共同债务推定规范概况

法发 [1993] 32 号最高人民法院《关于人民法院审理离婚案件处理财产分割问题的若干具体意见》（已废止）第 17 条第一句规定："夫妻为共同生活或为履行抚养、赡养义务等所负债务，应认定为夫妻共同债务，

离婚时应当以夫妻共同财产清偿。"可见，夫妻共同债务为连带债务。[1] 原《婚姻法》第 41 条规定："离婚时，原为夫妻共同生活所负的债务，应当共同偿还。共同财产不足清偿的，或财产归各自所有的，由双方协议清偿；协议不成时，由人民法院判决。"[2] 原《婚姻法》第 41 条第二句中关于"协议不成时，由人民法院判决"的诉讼程序规定，是否有侵害债权人诉讼自主权和程序参与权之嫌？立法论上存在较多争议。笔者认为，人民法院判决确定的夫妻双方的偿债额，只能在夫妻内部发生法律效力，不能对抗债权人，债权人仍有权选择向男方或者女方主张全部债权。

关于离婚时夫妻共同财产的分割和共同债务的清偿，存在两个推定规则。其一，对分割财产属于夫妻个人财产还是共同财产有争议的，主张权利的一方承担举证责任。主张权利的一方当事人无法举出有力证据，人民法院又无法查实的，按夫妻共同财产处理。这就是夫妻婚后所得共有推定规范。法发〔1993〕32 号最高人民法院《关于人民法院审理离婚案件处理财产分割问题的若干具体意见》第 7 条规定："对个人财产还是夫妻共同财产难以确定的，主张权利的一方有责任举证。当事人举不出有力证据，人民法院又无法查实的，按夫妻共同财产处理。"其二，为保护债权人，在婚姻关系存续期间夫妻一方以个人名义对外负担的债务原则上应为夫妻共同债务[3]，除非夫妻一方能够证明与债权人明确约定为个人债务，或者能够证明债权人明知夫妻之间有关于债务的约定。原《婚姻法》第 19 条第 3 款规定："夫妻对婚姻关系存续期间所得的财产约定归各自所有的，夫或妻一方对外所负的债务，第三人知道该约定的，以夫或妻一方所有的财产清偿。"2001 年《婚姻法司法解释一》第 18 条规定："婚姻法第十九条所称'第三人知道该约定的'，夫妻一方对此负有举证责任。"2003 年《婚姻法司法解释二》第 24 条进一步规定："债权人就婚姻关系存续期间夫妻一方以个人名义所负债务主张权利的，应当按夫妻共同债务处理。但夫妻一方能够证明债权人与债务人明确约定为个人债务，或者能够证明

---

① 参见《夫妻离婚后 冒出 12 年前"共同债务"》，载《重庆晚报》，2008 - 01 - 14。

② 严银：《夫妻共同债务的推定——江苏洪泽法院裁定罗晓珊执行异议案》，载《人民法院报》，2013 - 07 - 25。

③ 在民事执行程序中，存在执行机关基于夫妻共同债务推定规则追加夫妻一方为被执行人的实践。被追加的夫妻一方提出执行异议时，执行机关应该对之进行实质审查。参见福建省莆田市中级人民法院（2012）莆执复字第 5 号执行裁定书。

属于婚姻法第十九条第三款规定情形的除外。"①

　　结合当时的特殊社会背景，2003 年《婚姻法司法解释二》第 24 条的主观规范目的是保障债权人利益，防止夫妻假离婚、真逃债。然而，在该司法解释施行过程中该条文的实际效果却逐渐走向了另一面，理论界和实务界对其提出很大的质疑。有实务部门人士总结道："司法实践中，不少基层法官依据第二十四条的规定，将一方所欠的所有债务统统认定为夫妻共同债务……对《婚姻法司法解释（二）》第二十四条的简单适用往往致使另一方当事人不仅拿不到一分钱夫妻共同财产，还要背上一身巨额债务，损害家庭成员的合法权益……《婚姻法司法解释（二）》第二十四条带来的不利影响不容忽视。"并且建议最高人民法院应尽快修改完善相关司法解释，修改或删除 2003 年《婚姻法司法解释二》第 24 条，对夫妻共同债务的认定标准作出更合理的规定。② 在离婚诉讼实践中，夫妻一方为了多分得财产，经常会和第三人恶意串通，虚构婚内债务，以损害夫妻另一方的合法财产权益。有法官甚至总结道："过去更多的是夫妻双方串通以损害债权人利益，而现如今更多的是'债务人'与'债权人'串通损害配偶的利益。"③

　　（二）对夫妻共同债务推定规范的形式主义理解：基于身份推定标准的文义解释

　　2003 年《婚姻法司法解释二》第 24 条、原《婚姻法》第 19 条第 3 款和 2001 年《婚姻法司法解释一》第 18 条，构成夫妻共同债务推定的一组互相补充的规范群。对 2003 年《婚姻法司法解释二》第 24 条作形式主义理解的人士主张，债权人就婚姻关系存续期间夫妻一方以个人名义所负债务主张权利的，应当按夫妻共同债务处理。这就是该条文所规定的夫妻共同债务推定规范。该推定属于可反驳、推翻的推定，反驳抗辩的事实限于夫妻一方能够证明债权人与债务人明确约定为个人债务，或者能够证明"夫妻对婚姻关系存续期间所得的财产约定归各自所有的，夫或妻一方对

　　① 刘希平：《一张 9 亿元离婚清单》，载《法治周末》，2013 - 08 - 14。
　　有学者反对将夫妻共同债务等同于夫妻连带债务的做法，并且认为夫妻共同债务对应的可执行财产中不应当包括债务人的配偶的个人财产。参见贺剑：《论婚姻法回归民法的基本思路》，载《中外法学》，2014（6）。
　　② 参见王春霞：《崔郁委员建议修改〈婚姻法司法解释（二）〉第二十四条　认同"夫债妻还"导致一系列不公正判决》，载《中国妇女报》，2015 - 03 - 07（1）。
　　③ 夏正芳：《夫妻共同债务的认定与清偿》，载最高人民法院民事审判第一庭编：《民事审判指导与参考》，第 39 辑，北京，法律出版社，2010，第 89 页。

外所负的债务，第三人知道该约定的，以夫或妻一方所有的财产清偿"。夫妻一方不能就上述两项反驳抗辩事实中的任何一项举证的，夫妻双方应该就婚姻关系存续期间夫妻一方以个人名义所负债务承担连带偿还责任。而上述反驳抗辩事实在夫妻共同债务纠纷案件中均属于低盖然性的存在。这就加重了非举债方的举证负担，使其反证成为"镜月水花"。可见，对2003年《婚姻法司法解释二》第24条的形式主义理解明显更有利于对债权人的保护和交易安全，"能够减轻财产交易的成本"①。这种对夫妻共同债务推定规范的解释方法所采取的推定标准就是身份推定，即只要是发生在夫妻婚姻关系存续期间的债务，就推定为夫妻共同债务。

　　基于上述形式主义的解释，"目前审判实践中遇到债权人就夫妻单方举债主张权利的案件，几乎是不加甄别地援引《婚姻法解释（二）》第24条进行判决"②。"机械地套用上述司法解释的后果，可能导致夫妻一方与第三人恶意串通虚构债务，从而损害夫妻另一方的财产权益。"③ 总之，这种形式主义的文义解释方法导致司法裁判中对债权人、债务人和非举债夫妻一方在利益衡量上的显失公平，导致对非举债夫妻一方过苛，也引发理论界和实务界对2003年《婚姻法司法解释二》第24条的严厉批判。实际上，值得批判的不是2003年《婚姻法司法解释二》第24条，而是对该条的形式主义解释方法。

（三）对夫妻共同债务推定规范的目的性限缩解释：用途推定标准、日常家事代理标准与合意推定标准

　　根据2003年《婚姻法司法解释二》第24条的规定，在婚姻关系存续期间，夫妻一方以个人名义对外所负担的债务，应当按夫妻共同债务处理。对该条规定的例外情形应该进一步补充，以限缩夫妻共同债务推定规范的适用范围。也即并不是所有发生在夫妻关系存续期间的债务一定是夫妻共同债务。④ 推定应当慎重而不能随意。如果对夫妻共同债务简单适用身份关系推定标准，即只要债权人证明借款系发生于婚姻关系存续期间，

---

　　① 最高人民法院民事审判第一庭编：《最高人民法院婚姻法司法解释（二）的理解与适用》，北京，人民法院出版社，2004，第217页。

　　② 李红玲：《论夫妻单方举债的定性规则——析〈婚姻法解释（二）〉第24条》，载《政治与法律》，2010（2）。

　　③ 程新文、吴晓芳：《当前婚姻家庭案件中的若干新情况新问题》，载最高人民法院民事审判第一庭编：《民事审判指导与参考》，第30辑，北京，法律出版社，2007，第76页。

　　④ 参见孙思娅：《男子去世引发35万借款谜案 其妻被判单独偿还》，载《京华时报》，2014-11-01。

就认定为夫妻共同债务，则可能有违公平正义，导致利益失衡。

就对 2003 年《婚姻法司法解释二》第 24 条的目的性限缩解释，具体分析如下。

第一，何为夫妻共同债务推定规范的适用前提？

对此，需要通过历史解释的方法发现立法者的主观规范目的。1950 年 4 月 13 日实施的《婚姻法》第 24 条规定："离婚时，原为夫妻共同生活所负担的债务，以共同生活时所得财产偿还；如无共同生活时所得财产或共同生活时所得财产不足清偿时，由男方清偿。男女一方单独所负的债务，由本人偿还。"1981 年 1 月 1 日起施行的《婚姻法》第 32 条曾规定："离婚时，原为夫妻共同生活所负的债务，以共同财产偿还。如该项财产不足清偿时，由双方协议清偿；协议不成时，由人民法院判决。男女一方单独所负债务，由本人偿还。"该规定后被修改为 2001 年《婚姻法》第 41 条："离婚时，原为夫妻共同生活所负的债务，应当共同偿还。共同财产不足清偿的，或财产归各自所有的，由双方协议清偿；协议不成时，由人民法院判决。"从历史解释的角度看，不论是 1950 年《婚姻法》第 24 条、1981 年《婚姻法》第 32 条还是 2001 年《婚姻法》第 41 条，对夫妻共同债务均应基于"夫妻共同生活所负的债务"这一"基础事实"而推定，因此，"夫妻共同生活"成为夫妻共同债务推定规范中的用途推定标准。这就更强调夫妻之间的共同体特点。而 2003 年《婚姻法司法解释二》第 24 条所调整的在婚姻关系存续期间夫妻一方以个人名义所负的债务主要为意定债务，"该条的设计宗旨是维护交易安全，所以，已婚者与第三人之间发生的侵权行为之债、不当得利之债、无因管理之债等不涉及交易安全的债务，不能援引该条来处理"[1]。"无偿保证因不能获取对价给付和利益，故不能成为为夫妻共同生活的举债目的……举债目的只有带来财产利益，才能成为夫妻共同债务。"[2]

由此带来的最为核心和疑难的问题是：谁来承担对所形成的具有对价给付和利益的债务系用于"夫妻共同生活"的举证责任？对此，学术界存在如下观点：（1）有学者主张，对夫妻共同债务推定应该作如下规定：

---

[1] 李红玲：《论夫妻单方举债的定性规则——析〈婚姻法解释（二）〉第 24 条》，载《政治与法律》，2010（2）。

[2] 王跃龙：《无偿保证所生之债务不应认定为夫妻共同债务》，载《法学》，2008（10）；王鑫、王翠：《无夫妻担保合意 保证人配偶对担保之债不负连带责任》，载《人民法院报》，2015 - 04 - 18。

"离婚时，夫妻一方主张婚姻关系存续期间以个人名义所负债务由双方共同偿还的，举债一方应证明所负债务基于夫妻合意或用于夫妻共同生活、经营。举债一方不能提出证明的，由债权人负举证责任。双方均不能提出证明或证据不被采信的，由举债方以个人财产清偿。"① 笔者认为，该观点模糊了对"夫妻共同生活"这一"基础事实"的举证责任分配。（2）有学者认为："如果由债权人举证证明婚姻关系存续期间一方名义所负债务用于家庭共同生活，如果不能证明，就按个人债务由举证方承担。这对债权人是非常困难的，不利于债权人利益的保护……在该债务是否用于'家庭共同生活'（上）应由夫妻双方举证，任何一方举证均可以，只要能够证明该债务是为了满足举债一方的个人消费，如赌博、吸毒等，该债务应当认定为夫妻个人债务，由举债一方承担。"② 笔者认为，该观点将债务是否基于"夫妻共同生活"所负这一"基础事实"的举证责任"倒置"给夫妻双方，并不符合举证责任倒置的法定性要求。根据民事法律事实推定规范中举证责任分配的一般规则，主张推定事实的一方当事人应该就"基础事实"的存在承担举证责任。③（3）有学者认为，"将夫妻一方在夫妻关系存续期间对外所负债务推定为夫妻共同债务适用的前提条件是，当事人（债权人和债务人）双方均无法证明该笔债务是否用于债务人夫妻共同生活或生产"④。笔者认为，该观点虽未言明对债务是否基于"夫妻共同生活"所负这一"基础事实"，究竟应该由哪一方当事人承担行为意义上的举证责任，但从其对结果意义上的举证责任的配置来看，其认为相关举证责任还是应该由夫妻双方承担，即夫妻双方未尽到相应举证责任时，就会产生对其不利的夫妻共同债务推定效果。

笔者主张，基于合同法律关系的相对性原理和合同的法律约束力原

①　夏吟兰：《我国夫妻共同债务推定规则之检讨》，载《西南政法大学学报》，2011（1）。另参见林振通：《夫妻一方对外举债纠纷裁判方法的选择与适用》，载《人民司法·案例》，2010（22）。

②　侯霞：《民间借贷纠纷案中夫妻共同债务认定的反思》，载《安徽工业大学学报（社会科学版）》，2014（4）。类似的观点，参见姜大伟：《我国夫妻共同债务认定规则的反思与重构》，载《西南政法大学学报》，2013（4）。

③　如有学者指出："推定的适用只是减缓而非免除推定受益方对于推定事实的证明负担。从形式上来看，推定受益方不需再对待证事实进行证明，但仍需承担基础事实的证明负担。"［张海燕：《民事推定法律效果之再思考——以当事人诉讼权利的变动为视角》，载《法学家》，2014（5）。］

④　严银：《夫妻共同债务的推定——江苏洪泽法院裁定罗晓珊执行异议案》，载《人民法院报》，2013-07-25。

则，夫妻一方以个人名义对外所负担的债务仅应该拘束债权人和债务人本身，除非债权人能够举证证明所享有的债权系基于债务人"夫妻共同生活"所需而生。此时，即使在借款合同中并无夫妻另一方的签名确认，该债务也可以被推定为夫妻共同债务。这包含两层意思：一方面，在夫妻一方以个人名义对外所负担的债务关系中，债权人主张夫妻连带偿还借款时，该请求权之原因事实包括借款合同及所借款项用于"夫妻共同生活"①的事实。另一方面，债权人和夫妻中举债一方均主张该债务属于夫妻共同债务时②，前述基础事实的举证责任方由该两方当事人承担，即债权人和举债人举证证明涉案债务系基于债务人"夫妻共同生活"所需而生。

最高人民法院民一庭（2014）民一他字第 10 号《关于婚姻关系存续期间夫妻一方以个人名义所负债务性质如何认定的答复》中指出："……在债权人以夫妻一方为被告起诉的债务纠纷中，对于案涉债务是否属于夫妻共同债务，应当按照《最高人民法院关于适用〈中华人民共和国婚姻法〉若干问题的解释（二）》第二十四条规定认定。如果举债人的配偶举证证明所借债务并非用于夫妻共同生活，则其不承担偿还责任。"该答复并未正面指出对举债方所借款项是否构成夫妻共同债务的举证责任分配。若"举债人的配偶未能举证证明所借债务并非用于夫妻共同生活"，对相应债务是否即可径行推定为夫妻共同债务？该反对解释结论不明。根据前述分析，该反对解释也不符合夫妻共同债务推定规范中对基于"夫妻共同生活"这一"基础事实"的举证责任分配规则。

第二，夫妻共同债务的范围还受到日常家事代理制度的限制。

这可以从对 2003 年《婚姻法司法解释二》第 24 条、2001 年《婚姻法司法解释一》第 17 条等规定的体系解释中查知。2001 年《婚姻法司法解释一》第 17 条第 1 项就日常家事代理制度作出规定："婚姻法第十七条关于'夫或妻对夫妻共同所有的财产，有平等的处理权'的规定，应当理解

---

① 浙高法〔2009〕297 号浙江省高级人民法院《关于审理民间借贷纠纷案件若干问题的指导意见》第 19 条第 3 款第 1 项规定："夫妻一方超出日常生活需要范围负债的，应认定为个人债务，但下列情形除外：（一）出借人能够证明负债所得的财产用于家庭共同生活、经营所需的；……"王鑫、王翠：《无夫妻担保合意 保证人配偶对担保之债不负连带责任》，载《人民法院报》，2015-04-18；袁知勇：《夫妻分居时认定夫妻共同债务的举证责任分配》，载北大法律信息网，http://article.chinalawinfo.com/ArticleFullText.aspx?ArticleId=89924，访问日期：2015-05-01。

② 参见陈川、田桔光：《夫妻共同债务在审判实践中应如何认定》，载《法律适用》，2012（9）。

为：（一）夫或妻在处理夫妻共同财产上的权利是平等的。因日常生活需要而处理夫妻共同财产的，任何一方均有权决定……"基于日常生活需要，在日常家事代理的范围内产生的共同财产包括积极财产和消极财产，其中消极财产就对应夫妻共同债务，属于原《婚姻法》第 41 条所规定的基于"夫妻共同生活所负的债务"，故应该由夫妻共同偿还。那么，何为基于日常家事代理所生债务的要件事实——"日常生活需要"？对此，2015 年 4 月 20 日公布的《中华人民共和国民法典·民法总则专家建议稿（征求意见稿）》第 164 条第 1 款规定："夫妻双方可以就家庭日常事务互为代理人，但对如下事务的处理除外：（一）不动产的转让；（二）数额巨大的家庭财产的赠与；（三）其他重大事务。"浙高法［2009］297 号浙江省高级人民法院《关于审理民间借贷纠纷案件若干问题的指导意见》第 19 条第 1、2 款总结指出："婚姻关系存续期间，夫妻一方以个人名义因日常生活需要所负的债务，应认定为夫妻共同债务。""日常生活需要是指夫妻双方及其共同生活的未成年子女在日常生活中的必要事项，包括日用品购买、医疗服务、子女教育、日常文化消费等。"如果借款合同或者欠条中只有夫妻一方签名，没有夫妻另一方签名，且数额较大，已经明显超出日常生活所需要，不属于日常家事代理的范围，就不能当然推定该债务为夫妻共同债务。如果夫妻一方以个人名义对外负担债务不属于日常家事代理的范围，债权人又不能举证证明表见代理的构成，就不宜适用夫妻共同债务推定规范。[①] 据此，夫妻共同债务推定规范的适用前提之一是夫妻一方的行为构成日常家事代理或者表见代理。在此笔者想提醒的是：第三人与夫妻一方签订合同时，若想将合同债务认定为夫妻共同债务，则最好在合同上写明债务用途（如用于夫妻家庭共同生活某项开支）并由夫妻双方共同签字确认。金融机构等商事主体，于此情形应该更加谨慎。

---

① 参见江苏省无锡市南长区人民法院（2011）南民初字第 1514 号民事判决书，青海省海西州中级人民法院（2012）西民一终字第 39 号民事判决书，江苏省盐城市滨海县人民法院（2012）滨商初字第 0045 号民事判决书。

浙高法［2009］297 号浙江省高级人民法院《关于审理民间借贷纠纷案件若干问题的指导意见》第 19 条第 3、4、5、6 款总结指出："夫妻一方超出日常生活需要范围负债的，应认定为个人债务，但下列情形除外：（一）出借人能够证明负债所得的财产用于家庭共同生活、经营所需的；（二）夫妻另一方事后对债务予以追认的。""不属于家庭日常生活需要负债的，出借人可以援引合同法第四十九条关于表见代理的规定，要求夫妻共同承担债务清偿责任。""援引表见代理规则要求夫妻共同承担债务清偿责任的出借人，应对表见代理的构成要件承担证明责任。""表见代理的证明责任，适用最高人民法院《关于当前形势下审理民商事合同纠纷案件若干问题的指导意见》（法发［2009］40 号）第 13 条的规定。"

第三，夫妻共同债务还可以基于夫妻合意推定标准而生。

对此，可以通过采用反面解释、体系解释的方法得知。法发［1993］32 号最高人民法院《关于人民法院审理离婚案件处理财产分割问题的若干具体意见》第 17 条第 2 款曾规定："下列债务不能认定为夫妻共同债务，应由一方以个人财产清偿：（1）夫妻双方约定由个人负担的债务，但以逃避债务为目的的除外。（2）一方未经对方同意，擅自资助与其没有抚养义务的亲朋所负的债务。（3）一方未经对方同意，独自筹资从事经营活动，其收入确未用于共同生活所负的债务。（4）其他应由个人承担的债务。"对该规定进行反面解释可知，夫妻一方对外所负担债务，若经夫妻另一方的同意，不管负债方负债目的是"资助与其没有抚养义务的亲朋"，还是"独自筹资从事经营活动，但其收入未用于共同生活"，该债务均属于夫妻共同债务。这就构成认定夫妻共同债务的合意推定标准。对法发［1993］32 号最高人民法院《关于人民法院审理离婚案件处理财产分割问题的若干具体意见》第 17 条第 2 款反面解释出来的合意推定标准，可以结合 2003 年《婚姻法司法解释二》第 24 条进行，即夫妻一方对外所负担债务，若经夫妻另一方的同意，则该债务属于夫妻共同债务。

夫妻共同债务的合意推定标准主要适用于非基于日常家事代理而产生的债务。合意推定标准与日常家事代理标准是并行互补关系，二者共同构成夫妻共同债务推定规范的"基础事实"——"夫妻共同生活所负的债务"的具体细化标准。正如有学者所言："日常家事代理这一法理仅仅能解释部分夫妻共同债务推定，不能解释全部夫妻共同债务推定。"[①] 因此，夫妻一方超出日常生活需要所负债务，除非经过夫妻另一方同意或追认，或者构成表见代理，否则均属于该方个人债务。[②] 2001 年《婚姻法司法解释一》第 17 条第 2 项对此也作了规定："……夫或妻非因日常生活需要对夫妻共同财产做重要处理决定，夫妻双方应当平等协商，取得一致意见。他人有理由相信其为夫妻双方共同意思表示的，另一方不得以不同意或不知道为由对抗善意第三人。"当然，在适用合意推定标准认定构成夫妻共同债务的过程中，善意债权人应该举证证明"有理由相信其为夫妻共同意

---

① 刘英明：《证据法视角下的夫妻共同债务推定规则》，载《学术探索》，2014（4）。

② 参见汪家乾、王礼仁：《适用〈婚姻法解释（二）〉第 24 条的前提条件——关于夫妻共同债务的理论回应》，载杨立新、刘德权主编：《亲属法新问题与新展望》，北京，人民法院出版社，2009，第 187 页；刘璐、曾媛媛：《民间借贷纠纷正当当事人的判断》，载《政治与法律》，2013（12）。

思表示"。

(四）非举债方对夫妻共同债务推定的反驳

不管是基于"日常生活需要"，还是基于对非举债方意思自治的尊重，上述基于用途推定标准、日常家事代理标准和合意推定标准而认定的夫妻共同债务可被反驳、推翻。非举债方可以反驳相关认定标准所依据事实不存在，如主张相关债务并非用于夫妻共同生活，并非基于"日常生活需要"，或者自己的同意并非自愿、真实的意思表示，等等。对最高人民法院民一庭（2014）民一他字第 10 号《关于婚姻关系存续期间夫妻一方以个人名义所负债务性质如何认定的答复》也应该在反驳意义上理解："……如果举债人的配偶举证证明所借债务并非用于夫妻共同生活，则其不承担偿还责任。"不宜将该答复理解为对夫妻共同债务推定规范中的举证责任的全面周延规定，不宜对该答复径行作反对解释。

与"夫妻共同生活"对应的夫妻共同债务推定规范属于可反驳、推翻的推定规范。非举债方的反驳事实主要有：（1）2003 年《婚姻法司法解释二》第 24 条所规定的"债权人与债务人明确约定为个人债务"。（2）原《婚姻法》第 19 条第 3 款所规定的：夫妻约定采取分别财产制，债权人作为第三人知道该约定。（3）法发〔1993〕32 号最高人民法院《关于人民法院审理离婚案件处理财产分割问题的若干具体意见》第 17 条第 2 款第 2 项规定的"一方未经对方同意，擅自资助与其没有抚养义务的亲朋所负的债务"。（4）法发〔1993〕32 号最高人民法院《关于人民法院审理离婚案件处理财产分割问题的若干具体意见》第 17 条第 2 款第 3 项规定的"一方未经对方同意，独自筹资从事经营活动，其收入确未用于共同生活所负的债务"[①]。（5）其他应由个人承担的债务，如上文所述侵权行为之债、不当得利之债、无因管理之债、无偿保证等不能获取对价和利益的债务。2013 年 10 月 12 日最高人民法院印发的《关于审理民间借贷案件适用法律若干问题的规定（征求意见稿）》第 29 条也对非举债方配偶的反驳事实做了列举规定："婚姻关系存续期间，夫妻一方以个人名义向他人借款，另一方能够证明存在下列情形之一的，由借款人本人承担民事责任：（一）夫妻对婚姻关系存续期间所得的财产约定归各自所有且贷款人知道

---

① 法发〔1993〕32 号最高人民法院《关于人民法院审理离婚案件处理财产分割问题的若干具体意见》第 17 条第 2 款第 1 项规定："夫妻双方约定由个人负担的债务，但以逃避债务为目的的除外。"该项规定的个人债务情形被 2001 年《婚姻法》第 19 条第 3 款所完善和吸收。

该约定的；（二）贷款人与借款人明确约定为个人债务；（三）贷款人知道或者应当知道所借款项并非用于家庭共同生活；（四）借款人与贷款人恶意串通，损害另一方利益。"

当然，在不涉及他人的离婚纠纷案件中，如在离婚财产分割中举债方主张对外负担债务，要求在财产分割过程中将偿债财产分离，那么举债方应该承担该债务"用于夫妻共同生活"的举证责任。最高人民法院民一庭《关于婚姻关系存续期间夫妻一方以个人名义所负债务性质如何认定的答复》中指出："在不涉及他人的离婚案件中，由以个人名义举债的配偶一方负责举证证明所借债务用于夫妻共同生活，如证据不足，则其配偶一方不承担偿还责任……"此时，非举债方可以反驳举债方所举证据"不足"。

此外，人民法院民事执行权遵循"法无授权不可为"的原则和审执分立的体制，民事执行的范围限定在当事人起诉时的主张范围内，以符合"无请求无判决、无判决无执行"的诉讼法理念。在夫妻共同债务诉讼中，债权人可以将夫妻一并列为被告。① 如果债权人未将夫妻中的非举债方列为共同被告，该非举债方也可以根据《民事诉讼法》第59条第1款的规定以第三人身份提起诉讼。但若已生效的法律文书只确定夫妻中的一方为债务人，则在案件执行程序中，法院不能依据2003年《婚姻法司法解释二》第24条等相关规定，直接追加另一方为被执行人，从而执行夫妻共同共有的房屋等共同财产。有观点认为，2003年《婚姻法司法解释二》第24条"属于人民法院解决当事人民事争议确定民事责任所依据的裁判规则，不属于执行权的授权规定。执行程序中不能依据该规定追加夫妻中另一方为被执行人，应当告知债权人另行诉讼，可在取得针对被执行人配偶的执行依据后合并执行"②。若法院在执行程序中径行追加非举债方对夫妻共同债务承担连带偿还责任，非举债方有权进行反驳。

（五）对虚构夫妻婚内共同债务行为的处理

借款合同成立和生效的事实由出借人承担举证责任，但借款人的自认可以免除出借人的举证责任。出于对非举债配偶合法财产权益的保护，若借款人和出借人存在恶意串通、虚构婚内债务嫌疑，法官应该作实质审查。此时，借款人的自认并不当然免除出借人的举证责任，相关借款合同

---

① 2013年12月27日发布的北京市高级人民法院《关于审理民间借贷案件若干问题的会议纪要》第6条规定："夫妻一方以个人名义向他人借贷，诉讼时婚姻关系仍然存续，贷款人未将借款人配偶列为共同被告的，人民法院不主动通知借款人的配偶参加诉讼。"

② 杨傲多等：《不应直接追加债务人配偶为被执行人》，载《法制日报》，2015-02-12。

成立和生效的事实仍须由出借人承担举证责任。"出借人仅提供借据佐证借贷关系的，应深入调查辅助性事实以判断借贷合意的真实性，如举债的必要性、款项用途的合理性等。出借人无法提供证据证明借款交付事实的，应综合考虑出借人的经济状况、资金来源、交付方式、在场见证人等因素判断当事人陈述的可信度。对于大额借款仅有借据而无任何交付凭证、当事人陈述有重大疑点或矛盾之处的，应依据证据规则认定'出借人'未完成举证义务，判决驳回其诉讼请求。"①

当借款人和出借人恶意串通，虚构婚内债务，损害非举债配偶的合法财产权益时，非举债配偶可以主张借款人和出借人之间的借款合同相对于自己无效。《民法典》第 154 条规定："行为人与相对人恶意串通，损害他人合法权益的民事法律行为无效。"从诉讼程序来看，若债权人已经取得针对夫妻共同债务的发生法律效力的有利判决，因不能归责于己的事由未参加诉讼的非举债方也可以根据《民事诉讼法》第 59 条第 3 款提起第三人撤销之诉。

借款人和出借人恶意串通、虚构婚内债务，会构成虚假诉讼，出借和借款人会因此承担公法责任。法〔2011〕336 号最高人民法院《关于依法妥善审理民间借贷纠纷案件促进经济发展维护社会稳定的通知》之七第四句规定："……发现有虚假诉讼嫌疑的，要及时依职权或者提请有关部门调查取证，查清事实真相。经查证确属虚假诉讼的，驳回其诉讼请求，并对其妨害民事诉讼的行为依法予以制裁；对于以骗取财物、逃废债务为目的实施虚假诉讼，构成犯罪的，依法追究刑事责任。"

（六）小结："夫妻共同生活所负的债务"是夫妻共同债务推定规范的基础事实

对夫妻共同债务推定规范不能作概念法学形式主义的解释、适用，否则有可能造成夫妻一方与债权人恶意串通，损害夫妻对方合法权益的后果；也不能对合同相对性原理作机械理解，否则有可能出现夫妻双方恶意串通，损害债权人合法权益的现象。在夫妻共同债务纠纷解决过程中，法院应该妥当协调夫妻中非举债方的合法财产权益保护与出借人债权保护之间的关系。夫妻共同债务推定规范是协调这一价值判断问题的法律规范基础。法院对夫妻共同债务推定规范的解释和适用，应该以避免夫妻一方和债权人虚构债务或者恶意负债以侵害非举债配偶的财产权益为目的，并能

---

① 《最高人民法院公报》，2014（12）。

兼顾对交易安全的维护，而妥当分配夫妻共同债务推定规范的"基础事实"和反驳事实的证明责任就有助于上述利益衡量目标的妥当达成。

夫妻共同债务的推定标准包括用途推定标准、日常家事代理标准、合意推定标准和身份推定标准。结合目的限缩解释方法和举证责任分配规则，对夫妻共同债务推定规范可以作"请求原因—抗辩—再抗辩"的动态化解释，以明晰不同要件事实及其相应举证责任的分配，使当事人的争议以要件事实为中心，以规范性的攻击防御面目呈现。①

梳理夫妻共同债务推定规范的规范群，可以得出如下体系解释结论和目的解释结论：（1）对 2003 年《婚姻法司法解释二》第 24 条不应该孤立地作基于身份推定的形式主义理解，否则有可能侵害夫妻中非举债一方的合法财产权益；而应该在原《婚姻法》第 41 条所展示的立法目的约束下，将夫妻共同债务推定规范的适用范围限缩解释为"夫妻共同生活所负的债务"，如此就把身份推定标准和用途推定标准结合在一起。"夫妻共同生活所负的债务"作为夫妻共同债务推定规范的基础事实，应该由主张有利于己后果的债权人、债务人（举债人）承担举证责任。（2）夫妻共同债务推定属于可反驳、推翻的推定，非举债方可以基于反证事实进行抗辩，从而反证相关债务不是基于夫妻共同生活所负担，而仅属于举债人的个人债务。非举债方也可以举证证明存在 2003 年《婚姻法司法解释二》第 24 条第二句所规定的有利于己的事实。（3）针对非举债方的前述抗辩，债权人可以继续证明该债务的形成符合夫妻日常家事代理、表见代理或者取得非举债配偶同意。这就构成债权人的再抗辩。当然，债权人也可以将这些再抗辩事由作为请求原因事实进行主张和证明，以回避对夫妻共同债务推定规范的基础事实——"夫妻共同生活所负的债务"的举证难题。

四、婚姻家庭诉讼领域其他常见证据难题

恋爱男女之间一般性地互赠财物的行为或约定仅属情谊行为。对以缔结婚姻为目的的已经实际履行的赠与则适用婚约、彩礼规则，原则上可以认定为附解除条件的赠与。对长期共同生活的同居恋爱男女之间所形成的财产关系，可以视为当事人之间存在原《物权法》第 103 条、《民法典》

① "所谓的要件事实论——在确定发生一定法律效果之法律要件的基础上，旨在阐明有关构成该事实之主张、举证责任的所在以及应当由当事人提出之攻击防御方法的配置（请求原因、抗辩、再抗辩等）的理论。"（［日］山本敬三：《民法讲义》，Ⅰ·总则，解亘译，北京，北京大学出版社，2012，第三版中文版序言。）

第 308 条所规定的形成共同共有的"家庭关系等"① 共同生活关系，故就其财产可以按照共同共有来处理。2003 年《婚姻法司法解释二》第 1 条第 2 款也规定，"当事人因同居期间财产分割或者子女抚养纠纷提起诉讼的，人民法院应当受理"。同居期间财产分割或者子女抚养纠纷属于婚姻法调整的身份关系法律事实，而非纯粹的情谊行为。很大程度上这也是基于所涉及利益的重大性而作出的价值判断。

恋爱中常常会存在一些关于青春补偿费或者分手费等的约定，比如约定提出分手的一方应该给予对方一定数额的青春补偿费或者分手费。此类和恋爱自由相联系的费用约定属于当事人之间的情谊行为，并不构成受法律调整的身份关系协议。法院在裁判实务中对青春补偿费或者分手费纠纷也往往以"没有法律依据（或者没有法律规定）"为由不予支持。② 此种裁判结论尚属妥当。

在青春补偿费或者分手费问题上，司法实践中还存在更复杂的一类情况，即当事人以欠条的形式来做约定。已如前述关于青春补偿费或者分手费的约定实质上仅属身份情谊行为，当事人通过合同约定来获取此类费用，并非"以合法形式掩盖非法目的"，但是裁判中究竟应该从形式上将该约定认定为借款合同，还是考其实质而认定为不受法律保护的关于青春补偿费或者分手费的约定？此为实务难题。对此，法院在裁判过程中有如下做法：（1）认为其属于违反社会公序良俗的借婚姻索取财物的行为，是无效的。③（2）认定其属于当事人基于真实意思表示作出的有效的分手补偿协议。④（3）认定此类欠条是对当事人在共同生活期间所支出的生活费

① 《民法典》第 308 条规定："共有人对共有的不动产或者动产没有约定为按份共有或者共同共有，或者约定不明确的，除共有人具有家庭关系等外，视为按份共有。"笔者认为，长期共同生活的男女之间具有本条所规定的"家庭关系等"关系，故可以通过对本条的反面解释，认定他们之间构成共同共有。此种解释结论也具有保护女方的社会效果，是利益衡量的妥当结论。

② 参见上海市第二中级人民法院（2010）沪二中民一（民）终字第 1714 号民事判决书，河南省南阳市中级人民法院（2009）南民一终字第 372 号民事判决书，江西省宜春市中级人民法院（2005）宜中民一终字第 69 号民事判决书，湖北省恩施土家族苗族自治州中级人民法院（2004）恩州中民终字第 132 号民事判决书。

③ 此为"鱼某与汪某同居借款纠纷案"的一审判决结论。转引自周玉美：《分手协议违法，应认定为无效》，载 http://www.jsfy.gov.cn/alpx/msal/2007/04/04/22319.html，访问日期：2011-01-22。

④ 此为"鱼某与汪某同居借款纠纷案"的二审判决结论。转引自周玉美：《分手协议违法，应认定为无效》，载 http://www.jsfy.gov.cn/alpx/msal/2007/04/04/22319.html，访问日期：2011-01-22。

用的补偿，不违反公序良俗原则，属于有效合同。① （4）除非欠条上的借款人能够举证证明借款确属青春补偿费或者分手费，否则只能认定属于借款合同。② （5）仅凭欠条不足以认定借款合同已经实际履行，出借人负有借款已交付的说明义务和举证责任，否则需要承担举证不能的后果。③ 笔者认为，这首先是一个认定欠条实质上到底是属于借款合同还是关于青春补偿费、分手费的约定证据问题。第一、二、三种做法在没有分清事物性质的前提下就判断其法律后果，均显失妥当。第四、五种做法的差别在于对举证责任的分配不同。原《合同法》第 210 条规定："自然人之间的借款合同，自贷款人提供借款时生效。"而 2001 年《民事诉讼证据规定》第5 条第 1 款第一分句则规定："在合同纠纷案件中，主张合同关系成立并生效的一方当事人对合同订立和生效的事实承担举证责任……"对该两处条文规定作体系解释的结论就是：出借人须要对借款合同本身以及已经实际提供所借款项的事实承担举证责任。根据《民法典》679 条，结论不变。因此，上述第五种观点是正确的。这也符合"主张权利存在之人，应就权利发生的法律要件存在之事实负举证责任；否定权利存在之人，应就权利妨害、权利消灭或权利受制的法律要件存在的事实负举证责任"的举证责任分配标准。

在解决了此证据问题之后，可以认定当事人之间的协议属于关于青春补偿费或者分手费的协议，则该协议属于身份情谊行为，不具有法律约束力，也不受法律的保护。当然，对当事人之间已经给付的此类费用，作出给付之人不享有不当得利返还请求权；相对人对尚未给付的部分也不能向承诺给付之人行使给付请求权。这也是身份情谊行为定性而非无效合同定性所带来的当然结果。

在彩礼纠纷案件中，赠送彩礼与一般的民事法律行为有所不同。赠与方不可能要求对方出具收条等书面手续，以表明其已收到彩礼。因此，当引发彩礼纠纷时，当事人举证比较困难，一般只能提供证人证言，且多为亲友证言，通常证明力不大。对方当事人也常以此作为抗辩，要求法院不

---

① 参见上海市第二中级人民法院（2010）沪二中民一（民）终字第 983 号民事判决书。

② 参见河南省郑州市中级人民法院（2010）郑民三终字第 96 号民事判决书，浙江省宁波市鄞州区人民法院（2009）甬鄞商初字第 2913 号民事判决书。

③ 参见浙江省杭州市滨江区人民法院（2009）杭滨商初字第 687 号民事判决书。

予采信。①

在离婚案件审判实践中，法院要注重证据，妥当依法依职权调查收集证据。对单纯的夫妻感情纠纷，法院在审判过程中没有必要过多干预。但对于因"第三者"介入婚姻等导致的离婚，由于涉及婚姻存续期间过错方的认定，故法律上对此项认定的证据标准要求较高。司法实践中经常出现婚姻受害一方举证能力有限，自行搜集的证据较难达到法定标准，从而导致相应经济补偿无法实现的现象。因此，有必要加大法院依职权调取证据的力度，以更好地保护弱势群体的利益。② 在女方以男方存在家庭暴力为由提起的离婚纠纷案件中，"女方多在男方实施家庭暴力一段时间后才诉至法院，没有相关证据支持"③。根据《反家庭暴力法》第23条和第27条的规定，受害人申请法院作出人身安全保护令裁定时，只要提供遭受家庭暴力的初步证据即可。因为家庭暴力具有反复性和受害人易被控制性等特点，所以法院要结合既往家庭暴力史、双方目前发生的实际冲突，推定家庭暴力发生的可能性（面临家庭暴力的现实危险）。《反家庭暴力法》第27条规定："作出人身安全保护令，应当具备下列条件：（一）有明确的被申请人；（二）有具体的请求；（三）有遭受家庭暴力或者面临家庭暴力现实危险的情形。"就人身安全保护令的第三个条件，实践中存在受害人无法充分举证的问题。为此，最高人民法院贺小荣大法官介绍道："人民法院将从两个方面加大人身安全保护令制度的落实力度：一是依法减轻受害当事人的举证责任。适当放宽证明标准，同时加大人民法院依职权调查

---

① 参见朱乐：《房山法院调研农村彩礼返还纠纷的审理难点问题》，载北京法院网，http://bjgy. chinacourt. org/public/detail. php?id=85249。

② 参见林娜：《一中院调研离婚案件中"第三者"现象多发的成因并提出遏制建议》，载北京法院网，访问日期：2012-03-20。

对于涉及身份关系、国家利益、社会公共利益等应当由人民法院依职权调查的事实，不适用自认的规定。张海燕教授认为：亲子关系诉讼不适用自认，即使当事人承认或者否认亲子关系的存在，该事实仍属证明对象。"可将高度盖然性作为基准，在婚姻效力、婚姻关系和法定继承案件中提高证明标准，在家庭暴力、离婚损害赔偿、亲子关系案件中降低证明标准。"对于家事纠纷案件中家庭暴力、亲子关系认定的案件，因涉及对妇女、未成年子女等家庭弱势群体的保护，建议采用优势证据标准，只要现有证据能够使法官确信存在家庭暴力和亲子关系等事实的可能性，即可认定该事实成立。参见张海燕：《家事诉讼证据规则的反思与重构》，载《政治与法律》，2018（11）。

③ 贾茹：《房山法院调研离婚纠纷中原告提出离婚原因的类型》，载北京法院网，http://bjgy. chinacourt. org/public/detail. php?id=85330。

取证的力度……"① 有学者认为，"从家事审判案件的特征出发，家事审判案件中的要件事实的证明标准应该大幅低于民事案件的证明标准，但并不意味着没有证明的必要"②。

在当事人一方提出离婚过错损害赔偿请求的离婚纠纷案件中，其常会因证据准备不充分而举证不力。在很多情况下，男方有外遇或者与他人同居的事实不易举证。庭审中许多原告并未准备充分的证据，只是单一地罗列短信或者通话记录单之类的证据，难以达到足够的证明力。另外，原告方通过自己偷拍或者聘请私家侦探偷录等方式取得的证据，因为涉及非法取证问题以及缺少其他充分证据佐证，故也导致外遇、同居事实难以被认定。③

在分家析产类纠纷案件中，在"案件审理过程中难以查清房屋所有、共有状况和建设出资情况。因农村家庭在建造房屋时通常是自行建造，并无相关证据意识，经常出现购买建造材料的票据丢失（有些甚至没有）或者票据不合乎规范、开庭时施工人员作为证人不到庭等情况发生。在对方予以否认的情况下，实际建房人难于举证"④。

在这些举证困难的案件中，法官需要结合当事人提供的已有证据材料综合判断，并在必要的情况下依职权调取证据。客观意义上证明责任对应的举证方败诉往往是最后手段，不宜动辄采用。

此外，较之商事诉讼对婚姻家庭诉讼中的违法证据审查，利益衡量方法的运用更加严格。如在离婚过错损害赔偿规则适用过程中，原告如何证明"有配偶者与他人同居"？原告利用偷拍偷录、窃听窃录等手段所获得的证据是否具有证据能力？学理上对此向来存在法秩序统一说与法秩序分离说的争论。这涉及对配偶及婚姻家庭圆满性、安定性的制度保障、期待，也涉及相对人之人性尊严、隐私权、人格自由发展、住宅自由及财产权等宪法和基本法律所保障之实体权利。法院需要运用利益衡量方法时应

---

① 2021 年 3 月 8 日下午，最高人民法院举办 2021 年全国"两会"《最高人民法院工作报告》解读系列直播访谈第一场，贺小荣大法官围绕"加强人格权司法保护 大力弘扬社会主义核心价值观"作首场解读。

② ［日］伊藤滋夫：《要件事实的基础——民事司法裁判结构》，许可、［日］小林正弘译，北京，法律出版社，2022，第 42～43 页。

③ 参见曾竞：《海淀法院调研女方因男方外遇起诉离婚案件的审理难点》，载北京法院网，http://bjgy.chinacourt.org/public/detail.php?id=90987。

④ 杨旭、池红艳：《顺义法院调研农村分家析产类民事案件特点》，载北京法院网，http://bjgy.chinacourt.org/public/detail.php?id=85544。

为符合比例原则之权衡，不能将民事诉讼真实发现的价值绝对化。在此类案件中，原则上于原告自家或者相奸人住处偷拍偷录、窃听窃录所得证据皆不得使用。然而，法院也不能将相对人权益保护绝对化，应该对原告的证明责任适当减轻，应尽量利用间接事实（如与婚外异性共处宾馆一室），借助经验法则（如孤男寡女共处一室，谓无通奸，期孰能信？）而推定要件事实成立。①

---

① 参见姜世明：《违法取得证据之可利用性——棉被下的秘密》，载姜世明：《民事证据法实例研习》（一），台北，正点文教出版顾问有限公司，2005，第47~67页。

第十章 《民法典》婚姻家庭编中 夫妻共同债务制度的举证责任配置

在夫妻共同债务制度中，民事实体法与民事证据法交织，民事权利规范与民法证据规范协同。举证责任配置属于民法问题中的价值判断问题，体现为对举证负担、败诉风险这种不利益如何在当事人之间妥当安排。略过举证责任问题的民法是不完整的，而不妥当的举证责任配置完全可能使民事权利、义务、责任的立法安排落空。申言之，在夫妻共同债务问题上，脱离举证责任配置，就无法真正实现夫妻一方（举债方）、夫妻另一方（非举债方）和债权人这三方民事主体之间的利益平衡。

本章对《民法典》之前的夫妻共同债务制度从举证责任角度作解释、澄清，并对《民法典》婚姻家庭编中关于夫妻共同债务的条文，从举证责任的角度作"请求—抗辩—再抗辩"的要件事实论分析，旨在沟通民事实体法与民事证据法，在夫妻共同债务问题上真正实现三方民事主体之间的利益平衡，从而妥当解决对三方民事主体的自由及其限制的重要价值判断问题。这也是展现《民法典》如何看待"家"、如何妥当"协调人与家之间关系"的重要维度。①

一、夫妻共同债务规定属于民事法律事实推定规范

（一）夫妻共同债务制度的立法和司法乱象

夫妻共同债务认定问题，特别是夫妻一方"被负债"现象，成为近年社会各界持续关注的社会热点话题，也成为全国两会代表委员的言论中和提案中的高频热词。2003 年《婚姻法司法解释二》第 24 条甚至被斥为"恶法"、"癌症性"条款、"国家一级法律错误"，立法机关曾收到近千件围绕该条的审查建议，占到第十二届全国人大收到的各类审查建议的三分

---

① 参见王轶、关淑芳：《论民法总则的基本立场》，载《国家行政学院学报》，2018（1）。

之二。以妇女为主（占 80% 左右）的"被负债人"群体结成大量的"24条公益群""反 24 条联盟""24 条维权团体"等松散式组织，导致积累了比较多的群体性社会矛盾。夫妻一方"被负债"现象频发，危及婚姻安全，影响人民群众的法治获得感。"人在家中坐，债从天上来"于法、于理、于情均难被接受。法律规则和法律适用的不统一，助长了夫妻一方背信投机现象。在夫妻离婚时，经常出现一方突然拿出婚姻关系存续期间存在大额举债的"欠条"，要求另一方共同分担。这极大挫伤了人们对婚姻、对家庭的信心，不利于促进家庭和谐、社会诚信，影响社会和谐稳定。"国是千万家"，只有家庭关系和谐，才能实现社会和谐。

2018 年《关于审理涉及夫妻债务纠纷案件适用法律有关问题的解释》实施后，前述现象没有得到根本解决。理论上和实践中又普遍出现对夫妻共同债务认定标准"共债共签"的形式化、机械化、标签化认识，还存在建议将该解释直接纳入《民法典》婚姻家庭编的简单化认识。故《民法典》需系统规定夫妻共同债务制度，以妥当回应民众的社会生活需要。

在《民法典》之前相关民事立法和司法解释越来越重视夫妻共同债务认定规则，但相关规则比较分散，类型化和体系化程度较低。不同时期形成的司法解释存在突出的类型不周延和体系违反的现象，故需要作类型化分析和体系化整合。一方面，立法和司法解释中，夫妻共同债务认定标准杂乱，"碎片化"严重。例如："身份论""用途论""意思论"交错；市场经济财产法思维高度渗透到婚姻家庭生活领域[①]；"共同生活""家庭日常生活需要""共同签字""共同生产经营""共同意思表示"等认定标准交错，同一部司法解释中甚至出现对"共同意思表示"同词异解的现象。另一方面，对是否构成夫妻共同债务，由债权人举证、由以个人名义举债的夫妻一方举证、由夫妻另一方举证等举证责任规则矛盾频现、凌乱无章。相应地，夫妻共同债务理论研究共识难成、莫衷一是，这些均导致法院裁判无所适从、各行其是，同案异判频频发生。因此，《民法典》系统规定夫妻共同债务制度，有助于消除我国现行民事立法和司法解释中夫妻共同债务认定规则分散凌乱、不周延和体系违反的现象，实现结构严谨、规范合理、内容协调一致，便于统一法律适用，避免法律解释上的困难和混乱。

---

① 法律中心主义，特别是财产法中心主义过度渗透到当前我国婚姻家庭生活领域。参见王雷：《论身份情谊行为》，载《北方法学》，2014（4）。

　　立法机关观察《民法典》之前相关司法解释实施的效果，对夫妻共同债务认定问题做深入的调查研究。2018 年 9 月 5 日《民法典婚姻家庭编（草案）》未规定夫妻共同债务认定规则，只在第 867 条规定了离婚时的夫妻共同债务清偿规则。理论界和实务界对此多有批评，有学者甚至认为这是"立法倒退，令人震惊"[①]。夫妻共同债务制度属于民事基本法律制度，涉及夫妻一方、夫妻另一方与债权人之间的利益平衡，是关乎民事主体的自由及其限制的重要价值判断问题，是展现《民法典》如何看待"家"的重要维度。因此，通过立法妥当调整夫妻共同债务是"重视家庭建设""促进家庭和睦""促进亲人相亲相爱"的当然要求，夫妻共同债务制度在民法典中不可或缺。

　　当然，为使夫妻共同债务认定规则的适用情形不限于离婚债务清偿，从条文体系安排上看，不将夫妻共同债务认定规则置于离婚夫妻共同债务清偿规则之后，而是如 2019 年 7 月 5 日《民法典婚姻家庭编（草案）》（二次审议稿）第 840 条之一那样，在夫妻共同财产制度下将夫妻共同债务作为一种消极财产加以规定，更为妥当。2019 年 7 月 5 日《民法典婚姻家庭编（草案）》（二次审议稿）第 840 条之一，将 2018 年最高人民法院《关于审理涉及夫妻债务纠纷案件适用法律有关问题的解释》直接上升为立法规定："夫妻双方共同签字或者夫妻一方事后追认等共同意思表示所负的债务，以及夫妻一方在婚姻关系存续期间以个人名义为家庭日常生活需要所负的债务，属于夫妻共同债务。""夫妻一方在婚姻关系存续期间以个人名义超出家庭日常生活需要所负的债务，不属于夫妻共同债务，但是债权人能够证明该债务用于夫妻共同生活、共同生产经营或者基于夫妻双方共同意思表示的除外。"这一做法为 2019 年 11 月 1 日《民法典婚姻家庭编（草案）》（三次审议稿）第 840 条之一和 2019 年 12 月 28 日《民法典（草案）》第 1064 条延续。最终，《民法典》第 1064 条对先前草案中的这些做法未作实质变动。

（二）对夫妻共同债务基础事实的举证责任争议

　　基于签名等方式作出共同意思表示而形成夫妻共同债务。这是民法自愿原则的应有之义，自不待言。关键是在婚姻关系存续期间，夫妻一方所承担的债务，如何被认定为夫妻共同债务。此时，只能结合更多要件事实，形成民事法律事实构成，进行推定。供作推定的事实构成也被称为基

[①]　叶名怡：《"共债共签"原则应写入〈民法典〉》，载《东方法学》，2019 (1)。

础事实，此种情况下的夫妻共同债务则是被推定得出的民事法律事实（推定事实）。夫妻一方所承担的债务，还要结合何种民事法律事实，方能满足基础事实的构成，以作夫妻共同债务的推定？对此，存在基于日常家庭生活需要的"共同用途论"，基于夫妻共同生活或者共同生产经营的"共同用途论"，等等。而根据 2022 年《民事诉讼法司法解释》第 91 条的规定，债权人须对这些有利于自己的基础事实承担举证责任。①从积极事实和消极事实的分类上看，这些事实属于积极事实。然而，最高人民法院相关司法解释、司法答复中夫妻共同债务推定规范对应基础事实的举证责任规则却十分混乱。

例如：2014 年最高人民法院民一庭《关于婚姻关系存续期间夫妻一方以个人名义所负债务性质如何认定的答复》中指出，在债权人以夫妻一方为被告起诉的债务纠纷中，"如果举债人的配偶举证证明所借债务并非用于夫妻共同生活，则其不承担偿还责任"。对此，能否作反对解释，认为"如果举债人的配偶无法举证证明所借债务并非用于夫妻共同生活，则其就应承担偿还责任"？结论不明晰。而且，该答复从"并非用于夫妻共同生活"这一消极事实角度出发认为由"举债人的配偶举证证明所借债务并非用于夫妻共同生活"，与 2018 年《关于审理涉及夫妻债务纠纷案件适用法律有关问题的解释》第 3 条规定的举证责任规则矛盾。

又如：对 2003 年《婚姻法司法解释二》第 24 条，是否需要结合原《婚姻法》第 41 条来理解，一并把"为夫妻共同生活所负"作为认定夫妻共同债务的必要条件？即根据"用途论"而非"身份论"认定夫妻共同债务？另外，2018 年《关于审理涉及夫妻债务纠纷案件适用法律有关问题的解释》第 3 条中的"用于夫妻共同生活"与第 2 条中的"为家庭日常生活需要所负"，在认定夫妻共同债务过程中形成选择式适用关系，是否意味着原《婚姻法》第 41 条所规定的"为夫妻共同生活所负"标准的解释力限缩？

再如：根据 2015 年最高人民法院民一庭《关于夫妻一方对外担保之债能否认定为夫妻共同债务的复函》的意见，对夫妻一方对外担保之债不应当适用 2003 年《婚姻法司法解释二》第 24 条的规定认定为夫妻共同债

---

①　如有学者指出："推定的适用只是减缓而非免除推定受益方对于推定事实的证明负担。从形式来看，推定受益方不需再对待证事实进行证明，但仍需承担基础事实的证明负担。"〔张海燕：《民事推定法律效果之再思考——以当事人诉讼权利的变动为视角》，载《法学家》，2014(5)。〕

务。这种"一刀切"的简单化处理，是否契合 2018 年《关于审理涉及夫妻债务纠纷案件适用法律有关问题的解释》规定的兼顾主观意思（"意思论"）和客观用途（"用途论"）的多元化夫妻共同债务认定规则？

二、对《民法典》之前的夫妻共同债务举证责任制度的解释论

《民法典》之前的民事法律和司法解释中夫妻共同债务举证责任安排，存在几个解释适用和规则完善的疑难问题：2003 年《婚姻法司法解释二》第 24 条对夫妻共同债务是否确立了以"身份论"为基础事实的民事法律事实推定规范？① 如何理解 2018 年《关于审理涉及夫妻债务纠纷案件适用法律有关问题的解释》第 1 条和第 3 条规定的夫妻双方"共同意思表示"？立法论上是否应当将"共债共签"作为夫妻共同债务的典型原型？如何妥当衔接夫妻共同债务制度与适用于农村承包经营户、个体工商户（以下简称"两户"）的家庭共同债务制度？

（一）体系地而非机械地理解适用 2003 年《婚姻法司法解释二》第 24 条

有学者认为，2003 年《婚姻法司法解释二》第 24 条对夫妻共同债务的认定，以"婚内标准"取代了原《婚姻法》第 41 条规定的"共同生活标准"，违背了夫妻共同债务的本质规律，应该立即废除该第 24 条。② 笔者认为，不应该孤立地看待 2003 年《婚姻法司法解释二》第 24 条，而应该注意对其作体系解释和目的解释。

2003 年《婚姻法司法解释二》第 23 条规定："债权人就一方婚前所负个人债务向债务人的配偶主张权利的，人民法院不予支持。但债权人能够证明所负债务用于婚后家庭共同生活的除外。"例如，婚前一方以个人名义举债买房，但该房屋由夫妻婚后共同居住、使用，而且通过赠与行为，其配偶已成为房屋的共同共有权人。上述事实相结合足以证明该婚前所负债务用于婚后家庭共同生活，故应当认定为夫妻共同债务。③ 可见，如果个人婚前所负债务用于婚后家庭共同生活的，配偶应承担连带责任。

---

① 还有学者将 2003 年《婚姻法司法解释二》第 24 条称为夫妻共同债务"时间"推定规则。参见孙若军：《论夫妻共同债务"时间"推定规则》，载《法学家》，2017（1）；王轶、包丁裕睿：《夫妻共同债务的认定与清偿规则实证研究》，载《华东政法大学学报》，2021（1）。

② 参见叶名怡：《〈婚姻法解释（二）〉第 24 条废除论——基于相关统计数据的实证分析》，载《法学》，2017（6）。

③ 参见马超雄：《债权人要求撤销夫妻间房屋赠与合同的认定——北京二中院判决高某某诉秦某等债权人撤销权纠纷案》，载《人民法院报》，2019 - 04 - 11（17）。

这进一步论证、强调了夫妻共同债务基于夫妻共同生活而生的本质。总之，配偶一方的举债是否被认定为夫妻共同债务，重要的不是举债发生在婚前还是婚姻关系存续期间，而是举债是否用于共同生活。

夫妻共同债务制度涉及夫妻一方、夫妻另一方和债权人之间的利益平衡，故相关利益取舍或者排序应该做到不偏不倚。2003 年《婚姻法司法解释二》第 24 条规定："债权人就婚姻关系存续期间夫妻一方以个人名义所负债务主张权利的，应当按夫妻共同债务处理。但夫妻一方能够证明债权人与债务人明确约定为个人债务，或者能够证明属于婚姻法第十九条第三款规定情形的除外。"在夫妻共同债务的认定中，法官应当尽力使定案事实与客观真相相符合。基于夫妻共同生活是夫妻共同债务的本质属性，是夫妻共同债务认定的实质要素；而婚姻关系存续只是简便的外在判断形式，不能被简单化为唯一标准。申言之，并非婚姻关系存续期间夫妻一方以个人名义所负担的债务均为夫妻共同债务。笔者认为，对 2003 年《婚姻法司法解释二》第 24 条的理解应当符合、遵循法律规定本身的意旨，不能脱离原《婚姻法》第 41 条而孤立看待 2003 年《婚姻法司法解释二》第 24 条。根据原《婚姻法》第 41 条的规定，夫妻共同债务应为夫妻共同生活所负。如果夫妻双方的婚姻关系名存实亡，缺乏正常夫妻之间应有的相互扶持与依靠，且在经济及生活上各自负担，对家庭生活缺乏共同经营的意向与努力，那么，即便相关债务形成于婚姻关系存续期间，因不具有为夫妻共同生活这一特性，也不能被认定为夫妻共同债务。可见，2003 年《婚姻法司法解释二》第 24 条的体系依归和规范目的所向都在原《婚姻法》第 41 条。2003 年《婚姻法司法解释二》第 24 条对夫妻共同债务认定，并未确立以"身份论"为基础的民事法律事实推定规范，而是确定了以"共同用途论"——"为夫妻共同生活"为基础事实的民事法律事实推定规范。法官似乎都有形式主义的偏好，波斯纳甚至指出，法律形式主义仍然是美国联邦法官司法意见中占支配地位的风格。[1] 事实上，2003 年《婚姻法司法解释二》第 24 条并不存在错误。应该本着最大善意将实定法条文尽可能解释得有意义，存在错误的是司法审判中对该条的形式主义解释方法——脱离夫妻共同债务制度的整体而孤立地去看待 2003 年《婚姻

---

① 参见［美］理查德·波斯纳：《各行其是（法学与司法）》，苏力、邱遥堃译，北京，中国政法大学出版社，2017，第 59 页。

法司法解释二》第 24 条这个部分。[①]

在夫妻共同债务的认定中，婚姻关系存续与基于夫妻共同生活是两项重要标准，其中基于夫妻共同生活是实质性要素，系夫妻共同债务的本质属性。法院在审理此类案件过程中，应尽可能地查明婚内生活状况，平等重视和保护债权人与举债人配偶的利益，不能因为债务形成于婚姻关系存续期间就简单认定为夫妻共同债务，也不能简单以举证责任作出推定，尤其不能让非举债方承担举证责任，即不能让非举债方举证证明举债方所借债务并非用于夫妻共同生活。[②] 根据 2014 年最高人民法院民一庭《关于婚姻关系存续期间夫妻一方以个人名义所负债务性质如何认定的答复》，在债权人以夫妻一方为被告起诉的债务纠纷中，"如果举债人的配偶举证证明所借债务并非用于夫妻共同生活，则其不承担偿还责任"。对此，只能从诉讼反驳意义上理解举债人的配偶的此种"举证证明"，不能将此理解为要求举债人的配偶承担举证责任。

此外，应该结合原《婚姻法》第 17 条第 2 款和 2001 年《婚姻法司法解释一》第 17 条规定的日常家事代理制度，对夫妻共同债务规则作体系解释。基于日常家庭生活需要，夫妻一方对外所承担的债务，当然构成夫妻共同债务。因日常家庭生活需要当然符合原《婚姻法》第 41 条规定的"共同生活"标准，故债权人可以突破债的相对性，要求举债方的配偶共同承担债务。本着家事自治原则，夫妻可以约定限制因家庭日常生活需要所作处理决定的范围，限制日常家事代理权在某些生活领域的适用，以提高夫妻之间的整体协同度，但也应兼顾债权人的交易安全。与夫妻财产约定一样，我国法律并无对夫妻日常家事代理权约定的公示方法，故此时应该以债权人知悉为该约定能够产生外部效力的必要条件。申言之，如果夫妻以约定限制因家庭日常生活需要所作处理决定的范围，且债权人知道或者应当知道该约定的，则夫妻一方超出该约定限制范围所负的债务，不构成夫妻共同债务。

（二）广义地理解债权人对"基于夫妻双方共同意思表示"的举证责任，避免新的利益失衡

值得注意的是，2018 年《关于审理涉及夫妻债务纠纷案件适用法律

---

① 参见王雷：《〈婚姻法〉中的夫妻共同债务推定规范》，载《法律适用》，2017（3）。

② 参见安徽省六安市中级人民法院（2017）皖 15 民再 3 号民事判决书，安徽省六安市中级人民法院（2017）皖 15 民终 1350 号民事判决书。

有关问题的解释》实施后，司法实践中出现两种新现象：一是对债权人的举证责任理解过苛，没有妥当理解该司法解释第 1 条和第 3 条规定的"共同意思表示"，特别是对第 3 条规定的债权人对"基于夫妻双方共同意思表示"的举证责任作狭义理解，无谓提高债权人的举证难度。二是机械地理解该解释第 1 条规定的"共债共签"规则，甚至建议将该规则直接上升为民法典关于夫妻共同债务的一般规定。

如何妥当理解 2018 年《关于审理涉及夫妻债务纠纷案件适用法律有关问题的解释》第 3 条规定的"共同意思表示"的含义，在很大程度上成为在夫妻共同债务纠纷中实现三方民事主体（夫妻一方、夫妻另一方和债权人）利益平衡的重点和难点。理论界和实务界对 2018 年《关于审理涉及夫妻债务纠纷案件适用法律有关问题的解释》第 3 条有批评的声音，认为该条虽然一改对夫妻共同债务认定规则作形式主义理解（抛开举债"用途"，仅根据债务人"身份"来认定夫妻共同债务）之弊，避免了夫妻另一方的利益失衡，但却带来新的利益失衡现象：债权人承担举证责任成为其"难以承受之重"。这大大增加了债权人的债权实现的难度。笔者曾经对该司法解释施行后半年内北京和上海两地法院据此裁判过的夫妻共同债务纠纷案件作实证分析，发现债权人胜诉率不到 5%。当然，不同统计样本和统计方法可能会带来不同的数据结论，但这种新的"利益失衡"现象客观存在，具有代表性。其出现的根本原因是，对 2018 年《关于审理涉及夫妻债务纠纷案件适用法律有关问题的解释》第 3 条规定的"共同意思表示"存在理解和适用上的困难。笔者认为，我们应该结合《民法典》第 140 条对"共同意思表示"作体系解释，而不宜将之等同于该司法解释第 1 条规定的明示的共同意思表示。例如：非举债方偿还部分借款的行为可以被认定为存在共同意思表示；所借款项打入非举债方账户也可被认定为存在非举债方和举债方的共同意思表示[1]；所借款项部分转至非举债方的账户中，也可以被认定为非举债方对该部分举债做了共同意思表示，或者被视为非举债方以自己的行为追认该部分债务为夫妻共同债务。[2] 另如，债权人与举债方、非举债方存在亲戚关系，债权人为非举债方的姨夫，按照常理，债权人出借资金是基于其与非举债方的关系，故应认定为非举债

---

① 参见上海市第一中级人民法院（2018）沪 01 民终 3734 号民事判决书。
② 参见朱奕奕：《丈夫婚内举债谁来还？二审区分钱款去向，改判夫妻分别承担》，载澎湃新闻，https://m.thepaper.cn/newsDetail_forward_2333507，访问日期：2019-03-25。

方对借款明知，借款应属夫妻双方共同意思表示。① 再如，举债用于举债方单方从事的生产经营活动，但非举债方分享经营收益的，根据民事权利、义务、责任相统一的公平原则，应基于"该债务用于夫妻共同生活"标准，将该债务认定为夫妻共同债务。

夫妻共同债务的本质特征在于基于"夫妻双方共同意思表示"或者"为夫妻共同生活"。如果夫妻双方有共同举债的意愿，那么不论夫妻双方是否共享了该债务带来的利益，该债务均应被视为夫妻共同债务。如果夫妻事先无共同举债的意思表示，但债务发生以后，债务带来的利益由夫妻二人共同分享的，同样应被视为共同债务。债权人对婚姻关系存续期间夫妻一方以个人名义超出家庭日常生活需要所负的"大额举债"属于夫妻共同债务，承担举证责任，即债权人此时需要举证证明该"大额举债"用于夫妻共同生活、共同生产经营或者基于夫妻双方的举债合意，否则债权人将承担不利的后果。债务人单方借款，如果借款是为了公司运转，且数额相对合理且确实投入公司运营，系因正常的经营活动所负，且公司经营收入用于家庭生活，即便举债人的配偶未参与该公司的经营，但因此享受利益，而债权人亦能够对以上事实举证的，则应认定构成夫妻共同债务。当然，负债用于夫妻一方以单方名义经商、办企业，或进行股票、期货、基金等高风险投资的，不宜一律以"不能排除收益用于共同生活"为由，"一刀切"地认定为夫妻共同债务。尤其在夫妻长期分居、存在激烈矛盾等情况下，如果有独立收入来源的配偶一方抗辩对举债人的经营或投资行为完全不知情，且未分享经营或投资所得的，应谨慎认定债务性质为夫妻共同债务。② 但简单说"如果夫妻一方完全没有享受到债务所带来的任何利益，则其也没有义务来承担这与自己无关的债务"，就违背了夫妻有福同享、有难同当的身份共同体特点。"在婚姻关系存续期间，夫妻的生产经营性活动通常是为维持家庭生活而进行，生产经营活动的盈亏应由夫妻共享共担。"③

在司法实践中，"基于夫妻双方共同意思表示"还可以通过举债方配偶受益的方式体现出来。例如，举债方配偶没有共同借款行为，但若事后存在参与还款或使用借款行为，则可以视为对借款追认，也可以作为"基

---

① 参见上海市第二中级人民法院（2018）沪 02 民终 347 号民事判决书。
② 参见浙高法 ［2018］89 号浙江省高级人民法院《关于妥善审理涉夫妻债务纠纷案件的通知》。
③ 北京市高级人民法院（2018）京民申 2378 号民事裁定书。

于夫妻双方共同意思表示"。笔者认为，债务用于夫妻共同生活、共同生产经营可以作为"基于夫妻双方共同意思表示"的特殊表现。

综上，《民法典》婚姻家庭编中的夫妻共同债务制度应当澄清"共同意思表示"的含义，实现与《民法典》第140条规定的意思表示方式的体系和谐。此外，最高人民法院应当避免对2018年《关于审理涉及夫妻债务纠纷案件适用法律有关问题的解释》第1条和第3条规定的"共同意思表示"同词异解的现象，消除理解和适用上的困难。

（三）辩证看待"共债共签"规则

对"共债共签"和"债权人承担举证责任"的僵化理解与"一刀切"做法，成为司法裁判中新的形式主义倾向，极大损害了债权人利益，影响了交易安全，带来新的利益失衡。2018年《关于审理涉及夫妻债务纠纷案件适用法律有关问题的解释》对夫妻共同债务的认定，重视举债用途论，而没有仅根据债务人身份论来作形式主义理解和认定。这虽然避免了夫妻另一方的利益失衡，但却带来债权人的利益失衡的后果，表现为不具体问题具体分析，严格僵化地要求债权人承担举证责任。

笔者认为，夫妻一方在婚姻关系存续期间为家庭日常生活需要所承担的债务，属于夫妻共同债务，不必"共债共签"，夫妻是一个身份共同体，家庭是一个有福同享、有难同当的亲情和财产的共同体。家庭成员，特别是夫妻间侧重整体协同。这是一种休戚与共、志同道合、忠实互让、养老育幼的，具有人身信赖关系的紧密结合型团体。基于夫妻身份共同体的本质，夫妻一方在婚姻关系存续期间为家庭日常生活需要所负的债务，属于夫妻共同债务。强求"共债共签"的做法违背夫妻身份共同体的本质，不符合民众生活习惯，有碍交易效率。

2018年《关于审理涉及夫妻债务纠纷案件适用法律有关问题的解释》在夫妻共同债务认定标准的原则和例外设置上，存在体系化欠缺。"共债共签"规则更多借鉴财产法上的合同自由，而基于日常家事代理形成夫妻共同债务更多凸显身份法上的身份共同体性质，故在夫妻共同债务认定规则上，应该以后者为原则，以前者为例外。该解释将"共债共签"形成的夫妻共同债务作为原则，将基于日常家事代理形成夫妻共同债务作为例外，就颠倒了二者之间的关系。漠视夫妻身份共同体的特殊性，是合同法中心主义思维对身份法领域过度介入的表现。遗憾的是，《民法典》第1064条仍然以前者为认定夫妻共同债务的原则，以后者为例外。

综上所述，在婚姻关系存续期间超出家庭日常生活需要所负的债务，原则上不能构成夫妻共同债务，但夫妻双方以签名等方式作出共同意思表示的除外。这就能够兼顾夫妻身份共同体性质所要求的整体协同与夫妻意思自治，也限缩了所谓"共债共签"的范围。超出家庭日常生活需要所负的债务，如果要认定为夫妻共同债务，原则上须夫妻双方以共同签名等方式作出共同意思表示。

（四）妥当衔接夫妻共同债务制度与适用于"两户"的家庭共同债务制度

原《民法总则》第 56 条第 1 款规定："个体工商户的债务，个人经营的，以个人财产承担；家庭经营的，以家庭财产承担；无法区分的，以家庭财产承担。"2018 年《关于审理涉及夫妻债务纠纷案件适用法律有关问题的解释》关于由债权人举证夫妻一方举债用于夫妻共同生产经营的规定，与原《民法总则》第 56 条关于实质上由非举债的配偶举证证明举债方属于"个人经营"的规定之间，是否存在冲突？有学者宏观地指出，对"两户"对外所负债务的性质和承担，应该适用原《民法总则》的规定。[①]有学者认为，应该严格限定个体工商户的范围，即必须是依法登记为个体工商户的，才可适用原《民法总则》第 56 条第 1 款。而且债权人仍须证明系争债务事实上用于了个体工商户的经营，仅仅是借条或合同上约定债务用于个体工商户经营还不足够，如此方可避免非举债方的不利处境。[②]

笔者认为，夫妻共同债务制度与适用于"两户"的家庭共同债务制度之间可能存在情境混同，故从法律适用上必须对其作体系解释，消除体系违反。第一，运用历史解释方法，对比原《民法通则》第 29 条和原《民法总则》第 56 条。后者区分个体工商户债务承担规则与农村承包经营户债务承担规则；前者配置法律拟制规定——"无法区分的，以家庭财产承担"，进一步彰显对个体工商户这类商事主体的外观主义信赖。"农村承包经营户多为家庭生产经营共同体，而个体工商户虽用'户'来称谓，但含有大量从事商业活动的自然人，区别规定较为合理。"[③] 第二，从体系解释角度看，笔者赞同，适用原《民法总则》第 56 条第 1 款第三分句拟制规定的前提是，债权人仍须证明系争债务事实上用于了个体工商户的经营。由此可以避免债权人根据夫妻共同债务制度无法成功举证时，退而要求根据原《民法总则》第 56 条第 1 款的规定，将该债务直接拟制为夫妻所形

---

① 参见程新文、刘敏、方芳、沈丹丹：《〈关于审理涉及夫妻债务纠纷案件适用法律有关问题的解释〉的理解与适用》，载《人民司法·应用》，2018（4）。

② 参见叶名怡："共债共签"原则应写入《民法典》，载《东方法学》，2019（1）。

③ 杨震：《民法总则"自然人"立法研究》，载《法学家》，2016（5）。

成个体工商户的共同债务。值得注意的是，该拟制规定适用的前提是举债用于个体工商户的经营，但无法区分个人经营还是家庭经营。第三，在责任财产的范围上也须作体系解释。根据原《婚姻法》第 41 条的规定，夫妻共同债务应该以夫妻"共同财产"偿还。根据该法第 17 条和第 18 条，夫妻共同财产和个人财产是可以区分的。类似地，无论是对个体工商户债务以"家庭财产承担"，还是对农村承包经营户债务，以"农户财产承担"，都指向共同财产，不宜包括个人财产。[1] 显然，不能把"两户"类同于合伙[2]，否则仍会出现债权人基于夫妻共同债务对应的偿债范围为共同财产，而基于"两户"的共同债务对应的偿债范围反倒变成共同财产加个人财产，而在利弊轻重之间，债权人会架空夫妻共同债务制度，向"两户"共同债务制度逃逸的现象。

三、《民法典》婚姻家庭编中夫妻共同债务制度的应然安排

（一）《民法典》婚姻家庭编对夫妻共同债务立法建议具体条文

2018 年 9 月 5 日《民法典婚姻家庭编（草案）》未规定夫妻共同债务认定规则，只在第 867 条［对应《民法典（草案）》第 1089 条］规定了离婚时的夫妻共同债务清偿规则。2019 年 3 月 23 日，由中国法学会婚姻法学研究会、中国人民大学法学院、中国人民大学民商事法律科学研究中心和《法学家》杂志社共同举办的中国民法典婚姻家庭编与继承编立法研讨会召开。中国人民大学王轶教授在这次会议上，就《民法典》婚姻家庭编中的夫妻共同债务制度提出如下立法建议条文，并于会后向全国人大法工委提交了详细立法建议报告。

民法典婚姻家庭编（草案）

第四章 离婚

第八百六十七条之一 【夫妻共同债务认定规则之一：基于日常

---

[1] 王利明教授认为，原《民法总则》第 56 条第 1 款规定的家庭财产"包括从事经营的各个家庭成员的个人财产和共同财产"，第 56 条第 2 款规定的农户财产"包括该户内成员的个人财产和共同财产"。参见王利明：《民法总则研究》，3 版，北京，中国人民大学出版社，2018，第 255、258 页。

[2] 周友军教授认为："两户"责任财产的范围都包括家庭共同财产和参与经营的家庭成员的个人财产，"实际上形成了家庭内的合伙"。如果不包括个人财产，就会导致法秩序内部的判断矛盾。参见王利明主编：《中华人民共和国民法总则详解》，上册，北京，中国法制出版社，2017，第 239～240 页。

家事代理形成的夫妻共同债务】

夫妻一方在婚姻关系存续期间为家庭日常生活需要所承担的债务，属于夫妻共同债务；夫妻双方另有约定，债权人知道或者应当知道的，依照该约定。

第八百六十七条之二　【夫妻共同债务认定规则之二：日常家事代理之外所形成的夫妻共同债务】

夫妻双方以签名等方式作出共同意思表示，在婚姻关系存续期间超出家庭日常生活需要所承担的债务，属于夫妻共同债务。

夫妻一方在婚姻关系存续期间超出家庭日常生活需要所承担的债务，债权人能够证明该债务用于夫妻共同生活或者共同生产经营的，属于夫妻共同债务。

夫妻一方在婚姻关系存续期间超出家庭日常生活需要所承担的债务，不存在第二款情形，但债权人能够证明夫妻另一方从中受益的，夫妻共同债务以受益范围为限。

笔者认为，该立法建议本着夫妻身份共同体特点，坚持兼顾主观意思和客观用途的多元化夫妻共同债务认定标准，充分涵盖因民事法律行为所形成的夫妻共同债务和非因民事法律行为所形成的夫妻共同债务，以实现夫妻一方、夫妻另一方与债权人之间的利益平衡。该立法建议第 867 条之一规定基于日常家事代理所形成的夫妻共同债务，属于"用途论"的体现。在日常家事代理之外，第 867 条之二第 1 款规定"夫妻双方以签名等方式作出共同意思表示"形成夫妻共同债务，属于"意思论"的体现；第 867 条之二第 2 款规定夫妻一方举债"用于夫妻共同生活或者共同生产经营的"，构成夫妻共同债务，属于"共同用途论"的体现；第 867 条之二第 3 款规定夫妻一方举债，"夫妻另一方从中受益的，夫妻共同债务以受益范围为限"，属于"单方用途论"的体现。

此外，2018 年《关于审理涉及夫妻债务纠纷案件适用法律有关问题的解释》第 2 条和第 3 条的适用情形均为"夫妻一方在婚姻关系存续期间以个人名义"举债，解决的主要是将合同之债认定为夫妻共同债务的法律适用问题。① 非因合同等民事法律行为所形成的夫妻共同债务的判断标准

---

① 曹险峰教授就提出，若将最高人民法院《关于审理涉及夫妻债务纠纷案件适用法律有关问题的解释》上升为法律，就应补充不当得利之债、侵权之债这些情形。参见 2019 年 3 月 23 日中国民法典婚姻家庭编与继承编立法研讨会会议综述《中国民法典婚姻家庭编与继承编立法研讨会在中国人民大学成功举办》，载 http://www.law.ruc.edu.cn/lab/ShowArticle.asp?54973.html，访问日期：2020 - 02 - 28。

如何确定？本立法建议第 867 条之二第 2 款和第 3 款均不再保留"以个人名义"的限制条件，由此涵盖非因民事法律行为所形成的夫妻共同债务。此种共同债务同样适用"共同意思论"和"共同用途论"的判断标准，考察相关债务的形成是否服务于夫妻共同利益。这就使立法更周延。遗憾的是，《民法典婚姻家庭编（草案）》（二次审议稿）第 840 条之一、《民法典（草案）》第 1064 条、《民法典》第 1064 条仍然强调"以个人名义"的限制条件，导致无法涵盖非因合同等民事法律行为所形成的夫妻共同债务。

结合《民法典婚姻家庭编（草案）》（二次审议稿）、（三次审议稿）和《民法典（草案）》的立法进展，笔者赞同用围绕 2018 年 9 月 5 日《民法典婚姻家庭编（草案）》所提出的前述立法建议条文整体替换《民法典（草案）》第 1064 条。最好能保持并列的两个条文，只用一个条文对应四款也可。

（二）运用要件事实论方法分析夫妻共同债务立法建议条文的举证责任配置

以民事权利的作用为标准，可以将民事权利区分为支配权、请求权、抗辩权和形成权。请求权是指得请求他人为一定行为或者不为一定行为的权利。"以权利发生的先后及相互关系为标准，民事权利可分为原权（又称原权利）与救济权……根据区分原权与救济权的原理，请求权可分为原权请求权与救济权请求权……基于救济权发生的请求权是救济权请求权，例如，基于侵害人格权、物权、知识产权等发生的请求权，基于不履行债务发生的请求权等。"[①] 抗辩权是对抗请求权的权利。抗辩权须由法律明确规定。抗辩权的行使以请求权的行使为前提。

民事诉讼过程中存在原告的诉讼请求和被告的诉讼抗辩。这不简单等同于民法上的请求权和抗辩权。原告起诉必须符合的条件之一就是，"有具体的诉讼请求和事实、理由"。原告对自己提出的诉讼请求可以放弃、变更或者增加。针对原告的诉讼请求，被告可以承认，也可以反驳，还可以提起反诉。原告的各类民事权益被侵害时，都可以提起诉讼。这种诉讼可以表现为确认之诉、给付之诉或者变更之诉的不同形态，指向的可以是支配权、请求权、形成权或者其他合法民事利益。被告的抗辩权与被告的诉讼抗辩不相同，后者又包括对权利发生的抗辩、对权利存续的抗辩和对权利实现的抗辩等。换言之，被告的诉讼抗辩可以表现为提出权利妨碍、

---

① 魏振瀛主编：《民法》，5 版，北京，北京大学出版社，2013，第 38、49 页。

权利消灭或者权利受制等。抗辩权仅仅是诉讼抗辩的方法之一。此外，诉讼抗辩也不简单等同于诉讼否认。诉讼否认仅仅是诉讼反驳的一种形式。除诉讼否认外，诉讼抗辩还可能表现为反驳或者反诉的其他形式。对于民事诉讼中的抗辩事由，法院应依职权主动审查。对于抗辩权，则须由权利人主张，法院不能主动审查。无论是原告请求，还是被告抗辩，原则上当事人都有责任对自己提出的主张提供证据加以证明。

要件事实论，使诉讼或者仲裁过程中当事人的互动呈现出"请求—抗辩—再抗辩—再再抗辩"的动态过程，使原、被告不局限于通过诉讼请求和诉讼抗辩进行单回合的互动，而是可以将诉讼请求、诉讼抗辩与举证责任结合起来。"所谓的要件事实论——在确定发生一定法律效果之法律要件的基础上，旨在阐明有关构成该事实之主张、举证责任的所在以及应当由当事人提出之攻击防御方法的配置（请求原因、抗辩、再抗辩等）的理论。"[1] "要件事实是成为证明责任对象的事实，也可称为证明责任对象事实……主张责任与证明责任应当一致。""可以说要件事实思考方法的核心在于证明责任的思考方法。"[2] 笔者认为，要件事实论能够有效沟通诉讼请求、诉讼抗辩及其相应的举证责任问题。要件事实论与举证责任紧密结合，提供了从案件事实认定角度消除民事权利规范、民事义务规范和民事责任规范潜在体系冲突的很好视角。[3] "研究由何方当事人对要件事实负主张、证明责任便是要件事实论的主要目的。"[4] 要件事实论是一项重要的司法技术，有助于法官准确"理解、转述立法者体现在法律规定中的价值判断"[5]。

针对夫妻共同债务认定规则之一——基于日常家事代理所形成的夫妻共同债务，从要件事实论的角度可以对当事人之间的诉讼请求、反驳、反诉等作如下动态展现：第一，债权人主张涉案债务为夫妻一方在婚姻关系

---

① ［日］山本敬三：《民法讲义》，Ⅰ·总则，解亘译，北京，北京大学出版社，2012，第三版中文版序言。

② ［日］伊藤滋夫：《日本要件事实的思考方法》，载崔建远主编：《民法九人行》，第 8 卷，北京，法律出版社，2016，第 192 页。

③ 张卫平教授曾指出，民事诉讼实务中存在"没有能够从实体请求权要件着手认识证明责任的性质以及证明责任的分配"的现象。参见张卫平：《对民事诉讼法学贫困化的思索》，载《清华法学》，2014（2）。

④ ［日］小林正弘：《作为民法解释学的要件事实论——"裁判规范之民法"的构想》，载崔建远主编：《民法九人行》，第 7 卷，北京，法律出版社，2014，第 286 页。

⑤ 王轶：《民法原理与民法学方法》，北京，法律出版社，2009，第 265 页。

存续期间为家庭日常生活需要所承担，因而属于夫妻共同债务的，债权人须对夫妻一方基于家庭日常生活需要承担债务这一基础事实负担举证责任。① 第二，夫妻另一方可以通过诉讼否认作出抗辩②，否认夫妻一方是为家庭日常生活需要举债。否认者对此消极事实不承担举证责任。如果债权人在前一个环节中成功举证，则相关债务就应该被认定为夫妻共同债务。第三，针对第一个环节中债权人的请求及举证，夫妻另 方还可以不作前述诉讼否认，而是直接提出积极的诉讼反驳，主张夫妻双方对日常家事代理权另有约定，且涉案债务超出该约定的范围，而债权人知道或者应当知道该约定。此时，夫妻另一方须对这些积极事实承担举证责任。债权人可对这些积极事实作诉讼否认。如果夫妻另一方能够成功举证，则相关债务不构成夫妻共同债务。第四，针对债权人的诉讼请求，夫妻另一方还可以进一步提起反诉，主张债权人和夫妻一方构成恶意串通，并对此承担举证责任。这就要本着体系化的思考方法，补充适用恶意串通，损害他人合法权益的民事法律行为无效制度。

针对夫妻共同债务认定规则之二——日常家事代理之外所形成的夫妻共同债务，从要件事实论的角度可以对当事人之间的诉讼请求、反驳、反诉等作如下动态展现。

第一，在婚姻关系存续期间超出家庭日常生活需要所承担的债务，如果债权人举证证明"夫妻双方以签名等方式作出共同意思表示"，则构成夫妻共同债务。

"夫妻双方以签名等方式作出共同意思表示"中的"共同意思表示"是一个广义的概念。2018 年《关于审理涉及夫妻债务纠纷案件适用法律有关问题的解释》第 1 条和第 3 条规定的"共同意思表示"含义不同，需要结合原《民法总则》第 140 条进行体系解释、区别理解。前者指的是类似于签名等意思表示的明示方式，后者对应默示等意思表示的非明示方

---

① 而有学者认为，宜将《民法典》第 1064 条第 1 款后半部分定位为法律上事实推定，无须当事人主张，法官即可依职权援引适用；将"家庭日常生活需要"作为法律上事实推定之推定基础事实。参见任重：《夫妻债务规范的诉讼实施——兼论民法典与民事诉讼的衔接》，载《法学》，2020（12）。

② 针对 2018 年《关于审理涉及夫妻债务纠纷案件适用法律有关问题的解释》也可从要件事实论的角度作类似分析：该司法解释第 2 条明确了夫妻日常家事代理权，明确夫妻一方为家庭日常生活需要所负债务为夫妻共同债务，对应债权人的请求及对"家庭日常生活需要所负的债务"事实的举证责任。针对债权人依据第 2 条所作请求，非举债方可以抗辩不构成日常家事代理。若非举债方在抗辩环节胜出，债权人可以继续依据第 3 条进行抗辩并承担相应举证责任。

式。本着民法典的体系化要求，"以签名等方式作出共同意思表示"，可以包含 2018 年《关于审理涉及夫妻债务纠纷案件适用法律有关问题的解释》第 1 条中的"事后追认等共同意思表示"和第 3 条中的"共同意思表示"的不同方式，不再局限于类似于签名等意思表示的明示方式，从而避免出现对"共同意思表示"同词异解的现象。由此，也可实现与原《民法总则》第 140 条规定的意思表示方式的体系和谐，从而消除理解上的歧义。

第二，夫妻一方在婚姻关系存续期间超出家庭日常生活需要所承担的债务，债权人能够证明该债务用于夫妻共同生活或者共同生产经营的，属于夫妻共同债务。

笔者认为，日常家事代理之外所形成的债务被认定为夫妻共同债务，以"意思论"标准为原则，以"用途论"标准为例外。具体而言，日常家事代理之外所形成的债务构成夫妻共同债务，以夫妻双方签名等方式作出共同意思表示为原则；如果不存在此种共同意思表示，则以用于夫妻共同生活或者共同生产经营为例外。① 从要件事实论的角度看，当事人之间的诉讼请求、诉讼抗辩及相应举证责任可以呈现出如下情形：债权人基于夫妻双方以签名等方式作出共同意思表示，主张夫妻一方所承担的债务为共同债务。夫妻另一方提出诉讼否认，抗辩自己并未签名，也未作出其他共同意思表示。若债权人无法成功举证前述"意思论"对应的要件事实，则

---

① 有学者认为：夫妻连带债务包括小额连带债务和大额连带债务。前者是指基于日常家事代理产生的债务；后者是指以夫妻一方名义签订、超出家庭日常生活需要，但存在夫妻共同意思表示的债务。以夫妻一方名义签订、超出家庭日常生活需要，但负债用于夫妻共同生活和共同生产经营的债务，方为基于法定共同财产制的夫妻共同债务。参见汪洋：《夫妻债务的基本类型、责任基础与责任财产——最高人民法院〈夫妻债务解释〉实体法评析》，载《当代法学》，2019 (3)。

笔者认为：以现行法律和司法解释为前提，区分夫妻连带债务与夫妻共同债务，属于纯粹民法学问题中的解释选择问题。如果根据此种区分进一步从立法论上主张二者责任财产范围不同，除全部夫妻共同财产外，夫妻连带债务的责任财产范围还包括夫妻双方的个人财产，夫妻共同债务的责任财产范围还包括举债方的个人财产，这就属于民法问题中的价值判断问题。但对责任财产范围的此种区分，正当性尚有较大论证空间。如何妥当界定偿还夫妻共同债务的责任财产范围，乃至不同类型责任财产是否存在清偿顺序的差异，是夫妻共同债务领域少受关注的重要价值判断问题〔新近可资参考的研究文献如刘征峰：《夫妻债务规范的层次互动体系——以连带债务方案为中心》，载《法学》，2019 (6)〕。《民法典（草案）》第 1089 条第二句简单承继了原《婚姻法》第 41 条第二句粗糙模糊的价值判断结论，并未作立法明晰和推进。

债权人还可退而基于"用途论"作再抗辩并举证。①

第三，夫妻一方在婚姻关系存续期间超出家庭日常生活需要所承担的债务，虽不存在"用途论"所指向的用于夫妻共同生活或者共同生产经营的情形，但债权人能够证明夫妻另一方从中受益的，夫妻共同债务以受益范围为限。这实际上不是"共同用途论"，而是夫妻另一方（非举债方）的"单方用途论"。"单方用途论"成为"共同用途论"的例外，即债权人对夫妻一方举债的共同用途无法成功举证时，还可退而求其次，就夫妻另一方的单方用途举证。当然，此时的共同债务也就仅限于夫妻另一方的受益范围。这是民事权利、义务、责任协调统一原则的当然要求。

四、《民法典》第1064条坚持主、客观相结合的多元化夫妻共同债务认定标准

从民法价值判断问题角度看，《民法典》婚姻家庭编是否规定以及如何规定夫妻共同债务制度，展现了民法典看待"家""协调人与家之间关系"的基本态度。第一，不能将夫妻等同于财产法上的合伙，不能用市场经济思维看待伦理家庭生活，应该正视夫妻身份共同体服务于夫妻共同利益的特点。第二，《民法典》婚姻家庭编应该坚持兼顾主观意思"共同意思论"和客观用途"用途论"的多元化夫妻共同债务认定标准，以实现多方民事主体之间的利益平衡。第三，应该注意区分基于日常家事代理所形成的夫妻共同债务与非基于日常家事代理所形成的夫妻共同债务。在非基于日常家事代理产生的夫妻共同债务问题上，注意以"共债共签"为原则与"共同用途论"、"单方用途论"为例外。

从民法司法技术角度看，在夫妻共同债务规定法律适用过程中，需要结合要件事实论识别民事权利、义务、责任所对应的举证责任，展现当事人围绕夫妻共同债务形成"请求—抗辩—再抗辩—再再抗辩"的动态诉讼过程，以准确理解、转述立法者体现在夫妻共同债务法律规定中的"原则—例外"关系，以及渗透其间的对夫妻身份共同体的认知。夫妻共同债

---

① 类似观点，参见吴至诚：《夫妻债务的英美法系功能比较研究——以不采行夫妻共同财产制的模式为中心》，载《华东政法大学学报》，2021（1）。

对夫妻一方举债是否用于共同生活这一事实的证明，有学者认为，在配偶内部关系中，当然应当由超出家庭日常生活需要负债的配偶一方举证证明该债务用于共同生活；而在配偶双方与债权人之间这种外部关系上，在强化法院依职权查明的基础上，应当将举证责任分配给配偶另一方。参见朱虎：《夫妻债务的具体类型和责任承担》，载《法学评论》，2019（5）。

务制度的立法和司法，最终展现我们中国人对夫妻关系乃至婚姻家庭关系的基本态度：婚姻家庭是一个具有法的意义的伦理爱的温馨港湾，是一个有福同享、有难同当的亲情和财产的共同体。家庭成员，特别是夫妻间，侧重整体协同。它是一种休戚与共、志同道合、忠实互让、养老育幼的具有人身信赖关系的紧密结合型团体。

《民法典》第 1064 条整体吸纳了 2018 年《关于审理涉及夫妻债务纠纷案件适用法律有关问题的解释》第 1～3 条，坚持了主、客观相结合的多元化夫妻共同债务认定标准。笔者认为，《民法典》第 1064 条继受坚持有余，创新发展不足。其在适用范围上的不周延，在"原则—例外"关系和"请求—抗辩—再抗辩—再再抗辩"上的不系统，均须进一步解决。

第十一章 《民法典》继承编中的证据方法规范

一、《民法典》继承编中的证据方法规范概述

民法不可避免地需要对证据规范加以规定。不同民商事法律部门中的证据规范各有侧重。[①] 证据方法规范是继承法中证据规范的鲜明特色，典型的如遗嘱或者遗赠扶养协议，均须以书证、证人证言、视听资料等证据方法表彰。此类证据方法规范的核心价值判断问题在于相关证据方法的证据能力和证明力。

原《民法通则》第56条第二句规定："法律规定用特定形式的，应当依照法律规定。"该条属于不完全法条，未明确当事人不采用该特定形式时的法律后果。原《民法总则》第135条第二分句仍作类似规定。中国法学会民法典编纂项目领导小组和中国民法学研究会组织撰写并于2015年6月24日正式提交全国人大常委会法工委的《中华人民共和国民法典·民法总则专家建议稿》第120条规定："法律、行政法规规定或者当事人约定法律行为应当采用特定形式的，依照其规定或者约定。没有采用特定形式的，推定法律行为未成立。"《民法典》第1134～1139条规定的遗嘱要式性要求是对遗嘱自由原则的重要限制，而要式性的要求有助于保障遗嘱人意思表示内容的完整、明确和真实。[②] 遗嘱作为要式民事法律行为，当然应该遵循要式民事法律行为中法定形式对行为效力的影响规则。不过，基于遗嘱的单方性、要式性的特点，法定形式对遗嘱的影响更甚于对一般

[①] 其他类似讨论，参见邱爱民：《论我国公司法中的证据法规范》，载《扬州大学学报（人文社会科学版）》，2015（4）。

[②] 有学者指出，应该以意思表示为核心构成要素构建法律行为的概念和制度体系。[参见董彪、李建华：《我国民法典总则中法律行为构成要素的立法设计——以权利本位为视角》，载《当代法学》，2015（5）。] 笔者认为，法律行为以意思表示为核心构成要素。遗嘱的要式性是对遗嘱意思表示的重要限制。要式性不是遗嘱的本质特点，而是以保障遗嘱人意思表示内容完整、明确和真实为目的。

民事法律行为的影响，因为法定形式直接关涉遗嘱作为证据的证据能力。

二、遗嘱形式对应的证据方法规范以及其证据能力

（一）遗嘱形式及其证据能力

遗嘱是指自然人生前按照法律规定的方式处分自己的财产权利，并于其死亡后发生效力的单方民事法律行为。遗嘱是典型的单方法律行为，该单方法律行为理应受到民事法律行为制度的调整；遗嘱是典型的要式行为、死因行为、单方无相对人的行为。因遗嘱的形式要求严格，故对遗嘱形式的规定是整个民法制度中对民事法律行为形式的规定最为详尽的部分。[①] 优士丁尼在《法学阶梯》中就曾经记载："遗嘱被这样叫，乃因为它是意思表示的证据。"[②]

根据原《继承法》第 17 条的规定，有效遗嘱的形式只有五种：公证遗嘱、自书遗嘱、代书遗嘱、录音遗嘱及口头遗嘱。原《继承法》为每一种遗嘱形式规定了严格的有效要件，例如，代书遗嘱、录音遗嘱和口头遗嘱都须有 2 个以上的见证人在场见证。遗嘱属于要式民事法律行为，遗嘱必须符合法律规定的形式要件，才会发生遗嘱人预期的法律效果。遗嘱事关家庭、社会生活秩序的稳定和遗嘱人财产权利的归属，且遗嘱的成立和生效之间存在一段时间距离。时过境迁，遗嘱人的真实意思只能通过遗嘱查知。因此，为确保遗嘱的真实可靠性以充分尊重遗嘱人的本意，并督促立遗嘱人谨慎安排遗产事宜，法律对遗嘱有要式性的要求。

遗嘱属于要式行为，违反法定形式要件，该遗嘱是不成立、无效、"不能有效"还是"不生效力"？对此，众说纷纭，莫衷一是。第一，认为违反法定形式的遗嘱"无效说"主张，从对 1985 年《继承法意见》第 35 条反面解释的角度看，原《继承法》实施后订立的、形式上有欠缺的遗嘱，即为无效遗嘱。第二，"不能发生效力说"（"不能有效说"）认为："法律对遗嘱的形式有明确规定，遗嘱人只能按照法律规定的形式制作遗嘱，不按照法律规定的形式设立的遗嘱，不能发生效力。""遗嘱有效的形式要件，是指遗嘱的形式须符合法律的规定。遗嘱的形式若不符合法律的要求，也就不能有效。"[③] 第三，"不成立说"认为，"遗嘱是遗嘱人以死后

---

① 参见张平华：《修改完善〈继承法〉及制定民法典继承编的几个宏观思考》，载梁慧星主编：《民商法论丛》，第 49 卷，北京，法律出版社，2011，第 429～430 页。

② 徐国栋：《优士丁尼〈法学阶梯〉评注》，北京，北京大学出版社，2011，第 238 页。

③ 魏振瀛主编：《民法》，5 版，北京，北京大学出版社，2013，第 601、603 页。

发生效力为目的的意思表示，是要式法律行为，非依法定形式不得成立"。不过，"不成立说"在违反法定形式的遗嘱的效力上又存在"不生效力""即为无效"等表达。①

为保证遗嘱的真实可靠性，原《继承法》第 17 条第 2 款、《民法典》第 1134 条规定的自书遗嘱，限于遗嘱人亲笔书写、签名并注明日期的遗嘱，不允许打印。自书遗嘱须用手写，重点在于"可依据字迹判断真伪"②。如果遗嘱人不是正式制作遗嘱，而仅在日记、信件③等自书文书中提到死后财产权利的安排，则一般不能认定该内容属于自书遗嘱。但若相关自书文书中对死后财产权利的安排具体明确，在没有相反证据否定时，可以认定该文书具有自书遗嘱的效力。1985 年《继承法意见》第 40 条规定："公民在遗书中涉及死后个人财产处分的内容，确为死者真实意思的表示，有本人签名并注明了年、月、日，又无相反证据的，可按自书遗嘱对待。"《民法典继承编司法解释一》第 27 条规定："自然人在遗书中涉及死后个人财产处分的内容，确为死者的真实意思表示，有本人签名并注明了年、月、日，又无相反证据的，可以按自书遗嘱对待。"

从证据能力的角度看，遗嘱作为要式行为，如果欠缺相应形式要件，就会在实体法上无效，从而相关遗嘱也就不具备证据能力。因此，遗嘱应该符合法定形式要求，如根据原《继承法》第 17 条第 2 款的规定，自书遗嘱由遗嘱人亲笔书写，签名，注明年、月、日。④原《继承法》第 17 条对其他遗嘱形式也都作了严格的要式性规定，违反这些要式性规定，会导致遗嘱无效。对比而言，合同成立对应的书面形式、口头形式及其他形式等形式标准对应合同法上的证据方法规范，但合同法上的证据方法规范对合同本身的影响主要对应合同成立的法律事实推定规范，而且该推定规范属于可反驳推翻的合同法律事实推定规范。⑤

---

① 参见王利明主编：《民法》，6 版，北京，中国人民大学出版社，2015，第 539 页。

② 《男子打字写遗嘱"不给不孝子女一毛"被判无效》，载中国新闻网，http://www.chinanews.com/tw/2013/03-19/4655790.shtml，访问日期：2014 - 10 - 02。

③ 参见陈琼珂：《猝然离世未留财产分配遗嘱 生前日记信件表述是否算数》，载《解放日报》，2013 - 08 - 09 (11)。

④ 参见浙江省金华市中级人民法院 (2005) 金中民一终字第 214 号民事判决书，载中国法律网。也有学者对此种严格的司法态度持批评意见，参见郭明瑞：《论遗嘱形式瑕疵对遗嘱效力的影响——兼论遗嘱形式的立法完善》，载《求是学刊》，2013 (2)；梁分："遗嘱形式缓和"之实证分析》，载《法学杂志》，2012 (7)。

⑤ 参见王雷：《论合同法中证据规范的配置》，载《法学家》，2016 (3)。

　　《民法典》第 1136 条增加规定打印遗嘱，第 1137 条增加规定录像遗嘱。这两种新遗嘱形式因应网络时代和自媒体时代的特点，具有证据能力。就打印遗嘱而言，其不像自书遗嘱那样，可以相对容易地通过笔迹鉴定来辨别真伪。因打印遗嘱被伪造的风险更高，故《民法典》第 1136 条对打印遗嘱设置了较自书遗嘱更为严格的形式要件：应当有两个以上无利害关系的具有完全民事行为能力的见证人在场见证；遗嘱人和见证人应当在打印遗嘱的每一页上签名并注明年、月、日。如此，打印遗嘱的证据能力方可获得法律认可。

　　笔者认为，应当采取多样化的遗嘱形式，并且遗嘱形式对遗嘱效力的影响也应该加以缓和。遗嘱必须符合法律规定的形式要件，才会发生遗嘱人预期的法律效果。原《继承法》第 17 条规定的遗嘱要式性要求是对遗嘱自由原则的重要限制。遗嘱的形式要求严格，是整个民法制度中对法律行为形式规定最为详尽的部分。电子遗嘱、密封遗嘱等，只要能够记载遗嘱人的真实意思表示，且有普遍的现实需要，就应当上升为法定遗嘱形式以承认其法律效力。当然，立法上对这些新的遗嘱形式也应该严格其形式要件。虽然要式性有助于保障遗嘱人意思表示内容的完整、明确和真实，但遗嘱的要式性也不应该过于僵化以限制遗嘱人的自由意志。即使遗嘱中某些形式要素稍有欠缺，只要不影响遗嘱实质内容的判断，就不应当导致遗嘱无效。"对特定要式行为来说，形式瑕疵可以被补正。"[1] 当然，遗嘱形式瑕疵的补正不同于原《合同法》第 36 条所规定的合同形式瑕疵因合同履行而补正，遗嘱形式瑕疵补正制度主要是为了缓和、衡平遗嘱这一要式行为的严格规定。为此，可以借鉴并目的性扩张解释 1985 年《继承法意见》第 35 条的规定："……形式上稍有欠缺的遗嘱，如内容合法，又有充分证据证明确为遗嘱人真实意思表示的，可以认定遗嘱有效。"[2] 因此，笔者建议，民法典继承编司法解释未来应该直接规定遗嘱形式轻微瑕疵缓和制度："形式上稍有欠缺的遗嘱，如内容合法，又有充分证据证明确为遗嘱人真实意思表示的，可以认定遗嘱有效。"

（二）应认可电子遗嘱、共同遗嘱等的证据能力

　　对电子遗嘱而言，司法实践中存在很多疑难问题。电子遗嘱在遗嘱的

---

　　① ［德］汉斯·布洛克斯、沃尔夫·迪特里希·瓦尔克：《德国民法总论》，张艳译，北京，中国人民大学出版社，2012，第 203 页。
　　② 王雷：《我国〈继承法〉修改中应着力协调的三种关系》，载《苏州大学学报（法学版）》，2014（4）。

效力和遗嘱的可识别性上往往会存在很多问题。然而，在遗嘱形式多样化的背景下，只要遗嘱能够满足遗嘱行为的生效要件，就应当认可其效力。判断遗嘱有无效力，最重要的是确认遗嘱的真伪，而不是确认立遗嘱的载体工具。立法者也应该与时俱进，而非墨守成规。"法律应该调整已经发生了变化并在很大程度上继续变化着的生活关系，它至少应当暂时地引导这些变化走入制度性的轨道。"① 对电子遗嘱，应该采取开放的态度，而不应当固守传统的形式；应该充分回应社会生活的需求，采取多样化的遗嘱形式。② 《民事诉讼法》第 66 条所规定的证据种类包含了电子数据。当然，因电子数据具有单方生成性、易被修改、难于固定等特点，故司法实践中为法院所采信的电子数据往往须经过公证。③ 实践中还出现了遗嘱预约登记的做法，并且立遗嘱人可以由此取得遗嘱证。遗嘱预约登记制度符合遗嘱保密性的客观需求，故法律应该对此予以认可和规范。

原《继承法》没有规定共同遗嘱，但《遗嘱公证细则》第 15 条规定："两个以上的遗嘱人申请办理共同遗嘱公证的，公证处应当引导他们分别设立遗嘱。""遗嘱人坚持申请办理共同遗嘱公证的，共同遗嘱中应当明确遗嘱变更、撤销及生效的条件。"共同遗嘱除具备单方民事法律行为的特征外，从共同遗嘱人意思表示一致的角度看，共同遗嘱还属于共同法律行为。④ 有法院在共同遗嘱纠纷案件的裁判中妥当地指出："遗嘱人生前可变更、撤销其原来所立遗嘱。当遗嘱人死亡，遗嘱生效，遗嘱继承人只能接受继承或放弃继承，而不能撤销、变更已生效的遗嘱。夫妻双方共立遗嘱，约定互为继承人，此时一方死亡，在世的另一方即为遗嘱继承人，其无权撤销、变更共同遗嘱中已生效部分。"⑤

---

① ［德］伯恩·魏德士：《法理学》，丁小春、吴越译，北京，法律出版社，2003，第 21 页。

② 参见王利明：《继承法修改的若干问题》，载《社会科学战线》，2013（7）；杨立新：《我国继承法修订入典的障碍与期待》，载《河南财经政法大学学报》，2016（5）；孙毅：《论遗嘱方式的缓和主义进路——以〈继承法〉修改的相关理念变革为中心》，载《求是学刊》，2012（4）。

③ 参见冯术杰、崔国振：《依据网络证据认定网络公开问题探析》，载《知识产权》，2011（5）。也有学者对司法实践中电子数据的书面化和公证化现象进行反思。参见刘哲玮：《民事电子证据：从法条独立到实质独立》，载《证据科学》，2015（6）。

④ 此时，对共同遗嘱，从不同角度观察，就会分别对应单方民事法律行为和共同法律行为。另参见 Reinhard Bork, Allgemeiner Teil des Bürgerlichen Gesetzbuchs, 4 Auflage 2016, Mohr Siebeck, Tübingen, Rn. 430, S. 171.

⑤ 张宝华、马德健：《夫妻一方死亡另一方无权撤销已生效共同遗嘱——山东日照中院判决牟乃分与卢振林等遗嘱继承纠纷案》，载《人民法院报》，2012 - 08 - 02。有关共同遗嘱的更多讨论，参见王葆莳：《共同遗嘱中"关联性处分"的法律效力》，载《法商研究》，2015（6）。

三、公证遗嘱的证明力绝对化之否弃

"对要式法律行为进行变更同样应遵守形式要求，因此未遵守形式要求的变更是无效的，但以该变更是法律上的重要变更为限。"① 《民法典》之前的单行法及相关司法解释赋予公证遗嘱以最高等级的证明力，对公证遗嘱的撤销或者变更也必须通过公证遗嘱的方式进行。原《继承法》第20条第3款规定："自书、代书、录音、口头遗嘱，不得撤销、变更公证遗嘱。"1985年《继承法意见》第42条将公证遗嘱作为效力位阶最高的遗嘱类型，而不论其所立时间的先后，除非在后的公证遗嘱撤销、变更在先的公证遗嘱。这就将公证遗嘱的效力绝对化，为遗嘱人意思表示的撤销、变更设置了很大的障碍，显然存在一定问题。此外，公证遗嘱的办理程序相对复杂，常常导致死者在临终前难以通过公证遗嘱来修改其之前的遗嘱。

不同遗嘱形式都以确保遗嘱内容的真实性为最终依归，而遗嘱的证据能力也取决于其真实性。根据2019年《民事诉讼证据规定》第10条的规定，"已为有效公证文书所证明的事实"，当事人无须举证证明；但该条同时规定，"当事人有相反证据足以推翻的除外"。可见，公证遗嘱的证明力较其他形式遗嘱的证明力相对较强，但公证遗嘱的证明力并非不可推翻，也非最高。"公证遗嘱的优先效力应当是程序法上的优先而非实体法上优先。"② 笔者认为，法律应当赋予各种遗嘱平等的效力，应当采取多元化的遗嘱形式，更多关注行为人的主观意愿，不能赋予公证遗嘱本身效力绝对优先的地位。在各种遗嘱形式的法律效力对比中，应该更多强调遗嘱人的真实意思表示，赋予各种遗嘱平等的法律效力，其他形式的遗嘱只要合法有效，都应当可以变更、撤销公证遗嘱。此外，根据"时间在后"规则确定所立时间最后的遗嘱效力最高。遗嘱人订立遗嘱后，可以任何形式的遗嘱变更或者撤回其在先所订立的遗嘱。遗嘱人以不同形式立有数份内容相抵触的遗嘱的，以最后所立的遗嘱为准。可喜的是，《民法典》第1142条删掉了原《继承法》第20条第3款的规定。《民法典》第1142条规定："遗嘱人可以撤回、变更自己所立的遗嘱。""立遗嘱后，遗嘱人实施与遗

---

① ［德］汉斯·布洛克斯、沃尔夫·迪特里希·瓦尔克：《德国民法总论》，张艳译，北京，中国人民大学出版社，2012，第202～203页。
② 刘耀东：《继承法修改中的疑难问题研究》，北京，法律出版社，2014，第184页。

嘱内容相反的民事法律行为的，视为对遗嘱相关内容的撤回。""立有数份遗嘱，内容相抵触的，以最后的遗嘱为准。"

《不动产登记暂行条例实施细则》第 14 条规定："因继承、受遗赠取得不动产，当事人申请登记的，应当提交死亡证明材料、遗嘱或者全部法定继承人关于不动产分配的协议以及与被继承人的亲属关系材料等，也可以提交经公证的材料或者生效的法律文书。"① 这就涉及继承人和受遗赠人申请办理不动产物权变动登记手续时，登记机构是否有权要求其公证的问题。它既关系到民事主体的不动产物权之取得，又涉及登记机构的登记审查管理权限之所在。根据《不动产登记暂行条例实施细则》的规定，对通过继承或者受遗赠取得的不动产的权属登记既不强制做遗嘱公证，又不要求过户登记前须经公告且无异议。

四、接受、放弃继承和遗赠的意思表示之证明

意思表示可以分为有相对人的意思表示和无相对人的意思表示，有相对人的意思表示又可以分为对话意思表示和非对话意思表示。不同类型的意思表示采取的具体方式及其生效时间会有所不同。意思表示可以采取作为方式，也可以采取不作为方式；可以采取明示方式，也可以采取默示方式。综合来看，意思表示的具体方式包括口头方式、书面方式、推定方式和沉默方式。

如 2012 年《买卖合同司法解释》第 41 条规定了买受人以其行为默示购买的情形："试用买卖的买受人在试用期内已经支付一部分价款的，人民法院应当认定买受人同意购买，但合同另有约定的除外。""在试用期内，买受人对标的物实施了出卖、出租、设定担保物权等非试用行为的，人民法院应当认定买受人同意购买。"《民法典》第 638 条第 2 款在吸纳 2012 年《买卖合同司法解释》第 41 条第 2 款时，却混淆了默示意思表示与沉默视为意思表示，误用"视为"这一立法术语，与《民法典》第 140

---

① 杨玉章："房屋继承登记不应强制公证"，载《中国国土资源报》，2014 - 05 - 14。

继承或遗赠房屋不必一定办理公证，是否办理公证由立遗嘱人自行决定。只要遗嘱是真实合法的，不动产登记机构就不能以司公通字〔1991〕117 号司法部、建设部《关于房产登记管理中加强公证的联合通知》为由拒绝办理房产所有权转移登记手续。"国家对不动产实行统一登记制度。统一登记的范围、登记机构和登记办法，由法律、行政法规规定。司法部、建设部《关于房产登记管理中加强公证的联合通知》不属于法律、行政法规、地方性法规、规章的范畴，且与《物权法》《继承法》《房屋登记办法》等有关法律法规相抵触，不能成为房屋登记主管部门不履行房屋登记法定职责的依据。"〔《最高人民法院公报》，2014（8）。〕

条之间存在明显体系违反。

又如原《合同法》第 171 条规定："试用买卖的买受人在试用期内可以购买标的物，也可以拒绝购买。试用期间届满，买受人对是否购买标的物未作表示的，视为购买。"原《继承法》第 25 条规定："继承开始后，继承人放弃继承的，应当在遗产处理前，作出放弃继承的表示。没有表示的，视为接受继承。""受遗赠人应当在知道受遗赠后两个月内，作出接受或者放弃受遗赠的表示，到期没有表示的，视为放弃受遗赠。"这都属于在法律有规定的情况下"不作为的默示""视为意思表示"的情形。

意思表示的形式实际上对应民事法律行为的形式，原《民法通则》第 56 条规定："民事法律行为可以采用书面形式、口头形式或者其他形式。法律规定用特定形式的，应当依照法律规定。"1988 年《民法通则意见（试行）》第 65 条规定："当事人以录音、录像等视听资料形式实施的民事行为，如有两个以上无利害关系人作为证人或者有其他证据证明该民事行为符合民法通则第五十五条的规定，可以认定有效。"第 66 条规定："一方当事人向对方当事人提出民事权利的要求，对方未用语言或者文字明确表示意见，但其行为表明已接受的，可以认定为默示。不作为的默示只有在法律有规定或者当事人双方有约定的情况下，才可以视为意思表示。"原《民法总则》《民法典》第 135 条和第 140 条也有类似规定。

就继承权和受遗赠权的接受、放弃而言，《民法典》第 1124 条规定："继承开始后，继承人放弃继承的，应当在遗产处理前，以书面形式作出放弃继承的表示；没有表示的，视为接受继承。""受遗赠人应当在知道受遗赠后六十日内，作出接受或者放弃受遗赠的表示；到期没有表示的，视为放弃受遗赠。"据此，继承开始后，虽然继承人的沉默和受遗赠人的沉默对应不同的法律后果，但立法上都配置以"视为"作为形式特征的拟制规范，对应不可反驳推翻的推定。《民法典继承编司法解释一》第 32 条规定："继承人因放弃继承权，致其不能履行法定义务的，放弃继承权的行为无效。"[①] 第 33 条规定："继承人放弃继承应当以书面形式向遗产管理人

---

①　根据原《合同法》第 73 条和 1999 年《合同法司法解释一》第 12 条的规定，继承人因继承关系产生的给付请求权是专属于继承人自身的债权，此种权利不能被代位行使。因此，在解释论上看，继承人因放弃继承而导致其不能履行约定义务时，其放弃继承的行为不因此受到影响。

或者其他继承人表示。"第34条规定:"在诉讼中,继承人向人民法院以口头方式表示放弃继承的,要制作笔录,由放弃继承的人签名。"第35条规定:"继承人放弃继承的意思表示,应当在继承开始后、遗产分割前作出。遗产分割后表示放弃的不再是继承权,而是所有权。"第36条规定:"遗产处理前或在诉讼进行中,继承人对放弃继承反悔的,由人民法院根据其提出的具体理由,决定是否承认。遗产处理后,继承人对放弃继承反悔的,不予承认。"

值得注意的是,《民法典继承编司法解释一》第33条对继承人放弃继承的意思表示只规定了书面形式。这就不同于1985年《继承法意见》第47条的规定:"继承人放弃继承应当以书面形式向其他继承人表示。用口头方式表示放弃继承,本人承认,或有其它充分证据证明的,也应当认定其有效。"《民法典继承编司法解释一》第33条不允许以口头方式放弃继承,限缩了继承人意思表示方式的自由。是否妥当,值得商榷。

五、小结:证据方法规范是《民法典》继承编中证据规范的鲜明特色

《民法典》继承编中的证据规范以证据方法规范为鲜明特色,典型的如遗嘱或者遗赠扶养协议,均可经由书证、证人证言、视听资料等证据方法表彰。此类证据方法规范的核心价值判断问题在于相关证据方法的证据能力和证明力。

当解释者回答继承法中的证据方法规范及其证据能力、证明力是什么时,其实也是在回答继承法中的证据方法规范及其证据能力、证明力应当是什么。[①] 当继承法对不同遗嘱形式的证据能力和证明力的规定不能因应时代而发展时,关于遗嘱形式的严格规定就会显得过于僵化,就需要解释论上的更多衡平(如对1985年《继承法意见》第35条作目的性扩张解释以实现对遗嘱形式要件的缓和)或者拟制(如《民法典》实施之前对录像遗嘱类推适用录音遗嘱的形式要件规定)。而继承法的现代化离不开将衡平或者拟制的解释论操作转化为继承编的立法条文,正如梅因所言:"关于使'法律'和社会相协调的媒介……据我看来,这些手段有三,即'法律拟制'、'衡平'和'立法'。"[②]

---

① 朱庆育教授曾指出:"当解释者回答'规范是什么'时,其实亦在回答'规范应当是什么',二者融合于统一的解释过程。"(朱庆育:《民法总论》,2版,北京,北京大学出版社,2016,第二版序,第1页。)

② [英]梅因:《古代法》,沈景一译,北京,商务印书馆,1959,第17页。

　　笔者认为，遗嘱作为要式行为，其对应的证据种类不应僵化，对其证据能力和证明力的判断也应适当缓和。在互联网时代背景下，应与时俱进地扩大遗嘱或者遗赠扶养协议对应的证据方法：除书证、证人证言、视听资料之外，还应扩及电子遗嘱对应的电子数据。为缓和、衡平遗嘱形式的严格规定，法律应该规定遗嘱形式瑕疵补正制度。在遗嘱形式要件缓和的语境下，遗嘱形式从效力性形式转换到兼顾保护性形式的方向：不同遗嘱形式也就并非认定遗嘱是否无效的终极标准，而仅仅是查清遗嘱人真实意思表示的一种证明责任分配手段。[①] 在各种遗嘱形式的法律效力（证明力）对比中，法律应该更多强调遗嘱人的真实意思表示，赋予各种遗嘱平等的法律效力。

---

① 参见魏小军：《遗嘱有效要件研究》，北京，中国法制出版社，2010，第 23 页。

第十二章 《民法典》侵权责任编中的证据规范

一、经由民事证据规范推动民事实体法和民事程序法的沟通

民事证据规范包括证据实体规范和证据程序规范。民法中的证据规范主要涉及在当事人之间举证责任的分配，直接涉及对当事人之间利益关系的安排，属于证据实体规范。因此，举证责任规范也成为沟通民事实体法和民事程序法的桥梁。民法和民事诉讼法在举证责任问题上存在很多交叉：举证责任制度无法完全交由民事诉讼法规定，民法不可避免地需要作出一些相应的规定。"尽管如何提交和评估证据相关的问题是程序法问题这一点是确切的，有关举证责任提出的问题仍由实体法来调整。尽管大量的司法辖区是在其民事诉讼法的范围内调整举证责任，但在欧洲层面公认的是，有关举证责任的规则是实体法的一部分。"①

举证责任规范在法律规范属性上存在多种定位可能：一方面，根据"举证责任"概念内涵的不同界定举证责任规范的定位。从主观提供证据责任或称行为意义上的举证责任的角度看，举证责任规范对应行为规范，其为当事人提供证据的具体内容提供了行为指引；从客观举证责任或称结果意义上的举证责任的角度来看，举证责任规范起到了在案件事实真伪不明的情况下，在当事人之间依法分配败诉风险后果的功能。因其对法院裁判案件起到了引导作用，故举证责任规范在此时也就直接对应裁判规范。而在兼顾举证责任主、客观含义的基础上，举证责任规范既是行为规范，又是裁判规范。可见，举证责任既包括作为第一性义务的行为意义上的举证责任，也包括作为违反第一性义务而产生第二性义务的结果意义上的举

---

① 欧洲民法典研究组、欧盟现行私法研究组编著，[德] 克里斯蒂安·冯·巴尔、[英] 埃里克·克莱夫主编：《欧洲私法的原则、定义与示范规则：欧洲示范民法典草案》(全译本)，第 5 卷至第 7 卷，王文胜等译，北京，法律出版社，2014，第 193 页。

证责任。本章仅对侵权责任法中举证责任规范的裁判功能作解释论上的梳理完善。另一方面，根据举证责任规范所协调利益关系的类型，可以将举证责任规范定性为任意性规范。此类规范协调的是平等民事主体之间在案件事实真伪不明的情形下的风险负担问题，这本质上涉及平等主体之间的私人利益，故法律上不存在强制规定的必要。"在当事人已经实现对举证责任的负担作出约定的情况下，只要约定的内容反映了双方当事人的真实意思且不违反法律中的禁止性规定，法院就没有理由不尊重当事人的选择。"①

对民法中证据规范的研究具有民事司法和民事立法方面的重要意义。一方面，从民事司法来看，结果意义上的举证责任法律规范构成裁判中的大前提，而举证责任分配规范对应的是结果意义上的举证责任的确定。而只有在作为大前提的举证责任分配规范和其他的证据程序规范的指引下，客观事件才会转化成为拉伦茨所说的"作为陈述的案件事实"②。从举证责任规范到案件事实的认定，仍然需要进行一个司法三段论的操作过程。民事举证责任是待证事实真伪不明时法官进行裁判的方法论，是民事法律适用方法中的重要问题。对证明责任有精深研究的德国学者普维庭就精辟地指出："证明责任判决始终是'最后的救济'（ultima ratio），或者说'最后一招'，如果为了使法官达到裁判之目的，就别无选择。"③ 另一方面，民事司法中案件事实的确定离不开民事立法上相关"操作规则"的预置。从民事立法来看，罗森贝克说，所有的民法规范都隐含着证明责任规范。④民事立法上所需要明确预置的用于认定案件事实的"操作规则"主要包括：通过哪些手段提供直接或者间接与事实构成相关的经验信息，法官在何种条件下可以认为一项事实已经"存在"，这一"事实"对法官来讲达到何种"确定性"程度（Gewißheitsgrad）方成其为事实，以及他应该通过哪些手段来确立这一"事实"的确定性；最后，也是最关键的，哪一

---

① 李浩：《民事判决中的举证责任分配——以〈公报〉案例为样本的分析》，载《清华法学》，2008（6）。

② ［德］卡尔·拉伦茨：《法学方法论》，北京，商务印书馆，2003，第160～163页。

③ ［德］汉斯·普维庭：《现代证明责任问题》，吴越译，北京，法律出版社，2000，第28～29页。

④ 转引自肖建国、包建华：《证明责任：事实判断的辅助方法》，北京，北京大学出版社，2012，丛书总序，第1页。

方必须提出并证明这一事实。对所有这些问题都需要作出规范性的回答。①

　　民事立法和民事司法对证据规范的完善与适用，有助于民事权利规范获得实效。作为民事举证责任通说的法律要件分类说，就是在分析实体法权利配置规范的逻辑结构及彼此关系的基础上，辨别权利配置规范的类型以分别配置其举证责任："主张权利存在之人，应就权利发生的法律要件存在之事实负举证责任；否定权利存在之人，应就权利妨害、权利消灭或权利受制的法律要件存在的事实负举证责任。"② 因此，举证责任配置的法律要件分类说也能够为我们研究侵权责任法中的证据规范提供重要类型化标准，且派生出侵权举证责任配置的一般标准。

　　研究民法中证据规范能够推动民事实体法和民事程序法的沟通，使实体法中的权利配置规范更好地得到实现。民法中证据规范丰富了民法规范的类型配置，还使法官在经由民事司法三段论裁判案件的过程中能够更好地在规范和事实之间往返流转。③ 本章将系统讨论《民法典》侵权责任编中蕴含的证据规范及其法律适用问题。

二、侵权责任构成要件事实举证责任的类型化

　　《民法典》侵权责任编中的证据规范主要解决侵权责任构成要件的证明责任分配问题；从被侵权人的角度看，则是其侵权请求权的证明责任分配问题。有学者指出，原《侵权责任法》是我国民事立法中"对举证责任规定得最为具体的法律，也是举证责任条文规定得最多的法律，这说明立法者在制定这部法律时是高度重视举证责任分配问题的"④。因此，略过证明责任问题的侵权责任法也就是不完整的。⑤

　　根据法律要件分类说的观点，不同的侵权责任构成要件对应不同的侵权举证责任规范。而侵权责任构成要件则取决于侵权责任归责原则和侵权

---

　　① 参见［德］齐佩利乌斯：《法学方法论》，金振豹译，北京，法律出版社，2009，第136～138页。

　　② Leo Rosenberg，Die Beweislast，5 Auflage，C. H. Beck，München，1965，S. 119ff. 另参见陈计男：《民事诉讼法论》，上册，5版，台北，三民书局，2009，第479～480页；李浩：《民事举证责任研究》，北京，中国政法大学出版社，1993，第149～153页。

　　③ 参见［德］卡尔·恩吉施：《法律思维导论》，郑永流译，北京，法律出版社，2004，第285页。

　　④ 李浩：《〈民事诉讼法〉修订中的举证责任问题》，载《清华法学》，2011（3）。

　　⑤ Vgl. Gert Brüggemeier，Haftungsrecht，Springer-Verlag，Berlin，Heidelberg，2006，S. 611.

责任方式的具体规定。一方面，不同的侵权责任归责原则决定了不同的侵权责任构成要件。"在侵权案件中，归责原则决定了原告（被侵权人）和被告（侵权人）如何承担证明责任。"① 一般侵权责任的构成要件就是讨论适用过错责任原则的一般侵权行为的责任构成要件。另一方面，不同的侵权责任承担方式也决定了侵权责任构成要件的不同。② 一般侵权责任的构成要件主要是指侵权损害赔偿责任的构成要件。当采取停止侵害、排除妨碍、消除危险、返还财产等其他侵权责任承担方式时，并没有现实的损害发生，也就不以损害为构成要件。根据《民法典》第 1167 条，承担停止侵害、排除妨碍、消除危险等预防性侵权责任也不以过错为要件。

一般侵权责任的构成要件包括侵权行为、过错③（过错程度④）、损害、侵权行为和损害事实之间的因果关系（侵权行为对损害事实的作用程度⑤）。当然，关于一般侵权责任的构成要件问题还存在三要件说和四要件说的争论。三要件说和由"侵权行为（加害行为）、损害事实、因果关系、主观过错"构成的四要件说没有本质区别，但是和由"违法行为、损害事实、因果关系、主观过错"构成的四要件说则有本质区别，其区别就表现在是否以侵权行为的违法性为构成要件。而关于违法性要件又有结果违法说、行为违法说、折中说等不同观点。需要指出的是，损害事实要件中的损害包括财产损害和非财产损害，非财产损害又包括人身损害和精神损害。对精神损害虽然无法用金钱计量，但金钱赔偿确实是救济精神损害的有效方法。原《侵权责任法》第 22 条规定："侵害他人人身权益，造成他人严重精神损害的，被侵权人可以请求精神损害赔偿。"《民法典》第 1183 条规定："侵害自然人人身权益造成严重精神损害的，被侵权人有权请求精神损害赔偿。""因故意或者重大过失侵害自然人具有人身意义的特

---

① 邵明：《侵权证明责任分配释论》，载《人民司法·应用》，2010（19）。另参见欧元捷：《道路交通事故侵权诉讼中的证明责任分配》，载《山东社会科学》，2017（10）。

② 参见王轶：《论侵权责任承担方式》，载王轶：《民法原理与民法学方法》，北京，法律出版社，2009，第 189～203 页。

③ 参见最高人民法院中国应用法学研究所编：《人民法院案例选》，1996 年第 1 辑，北京，人民法院出版社，1996。

④ 参见《最高人民法院公报》，2009（4）。另参见张建、朱敏：《女子与人吵架心脏病发身亡 对方被判赔 10 万元》，载《合肥晚报》，2011-09-19。

⑤ 参见王秋实：《男子赢钱要走被牌友"骂死"牌友判赔 7 万》，载《京华时报》，2012-11-04；李健：《开玩笑致人伤害赔偿责任的确定》，载 http://www.qinquanfa.com/article/default.asp?id=3113，访问日期：2012-11-22；伍永志：《梧州一老者卖鸡收到假币后"气死"网友愿其走好》，载广西新闻网，访问日期：2012-12-22。

定物造成严重精神损害的，被侵权人有权请求精神损害赔偿。"此外，对因果关系的判断，通说为相当因果关系学说，即具体侵权责任类型中还可能存在对因果关系的推定。对过错的判断则出现客观化的趋势，甚至还出现对过失运用经济分析方法进行判断的汉德公式。①

通常来看，采取过错责任原则的侵权损害赔偿纠纷案件中主要围绕如下构成要件事实分配举证责任：侵权行为的存在②、侵权行为侵害的民事权益及具体损害的存在、侵权行为和损害之间的因果关系、侵权人的主观过错、抗辩事由（减责或免责事由）是否存在等。针对侵权损害赔偿请求权发生规范的举证责任，"原则上受害人必须提出并证明所有用于确立诉请的事实"③。沪高法民一［2005］1 号上海市高级人民法院民一庭《侵权纠纷办案要件指南》第 3 条指出："请求方请求人民法院判令相对方承担侵权的民事责任的，一般应举证证明：（一）合法权益受侵害；（二）相对方存在侵权行为；（三）侵权行为与损害结果存在因果关系；（四）请求方主张的责任承担方式所应具备的事由。"④ 在与侵权损害赔偿之外的其他侵权责任承担方式对应的纠纷案件中，被侵权人须就侵权责任承担方式是否合法之构成要件事实承担举证责任。这些就构成了一般侵权责任诉讼的举证责任配置标准，即侵权举证责任配置的一般标准。每个当事人必须主张并证明他试图依赖的规则的每个构成要件。"这一原则在所有欧洲司法辖区都获得承认并支持了这些规则……这一原则明确为大量的国内民法典所规定。采用这一概念进路的司法辖区通常都避免将这一规则放入法典调整侵权法的章节中，而是将这一原则放入可以推断出该规则对整个民法具有一般意义的章节中。在多个地方，国内立法机关都将在责任法的范围内制定进一步确认这一规则的一般规定视为必要。（《奥地利普通民法典》第

---

① 参见王泽鉴：《侵权行为》，北京，北京大学出版社，2009，第 244～246 页。
② 参见上海市第二中级人民法院（1998）沪二中民终字第 2300 号民事判决书。在该案中，屈臣氏公司抗辩原告"解脱裤扣"接受搜身检查系其自愿。根据日常生活经验法则，该抗辩不符合日常情理，非强迫的说法违背常理，故被告存在侵权行为。
③ 欧洲民法典研究组、欧盟现行私法研究组编著，［德］克里斯蒂安·冯·巴尔、［英］埃里克·克莱夫主编：《欧洲私法的原则、定义与示范规则：欧洲示范民法典草案》（全译本），第 5 卷至第 7 卷，王文胜等译，北京，法律出版社，2014，第 180 页。
④ 需要指出的是，在不作为侵权纠纷案件中，根据待证事实分类说的证明责任分配观点，受害人作为请求方无须也无法对加害人的"不作为"承担证明责任，加害人在不作为和作为侵权纠纷案件中则须对法律上的抗辩事由承担证明责任。Vgl. Jauernig, Bürgerliches Gesetzbuch Kommentar, Verlag, C. H. Beck, München, 12 Auflage 2007, §823, Rn. 63, S. 1122.

1296 条：'除了适用过错推定的情形外，请求人有义务证明被告有过错。'）"①

一般侵权责任构成要件的举证责任配置还存在一些特殊措施，以实现对举证责任的公平配置：一方面，在侵权责任构成要件举证责任的具体负担上，存在对相关要件事实的初步举证责任和反证举证责任之区分，即举证责任可能会随着当事人双方各自的举证情况而发生转化。如在 2001 年"昆明卷烟厂与王某霞肖像权纠纷案"中，一审法院要求王某霞证明所刊登广告确系与卷烟厂有关联，王某霞不能，一审法院遂判决其主张侵权请求权证据不足。二审法院则要求卷烟厂证明以其名义发布的广告与自己没有关联，卷烟厂不能，法院遂推定卷烟厂侵犯了王某霞的肖像权。② 另一方面，在疑难侵权纠纷案件中，还可能存在对损害额认定的难题。如在侵害肖像权等人身权益纠纷案件中，由被侵权人举出证据来计算财产损失就要容易得多。当一个人的人身权益遭受侵害的时候，在损害发生已经确定、损失大小难以证明的情况下，损害额认定制度要求法官降低其心证标准。即便法官对损失未完全确信，但依评估认为有此损失时，即可就该损失大小予以认定，以此减轻被侵权人的举证负担，避免发生因证明困难而沦为证明责任判决（Beweislastentscheidung）或损害填补不足等不公平现象。③ 按照侵权人因此获得的利益赔偿，乃至由法院根据实际情况确定赔偿数额等损害额认定规则，也为原《侵权责任法》第 20 条、《民法典》第 1182 条所规定。有学者考证该规定即源于上述"昆明卷烟厂与王某霞肖像权纠纷案"④。"在需要决定是否已经遭受（具有法律相关性的）损害这一问题时，证明责任不会倒置。不过，就可获赔额损害的范围，证据要求

---

① 欧洲民法典研究组、欧盟现行私法研究组编著，［德］克里斯蒂安·冯·巴尔、［英］埃里克·克莱夫主编：《欧洲私法的原则、定义与示范规则：欧洲示范民法典草案》（全译本），第 5 卷至第 7 卷，王文胜等译，北京，法律出版社，2014，第 193 页。

② 参见辽宁省高级人民法院（2001）辽民终字第 162 号民事判决书。

③ 参见毋爱斌：《损害额认定制度研究》，载《清华法学》，2012（2）；段文波：《事实证明抑或法官裁量：民事损害赔偿数额认定的德日经验》，载《法学家》，2012（6）。

④ 梁慧星：《如何认识和看待〈侵权责任法〉——侵权责任法的成就与不足》，2011 年 9 月 23 日西南政法大学学术报告。

类似立法例，如《奥地利民事诉讼法》第 273 条第 1 款规定："认定了当事人的损害赔偿或利益返还，但应当支付的损害数额或应当返还的利益额存在相当的证明困难或不可能证明时，裁判所可以依申请或依职权，综合考虑当事者提出的证据，遵循自由心证主义，确定数额。在确定数额之前，可对当事者进行宣誓询问。"《日本民事诉讼法》第 248 条规定："在承认损害已存在的情况下，由于损害的性质决定了证明其损害金额极其困难时，法院可以根据口头辩论的全部旨意和证据调查的结果，认定适当的损害金额。"

可以被放宽。"① 只是原《侵权责任法》第 20 条、《民法典》第 1182 条的适用范围具有局限性，仅限于因侵害人身权益造成财产损失的情形。在财产权益被侵害的情况下，若被侵权人能够证明损害的存在，而不能证明其损害额或者证明显有重大困难时，也得类推适用原《侵权责任法》第 20 条、《民法典》第 1182 条关于损害额认定制度的规定。② 在解释论上看，原《侵权责任法》第 20 条第三分句、《民法典》第 1182 条第二分句有关损害额认定制度的规范，可以被界定为侵权损害赔偿数额证明责任减轻规范，也可以被界定为侵权损害赔偿额的法官裁量规范。这仅属于纯粹民法学中的解释选择问题，如何界定规范性质并不影响该条文的解释、适用结论。在立法论上看，有必要确立损害额认定制度，以在特殊情形下适当减轻被侵权人的举证负担，实现当事人之间的利益平衡。根据法释〔2020〕17 号最高人民法院《关于确定民事侵权精神损害赔偿责任若干问题的解释》第 5 条的规定，精神损害赔偿数额的计算更需结合侵权人的过错程度、侵权行为的具体情节、侵害后果、侵权人的获利情况、侵权人的经济能力、受诉法院所在地的平均生活水平等因素，动态权衡。这些情形属于推断精神损害赔偿数额的间接事实。可见，对损害事实的认定也并非单纯的司法事实判断问题，而是包含了法律的价值取舍评价。在侵权损害事实的证明上，有学者总结指出："法律要件分类说，最能适合于契约关系诉讼之举证责任分配法则，其对于侵权行为损害赔偿请求诉讼，能否完全适合，尚值研讨……（根据德国民事诉讼法第 287 条第 1 项之规定）就损害赔偿数额之决定不采一般严格之证明规则，并明示不适用普通举证责任之法则。盖在侵权行为损害赔偿诉讼，有关损害数额之核定，重心不在于其是否客观地存在，而在于能否为适当之判断故也。"③

　　法释〔2021〕17 号最高人民法院《关于审理食品药品纠纷案件适用法律若干问题的规定》第 5 条还规定了消费者举证责任缓和/减轻（Beweiserleichterung）制度："消费者举证证明所购买食品、药品的事实以及所购食品、药品不符合合同的约定，主张食品、药品的生产者、销售者承

---

　　① 欧洲民法典研究组、欧盟现行私法研究组编著，〔德〕克里斯蒂安·冯·巴尔、〔英〕埃里克·克莱夫主编：《欧洲私法的原则、定义与示范规则：欧洲示范民法典草案》（全译本），第 5 卷至第 7 卷，王文胜等译，北京，法律出版社，2014，第 193 页。

　　② 参见朱岩：《"利润剥夺"的请求权基础——兼评〈中华人民共和国侵权责任法〉第 20 条》，载《法商研究》，2011（3）。另参见中国应用法学研究所编：《侵权责任法疑难问题案例解读》，北京，法律出版社，2011，第 56～57 页。

　　③ 王甲乙、杨建华、郑健才：《民事诉讼法新论》，台北，三民书局，2010，第 410 页。

担违约责任的，人民法院应予支持。""消费者举证证明因食用食品或者使用药品受到损害，初步证明损害与食用食品或者使用药品存在因果关系，并请求食品、药品的生产者、销售者承担侵权责任的，人民法院应予支持，但食品、药品的生产者、销售者能证明损害不是因产品不符合质量标准造成的除外。"第 6 条规定："食品的生产者与销售者应当对于食品符合质量标准承担举证责任。认定食品是否安全，应当以国家标准为依据；对地方特色食品，没有国家标准的，应当以地方标准为依据。没有前述标准的，应当以食品安全法的相关规定为依据。"

此外，法释［2020］19 号最高人民法院《关于审理不正当竞争民事案件应用法律若干问题的解释》第 14 条对商业秘密侵权诉讼中的举证责任一般规范作了规定："当事人指称他人侵犯其商业秘密的，应当对其拥有的商业秘密符合法定条件、对方当事人的信息与其商业秘密相同或者实质相同以及对方当事人采取不正当手段的事实负举证责任。其中，商业秘密符合法定条件的证据，包括商业秘密的载体、具体内容、商业价值和对该项商业秘密所采取的具体保密措施等。"在司法实践中，商业秘密侵权行为手段具有隐秘性和高技术性的特点，原告收集侵权证据较难，商业秘密侵权诉讼中的举证难成为审判困境，故应当适当缓和原告的举证负担，即原告初步证明/提供初步证据证明了被告采取不正当手段的事实后，由被告证明其获得商业秘密的途径和手段的合法性。《反不正当竞争法》第 32 条规定："在侵犯商业秘密的民事审判程序中，商业秘密权利人提供初步证据，证明其已经对所主张的商业秘密采取保密措施，且合理表明商业秘密被侵犯，涉嫌侵权人应当证明权利人所主张的商业秘密不属于本法规定的商业秘密。""商业秘密权利人提供初步证据合理表明商业秘密被侵犯，且提供以下证据之一的，涉嫌侵权人应当证明其不存在侵犯商业秘密的行为：（一）有证据表明涉嫌侵权人有渠道或者机会获取商业秘密，且其使用的信息与该商业秘密实质上相同；（二）有证据表明商业秘密已经被涉嫌侵权人披露、使用或者有被披露、使用的风险；（三）有其他证据表明商业秘密被涉嫌侵权人侵犯。"

三、侵权责任抗辩事由的举证责任配置

对侵权举证责任配置的一般标准而言，针对侵权请求权否定、妨碍和消灭的举证责任，我国民法和民事诉讼法等相关规范性文件中存在大量分散规定。因此，需要通过体系解释、目的解释等方法对这些抗辩事由的举

证责任配置进行系统整理。

"应由加害人提出并证明存在抗辩事由。"[①] 沪高法民一〔2005〕1号上海市高级人民法院民一庭《侵权纠纷办案要件指南》第4条指出："相对方否认请求方侵权请求权的，应根据法律规定的抗辩事由，举证证明该请求权受限制、受阻碍或已消灭的要件事实。"侵权人对侵权责任抗辩事由举证，实际上仍是对有利于己的事实（抗辩事实）承担举证责任，不是举证责任倒置，而是举证责任配置的一般标准。[②] 我国民事立法中很多证据规范所规定的恰恰是本应由该当事人举证的对自己有利的要件事实。2001年《民事诉讼证据规定》和原《侵权责任法》在特殊侵权行为举证责任配置问题上需要作体系解释以协调统一、避免矛盾。侵权责任抗辩事由包括一般侵权责任抗辩事由和特殊侵权责任抗辩事由。

表12-1 特殊侵权责任抗辩事由的举证责任立法变迁

特殊侵权责任类型	原《民法通则》	2001年《民事诉讼证据规定》	原《侵权责任法》	《民法典》
产品责任	第122条 受害人就"产品质量不合格"承担举证责任	第4条第1款第6项"由产品的生产者就法律规定的免责事由承担举证责任"	第41条 被侵权人证明"产品存在缺陷"	第1202条与原《侵权责任法》第41条的规定相同
医疗损害责任	未规定	第4条第1款第8项"由医疗机构就其医疗行为与损害结果之间不存在因果关系及不存在医疗过错承担举证责任"	第54条 患者证明"医疗机构及其医务人员有过错"；第58条 特殊情形下适用过错推定规则	第1218条 患者证明"医疗机构或者其医务人员有过错"；第1222条 特殊情形下适用过错推定规则

① 欧洲民法典研究组、欧盟现行私法研究组编著，〔德〕克里斯蒂安·冯·巴尔、〔英〕埃里克·克莱夫主编：《欧洲私法的原则、定义与示范规则：欧洲示范民法典草案》（全译本），第5卷至第7卷，王文胜等译，北京，法律出版社，2014，第181页。

② 司法实践中常常将侵权人对此类不承担责任和减轻责任情形的证明误认为举证责任倒置。参见马小新：《产品质量纠纷举证责任的分配与承担》，载《人民法院报》，2012-10-25。

续表

特殊侵权责任类型	原《民法通则》	2001 年《民事诉讼证据规定》	原《侵权责任法》	《民法典》
环境污染和生态破坏责任	第 124 条 受害人证明污染者"违反国家保护环境防止污染的规定"	第 4 条第 1 款第 3 项 "由加害人就法律规定的免责事由及其行为与损害结果之间不存在因果关系承担举证责任"	第 66 条 "污染者应当就法律规定的不承担责任或者减轻责任的情形及其行为与损害之间不存在因果关系承担举证责任"	第 1230 条 "行为人应当就法律规定的不承担责任或者减轻责任的情形及其行为与损害之间不存在因果关系承担举证责任"
高度危险责任	第 123 条 "证明损害是由受害人故意造成的"	第 4 条第 1 款第 2 项 "由加害人就受害人故意造成损害的事实承担举证责任"	第 70 条（战争）、第 71、72 条（不可抗力）、第 73 条（不可抗力）"证明损害是因受害人故意造成的"；第 74、75、76 条例外	第 1237 条 证明战争、武装冲突、暴乱等情形或者受害人故意；第 1238 条 证明受害人故意；第 1239 条 证明受害人故意或者不可抗力、被侵权人有重大过失；第 1240 条 证明受害人故意、不可抗力、被侵权人有重大过失
饲养动物损害责任	第 127 条 "由于受害人（第三人）的过错造成损害的"	第 4 条第 1 款第 5 项 "就受害人有过错或者第三人有过错承担举证责任"	第 78 条 "证明损害是因被侵权人故意或者重大过失造成的"；第 81 条 动物园"证明尽到管理职责"；第 83 条 第三人过错时的不真正连带责任	第 1245 条 "证明损害是因被侵权人故意或者重大过失造成的"；第 1246 条 "证明损害是因被侵权人故意造成的"；第 1248 条 动物园"证明尽到管理职责"；第 1250 条 第三人过错时的不真正连带责任

续表

特殊侵权责任类型	原《民法通则》	2001年《民事诉讼证据规定》	原《侵权责任法》	《民法典》
物件损害责任	第126条"证明自己没有过错";第125条证明"设置明显标志和采取安全措施"	第4条第1款第4项"对其无过错承担举证责任"	第85、88、90条"证明自己没有过错";第91条第2款"证明尽到管理职责";第86条 建筑物倒塌致害严格责任;第91条第1款同原《民法通则》第125条,适用过错责任原则	第1252条 "能够证明不存在质量缺陷";第1253、1255、1257条"证明自己没有过错";第1258条第1款"证明已经设置明显标志和采取安全措施";第1258条第2款"证明尽到管理职责"
抛掷物、坠落物致人损害	未规定	未规定	第87条 由可能加害的建筑物使用人"证明自己不是侵权人",通过举证责任倒置实现对受害人的补偿	第1254条在举证责任问题上的规定与原《侵权责任法》第87条的规定相同
共同危险行为	未规定	第4条第1款第7项"由实施危险行为的人就其行为与损害结果之间不存在因果关系承担举证责任"	第10条 行为人举证证明"确定具体侵权人",降低受害人的举证难度,增加实施危险行为的人免责举证的难度	第1170条的规定与原《侵权责任法》第10条的规定相同

通过对侵权责任抗辩事由立法变迁的对比整理,可以发现在特殊侵权责任纠纷案件中侵权人的抗辩事由举证方面有如下发展:一方面,原《民法通则》的规定完全被原《侵权责任法》的相关规定所替代。如后者对前者没有规定,从而存在法律漏洞之处(如产品责任、医疗损害责任、共同

危险行为、抛掷物坠落物致人损害责任等）予以弥补①，对前者规定中的不合理之处（如环境污染责任）予以修正②，对前者规定中的适用范围过宽之处（如饲养动物损害责任）运用目的性限缩的方法予以类型化处理③，对前者规定中的合理因素（如高度危险责任、物件损害责任等）予以坚持和继续完善。④ 另一方面，2001年《民事诉讼证据规定》中有关特殊侵权责任抗辩事由的举证规定同样为原《侵权责任法》的相关规定所梳理、替代。如后者对前者没有规定的事项（如抛掷物、坠落物致人损害责任）予以弥补，对前者规定中的不尽合理之处（如医疗损害责任、共同危险行为）予以修正，对前者规定中的合理之处予以坚持和继续完善（如环境污染责任、高度危险责任、物件损害责任），对前者规定中的完全合理的（产品责任⑤）予以坚持。

还需要特别指出的是，原《侵权责任法》第83条出于保护民事主体合法权益、充分救济被侵权人损害的目的，在饲养动物损害责任中未像2001年《民事诉讼证据规定》第4条第1款第5项那样，将第三人有过错作为动物饲养人或者管理人的免责事由，而是与原《侵权责任法》第68条的规定类似，在此种情形下要求其与第三人向被侵权人承担不真正连带责任。此外，原《侵权责任法》第78条仅将被侵权人的故意或者重大过失⑥作为动物饲养人或者管理人不承担或者减轻责任的一般事由。

---

①　参见原《侵权责任法》第10、41、54、58、87条。另参见刘鹏飞：《医疗行为侵权因果关系证明责任的解释与平衡》，载《法学杂志》，2019（7）。

②　参见原《侵权责任法》第66条、原《民法通则》第124条。

③　原《侵权责任法》第十章区分饲养动物致害行为的具体类型，分别规定免责事由。参见该章第78、81条等规定。

④　原《侵权责任法》第九章"高度危险责任"在免责事由的规定上更加丰富，见该章第70~76条。原《侵权责任法》第十一章"物件损害责任"规定了三种类型的归责原则，如第85、88、90条和第91条第2款规定的过错推定责任，第86条规定的严格责任。第91条第1款规定的过错责任。这就派生出相应不同的证明责任规范。

⑤　2001年《民事诉讼证据规定》第4条第1款第6项所规定的"法律规定的免责事由"，主要是指《产品质量法》第41条的规定："因产品存在缺陷造成人身、缺陷产品以外的其他财产（以下简称他人财产）损害的，生产者应当承担赔偿责任。生产者能够证明有下列情形之一的，不承担赔偿责任：（一）未将产品投入流通的；（二）产品投入流通时，引起损害的缺陷尚不存在的；（三）将产品投入流通时的科学技术水平尚不能发现缺陷的存在的。"

⑥　如甲养的宠物狗将乙咬伤，乙起诉甲请求损害赔偿。在诉讼过程中，甲认为乙被咬伤是因为乙故意逗狗。在本案的举证责任分配中，甲就应当对乙故意逗狗而被狗咬伤的事实负举证责任。

表 12-2　一般侵权责任抗辩事由立法变迁

抗辩事由	过失相抵	受害人故意	第三人的原因	不可抗力	正当防卫	紧急避险	自甘冒险	自助行为
原《侵权责任法》	第 26 条	第 27 条	第 28 条	第 29 条	第 30 条	第 31 条	无	无
《民法典》	第 1173 条	第 1174 条	第 1175 条	第 180 条	第 181 条	第 182 条	第 1176 条	第 1177 条

存在原《侵权责任法》第 26～31 条所规定的不承担或者减轻责任的事由时，侵权损害赔偿责任的具体承担也会受影响。这些事由包括过失相抵①、受害人故意、第三人原因、不可抗力、正当防卫、紧急避险等。《民法典》增加规定自甘冒险和自助行为这两种抗辩事由。不过，不承担或者减轻责任的这些事由，在各种侵权行为类型中是否适用以及如何适用还需要具体分析。一方面，不承担或者减轻责任的情形普遍适用于适用过错责任原则和过错推定原则的侵权纠纷案件中。有学者就指出："我国《侵权责任法》第三章所规定的各类免责事由，普遍适用于（适用）各种一般过错责任原则和过错推定责任原则的侵权责任……（适用）严格责任的免责事由是受限制的。因此，只有在法律规定的特殊的免责事由的情形才可以免责。严格责任严格性的一个重要体现就在于，此种责任的减免事由更为苛刻。所以，严格责任原则上不能按照第三章规定的各类免责事由来免除行为人的责任。"② 另一方面，不承担或者减轻责任的情形普遍适用于侵权损害赔偿纠纷案件，对侵权损害赔偿纠纷案件之外的其他侵权纠纷案件原则上不予适用。

与原《侵权责任法》第 26 条对比，《民法典》第 1173 条存在多处修改，其中最重要的是"也有"被修改为"有"，删掉了"也"字。《民法典》第 1173 条规定："被侵权人对同一损害的发生或者扩大有过错的，可以减轻侵权人的责任。"因此，与有过失规则不仅适用于过错责任，也适

---

① 司法实务中常须判断应否适用过失相抵，以及若适用应在多大程度上减轻侵权人的赔偿责任。[参见最高人民法院中国应用法学研究所编：《人民法院案例选》，2008 年第 3 辑，北京，人民法院出版社，2009。] 理论上还有讨论自甘冒险和与有过失的关系的。参见王泽鉴：《侵权行为》，北京，北京大学出版社，2009，第 227～229 页。

② 王利明：《侵权责任法研究》，上卷，北京，中国人民大学出版社，2010，第 414～415 页。在严格责任领域，正所谓"风险越大，抗辩的可能越小，其效力也越弱"。参见欧洲侵权法小组：《欧洲侵权法原则：文本与评注》，于敏、谢鸿飞译，北京，法律出版社，2009，第 181 页。另参见冯珏：《论侵权法中的抗辩事由》，载《法律科学》，2011（4）。

用于无过错责任。在无过错责任案件中，被侵权人有过错的，也要减轻侵权人的责任。无论是针对损害的扩大，还是针对损害的发生。这样就扩大了这个条文的适用范围，不局限于适用于过错责任，也适用于无过错责任。① 可见，在过错相抵规则下，被侵权人难辞其咎。本条中的"过错"仅限于过失，不包括故意，因为第 1174 条对"受害人故意"作了专门规定。

综上，侵权责任抗辩事由均属于民事权利（侵权损害赔偿请求权）妨碍、消灭或者受制规范对应的要件事实，是对侵权人有利的事实，故由其举证符合举证责任分配的一般标准。②

四、侵权责任构成要件事实推定规范

（一）可反驳推翻的和不可反驳推翻的侵权责任构成要件事实推定

侵权举证责任配置的法定特别标准主要涉及侵权责任构成要件事实推定规范、侵权责任构成要件事实的举证责任倒置规范等。这些也往往对应适用过错推定原则或者无过错原则的侵权类型。无过错责任（严格责任）最初甚至曾被解释为可反驳的或者不可反驳的过错推定。③

法律推定其实就是对证明责任的一种分配，属于证明责任规范。④ 法律推定之外还存在司法推定。⑤ 孟德斯鸠曾经指出："从推定方面来说，法律的推定要比人的推定好得多……当法官推定的时候，判决就武断；当法律推定的时候，它就给法官一条明确的准则。"⑥ 法律推定制度建立在基础事实和推定事实之间的常态逻辑关系之上，从而为法官提供一种便捷的认定未知案件事实的方法，以服务于发现法律真实的目的。法律推定可以分为对权利状态的推定和对事实的推定，也可分为可以反驳的推定和不可反

---

① 参见张新宝：《侵权责任编立法的若干问题》，2020 年 3 月 24 日 "法学大家公益系列"讲座实录稿。

② 有学者认为，宜将过错与抗辩事由一并定位为权利妨碍要件，且证明责任统一归由侵权人承担。参见陈巍：《论统一的过错证明责任分配规则》，载《法商研究》，2020 (5)。

③ 参见欧洲民法典研究组、欧盟现行私法研究组编著，[德] 克里斯蒂安·冯·巴尔、[英]埃里克·克莱夫主编：《欧洲私法的原则、定义与示范规则：欧洲示范民法典草案》（全译本），第 5 卷至第 7 卷，王文胜等译，北京，法律出版社，2014，第 193 页。

④ 参见 [德] 汉斯·普维庭：《现代证明责任问题》，吴越译，北京，法律出版社，2000，第 74～75 页。

⑤ 法院在一些疑难事实认定环节中存在运用司法推定的情形。参见《最高人民法院公报》，2002 (3)。

⑥ [法] 孟德斯鸠：《论法的精神》，张雁深译，北京，商务印书馆，1976，第 392 页。

驳的推定。将此两种标准相结合，民事法律事实推定可进一步区分为可反驳推翻的事实推定和不可反驳推翻的事实推定。

一方面，就可以反驳推翻的事实推定而言，《民法典》第 1165 条第 2 款即为适例。此外，《民法典》中适用过错推定原则的条文还有第 1199 条、第 1248 条、第 1253 条、第 1255 条、第 1256 条、第 1257 条、第 1258 条等①，这些条文中所规定的过错事实推定均属于可以反驳推翻的推定。在适用过错推定原则的案件中，对侵权人具有过错这一要件事实，采取事实推定的方式证明，被侵权人对此不负担举证责任。实际上，过错推定起到了举证责任倒置的功能。在这类侵权纠纷案件中，被侵权人在证明了侵权行为、损害事实和因果关系之后，则推定侵权人具有过错。对此推定，侵权人有权反驳推翻：若推翻（侵权人没有过错），则侵权不成立；若没有推翻（侵权人有过错），则侵权成立。

另一方面，就不可以反驳推翻的事实推定而言，医疗技术损害的认定即为适例。医疗技术损害责任的认定适用过错责任原则。原《侵权责任法》第 57 条将医务人员的注意义务界定为"尽到与当时的诊疗水平相应的诊疗义务"。第 58 条则规定了不可反证推翻的得据以推定医疗机构有过错的几种医疗伦理行为②，以合理降低患者证明医疗过错的难度。这是对过错这一侵权责任构成要件事实通过法律拟制以减轻患者证明责任的证据认定规则，而非所谓的过错推定原则。可见，原《侵权责任法》第 58 条属于不可反驳推翻的民事法律事实推定规范。该规定与原《合同法》第 78 条对合同未变更的推定规范类似，均属于"视为"的推定性事实拟制，均不得由当事人举证推翻。2011 年《婚姻法司法解释三》第 2 条有关亲子关系的推定规范也属于此类。"这里所说的不可推翻，是指不得推翻推定事实，而不是说不能对前提事实提出异议，所以对受到不利推定的一方当事人来说，如果想要阻止推定，可以对前提事实进行争议，并提出前提

---

① 对应原《侵权责任法》第 6 条第 2 款、第 38 条、第 81 条、第 85 条、第 88 条、第 90 条、第 91 条等。

② 参见《手术刀碎片遗留患者腹中 院方心疼损失："手术刀好几十万 我们多倒霉啊"》，载《北京晨报》，2012 - 09 - 11（A23）；王轩昊：《信阳一孕妇剖腹产后纱布留腹内 曾被怀疑得癌》，载《河南商报》，2010 - 09 - 28；冯冬莉、刘侠：《四川西充县一孕妇剖腹产子后 腹中纱布留了 3 年》，载四川新闻网，访问日期：2010 - 07 - 27；《德国老人术后体内遗留 16 件异物 家人起诉医院》，载中国广播网，访问日期：2013 - 01 - 18。

事实不存在的证据。"① 此外，在存在事实自证（res ipsa loquitur）② 情形的侵权纠纷案件中，可以从涉案间接事实中直接推出相应的构成要件事实，如啤酒瓶爆炸案③、为活跃气氛而谎称飞机上有炸弹等④、手术遗留纱布或钻头在患者体内案⑤、吃冰激凌时咬到玻璃碎片导致精神损害⑥等等。对侵权责任构成要件中的事实自证也属于不可反驳的事实推定。《民法典》第 1222 条总体坚持了原《侵权责任法》第 58 条的规定，均属于不可反驳推翻的民事法律事实推定规范。⑦ 当然，应该区分《民法典》第 1222 条对应的不同情形：该条第 1 项对应违反诊疗规范本身即可"认定"医疗机构对医疗损害有过错；第 2 项和第 3 项对应医疗机构违反病例资料作成、保管或者提供义务时，结合 2019 年《民事诉讼证据规定》第 95 条规定的证明妨碍规则，可以"认定"医疗机构对医疗损害有过错。医疗机构若有其他法定抗辩事由，则另当别论，但也不能凭其他法定抗辩事由反驳推翻前述过错认定。

（二）高空抛物、坠物侵权纠纷中的事实推定

原《侵权责任法》第 87 条规定："从建筑物中抛掷物品或者从建筑物上坠落的物品造成他人损害，难以确定具体侵权人的，除能够证明自己不是侵权人的外，由可能加害的建筑物使用人给予补偿。"在该规定的情形

---

① 李浩主编：《证据法学》，北京，高等教育出版社，2009，第 271 页。

② 参见许传玺：《侵权法事实自证制度研究》，载《法学研究》，2003（4）。另参见潘维大：《英美侵权行为法案例解析》，北京，高等教育出版社，2005，第 121～122 页。

③ 参见袁栋、商雅静：《啤酒自爆索赔须捡全碎片 八成酒瓶存隐患》，载《河北青年报》，2007-04-12；张君花：《6 岁女童眼睛被啤酒瓶炸瞎 仅获赔 1.4 万元》，载《燕赵都市报》，2010-03-15。此类案件往往存在鉴定费用高、鉴定周期长，鉴定机构对是否是外力导致爆炸常常无法作出肯定性意见等现象。消费者可以基于国家质监部门在《啤酒瓶标准》中的规定，对酒瓶超期使用提出初步证明，根据酒瓶爆炸的事实证明此属缺陷产品，以减轻对自己就"产品存在缺陷"事实的证明责任。这也符合对消费者做弱式意义上的平等对待和倾斜保护的原则。

④ 参见马伟元：《乘客称为活跃气氛谎称飞机有炸弹被拘 10 天》，载南海网，访问日期：2012-09-14。

⑤ 参见《患者术后体内竟遗留钻头 院方称对身体伤害不大》，载《北京青年报》，2014-03-24。
梁慧星教授在分析手术钳留在病人体内案件时也指出："被告医院把手术钳遗留在病人肚子里当然具有过错，这是显而易见的，属于根据日常生活经验法则推定的事实。"（梁慧星：《怎样进行法律思维》，载北京市朝阳区律师协会编：《律师之师：律师素质与思维十讲》，北京，中国法制出版社，2014，第 65 页。）

⑥ 参见梁慧星：《怎样进行法律思维》，载北京市朝阳区律师协会编：《律师之师：律师素质与思维十讲》，北京，中国法制出版社，2014，第 73～74 页。

⑦ 有学者认为，《民法典》第 1222 条第 2 项和第 3 项对医疗过错的推定属于可反驳的法律推定，可以由医方通过反面证明予以推翻。参见陈杭平：《论医疗过错推定及其诉讼展开》，载《清华法学》，2020（5）。

下，受害人之外的其他民事主体分担受害人的损失不以满足侵权损害赔偿责任的构成要件为前提。在社会保障制度尚不完备的背景下，此类损失分配制度有存在的正当性。①

在原《侵权责任法》之前，国内外无处理抛掷物、坠落物致人损害案件的立法经验。立法的缺失也带来了司法的不统一。有的法院对此类难以确定具体侵权人的案件（如"重庆烟灰缸案"），根据过错推定原则，判决由当时有人居住且不能排除扔烟灰缸可能性的住户分担赔偿责任。② 有的法院则以无法确定具体行为人为由驳回起诉，如"济南切菜板案"③。在学理上也有很多对"重庆烟灰缸案"的判决做法的批评，认为此类案件并不属于共同危险行为致害责任，不能参考适用 DES 案中的责任分担理论，况且要求行为人证明自己没有扔烟灰缸也不符合与待证事实分类说对应的举证责任配置理论；并认为不应该将道德上的权利与法律上的权利混为一谈，应该区分侵权损害赔偿与保险制度。④

原《侵权责任法》第 87 条最终借鉴了"重庆烟灰缸案"的裁判结论，采取了侵权行为（侵权行为人）推定的做法，而非共同危险行为致害责任中的因果关系推定。这成为一项"法学上的创造"。据此，在立法和裁判对该类案件配置举证责任的过程中，法律要件分类说或者待证事实分类说等均不再发挥作用，而立法者和司法者对被侵权人的充分救济之法律、政策成为最重要的利益衡量因素。此种将不幸损害在业主和受害人之间公平分配的做法，"实质上即是一个利益衡量的问题"⑤。

高空抛物、坠物侵权行为法律规制的最大难点在于，不能确定具体的侵权人。虽然原《侵权责任法》第 87 条对侵权行为人的推定属于可推翻的推定，但是第 87 条规定的"除能够证明自己不是侵权人的外"的举证责任，对于没有实施这一侵权行为的人是很难实现的，且不符合消极事实

① 参见王利明：《抛掷物致人损害的责任》，载《政法论坛》，2006（6）。

② 参见《楼上扔下烟灰缸》，CCTV 综合频道《今日说法》栏目，2003-01-10。

③ 王新中主编：《今日说法故事精选》，北京，中国人民公安大学出版社，2004，第157页。

④ 参见郑成良：《重庆"烟灰缸伤人案"评析》，载 http://www.zg163.net/read-htm-tid-144072-ordertype-desc.html，访问日期：2013-05-23；冯云鹤、吴洋：《"拖把伤人案"23 户被判共赔》，载《江淮晨报》，2012-04-09。

⑤ 王利明：《侵权责任法研究》，下卷，北京，中国人民大学出版社，2011，第721页。另参见李霞：《高空抛物致人损害的法律救济——以〈侵权责任法〉第87条为中心》，载《山东大学学报（哲学社会科学版）》，2011（1）。

的举证责任配置理论（"主张者承担证明，否定者不承担证明"；"依事物的性质不要求否定者承担证明"；"主张消极事实的当事人不需要对该消极事实的不存在承担举证责任"）。《民法典》第 1254 条第 1 款作为可反驳推翻的民事法律事实推定规范，规定被侵权人对基础事实——"可能加害的建筑物使用人"范围进行举证。从被推定之人的角度看，该款本质上也属于举证责任倒置规范，被推定之人可以举证证明自己不是"可能加害的建筑物使用人"，如被推定之人举证证明自己是一楼住户或地下一楼住户、损害发生时家中无人、自己房间的窗户朝向与损害发生地点相反，等等。①笔者曾建议，删除第 1030 条第 1 款中的"除能够证明自己不是侵权人的外"，在该款后单独增加一款规定举证责任问题："被侵权人对可能加害的建筑物使用人范围承担举证责任，对方有相反证据证明自己不属于可能加害的建筑物使用人的不承担责任。"② 可见，《民法典》第 1254 条在举证责任问题上与原《侵权责任法》第 87 条作出相同规定。

五、侵权责任构成要件事实举证责任倒置规范

（一）侵权责任构成要件事实举证责任倒置规范概述

为矫正侵权人与被侵权人之间举证责任分配的不平衡，现代侵权法还引入证明标准降低③或者举证责任倒置规则，将侵权责任部分构成要件事实的举证责任转移给侵权人。"通过举证责任倒置这一设计来减轻责任是民法法域的典型特征。"④ 在举证责任倒置的情形下，主张对自己有利事实之当事人无须就该全部要件事实承担举证责任，而只需承担部分要件事实的举证责任；至于其他的要件事实则由对方当事人负担证伪的责任。

---

① 在 2019 年 8 月 23 日中国法学会组织召开的高空抛物坠物法治工作座谈会上，张新宝教授认为，被侵权人对"可能加害"负有举证责任；并建议将"可能加害"的举证责任分配给被侵权人一方，从而使这一补偿具有正义性。

② 2019 年 8 月 28 日至 9 月 26 日，全国人大常委会法制工作委员会将《民法典侵权责任编（草案）》（三次审议稿）在中国人大网公布，并向社会公众征求意见。2019 年 8 月 29 日，笔者提交此条修改建议。

③ 法释〔2021〕17 号最高人民法院《关于审理食品药品纠纷案件适用法律若干问题的规定》第 5 条第 2 款规定："消费者举证证明因食用食品或者使用药品受到损害，初步证明损害与食用食品或者使用药品存在因果关系，并请求食品、药品的生产者、销售者承担侵权责任的，人民法院应予支持，但食品、药品的生产者、销售者能证明损害不是因产品不符合质量标准造成的除外。"

④ 欧洲民法典研究组、欧盟现行私法研究组编著，〔德〕克里斯蒂安·冯·巴尔、〔英〕埃里克·克莱夫主编：《欧洲私法的原则、定义与示范规则：欧洲示范民法典草案》（全译本），第 5 卷至第 7 卷，王文胜等译，北京，法律出版社，2014，第 193 页。

在共同危险行为致人损害责任中，如数人在山上往某处丢弃废石，数人在房间吸烟并乱扔烟头，数人在河岸边打水漂，数名猎人同时朝同一目标射击，数名儿童持向日葵杆互相乱打致迸起葵杆碎刺①，等等，存在确定具体侵权人的事实认定难题。我国民事立法一直对共同危险行为侵权责任坚持举证责任倒置的规范配置。2001年《民事诉讼证据规定》第4条第1款第7项规定："由实施危险行为的人就其行为与损害结果之间不存在因果关系承担举证责任。"法释〔2003〕20号最高人民法院《关于审理人身损害赔偿案件适用法律若干问题的解释》第4条规定："共同危险行为人能够证明损害后果不是由其行为造成的，不承担赔偿责任。"《民法典》第1170条中规定："……能够确定具体侵权人的，由侵权人承担责任；不能确定具体侵权人的，行为人承担连带责任。"《民法典》第1170条在共同危险行为致害责任中采取了数个共同危险行为与特定损害之间因果关系的推定，并通过举证责任倒置的方式要求共同危险行为人举证确定具体侵权人作为自己的免责事由，以此降低受害人的举证难度，避免其因不能指认真正侵权人而无法行使侵权损害赔偿请求权。当然，是将《民法典》第1170条解读为对"具体侵权人是谁"这一侵权构成要件事实的证明责任倒置规范，还是将之解读为侵权证明责任一般规范②，这属于纯粹民法学问题中的解释选择问题，并不影响实定法对当事人之间的利益安排。

值得注意的是，在医疗损害责任中，原《侵权责任法》第54条规定："患者在诊疗活动中受到损害，医疗机构及其医务人员有过错的，由医疗机构承担赔偿责任。"从体系解释的角度看，修正了2001年《民事诉讼证据规定》第4条第1款第8项的规定，不再对过错这一要件事实实行举证责任倒置，在医患法律关系上实现更加公平的利益配置。患者在医疗损害责任诉讼中就须举证证明就诊的事实、遭受的实际损害、医疗行为和损害后果之间存在因果关系、医疗机构及其医务人员的过错。③ 可见，原《侵

---

① 参见最高人民法院中国应用法学研究所编：《人民法院案例选》，1996年第1辑，北京，人民法院出版社，1996。

② 如认为从事危险行为之人应负共同危险连带侵权责任，而能够举证确定"具体侵权人"，作为从事危险行为之人的免责事由。

③ 如京高法发〔2010〕第400号北京市高级人民法院《关于审理医疗损害赔偿纠纷案件若干问题的指导意见（试行）》第7条第1款第一句指出："在医疗损害赔偿纠纷诉讼中，患者一方应当首先证明其与医疗机构之间存在医疗关系并发生医疗损害。"第8条第1款指出："对于医疗产品损害以外的医疗损害赔偿纠纷案件，患者一方认为医疗机构有医疗过错，以及医疗行为与损害结果之间存在因果关系，应当承担相应的举证责任。"第10条指出："医疗产品损害赔偿纠纷案件，由患者一方对产品缺陷、损害结果、因果关系承担举证责任。""因输入的血液是否合格引发的损害赔偿纠纷案件，由患者一方对血液不合格、损害结果、因果关系承担举证责任。"

权责任法》第 54 条一改医疗损害责任中的举证责任倒置，将因果关系要件和医疗过错要件转由患者举证。因此，医疗损害责任也成为适用一般侵权过错责任原则的侵权类型。"由此，导致法官在案件审理过程中需在举证责任分配理念上作出根本性的转变，采用'谁主张、谁举证'原则，分配给患者更多的举证责任。此外，也可让患者在起诉时更加慎重和理性，对因诉讼门槛较低造成的滥诉现象起到一定的遏制作用。"①《民法典》第 1218 条总体坚持了原《侵权责任法》第 54 条的规定，只是把后者条文中的"医疗机构及其医务人员有过错的"改为"医疗机构或者其医务人员有过错的"。在立法论上看，将医疗损害责任要件事实交由患者承担证明责任，可能存在矫枉过正之嫌。司法实践中应当根据分配正义的要求，结合武器平等的证明责任分配原则，借鉴比较法的经验，采取因果关系推定等措施缓和患者的举证困难，以弥补患者在医疗专业知识上的欠缺。② 由"侵权责任法司法解释研究"课题组组织起草的《中华人民共和国侵权责任法》司法解释建议稿（"2010 博鳌法学论坛暨第七届法官与学者对话民商法论坛"讨论文件）第 120 条规定："患者的损害有可能是由医务人员的诊疗行为造成的，除医务人员提供相反证据外，推定该诊疗行为与患者人身损害之间存在因果关系。"

《民法典》第 1165 条第 2 款、第 1199 条、第 1248 条、第 1253 条、第 1255 条、第 1256 条、第 1257 条、第 1258 条等，这些规定适用过错推定归责原则的条文，是对过错事实的推定规范。而从被推定有过错的一方来看，其就反驳事实的举证实质上也使这些条文还属于举证责任倒置规范。对民法同一条文，从不同角度观察，可能得出不同的证据规范定性结论，而这些不同定性并不矛盾。

综上，侵权责任编中的证据规范既包括根据法律要件分类说整理出来的侵权举证责任一般标准，也包括为法律所明确规定的侵权要件事实推定

---

① 李冬冬：《丰台法院调研侵权责任法实施后医疗纠纷案审理中的变化》，载北京法院网，访问日期：2010 - 11 - 04。
② 参见杨立新：《医疗损害责任的因果证明及举证责任》，载《法学》，2009（1）；周翠：《〈侵权责任法〉体系下的证明责任倒置与减轻规范——与德国法的比较》，载《中外法学》，2010（5）；胡学军：《解读无人领会的语言——医疗侵权诉讼举证责任分配规则评析》，载《法律科学》，2011（3）；洪冬英：《论医疗侵权诉讼证明责任》，载《政治与法律》，2012（11）。
另参见姜世明：《医师民事责任程序中关于可归责性要件之举证责任》，载姜世明：《民事证据法实例研习》（一），台北，正点文教出版顾问有限公司，2005，第 287～300 页；陈巍：《论统一的过错证明责任分配规则》，载《法商研究》，2020（5）。

规范和侵权要件事实举证责任倒置规范。对侵权责任编中的证据规范的梳理，有助于将被侵权人的侵权请求权和侵权人的侵权责任落到实处。

（二）侵权责任构成要件事实举证责任倒置规范的例证——环境污染和生态破坏侵权责任

原《侵权责任法》第 66 条规定："因污染环境发生纠纷，污染者应当就法律规定的不承担责任或者减轻责任的情形及其行为与损害之间不存在因果关系承担举证责任。"结合原《侵权责任法》第 65 条有关环境污染侵权责任采用无过错责任原则的规定，被侵权人无须对污染者的主观过错进行证明，污染者也不得以自己没有过错为由进行抗辩。申言之，只要具备污染环境行为、损害、侵害行为与损害之间有因果关系，即应认定构成环境污染侵权责任。在环境污染侵权责任诉讼中，被侵权人不需就污染者的行为与损害之间的因果关系承担举证责任，但被侵权人尚需就污染者的污染行为和损害结果本身承担举证责任。[①]"排污致人财产损害，即使排污没有超过规定的标准，该排污行为也构成侵权，侵权人应承担民事赔偿责任。"[②]

有学者曾指出："对健康的侵害及因果关系较难证明，尤其是在公害及职业病常须专家鉴定始能判断，如何减轻被害人的举证责任亦属重要。"[③] 以原《侵权责任法》第 66 条的规定为例：环境污染损害责任的减轻、免除责任事由及因果关系的不存在，由污染者承担举证责任。这就在更大程度上减轻了污染受害者的证明负担，更有利于保护污染受害者政策目标的实现。当然，司法实践中也要求环境污染损害的被侵权人对损害事实及污染行为与损害事实之间存在初步因果关系（证明因果关系存在的可能性）承担举证责任。[④] 举证责任倒置规范并非将侵权责任构成要件全部倒置，故需要区分其倒置的是何种要件事实。而即使对被倒置的要件事实而言，基于当事人之间的利益平衡，也存在对方当事人承担初步举证责任的问题。"权威机关对我国《侵权责任法》第 66 条的解读持一种形式解释的观点，认为受害人在因果关系上无需承担任何举证义务，以保护弱者。该意见过于注重价值排序而忽视利益衡平，在司法实践中往往被弱化、规避乃至否认。经利益衡量并参酌比较法经验，宜采取一种实质解释观，将

---

① 参见《最高人民法院公报》，2005（5）。

② 新疆维吾尔自治区高级人民法院（2006）新民一终字第 117 号民事判决书。

③ 王泽鉴：《侵权行为》，北京，北京大学出版社，2009，第 103 页。

④ 参见最高人民法院中国应用法学研究所编：《人民法院案例选》，2007 年第 3 辑，北京，人民法院出版社，2008；最高人民法院审判监督庭编：《审判监督指导与研究》，第 3 卷，北京，人民法院出版社，2002。

第 66 条视为对法官降低受害者说服责任的提示性规定。"[1] 有学者进一步总结指出："环境污染纠纷案件中立法者对污染受害者在证明责任上的有利规定，在实践中既有合理的创新，但同时也产生了异化，导致了受害者在维权中遭受挫折。科学的不确定性风险在立法上需要重新进行斟酌分配，完全的'一边倒'之立法在司法实践中会遇到适用困境，采用合比例认定原则将会更公平。"[2]

环境污染侵权纠纷案件中的因果关系要件具有复杂性和不确定性的特点，"环境侵权案件中污染行为与损害后果之间是否存在因果关系的判断是环境司法领域中的典型难题"[3]。虽然原《侵权责任法》第 66 条将污染行为和损害之间不存在因果关系交由污染者承担举证责任，但被侵权人在诉讼实践中也须就污染行为已经发生并和损害结果之间存在初步的因果关系（污染行为具有导致损害发生的可能性）承担举证责任[4]，而非直接对因果关系进行证明责任倒置[5]，以实现对被侵权人权益保护和污染者行为自由之间的利益平衡，防止诉权滥用。申言之，被侵权人完成对污染行为和污染行为造成损害结果的初步举证责任之后，是针对侵权人适用举证责任倒置的前提。[6] 由"侵权责任法司法解释研究"课题组组织起草的《中

---

① 张宝：《环境侵权诉讼中受害人举证义务研究——对〈侵权责任法〉第 66 条的解释》，载《政治与法律》，2015（2）。

② 罗发兴：《环境侵权证明责任的司法实践现状与评析——以 60 个真实案件为样本分析》，载《北方法学》，2015（1）。

③ 胡学军：《环境侵权中的因果关系及其证明问题评析》，载《中国法学》，2013（5）。另参见最高人民法院（2006）民二提字第 5 号民事判决书，湖南省高级人民法院（2006）湘高法民再终字第 102 号民事判决书。

④ 参见张海燕：《民事推定法律效果之再思考——以当事人诉讼权利的变动为视角》，载《法学家》，2014（5）；张宝：《论环境侵权案件中的举证责任分配——以贵阳市水污染责任纠纷案为例》，载《环境保护》，2013（4）；关丽：《环境侵权诉讼中如何分配双方的举证责任?》，载《中国审判》，2007（12）；王利明：《侵权责任法研究》，上卷，北京，中国人民大学出版社，2010，第 400~403 页。

⑤ 参见胡学军：《环境侵权中的因果关系及其证明问题评析》，载《中国法学》，2013（5）。

⑥ 参见袁小荣：《举证责任倒置在环境侵权诉讼中的适用》，载《人民司法·案例》，2011（20）。在原《侵权责任法》颁布、施行前，我国法院在司法裁判中也坚持在环境污染侵权纠纷案件中以受害人承担初步举证责任作为举证责任倒置的前提，如在 2006 年 4 月 17 日江苏省徐州市中级人民法院（2006）徐民一终字第 27 号民事判决书中，法院认为："环境污染损害赔偿纠纷案件虽然适用举证责任倒置原则，但并不因此完全免除主张方的举证责任，其仍须就案件部分要件事实承担举证责任，即其应举出盖然性证据证明环境污染及加害人的存在。若其不能完成应负的举证责任，将导致适用举证责任倒置的前提和条件不能成立，其诉讼请求也无法得到法律的保护。"[林操场、王茂峰：《环境污染赔偿案不全免除原告的举证责任》，载《人民法院报》，2006-09-11。另参见黄成、陈果：《环境诉讼因果关系推定需受害者证明基础事实》，载《人民司法·案例》，2015（2）。]

华人民共和国侵权责任法》司法解释建议稿（"2010 博鳌法学论坛暨第七届法官与学者对话民商法论坛"讨论文件）第 131 条指出："依照侵权责任法第六十六条规定由污染者承担举证责任的因果关系要件的，被侵权人应当首先承担因果关系具有可能性的初步证明，未证明具有存在因果关系可能性的，不得进行因果关系推定。"法释〔2015〕1 号最高人民法院《关于审理环境民事公益诉讼案件适用法律若干问题的解释》第 8 条第 2 项规定："提起环境民事公益诉讼应当提交下列材料：……（二）被告的行为已经损害社会公共利益或者具有损害社会公共利益重大风险的初步证明材料……"法释〔2015〕12 号最高人民法院《关于审理环境侵权责任纠纷案件适用法律若干问题的解释》第 6 条第 3 项规定："被侵权人根据侵权责任法第六十五条规定请求赔偿的，应当提供证明以下事实的证据材料：……（三）污染者排放的污染物或者其次生污染物与损害之间具有关联性。"法释〔2019〕8 号最高人民法院《关于审理生态环境损害赔偿案件的若干规定（试行）》第 6 条第 3 项规定："原告主张被告承担生态环境损害赔偿责任的，应当就以下事实承担举证责任：……（三）被告污染环境、破坏生态的行为与生态环境损害之间具有关联性。"笔者认为，被侵权人承担此种初步因果关系的举证责任实际上也是因果关系证明标准的降低，即从高度盖然性标准（事实极有可能或者非常可能如此）降低到较高程度的盖然性标准（事实可能如此）。"如果法官从证据中获得的心证为事实存在的可能性大于不存在的可能性，该心证就满足了较高程度盖然性的要求。"① 至于究竟是从因果关系举证责任减轻的角度将之界定为初步因果关系的举证责任，还是从因果关系证明标准的角度将之界定为因果关系盖然性标准，属于纯粹民法学问题中的解释选择问题，对案件的裁判结论并无影响。笔者曾建议，结合司法实践的做法，缓和环境污染、生态破坏侵权责任因果关系的举证责任配置。在不改变原《侵权责任法》第 66 条规定的因果关系举证责任倒置规范的同时，将原《侵权责任法》第 65 条修改为："被侵权人提供证据证明污染环境、破坏生态环境与损害之间存在关联性的，侵权人应当承担侵权责任。"②

被侵权人在环境污染侵权责任诉讼中常常借助农业、渔业、环保等行

---

① 李浩：《民事诉讼法学》，北京，法律出版社，2011，第 231 页。
② 王雷：《对〈中华人民共和国民法典（草案）〉的完善建议》，载《中国政法大学学报》，2020（2）。

政部门就污染行为和损害结果之间存在基本因果关联的鉴定意见承担举证责任。法院在审理过程中常会就鉴定意见作出主体是否有法定职权、鉴定程序是否合法等问题进行查证，若不存在问题，则认定鉴定意见具有证明力。"法律规定的不承担责任或者减轻责任的情形及其行为与损害之间不存在因果关系"等要件事实方转由污染者承担举证责任。① 被侵权人和污染者也常常举证证明同样具有被污染可能的第三人存在或者不存在类似的损害事实，以证明污染行为与损害之间的因果关系存在与否。②

与原《侵权责任法》第 65 条、第 66 条相对比，《民法典》第 1229 条、第 1230 条同样坚持全有全无式的因果关系举证责任倒置。后者只是将适用范围不局限于"因污染环境发生纠纷"，而是进一步扩大为"因污染环境、破坏生态发生纠纷"。最高人民法院《关于审理环境民事公益诉讼案件适用法律若干问题的解释》、最高人民法院《关于审理环境侵权责任纠纷案件适用法律若干问题的解释》、最高人民法院《关于审理生态环境损害赔偿案件的若干规定（试行）》，在修正过程中均坚持对因果关系举证责任和证明标准的缓和做法。相关司法解释均未采纳全有全无式的因果关系举证责任倒置方案，而是妥当平衡行为人和被侵权人之间的利益，将污染环境、破坏生态的行为与损害之间具有关联性的举证责任分配给被侵权人/原告承担，以避免滥诉。笔者认为，前述司法解释的方案更为合理，其所作的推进完善规则仍应当优先于《民法典》适用。③

六、小结：举证责任倒置规范是侵权责任编中证据规范的鲜明特色

研究民法证据规范能够推动民事实体法和民事程序法的沟通，使实体法中的权利规范得到更好的实现。民法证据规范丰富了民法规范的类型配置，其既能指导当事人对侵权责任构成要件事实进行举证，也能在案件事实真伪不明的情形下为法官提供可能的裁判规范。我国学界对民法证据规范的系统研究成果较少，而《民法典》侵权责任编中的证据规范类型多样，故需要系统讨论其中蕴含的证据规范及其法律适用问题。"侵权责任

---

① 参见广西壮族自治区南宁市中级人民法院（2011）南市民二终字第 276 号民事判决书。
② 参见上海市松江区人民法院（2009）松民一（民）初字第 2911 号民事判决书。
③ 参见王雷：《民法典适用衔接问题研究：动态法源观的提出》，载《中外法学》，2021（1）。

法是证明责任分配最为复杂的法律领域。"①《民法典》侵权责任编共 95 个条文，其中"证据"二字出现 3 次，"证明"二字出现 19 次，"举证"二字出现 1 次，"推定"二字出现 2 次。《民法典》第 1165 条第 2 款、第 1199 条、第 1230 条、第 1242 条、第 1248 条、第 1252 条第 1 款、第 1253 条、第 1255 条、第 1256 条、第 1257 条、第 1258 条第 1 款、第 1258 条第 2 款等，均属于举证责任倒置规范。与《民法典》其他各编对比，举证责任倒置规范在侵权责任编中出现频次最高，故举证责任倒置规范成为侵权责任编中证据规范的鲜明特色。对侵权责任编中证据规范的梳理，有助于将被侵权人的侵权请求权和侵权人的侵权责任落到实处。

《民法典》侵权责任编中的证据规范既包括根据法律要件分类说得出的侵权举证责任一般标准，也包括为法律所明确规定的侵权责任构成要件事实推定规范和侵权责任构成要件事实举证责任倒置规范等法定特别标准。侵权举证责任一般标准包括侵权责任构成要件事实对应的证据规范，这属于侵权请求权基础规范派生的举证责任规范。侵权举证责任一般标准还包括侵权责任抗辩事由对应的民事权利（侵权损害赔偿请求权）妨碍、消灭或者受制规范，此属于侵权请求权的对立规范。侵权人就这些对其有利的事实承担举证责任，符合举证责任分配的一般标准。侵权举证责任配置的法定特别标准主要涉及侵权责任构成要件事实推定规范、侵权责任构成要件事实举证责任倒置规范等。这些也往往对应适用过错推定原则或者无过错责任原则的侵权责任类型，体现了对被侵权人作为弱势一方的倾斜保护。对侵权责任编中证据规范的类型化梳理，能够为研究其他部门法中的证据规范提供有益的参考样本。

---

① 刘鹏飞：《证明责任规范的功能性审视：以归责原则为重心》，载《政法论坛》，2019(3)。

第十三章 消费者权益诉讼中惩罚性赔偿的
证明难题及其缓解

　　惩罚性赔偿旨在通过提高经营者的违法成本，鼓励消费者积极维权，来最大限度保护消费者的合法权益。惩罚性赔偿的适用范围不限于侵权责任领域，还包括违约责任领域。消费者权益诉讼实践中存在对惩罚性赔偿制度中"欺诈""明知"等要件事实的证明难题。对此，需要结合惩罚性赔偿的功能和"法律要件分类说"的举证责任分配通说观点，分别讨论普通消费领域惩罚性赔偿诉讼中"欺诈"要件事实的举证责任分配和食品安全领域惩罚性赔偿诉讼中经营者"明知"要件事实的举证责任分配。2015年6月15日，最高人民法院发布10起消费者维权典型案例，其中有7起涉及惩罚性赔偿。2017年3月，第六届中国消费者保护法论坛在北京市第三中级人民法院召开，论坛主题为"惩罚性赔偿的适用与旅游消费者权益保护"，与会的理论界和实务界专家对惩罚性赔偿的构成要件和证明问题存在较大争议。[①]

　　最高人民法院于2018年在"豪车退一赔三案"中对经营者告知义务的认定，存在需要从举证责任分配等角度反思之处。经营者在汽车交付前对左前门下方一处漆面轻微瑕疵做抛光打蜡处理，还更换了窗帘总成。然而，经营者未将这两项事实告知消费者。最高人民法院认为，前述漆面瑕疵及其维修措施显著轻微，不涉及消费者人身健康和安全，也几乎不涉及实质性财产利益，故经营者未告知消费者该事实，不构成对知情权的侵犯。最高人民法院还认为，更换窗帘总成属于局部轻微修复，并非"大修"，不影响消费者缔约的根本目的，明显不危害汽车的安全性能、主要功能和基本用途，虽经营者应如实告知而未予告知，在一定程度上侵犯了

---

① 参见郑慧媛、夏海曼：《消费者权益纠纷中惩罚性赔偿的适用》，载《人民法院报》，2017 - 03 - 22（7）。

消费者的知情权，但并不构成欺诈。① 最高人民法院实质上采纳了告知义务"客观安全性能说"。这进一步影响了对经营者是否构成欺诈的认定及相应举证责任的分配，殊值检思。2019 年最高人民法院驳回了消费者的再审申请。②

一、惩罚性赔偿的制度功能与请求权基础规范变迁

（一）惩罚性赔偿的制度功能

侵权责任法的主要功能是通过明确侵权责任来填补受害人所遭受的损害。侵权责任法的损害填补和预防功能是对"以牙还牙，以眼还眼"的同态复仇规则的替代，避免私力复仇方式的漫无限制和由此带来的社会秩序的不稳定。

惩罚功能并非侵权责任法的主要功能，侵权责任法也不是一部制裁性的法律。③ 涉消费者权益诉讼中的惩罚性赔偿旨在提高经营者的违法成本，增强消费者的维权意识，一定程度上降低消费者的维权成本，鼓励消费者积极维权，以最大限度保护消费者的合法权益。惩罚性赔偿是侵权责任法的惩罚功能的重要和直接的体现，虽然其在侵权损害赔偿责任中不能作为一般的责任承担方式予以规定，但在例外情形下还是存在适用空间，以体现侵权责任法在补偿功能之外还有一定的制裁功能。④ 有学者进一步指出：惩罚性赔偿不是以惩罚为目的，它只是要通过剥夺加害人的非法利益，使之得不偿失，从而遏制其从事侵权行为的冲动。同时，巨额的惩罚性赔偿对社会上潜在的侵权人也能产生很好的"杀一儆百"的作用。申言之，侵权责任法对侵权人制裁的根本目的是要填补受害人的损害并预防侵权行为的再次发生。⑤

（二）惩罚性赔偿的请求权基础规范变迁

1994 年 1 月 1 日起施行的《消费者权益保护法》第 49 条创设了惩罚性赔偿制度。2009 年 6 月 1 日起施行的《食品安全法》第 96 条第 2 款规定了食品安全领域的惩罚性赔偿制度。2010 年 7 月 1 日起施行的《侵权责任法》第 47 条规定了产品责任领域的惩罚性赔偿制度。原《侵权责任法》

---

① 参见最高人民法院（2018）最高法民终 12 号民事判决书。
② 参见最高人民法院（2019）最高法民申 898 号民事裁定书。
③ 参见张新宝：《侵权责任法立法：功能定位、利益平衡与制度构建》，载《中国人民大学学报》，2009（3）。
④ 参见王利明：《惩罚性赔偿研究》，载《中国社会科学》，2000（4）；杨立新：《侵权责任法》，2 版，北京，法律出版社，2012，第 9 页。
⑤ 程啸：《侵权责任法》，2 版，北京，法律出版社，2015，第 37～38 页。

将惩罚性损害赔偿的适用范围限于产品责任案件①，并将赔偿金的具体倍数交由人民法院在裁判中具体确定。② 至此，惩罚性赔偿的请求权规范基础存在新的一般法与旧的特别法之间的冲突协调问题。从法律备案审查的角度看，不管是根据 2000 年 7 月 1 日起施行的《立法法》第 85 条第一句还是根据 2015 年 3 月 15 日修订后的《立法法》第 94 条第 1 款，均为"法律之间对同一事项的新的一般规定与旧的特别规定不一致，不能确定如何适用时，由全国人民代表大会常务委员会裁决"。但从法律适用的角度看，如何协调两类请求权规范基础的不一致以解裁判之急？因法院不得拒绝处理民事纠纷，而《立法法》规定的法律冲突解决方法和人民法院在个案中采取的法律冲突解决方法不完全一致，故当法院在裁判案件过程中遇到此种情形时，可能的个案应对方法有二：一是认定此时没有法律具体规则，适用民法基本原则进行裁判。二是运用目的解释方法，将新的一般规定和旧的特别规定之间的冲突视为民法价值判断问题，通过对规范目的的探求来确定在个案中法律规则的取舍适用。笔者认为后一方法更为妥当。也有学者主张借鉴刑法上的想象竞合犯理论来解释《食品安全法》第 96 条第 2 款和原《侵权责任法》第 47 条之间的适用关系，实行"从一重处断"③。

经修订并自 2014 年 3 月 15 日起施行的《消费者权益保护法》第 55 条进一步完善了涉消费者权益诉讼中的惩罚性赔偿制度。法释〔2013〕28 号最高人民法院《关于审理食品药品纠纷案件适用法律若干问题的规定》第 15 条规定："生产不符合安全标准的食品或者销售明知是不符合安全标准的食品，消费者除要求赔偿损失外，向生产者、销售者主张支付价款十倍赔偿金或者依照法律规定的其他赔偿标准要求赔偿的，人民法院应予支持。"修订后并于 2015 年 10 月 1 日起施行的《食品安全法》第 148 条第 2 款完善了食品安全领域的惩罚性赔偿制度。原《民法总则》和《民法典》

---

　　① "产品缺陷的证明责任"应由作为受害者的原告承担。在缺陷产品和损害之间事实上的因果关系也得以证明的前提下，生产者就免责事由举证，如生产者不能证明存在免责事由，则承担败诉风险。在有些案件中，产品存在缺陷可以通过"事实自证"，如从汽车挡风玻璃突然爆破、啤酒瓶突然爆炸等事实中就可推定存在产品缺陷。参见亓培冰、张江莉：《产品缺陷的证明责任辨正》，载《人民司法·案例》，2008（16）。另参见《最高人民法院公报》，2001（2）。

　　② 在确定惩罚性赔偿的具体数额时，人民法院应当综合考虑侵权行为的性质、过错程度、损害后果、侵权人的赔偿能力、获利状况、受害人遭受的损失、社会影响等因素。参见鲁高法〔2011〕297 号山东省高级人民法院《关于印发全省民事审判工作会议纪要的通知》。

　　③ 周江洪：《惩罚性赔偿责任的竞合及其适用——〈侵权责任法〉第 47 条与〈食品安全法〉第 96 条第 2 款之适用关系》，载《法学》，2010（4）。

第 179 条第 2 款规定："法律规定惩罚性赔偿的，依照其规定。"法释〔2020〕17 号最高人民法院《关于审理食品药品纠纷案件适用法律若干问题的规定》第 15 条第 1 款规定："生产不符合安全标准的食品或者销售明知是不符合安全标准的食品，消费者除要求赔偿损失外，依据食品安全法等法律规定向生产者、销售者主张赔偿金的，人民法院应予支持。"总体上来看，前述有关惩罚性赔偿的请求权规范基础对应的构成要件愈趋宽松，对应的法律后果愈趋严厉。而且，惩罚性赔偿的适用范围也不限于侵权责任领域，还扩及违约责任领域。[①] 有学者认为，"现代侵权行为法中惩罚性赔偿的适用范围也在不断地扩张"[②]。《民法典》第 1185 条、第 1207 条、第 1232 条实际上扩大了惩罚性赔偿的适用范围。

　　实体法赋予消费者（被侵权人）的惩罚性赔偿请求权要在诉讼中获得实现，离不开举证责任等证据规范的配合，请求权基础规范也只有和民法证据规范结合在一起，方能形成完整的裁判规范。因此，对惩罚性赔偿请求权构成要件中的"欺诈行为""明知"等要件事实的举证证明就至为重要。

二、惩罚性赔偿中"欺诈"和"明知"等构成要件事实及其证明难题

　　结合前述惩罚性赔偿请求权规范基础，综合运用文义解释、体系解释和目的解释等方法，可以对惩罚性赔偿责任的一般构成要件初步得出如下法律解释结论：

　　第一，应该运用目的解释方法，对"知假买假"的行为作从宽解释，将其纳入惩罚性赔偿的适用范围。不应固守体系解释的结论，要求惩罚性赔偿的构成以 1988 年《民法通则意见（试行）》第 68 条所规定的"诱使对方当事人作出错误意思表示"为必要。法释〔2020〕17 号最高人民法院《关于审理食品药品纠纷案件适用法律若干问题的规定》第 3 条即采此

---

　　① See Curtis Bridgeman, Corrective Justice in Contract Law: Is There a Case for Punitive Damages, 56 *Vand. L. Rev.* 237 (2003), p. 275.

　　② 程啸：《侵权责任法》，2 版，北京，法律出版社，2015，第 52 页。张新宝教授曾建议可以适当扩大惩罚性赔偿的适用范围，在环境生态侵权、严重侵害人格权益等情形中，适当规定惩罚性赔偿金的适用。参见张新宝：《民法分则侵权责任编立法研究》，载《中国法学》，2017（3）。

立场。① 此外，惩罚性赔偿中的"欺诈"也不同于作为民事法律行为或者合同行为可撤销事由的"欺诈"：前者可以发生在消费合同缔结、履行全过程，不限于合同缔结阶段。

第二，适用惩罚性赔偿不以受害人遭受实际损失为必要，不以补偿性赔偿的存在为前提。依据原《侵权责任法》第 47 条的规定，惩罚性赔偿仅适用于缺陷产品致使他人死亡或者健康受到严重损害等人身损害，而不适用于财产损害。《食品安全法》第 148 条第 2 款较之《消费者权益保护法》第 55 条、原《侵权责任法》第 47 条而言，立法理念更先进，构成要件更明确。既然惩罚性赔偿不以填补受害人损害为目的，则不必强求其固守"无损失无赔偿"的观念。②

第三，在食品纠纷案件中，根据法释〔2021〕17 号最高人民法院《关于审理食品药品纠纷案件适用法律若干问题的规定》第 15 条和《食品安全法》第 148 条第 2 款的规定，"生产不符合食品安全标准的食品或者经营明知是不符合食品安全标准的食品"，就符合惩罚性赔偿的构成要件。对生产不符合食品安全标准的食品生产者而言，其不须再根据《消费者权益保护法》第 55 条第 2 款或者原《侵权责任法》第 47 条的规定，具备"明知"要件方承担惩罚性赔偿责任。这就减轻了受害人的证明责任。有学者从立法论上进一步建议，产品生产者应该被纳入《消费者权益保护法》第 55 条第 2 款规定的惩罚性赔偿的责任承担主体范围，以充分保护消费者权益。③

第四，惩罚性赔偿虽然以惩罚、制裁加害人为规范目的，但是否适用惩罚性赔偿仍以受害人是否提出此种权利主张为必要。其仍属于民事纠

---

① 参见最高人民法院于 2014 年 1 月 26 日发布的指导案例 23 号。更多讨论，参见熊丙万：《法律的形式与功能：以"知假买假"案为分析范例》，载《中外法学》，2017（2）。司法实践近来对消费者"知假买假"行为的保护力度有所变化。法办函〔2017〕181 号最高人民法院办公厅《对十二届全国人大五次会议第 5990 号建议的答复意见》指出："……目前可以考虑在除购买食品、药品之外的情形，逐步限制职业打假人的牟利性打假行为。"国务院法制办 2016 年 11 月 16 日公开征求意见的《中华人民共和国消费者权益保护法实施条例（送审稿）》第 2 条规定："消费者为生活消费需要而购买、使用商品或者接受服务，其权益受本条例保护。但自然人、法人或其他组织以牟利为目的购买、使用商品或接受服务的，不适用本条例。"另参见北京市第三中级人民法院（2017）京 03 民终 13090 号民事判决书。

② 有学者认为惩罚性赔偿请求权依附于补偿性赔偿请求权。参见黄忠顺：《惩罚性赔偿消费公益诉讼研究》，载《中国法学》，2020（1）。

③ 参见马强：《消费者权益保护法惩罚性赔偿条款适用中引发问题之探讨——以修订后的我国〈消费者权益保护法〉实施一年来之判决为中心》，载《政治与法律》，2016（3）。

纷，奉行"不告不理"的原则。有学者进一步指出："惩罚性赔偿的原告须承担更高的证明标准。在美国，学说上与少数州法对于惩罚性赔偿金之判决，要求必须具有'清楚而具有说服力之证据'（clear and convincing evidence），以此取代原来的'证据优势'的标准。"[1] 在我国司法实践中是否需要对主张惩罚性赔偿请求权的当事人科加更重的举证责任或者更高的证明标准，须谨慎。

在司法实践中存在对惩罚性赔偿制度中的"欺诈"等要件事实的证明难题。如在某买卖合同纠纷中，销售者在产品标签处印有"极品绵羊绒被"字样。法院认为：某商城作为网购平台未能证明该棉被使用的材质达到"极品"优质的特性，且对此足以误导普通消费者的商品信息没有采取必要措施，可推定其存在诱使消费者陷入错误认识并购买商品的行为，构成积极欺诈。因此，消费者有权要求某商城根据《消费者权益保护法》第55条第1款的规定承担货款金额三倍的赔偿责任。[2] 而在另一起类似案件中，法院认为：不当的广告宣传行为并不等于欺诈行为，且广告违法与广告欺诈也有情节轻重之分。生产者夸大其产品效果确有不当，然而绝对化、夸张化宣传用语表述上的瑕疵尚不足以据以认定构成虚构事实或隐瞒真相。而且生产者也对相关不当广告用语及时撤除、替换，无法证明生产者存在欺诈的故意。[3] 司法实践中更为疑难、更为普遍的问题是对经营者是否构成消极欺诈的认定问题。下文主要围绕消极欺诈的举证责任配置问题展开论述。

三、普通消费合同诉讼中"欺诈"要件事实及其证明

（一）普通消费合同诉讼中的"欺诈"要件事实

在惩罚性赔偿的理论和适用难题中，争议最大、最为棘手的仍然是对惩罚性赔偿制度中的"欺诈"要件事实的证明。本部分主要讨论食品消费合同之外的其他普通消费合同中惩罚性赔偿的要件事实及举证责任分配。

在消费合同领域，立法应该通过妥当的规范配置对消费者倾斜保护。如在消费合同惩罚性损害赔偿纠纷案件中，法院应该适当减轻消费者对经

---

① 郭明瑞、张平华：《侵权责任法中的惩罚性赔偿问题》，载《中国人民大学学报》，2009(3)。

② 参见北京市第三中级人民法院（2015）三中民（商）终字第05302号民事判决书。

③ 参见广州市中级人民法院（2015）穗中法民二终字第346号民事判决书。

营者"欺诈"这一要件事实的举证责任。① 原《合同法》第 113 条第 2 款对经营者欺诈时的法定惩罚性赔偿责任的规定，属于引致规范，本身不能作为裁判规范；需和《消费者权益保护法》第 55 条、1988 年《民法通则意见（试行）》第 68 条等组成完整的裁判规范。根据 1988 年《民法通则意见（试行）》第 68 条的规定，欺诈不以受欺诈人遭受物质损害为必要，只需要一方的欺诈行为导致对方作出错误意思表示即可。在消费合同主张欺诈同样不以消费者遭受物质损害或者产品存在质量瑕疵为必要，如主张价格欺诈不以消费者遭受物质损害或者产品存在质量瑕疵为必要。② 基于对消费者倾斜保护的法政策考量，在判断对消费合同的违反是否构成根本违约时，法院应该作倾向于消费者的解释。③

（二）普通消费合同诉讼中告知义务的司法适用：以某二手机动车买卖合同的司法裁判为例

因欺诈是对告知义务的违反，故对欺诈这一要件事实的证明难题的破解离不开对告知义务范围的澄清。以某二手机动车买卖合同为例：袁某与亚之杰公司签订"北京市旧机动车买卖合同"。亚之杰公司在销售涉案车辆时明知涉案车辆曾发生事故，导致多处部件维修，却未将此情况告知袁某。④ 本案中，涉案车辆为二手车，而二手车的真实使用情况对车辆的价格、性能及行车安全等问题均有着重要的影响，而消费者享有知悉其购买、使用的商品或者所接受服务的真实情况的权利，且车辆的事故及维修情况系购买人购买二手车时的重要考量事项，属于影响购买人衡量车辆性价比的决定性因素之一。亚之杰公司销售车辆时就车辆出售前的事故及维修项目未对袁某进行告知，足以造成袁某基于获知信息不全而作出错误的购买意思表示，故亚之杰公司的行为构成消极欺诈，袁某有权依据原《合同法》第 54 条第 2 款要求撤销双方订立的"北京市旧机动车买卖合同"，

---

① 例如，若消费者证明经营者交付的冰箱存在诸多的表面缺陷，同时，经营者也未向消费者提供冰箱的随机凭证（合格证、维修单、使用说明书等），则法院由此可以认定经营者交付旧冰箱，构成欺诈。经营者如有异议，应就其行为不构成欺诈承担举证责任。参见《最高人民法院公报》，2006（10）。

② 参见北京市第一中级人民法院（2014）一中民（商）终字第 8587 号民事判决书。本案同为最高人民法院于 2015 年 6 月 15 日所发布的 10 起消费者维权典型案例之一。

③ 如消费者在使用预付卡消费的过程中，因经营者不在原地址经营，导致消费卡无法使用，其有权请求解除合同并退还预付卡余额。参见"王某诉北京伊露游婴儿用品有限公司服务合同纠纷案"，本案为最高人民法院于 2015 年 6 月 15 日所发布的 10 起消费者维权典型案例之一。

④ 参见北京市第三中级人民法院（2017）京 03 民终 3414 号民事判决书。

并有权依据《消费者权益保护法》第 55 条第 1 款之规定要求亚之杰公司退货退款并主张购买车辆价款三倍的惩罚性赔偿。[①] 根据原《民法总则》第 148 条的规定，经营者存在欺诈时，消费者有权请求人民法院撤销自己因受欺诈而作出的民事法律行为，并可根据原《民法总则》第 157 条要求经营者赔偿损失；而根据原《民法总则》第 179 条第 2 款和《消费者权益保护法》第 55 条第 1 款，受欺诈的消费者还可以要求经营者承担惩罚性赔偿责任。该案例也体现了在消费者受欺诈的情形下，民事一般法和消费者权益保护法作为特别法的法律适用关系。可见，在二手机动车买卖合同中，根据交易习惯，结合诚实信用原则，车辆的事故及维修情况属于购买人购买二手车时的重要考量事项，会对购买人的购买意愿和车辆价格产生重要影响，关涉购买人的自主选择权和公平交易权，经营者应当告知而不告知的，构成消极欺诈。

类似地，新机动车买卖合同中同样存在欺诈要件事实的举证责任难题。在购买家用新车纠纷中，消费者购买后发现买到的是被使用或者维修过的汽车，而非新车时，销售者如果不能证明已经就汽车的品质履行告知义务并得到消费者认可，则构成销售品质欺诈[②]，消费者有权要求销售者承担惩罚性赔偿责任。这是诚信价值观的当然要求。这种做法也与举证责任分配规则契合：合同当事人应当对自己履行告知义务的事实承担举证责任。合同义务的履行是合同债务人针对合同债权人的债权请求权主张的抗辩事实，应该由债务人承担证明责任。[③]

在新机动车买卖合同纠纷中，经营者告知义务的范围如何确定？在新车交付前，经营者根据汽车销售的行业惯例，在 PDI 检测（交车前检查）时发现车辆瑕疵，遂更换变速箱控制模块，更换燃油泵控制单元（继电器），或者更换车前挡风玻璃，更换轮胎的，对相关部件更换、维修情况是否应该告知消费者？对此，法院需要结合一般消费者的认知能力和消费心理进行判断，看相关信息是否会影响一般消费者的消费选择（购买意愿）[④]，而经营者不能援引行业惯例主张免责，不能以法律对需要告知的具

---

① 二手车经营者在出售汽车时故意向消费者隐瞒车辆实际行驶距离的行为构成欺诈。参见广西壮族自治区柳州市中级人民法院（2015）柳市民二终字第 376 号民事判决书。本案为最高人民法院和中央电视台于 2017 年 4 月 20 日联合公布的 2016 年"推动法治进程十大案件"之一。

② 参见最高人民法院于 2013 年 11 月 8 日发布的指导案例 17 号。

③ 参见王雷：《论合同法中证据规范的配置》，载《法学家》，2016 (3)。

④ 参见天津市津南区人民法院（2017）津 0112 民初 6384 号民事判决书。

体信息范围没有规定为由主张免责，也不能简单依据相关更换、维修不会影响车辆安全去主张免责。

与《食品安全法》第148条第2款最后一句的规定（"但是，食品的标签、说明书存在不影响食品安全且不会对消费者造成误导的瑕疵的除外。"）不同，《消费者权益保护法》第55条并未衡平设置经营者承担惩罚性赔偿责任的例外情形。因此，在司法实践中，法院经常会采取变通做法：严格对欺诈要件事实中主观恶意的认定①；不从消费者知情权被侵害的事实径行推定经营者构成欺诈，而是区分经营者的欺诈行为与侵害知情权的行为，区分经营者认识错误与故意隐瞒的主观恶意；不以经营者存在欺诈为由判其承担惩罚性赔偿责任，而是根据《消费者权益保护法》第8条第1款的规定，转以消费者的知情权遭受侵害为由判令经营者承担相应的赔偿责任②，以适当平衡双方当事人之间的利益。如在"黄某与温州新力虎汽车销售服务有限公司买卖合同纠纷案"中，该案的一审判决认定，经营者应当以为消费者所明确知晓和理解的方式将更换新车变速箱控制模块的相关情况作如实告知，经营者不能证明已经告知的，构成销售欺诈。③二审法院则撤销一审判决，认为：经营者的认知受行业通常认知的影响，其根据PDI检测更换新车变速箱控制模块的行为获得生产商的认可。虽其未将相关事实告知消费者，但不具有故意隐瞒的主观恶意，不能认定构成欺诈行为，不适用惩罚性赔偿责任。但经营者侵害了消费者的知情权，应该根据《消费者权益保护法》第8条第1款和第40条第1款承担相应的赔偿责任。二审法院综合考量涉案车辆价格、侵害知情权的内容、消费者

---

① 2015年《民事诉讼法司法解释》第109条规定："当事人对欺诈、胁迫、恶意串通事实的证明，以及对口头遗嘱或者赠与事实的证明，人民法院确信该待证事实存在的可能性能够排除合理怀疑的，应当认定该事实存在。"可见，从诉讼法的角度看，欺诈之证明标准有别于2015年《民事诉讼法司法解释》第108条规定的一般民事案件之证明标准（高度可能性），而需要达到排除合理怀疑之程度。

笔者认为，应该对2015年《民事诉讼法证明解释》第109条规定的欺诈事实证明标准作目的性限缩解释，不宜提高消费合同诉讼中"欺诈"要件事实的证明标准。有学者认为：该规定显然混淆了民事诉讼证明标准与刑事诉讼证明标准，既没有法律上的根据，也缺乏理论上的充分论证，在实务操作中则会产生诸多弊端。对欺诈、胁迫、恶意串通事实的证明，以及对口头遗嘱或者赠与事实的证明，应该仍然采用该司法解释第108条规定的"高度盖然性"证明标准。参见刘学在、王静：《民事诉讼中"排除合理怀疑"证明标准评析》，载《法治研究》，2016（4）。

② 在消费者知情权诉讼中，商品或者服务的相关事实是否在经营者应当告知的范围，应当告知而没有告知时经营者构成欺诈还是仅侵害了消费者的知情权，经营者对已经履行告知义务是否承担举证责任，经营者如何证明已经履行了告知义务，这些都是容易引发争议的焦点问题。

③ 参见浙江省温州市龙湾区人民法院（2015）温龙开商初字第397号民事判决书。

消费心理受损的补偿等因素，确定赔偿数额。① 二审法院的这种做法也被其他法院处理类似案件时所借鉴。② 2018 年最高人民法院在"豪车退一赔三案"中实质上仍采此立场，只是提出了相对更多的主、客观论证要素而已，如经营者是否存在隐瞒相关维修信息的主观故意、相关维修信息未告知是否会影响消费者缔约的根本目的（对此，重点从相关维修事项的类型和严重程度，特别是是否危及车辆安全性能、主要功能和基本用途，是否给消费者的日常用车造成不利影响，是否影响到消费者一定的财产利益等因素去判断）。③ 当然，也有法院在类似案件中作出完全相反的认定，认为车辆出售前的维修情况会影响消费者的购买意愿，经营者未如实告知即构成销售欺诈。④

可见，新机动车买卖合同惩罚性赔偿纠纷案件中的核心疑难问题是，经营者是否应当将车辆出售前的维修情况告知消费者。这就和最高人民法院指导案例 17 号中的案件争点不完全一致，后者聚焦于经营者应当告知而未告知时是否构成欺诈。在最高人民法院指导案例 17 号中，经营者抗辩在车辆买卖过程中已经将车辆维修事实告知消费者。对此经营者须承担举证责任，经营者举证不能时，就可认定其违反告知义务，构成欺诈。

综合司法实务中的前述做法，围绕告知义务的判断标准，存在"主观价值说"和"客观安全性能说"的分歧。主观价值说认为：只要相关维修事实会影响一般消费者的购买意愿或者购买价格，即为重要信息。经营者就负担告知义务，违反此告知义务，使消费者在信息不对称下交易，侵害了消费者的知情权，经营者就构成欺诈。客观安全性能说认为：经营者就相关维修事实是否负担告知义务，应该着重根据相关维修事项的类型和严重程度，特别是该维修对应的问题是否会影响到对车辆运行安全作判断，符合此判断的信息方属重要。这就实质上等同于《食品安全法》第 148 条第 2 款规定的判断标准。

笔者认为，《消费者权益保护法》第 55 条属于严格规定，而非衡平规

---

① 参见浙江省温州市中级人民法院（2015）浙温商终字第 2257 号民事判决书，浙江省高级人民法院（2016）浙民申 3158 号民事裁定书。

② 参见北京市丰台区人民法院（2016）京 0106 民初 18833 号民事判决书，北京市第三中级人民法院（2016）京 03 民终 8451 号民事判决书。

③ 参见最高人民法院（2018）最高法民终 12 号民事判决书。

④ 参见北京市第一中级人民法院（2017）京 01 民终 7528 号民事判决书，北京市第一中级人民法院（2017）京 01 民终 345 号民事判决书，福建省三明市中级人民法院（2017）闽 04 民终 848 号民事判决书（该案入选 2017 年度福建法院十大影响性诉讼案件）。

定，经营者构成欺诈就应承担惩罚性赔偿责任。在判断是否构成欺诈时，须以经营者是否违反告知义务为核心要件。可以说，对是否违反告知义务的判断是对欺诈要件事实的再细分。就欺诈要件事实的判断，也进一步聚焦到告知义务的判断标准及举证责任之上。

第一，就经营者是否负担告知义务，需要运用利益动态衡量方法①综合判断。在识别影响消费者缔约的根本目的的相关考量因素过程中，居于决定性地位的并非是否影响车辆的安全性能等，而是是否影响一般消费者的购买意愿或者购买价格。这才契合此类消费合同的合同性质和目的。因此，法院不宜根据安全性能标准，避重就轻，绕开或者架空《消费者权益保护法》第 55 条的严格规定，而向第 8 条第 1 款和第 20 条第 1 款逃逸。法院更不能对《消费者权益保护法》第 55 条和《食品安全法》第 148 条第 2 款规定的构成要件作等同处理。机动车并非普通商品，消费者对所购机动车谨慎选择符合生活常理。鉴于《消费者权益保护法》第 55 条属于严格规定的规范性质，在解释论背景下，对于"主观价值说"主张的影响消费者购买意愿或者购买价格的车辆维修等重要信息，经营者即应告知。法院不能进一步根据其在整车价值中所占比例去认定构成"大修"与否，或者影响车辆安全性能与否。可以说，在机动车买卖合同惩罚性赔偿责任认定过程中，根据利益动态衡量方法（利益发现和利益证成"两步走"的适用方法），我们首先可以发现论证力强弱有别的一系列考量因素：大修还是小修、维修部件价值和人工费成本在整车价值中的占比、维修部位影响车辆安全性能与否、维修事实影响消费者购买意愿或者购买价格与否，等等。然后须结合消费者缔约的根本目的这一实质理由来从前述考量因素中识别出何为"强理由"。

第二，关于告知义务的举证责任问题。在普通消费合同诉讼中，消费者主张经营者承担惩罚性赔偿责任，须"欺诈"事实对应消费者权利发生的要件事实，消费者对此提出初步证据，证明存在欺诈的可能性即可。实际上，将告知义务从欺诈要件事实中剖析出来，避免笼统看待对"欺诈"的证明，会使对这一问题的讨论更细化。申言之，是否构成"欺诈"取决于经营者是否对消费者尽到告知义务以满足消费者的知情权。经营者已经

---

① 有关利益动态衡量方法的提出和运用，参见王雷：《论情谊行为与民事法律行为的区分》，载《清华法学》，2013（6）；王雷：《违约金酌减中的利益动态衡量》，载《暨南学报（哲学社会科学版）》，2018（11）。

履行告知义务的事实对应惩罚性赔偿请求权受到妨害的要件事实，应当由经营者承担举证责任。[①]

在法律、行政法规没有明确规定的情况下，经营者对标的物相关信息的告知义务的具体范围需要结合一般消费者的认知能力和消费心理进行判断，看相关信息是否会对一般消费者的消费选择（购买意愿）或者购买价格产生重要影响，不能依据经营者的行业惯例排斥消费者的知情权。《保险法》第16条第2款对判断投保人的告知义务范围时的两项衡量要素的规定，实质上也是采纳了主观价值说，可资类推适用。[②]

四、食品安全领域惩罚性赔偿的构成要件事实及其证明

结合《食品安全法》第148条第2款的规定，食品安全领域惩罚性赔偿的构成要件的举证责任疑难问题主要有消费者对涉案食品所基于的买卖合同的存在承担何种程度的举证责任，消费者是否以不明知为必要，食品标识错误是否当然自证不符合食品安全标准，食品安全惩罚性赔偿是否以消费者证明遭受实际损害为必要，如何举证证明经营者的"明知"。有法官指出："举证责任分配是食品消费维权中的核心问题，它直接影响着诉讼的结果"[③]。

（一）食品买卖合同成立等基本要件事实及举证责任的分配

消费者应当对其与经营者存在食品买卖合同承担举证责任，相关证据通常包括收据、购物小票、发票等。如果购物小票上载明的食品信息不完整，如仅标明"食品""饮料"等，并不能指向特定的类别，则经营者通常抗辩称诉争食品并非在自己的经营场所购买或者并非在小票上记载的时间购买。鉴于购物凭证由经营者格式化制作和出具，且经营者对相关信息的呈现情况有管控能力和义务，故经营者应当对购物凭证信息不完整承担相应的风险。

---

① 参见最高人民法院于2013年11月8日发布的指导案例17号。

针对《消费者权益保护法》第55条第2款，有学者也指出：该规定给消费者附设较重的举证义务。可以考虑由消费者举证证明缺陷的存在以及损害事实的存在后，由经营者举证证明其并非故意提供缺陷产品，从而加重经营者的举证责任。参见马强：《消费者权益保护法惩罚性赔偿条款适用中引发问题之探讨——以修订后的我国〈消费者权益保护法〉实施一年来之判决为中心》，载《政治与法律》，2016（3）。

② 《保险法》第16条第1款和第2款对投保人的如实告知义务及告知义务的范围分别作了规定："订立保险合同，保险人就保险标的或者被保险人的有关情况提出询问的，投保人应当如实告知。""投保人故意或者因重大过失未履行前款规定的如实告知义务，足以影响保险人决定是否同意承保或者提高保险费率的，保险人有权解除合同。"该条第2款对判断告知义务范围时的两项衡量要素的规定，可资类推适用。

③ 卢君：《论食品消费维权案件审理中举证责任的完善》，载《法律适用》，2015（3）。

消费者通常难以要求购物凭证的具体化程度，在这种信息资源不对等的情况下，当对是否存在买卖合同关系存在争议时，消费者提供初步证据证明双方存在买卖合同关系且诉争食品与购物凭证上的食品为同一种类即可。如购物凭证上的食品信息不具体、指向对象不明确，经营者主张诉争食品并非买卖关系的标的物，则由经营者就实际买卖合同关系的事实承担举证责任。①

因食品标签（标识）为消费者选择和判断是否进行消费的重要信息来源，故经营者应当确保食品标签内容的真实性，食品标签错误可能构成经营者的欺诈。② 当然，食品标签错误并不当然自证不符合食品安全标准，因而直接适用十倍的惩罚性赔偿制度。③ 食品安全国家标准代表强制性最低要求，而生产者实际采用的是要求更高的行业推荐性标准，但仅标注执行了国家标准的，属于不影响食品安全且不会对消费者造成误导的标签瑕疵，故生产者或者经营者不应承担惩罚性赔偿责任。④

民法学理论上对《食品安全法》第 148 条第 1 款和第 2 款之关系的讨论，就涉及十倍赔偿责任的构成要件是否包括实质损害。"第一种观点认为，只要生产了不符合食品安全标准的食品或者销售明知是不符合食品安全标准的食品，不论是否给消费者造成了实质损害，均可以请求十倍的赔偿金。第二种观点认为，《食品安全法》第 96 条第 1 款规定的是补偿性赔偿责任，第 2 款规定的是惩罚性赔偿责任。两个条款是补充关系，即消费者主张十倍赔偿必须以有实际损失为前提条件，否则不应支持。"⑤ 另外，《食品安全法》第 148 条第 2 款还存在与《民法典》第 1207 条在构成要件和赔偿后果上的体系协调问题。

---

① 参见北京法院参阅案例第 29 号（2016 年 7 月 4 日北京市高级人民法院审判委员会第 10 次会议讨论通过）。

② 参见北京法院参阅案例第 31 号（2016 年 7 月 4 日北京市高级人民法院审判委员会第 10 次会议讨论通过）。另参见郝绍彬、唐诗：《食品标签违反强制性规定适用惩罚性赔偿》，载《人民法院报》，2017 - 03 - 22。

③ 参见《最高人民法院公报》，2013（12）。另参见山东省济南市中级人民法院（2015）济商终字第 631 号民事判决书，河北省邯郸市中级人民法院（2016）冀 04 民终 1351 号民事判决书。

食品的生产者与销售者应当对于食品符合质量标准承担举证责任。消费者和生产经营者存在信息不对称、地位不平等，在举证责任分配上，审判实务中可以要求消费者提供初步证据，由生产者和销售者对是否符合安全标准进行举证。参见王新兵：《消费者维权案件审判难点问题研究——重点探讨知假买假、商业欺诈、安全标准及标签瑕疵问题》，载《山东审判》，2017（4）。

④ 参见北京法院参阅案例第 32 号（2016 年 7 月 4 日北京市高级人民法院审判委员会第 10 次会议讨论通过）。

⑤ 员娜娜、桑卫江：《食品安全法中"十倍赔偿"的法律适用》，载《人民法院报》，2012 - 10 - 30。

　　笔者认为，食品安全领域惩罚性赔偿不以消费者遭受实际损害为必要。理由在于：首先，《民法典》第1207条（对应原《侵权责任法》第47条）规定的惩罚性赔偿要求"明知产品存在缺陷"和"造成他人死亡或者健康严重损害"。可见，该法对惩罚性损害赔偿设定了严格的构成要件。这显示了该法在损害赔偿责任承担上，以惩罚性赔偿责任为严格例外。其次，《食品安全法》第148条第1款第一句规定："消费者因不符合食品安全标准的食品受到损害的，可以向经营者要求赔偿损失，也可以向生产者要求赔偿损失……"[①] 有学者认为：《食品安全法》第148条第2款规定的惩罚性赔偿责任不以该条第1款规定的消费者受到损害为前提条件。这两个条款并行不悖，构成请求权聚合，分别对应填补性赔偿责任和惩罚性赔偿责任。[②] 最后，《食品安全法》第148条第2款和《民法典》第1207条之间构成新的特别法和旧的一般法的关系，应当优先适用前者。因此，消费者依据《食品安全法》的规定向食品生产者或经营者主张惩罚性赔偿金的，无须举证证明该食品足以导致或者已经造成消费者实际人身损害。[③]

（二）食品经营者"明知"要件事实及证明

　　经营者销售过期食品，即构成明知食品不安全而销售，故消费者有权要求退还货款并支付价款十倍的赔偿。在过期食品消费合同惩罚性赔偿纠纷案件中，法院应该适当降低消费者对经营者"明知"要件事实的证明标准。消费者提供了商品实物及购物发票，就完成了举证责任；经营者主张涉案商品不是由其销售，则须提供完整的同期食品进货查验记录，否则应

---

　　① 法释［2020］17号最高人民法院《关于审理食品药品纠纷案件适用法律若干问题的规定》第5条第2款。该款规定："消费者举证证明因食用食品或者使用药品受到损害，初步证明损害与食用食品或者使用药品存在因果关系，并请求食品、药品的生产者、销售者承担侵权责任的，人民法院应予支持，但食品、药品的生产者、销售者能证明损害不是因产品不符合质量标准造成的除外。"

　　② 参见税兵：《惩罚性赔偿的规范构造——以最高人民法院第23号指导性案例为中心》，载《法学》，2015（4）。

　　③ 参见北京法院参阅案例第29号（2016年7月4日北京市高级人民法院审判委员会第10次会议讨论通过）。

　　少数法院认为，消费者主张食品销售者承担十倍赔偿责任，是一般侵权责任，应当符合一般侵权行为的构成要件，故消费者应证明是销售者有过错的侵权行为导致其损害后果。这种观点受到原《侵权责任法》第47条规定的惩罚性赔偿以损害为必要条件的影响，误把《食品安全法》第148条第1款规定的一般损害作为第2款规定的惩罚性赔偿的必要条件。参见广东省肇庆市中级人民法院（2016）粤12民终194号民事判决书、广东省珠海市中级人民法院（2014）珠中法民二终字第504号民事判决书。

承担举证不能的风险。①

　　笔者认为，应根据具体客观情况认定经营者是否"明知"。例如，经营者销售过期食品即认定其销售"明知"不符合安全标准的食品，不必另由消费者就经营者的主观故意承担举证责任。② 又如，据《食品安全法》第 54 条第 1 款的规定，食品经营者应当按照保证食品安全的要求贮存食品，定期检查库存食品，及时清理变质或者超过保质期的食品。可见，食品经营者应对其所销售的食品是否符合食品安全标准进行严格审查。经营者销售未获得生产许可证而生产的预包装食品，或者销售未标注生产日期、无法确定质量保证期的预包装食品，均可认定为经营者"明知"③。再如，经营者出售"三无"食品，即可认定其"明知"，消费者有权要求其退还货款并支付惩罚性赔偿金。④

　　《消费者权益保护法》第 55 条和《食品安全法》第 148 条第 2 款对惩罚性损害赔偿的构成要件分别设置了"经营者有欺诈行为""经营者明知商品或者服务存在缺陷""生产不符合食品安全标准的食品或者经营明知是不符合食品安全标准的食品"。这就与《民法典》第 1207 条所规定的惩罚性损害赔偿责任的构成要件不尽一致。《消费者权益保护法》第 55 条、《食品安全法》第 148 条第 2 款在惩罚性赔偿责任的构成要件和法律后果上均属于《民法典》第 1207 条的特别法。⑤ 笔者认为，这三处有关"欺诈""明知"等主观要件的规定，在食品安全纠纷领域和其他消费者权益保护纠纷领域均适宜从行为人的客观行为中推定，且解释上应该将"明知"限定为故意范畴。值得注意的是，食品消费领域的惩罚性赔偿的构成要件不以消费者陷入错误认识为要件。2018 年 9 月 5 日立法机关公开征求意见的民法典各分编（草案）——合同编第 374 条第 2 款规定："经营者

---

　　① 参见"殷某诉武汉汉福超市有限公司汉阳分公司买卖合同纠纷案"，本案为最高人民法院于 2015 年 6 月 15 日所发布的 10 起消费者维权典型案例之一。

　　② 参见北京法院参阅案例第 29 号（2016 年 7 月 4 日北京市高级人民法院审判委员会第 10 次会议讨论通过）。

　　③ 北京法院参阅案例第 30 号（2016 年 7 月 4 日北京市高级人民法院审判委员会第 10 次会议讨论通过）。

　　④ 参见"张某诉某商贸有限责任公司买卖合同纠纷案"，本案为最高人民法院于 2016 年 3 月 10 日公布的 10 起弘扬社会主义核心价值观的典型案例之一，载 http://www.court.gov.cn/zixun-xiangqing-17612.html。

　　⑤ 《民法典》第 1207 条扩大了原《侵权责任法》第 47 条的适用范围。《民法典》第 1207 条规定："明知产品存在缺陷仍然生产、销售，或者没有依据前条规定采取有效补救措施，造成他人死亡或者健康严重损害的，被侵权人有权请求相应的惩罚性赔偿。"

对消费者提供商品或者服务有欺诈行为的，依照《中华人民共和国消费者权益保护法》《中华人民共和国食品安全法》等法律的规定承担损害赔偿责任。"笔者曾建议删除第 374 条第 2 款，因为该规定不准确，混同了食品消费惩罚性赔偿与普通消费领域惩罚性赔偿的构成要件，也与原《民法总则》第 179 条第 2 款重复。2019 年 1 月 4 日《民法典合同编（草案）》（二次审议稿）第 374 条第 2 款第一句虽然进一步完善为"经营者对消费者提供商品或者服务有欺诈等违法行为的"，但从体系化视角看，它仍难避免过于概括和立法冗余之嫌；从法律适用的角度看，它也难以担当裁判规范的功能。2019 年 12 月 28 日《民法典（草案）》第 584 条不再保留第 2 款。《民法典》第 584 条同样如此。这就避免了之前草案中的不周延现象，从立法技术上值得赞同。

对食品生产者而言，其生产不符合食品安全标准的食品即构成明知，尽管《食品安全法》第 148 条第 2 款不要求生产者"明知"[①]。关于经营者是否"明知"销售的是不符合食品安全标准的食品，应当结合《食品安全法》第 136 条规定的经营者进货查验义务等进行综合认定。对食品经营者而言，所经营商品中有超过保质期的商品[②]，或者食品"所存在的瑕疵是在外包装完整的情况下即可发现的"[③]，此时也就意味着经营者在应当知道该食品存在安全问题的情况下销售该产品，即可认定经营者"明知商品不符合安全标准"。

[①]　如在食品中超范围滥用食品添加剂。参见最高人民法院公布的 10 起维护消费者权益典型案例之一"孟某诉广州健民医药连锁有限公司、海南养生堂药业有限公司、杭州养生堂保健品有限责任公司产品责任纠纷案"（违规使用添加剂的保健食品属于不安全食品，消费者有权请求价款十倍赔偿）。

另参见最高人民法院公布的五起审理食品药品纠纷典型案例之三"皮某诉重庆远东百货有限公司、重庆市武陵山珍王食品开发有限公司等产品责任纠纷案"。

[②]　如"食品销售者负有保证食品安全的法定义务，应当对不符合安全标准的食品及时清理下架。但欧尚超市仍然销售超过保质期的香肠，系不履行法定义务的行为，应当被认定为销售明知是不符合食品安全标准的食品"（最高人民法院公布的五起审理食品药品纠纷典型案例之一"孙某诉南京欧尚超市有限公司江宁店买卖合同纠纷案"）。"欧尚超市江宁店作为食品销售者，应当按照保障食品安全的要求储存食品，及时检查待售食品，清理超过保质期的食品，但欧尚超市江宁店仍然摆放并销售货架上超过保质期的'玉兔牌'香肠，未履行法定义务，可以被认定为销售明知是不符合食品安全标准的食品。"（最高人民法院于 2014 年 1 月 26 日发布的指导案例 23 号）。

[③]　最高人民法院公布的五起审理食品药品纠纷典型案例之二"华某诉北京天超仓储超市有限责任公司第二十六分公司、北京天超仓储超市有限责任公司人身权益纠纷案"。

五、小结：证明标准降低是惩罚性赔偿证明难题的重要缓解之道

不同民法部门法对民事实体权利的举证责任配置各有侧重，惩罚性赔偿旨在通过提高经营者的违法成本，鼓励消费者积极维权，以最大限度保护消费者合法权益。惩罚性赔偿的适用范围不限于侵权责任领域，还包括违约责任领域。司法实践中存在对惩罚性赔偿制度中"欺诈""明知"等要件事实的证明难题。《消费者权益保护法》《食品安全法》中的惩罚性赔偿制度，基于对消费者倾斜保护的法政策考量，结合消费者与经营者信息资源不对等的实际情况，将告知义务从欺诈要件事实中解析出来，可以充分支持民法理论和民事司法实务中存在的对消费者就"欺诈""明知"等要件事实的证明缓和、证明标准降低的现象。①

第一，在普通消费合同诉讼中，消费者主张经营者承担惩罚性赔偿责任。虽然"欺诈"事实对应消费者权利发生的要件事实，但消费者对此仅须提出初步证据，证明存在欺诈的可能性即可。② 这实质上是将证明标准从排除合理怀疑直降到一般的盖然性。因此，应该对《民事诉讼法司法解释》第109条规定的欺诈事实的"排除合理怀疑"证明标准的适用范围作

---

① 参见王雷：《〈民法总则〉中证据规范的解释与适用》，载《法学家》，2018（6）。

② 证明缓解（举证责任缓和）不同于举证责任倒置。司法实践中举证责任缓和的类似做法，参见《信息网络传播权保护条例》第14条第1款规定的权利人通知中应当包含"构成侵权的初步证明材料"、第16条第1款规定的服务对象的反通知中应当包含"不构成侵权的初步证明材料"。根据法释〔2021〕17号最高人民法院《关于审理食品药品纠纷案件适用法律若干问题的规定》第5条第2款的规定，主张填补性损害赔偿请求权时，"消费者举证证明因食用食品或者使用药品受到损害，初步证明损害与食用食品或者使用药品存在因果关系"。根据法释〔2020〕20号最高人民法院《关于审理环境民事公益诉讼案件适用法律若干问题的解释》第8条的规定，提起环境公益诉讼时须提交"被告的行为已经损害社会公共利益或者具有损害社会公共利益重大风险的初步证明材料"。根据法释〔2020〕17号最高人民法院《关于审理环境侵权责任纠纷案件适用法律若干问题的解释》第6条的规定，被侵权人须提供证据证明"侵权人排放的污染物或者其次生污染物、破坏生态行为与损害之间具有关联性"。根据法释〔2020〕17号最高人民法院《关于审理生态环境损害赔偿案件的若干规定（试行）》第6条的规定，原告主张被告承担生态环境损害赔偿责任的，应当就"被告污染环境、破坏生态的行为与生态环境损害之间具有关联性"承担举证责任。上述条文中的"初步证明""有关联性"等表达对应一般的盖然性标准，而非《民事诉讼法司法解释》第108条规定的高度盖然性标准，更非第109条规定的排除合理怀疑标准。

有学者指出：举证责任缓和是有条件的举证责任倒置。原告一方必须首先承担举证责任，证明因果关系等要件事实存在的盖然性。举证责任缓和对因果关系的推定是不完全推定，受害人一方不能就因果关系存在的事实毫无证明，就直接由法官推定因果关系存在，而由被告承担没有因果关系的举证责任。因此，举证责任缓和是由原告先举证证明一定的事实存在，之后才能进行推定的举证责任倒置。参见杨立新：《最高人民法院〈关于审理食品药品纠纷案件适用法律若干问题的规定〉释评》，载《法律适用》，2014（3）。

目的性限缩解释，不宜提高消费合同诉讼中"欺诈"要件事实的证明标准。

第二，是否构成"欺诈"取决于经营者是否对消费者尽到告知义务以满足消费者的知情权。经营者已经履行告知义务的事实对应权利消灭的要件事实，应当由经营者承担举证责任。经营者不能举证证明已尽告知义务时，即可推定其存在欺诈行为。经营者对产品或者服务的哪些相关信息承担告知义务，首先取决于法律、行政法规对告知义务对范围是否有规定；没有规定时，应该运用利益动态衡量方法，结合交易习惯，判断何为消费者缔约的根本目的。只要会对消费者的消费选择（购买意愿）或者交易价格产生重要影响的产品或者服务信息，都属于经营者告知义务的范围。最高人民法院在"豪车退一赔三案"中采纳的"客观安全性能说"并不妥当。

"要件事实论"研究发掘民法的规范结构，拆分实体权利的要件事实，根据各类要件事实原则与例外关系，分别配置其举证责任，使要件事实在诉讼过程中以"请求原因、抗辩、再抗辩和再再抗辩"的形式出现。就"欺诈"这一要件事实的证明，会在消费者和经营者之间出现"请求—抗辩—再抗辩"的动态展现。食品安全领域惩罚性赔偿也存在证明缓解的现象。经营者销售过期食品等不符合安全标准的食品则认定其为"明知"，不必另由消费者就经营者的主观方面承担举证责任。

第三编　结　　论

第十四章　《民法典》证据规范
配置的立法论

2014 年 10 月 23 日中国共产党第十八届中央委员会第四次全体会议通过的《中共中央关于全面推进依法治国若干重大问题的决定》，在"保证公正司法，提高司法公信力"问题中指出："推进严格司法。坚持以事实为根据、以法律为准绳，健全事实认定符合客观真相、办案结果符合实体公正、办案过程符合程序公正的法律制度。加强和规范司法解释和案例指导，统一法律适用标准。"运用法治思维和法治方式解决案件纠纷，就要做到"坚持以事实为根据、以法律为准绳"。民事证据思维是法治思维的重要组成部分，其有助于将民事权利落到实处。深化司法体制改革是全面深化改革的重要一环，加强司法机关和法律人的民事证据思维是深化司法体制改革的当然要求。2014 年 7 月 24 日，最高人民法院发布四起侵权纠纷典型案例，最高人民法院民一庭负责人就该四起典型案例答记者问时表示，部分案件在审理期间乃至判决作出后，社会舆论都给予了较多的关注，不同媒体给出了不同的评价，有的甚至是较具负面性的评价。无论社会舆论如何评价，只有详细审阅双方当事人证据、认真听取双方辩论的法官，才最有可能作出公正的判决。进而言之，法官审理案件，应当依据证据、依据法律作出自己的判断，排除社会舆论的压力。① 《民法典》中妥当配置证据规范是"健全事实认定符合客观真相"的法律制度的应有之义，有助于法律适用者"坚持以事实为根据、以法律为准绳"，并排除社会舆论对司法裁判的不当干扰。

---

① 参见杨夏怡：《应对社会舆论压力 依法独立公正审判——最高人民法院民一庭负责人答记者问》，载《人民法院报》，2014 - 07 - 25。

一、在我国民事单行法时代证据规范的配置及存在的问题

(一) 我国民事立法和司法解释表现出对证据规范越来越重视的趋势

"即便实体法规定得再详细、再完备，若无与之相一致的举证责任分配，也将难以指导审判实践，甚至使实体规定成为一纸具文。"① 为此，有学者早就先见地指出："可以预见，随着我国民事实体法体系的完善，实体法中的举证责任分配规则必然越来越充实、完备，以适应民事权利和民事责任复杂性的要求。"②

证据规范包括证据实体规范和证据程序规范，民法中的证据规范主要涉及对当事人之间举证责任的分配，涉及对当事人之间利益关系的安排，属于证据实体规范。③ 民法中的证据规范是一个广义的概念，其不限于举证责任一般标准和法定特别标准，还包括证据方法规范、证明标准规范等。从证据规范条文的数量和在相应部门法条文中的所占比例等角度看，我国民事立法及民事司法解释表现出对举证责任等证据规范越来越重视的趋势，我国民事立法和民事司法解释中的证据规范越来越多。

自 1999 年 10 月 1 日起施行的《合同法》中证据规范有 24 条，约占全部条文的 6%，总体包括三类，即合同书面形式等对应的合同证据方法规范，如第 10、11、187、197、238、270 条，第 330 条第 3 款，第 342 条第 2 款等；合同请求权及对之为抗辩的证明责任一般规范，如第 68、118、152、302、310、311、374、402 条等；合同法律事实推定规范，如第 47、48、78、158、171、211、215、366 条等。自 2010 年 7 月 1 日起施行的《侵权责任法》中的证据规范有 26 条之多，约占全部条文的 28%（该法也成为对举证责任规定最多和最为具体的法律），如该法中有"推定"字样的条文共两条，有"证明"字样的条文共 14 条，"确定"字样的条文共 7 条；如该法中规定适用过错推定责任原则的条文有第 6 条第 2款，第 38、58、81、85、88、90、91 条等，规定适用损失数额推定规则的条文有第 20 条，规定适用侵权行为人推定规则的条文有第 10、87 条等；规定对侵权请求权进行抗辩的其他规则，如第 26～31、39、60、66、

---

① 肖建国：《论民事证明责任分配的价值蕴涵》，载《法律科学》，2002（3）。

② 肖建国：《论民事举证责任分配的价值蕴涵》，载《法律科学》，2002（3）。

③ 参见王雷：《案件事实形成与民法学方法论体系的完善》，载《光明日报》，2013‐12‐10（11）；王雷：《我国〈侵权责任法〉中的证据规范》，载《山东大学学报（哲学社会科学版）》，2014（3）。

70～73、75、78 条等。有学者指出，原《侵权责任法》是我国民事立法中"对举证责任规定得最为具体的法律，也是举证责任条文规定得最多的法律，这说明立法者在制定这部法律时是高度重视举证责任分配问题的"[①]。

民商事司法解释同样表现出对举证责任等证据规范越来越重视的趋势。2009 年《合同法司法解释二》第 1、2、6、7 条，2012 年《买卖合同司法解释》第 1 条等，都属于证据方法、事实推定或其他举证责任规范。法释〔2011〕3 号最高人民法院《关于适用〈中华人民共和国公司法〉若干问题的规定（三）》第 21 条采取类似的举证责任分配规则："当事人之间对是否已履行出资义务发生争议，原告提供对股东履行出资义务产生合理怀疑证据的，被告股东应当就其已履行出资义务承担举证责任。"法释〔2013〕28 号最高人民法院《关于审理食品药品纠纷案件适用法律若干问题的规定》第 5、6 条分别规定了食品、药品的生产者、销售者承担违约责任、侵权责任情形下的举证责任负担，食品是否符合质量标准的举证责任负担。法释〔2013〕28 号最高人民法院《关于审理食品药品纠纷案件适用法律若干问题的规定》第 5 条第 2 款就食品、药品侵权损害赔偿纠纷中因果关系的举证责任作明确规定，通过科加给消费者初步证明损害与食用食品或者服用药品存在因果关系的责任来减轻其举证责任负担。2015 年《民事诉讼法司法解释》第 91 条规定："人民法院应当依照下列原则确定举证证明责任的承担，但法律另有规定的除外：（一）主张法律关系存在的当事人，应当对产生该法律关系的基本事实承担举证证明责任；（二）主张法律关系变更、消灭或者权利受到妨害的当事人，应当对该法律关系变更、消灭或者权利受到妨害的基本事实承担举证证明责任。"根据法释〔2015〕12 号最高人民法院《关于审理环境侵权责任纠纷案件适用法律若干问题的解释》第 6 条的规定，环境侵权责任纠纷案件中的被侵权人应当提供证据材料证明"污染者排放的污染物或者其次生污染物与损害之间具有关联性"。

（二）我国民事立法和司法解释尚缺乏对证据规范有意识、体系化的配置

然而，在民事单行法讨论，在我国大多数民法规范的配置过程中，立法者并无明显的举证责任等证据意识。根据 2015 年《民事诉讼法司法解释》第 91 条所规定的举证责任分配一般标准来解决实体法中的举证责任问题，有一个前提，这就是立法者在实体法立法时十分清楚地知道举证责

---

① 李浩：《〈民事诉讼法〉修订中的举证责任问题》，载《清华法学》，2011（3）。

任应该由谁来承担，根据确定的举证责任分配规则进行有意识立法，有意识地选择法律条文的表述方式，选择从正面还是反面、从积极角度还是消极角度表述实体法的构成要件，正确传递举证责任分配规则的信息。只有这样，关于举证责任的分配才是立法者有意识立法的结果；也只有这样，举证责任分配的一般标准才可以充分发挥作用。① 然而，我国民事立法和司法解释在民事证据规范的立法配置上并未表现出一种有意识的、体系化的倾向。

　　一方面，民事举证责任规范的实质认定标准并不统一。很多民事证据规范中所规定的恰恰是本应由该当事人举证的对自己有利的要件事实。中国民事立法者很难说已经具备了按照"法律要件分类说"或者"规范说"来设计法律条文的表述方式的自觉意识。② 如原《民法通则》第 123 条及 2001 年《民事诉讼证据规定》第 4 条第 1 款第 2 项、原《侵权责任法》第 66 条及 2001 年《民事诉讼证据规定》第 4 条第 1 款第 3 项、2001 年《民事诉讼证据规定》第 4 条第 1 款第 5 项、2001 年《民事诉讼证据规定》第 4 条第 1 款第 6 项的规定，均属于民事权利（侵权损害赔偿请求权）妨碍、消灭或者受制规范对应的要件事实的举证，属于举证责任分配的一般标准对应的情形。可见，民事立法和司法解释没有妥当解决究竟哪些民法证据规范需要法定化的问题。一事一议的分散化、实用化的证据规范配置遮蔽了有意识、体系化地配置证据规范的重要性。如果民事立法和司法解释就举证责任的一般规范逐一规定，那将是立法和司法解释难以承受之重。这不仅违反了法律规范的抽象性特点，也会带来立法资源的浪费。普维庭就曾经说："倘若立法者要明确地为每一个法定的要件事实都规定一个证明责任规范的话，那将是一个法律内容和相应成本都无法承受的计划。"③

　　另一方面，民事举证责任规范也未体现出统一的形式认定标准，如原《合同法》第 78 条中"推定为未变更"的语言表述，与该法中其他合同法律事实推定规范所使用的"视为"之语言表述也不一致，未做到立法技术上的"同样问题同等对待"。

---

① 参见郑金玉：《善意取得证明责任分配规则研究》，载《现代法学》，2009（6）。

② 参见谌宏伟：《"规范说"与中国民事立法》，载夏戴乐主编：《北大法律评论》，第 15 卷，北京，北京大学出版社，2014。

③ ［德］汉斯·普维庭：《现代证明责任问题》，吴越译，北京，法律出版社，2000，第 383 页。

(三) 民法证据规范配置所带来的解释论难题

在民事单行法时代有关证据规范的无序配置也带来解释论上的很多难题，试举如下几例加以说明。

第一，原《合同法》第 374 条规定："保管期间，因保管人保管不善造成保管物毁损、灭失的，保管人应当承担损害赔偿责任，但保管是无偿的，保管人证明自己没有重大过失的，不承担损害赔偿责任。"立法者在设计本条时没有有意识地配置当事人之间的举证责任。在有偿保管中，保管物毁损、灭失时，寄存人须对保管人保管不善之构成要件事实承担证明责任，而保管人不需要证明自己"保管不善"。这符合"法律要件分类说"对举证责任的一般安排。但在无偿保管中，强求"保管人证明自己没有重大过失"则不妥当。[①] 让无偿保管中的保管人负责证明"自己没有重大过失"这一消极事实，这成为其难以承受之重。此外，无偿保管中的保管人的举证责任反倒比有偿保管中的保管人的举证责任更重，利益衡量显失公平。故而此种相对于保管人而言的消极要件事实应当由寄存人承担举证责任。从实体法角度看，立法优待无偿保管中的保管人；但从举证责任的角度来看，无偿保管人的举证负担反倒加重了。实体法中对无偿保管人的优待因不妥当的举证责任安排而"化为泡影"。在无偿保管中，保管物毁损、灭失时，寄存人须对保管人存在"重大过失"之构成要件事实承担举证责任方为妥当。可见，实体法对权利规范的安排离开了证据法的配合有可能失去价值连贯性。

第二，原《侵权责任法》第 78 条规定："饲养的动物造成他人损害的，动物饲养人或者管理人应当承担侵权责任，但能够证明损害是因被侵权人故意或者重大过失造成的，可以不承担或者减轻责任。"根据原《侵权责任法》第 78 条之规定，在饲养动物致人损害责任中，不考察动物的饲养人或者管理人是否存在过错，动物的饲养人或者管理人承担无过错责任，除非其"能够证明损害时因被侵权人故意或者重大过失造成的"。而该法第 79 条进一步规定："违反管理规定，未对动物采取安全措施造成他人损害的，动物饲养人或者管理人应当承担侵权责任。"若根据法律要件分类说的举证责任分配标准解释，受害人须对动物饲养人或者管理人"违反管理规定，未对动物采取安全措施"之过错要件事实承担证明责任。这两条背后的价值似乎没有连贯起来。普通动物致人损害，动物饲养人或者

---

① 参见许德风：《法教义学的应用》，载《中外法学》，2013 (5)。

管理人承担无过错责任。但需要采取安全措施的动物致人损害时，动物饲养人或者管理人却承担过错责任，受害人须证明对方"违反管理规定，未对动物采取安全措施造成他人损害"。这加重了受害人的证明责任。原《侵权责任法》第78条通过无过错责任原则为饲养动物致人损害责任中的受害人打开了一扇门；第79条却要求受害人就相关过错事实承担举证责任，这就对受害人关上了一扇窗。相邻的两处条文何以存在此种解释结论的体系违反？有学者认为，这是举证责任分配的法律要件分类说的本质缺陷。① 笔者认为，法律要件分类说于此无谬，是立法者没有根据法律要件分类说有意识地、体系化地配置饲养动物致人损害责任中的举证责任。我们需要结合程序法和实体法进行对比分析与体系解释，以矫正上述文义解释结论的轻重失衡。一方面，从"请求原因—抗辩—再抗辩"的动态过程来看，以上条文并不存在价值分裂。第78条第一句对应受害人的请求：动物致人损害，受害人只要证明加害事实、损害结果以及因果关系，就可以让动物饲养人或者管理人承担损害赔偿责任。动物饲养人或者管理人可依据第78条第二句的规定，以证明被侵权人故意或者有重大过失造成损害来抗辩，以免除或减轻自身的责任。对第79条可在上述理解的基础上进行解释：即便动物饲养人或者管理人证明了被侵权人有故意或重大过失，也因为动物饲养人或者管理人违反管理规定的行为而不能免责或者减责。这便是再抗辩的过程。另一方面，以上理解与民法学者单从实体法角度得出的结论殊途同归。张新宝教授认为，原《侵权责任法》第79条相对于第78条而言，规定了更严格的无过错责任。②

　　第三，原《侵权责任法》第66条明确规定环境污染者应当就其行为与损害之间不存在因果关系承担举证责任。而在环境侵权责任纠纷案件中，污染行为与损害事实之间是否存在因果关系一度成为司法裁判中的难点问题。在环境侵权责任纠纷中，因果关系举证责任规范的法律效力与实效存在一定程度上的背离。如在"浙江平湖示范农场特种养殖场与嘉兴步云染化厂、嘉兴金禾化工公司等水污染损害赔偿纠纷案"中，法院的审理历时13年，出现过四份判决书和一份抗诉书。法院和检察院对该案的因果关系举证责任分配存在不同观点：（1）平湖市人民法院和嘉兴市人民法

---

① 参见袁中华：《规范说之本质缺陷及其克服——以侵权责任法第79条为线索》，载《法学研究》，2014（6）。不过，笔者同意该引文作者将原《侵权责任法》第79条、第80条的规定作为第78条的规定抗辩事由之再抗辩的目的解释结论。

② 参见张新宝：《侵权责任法》，3版，北京，中国人民大学出版社，2013，第280页。

院主张采取一般举证责任原则，认为现有证据不能证实蝌蚪即死于水污染，故无法确定养殖场损害事实与五家企业的污染环境行为之间存在必然的因果关系。（2）浙江省人民检察院在抗诉书中认为，污染环境是特殊侵权，因此对环境污染与损害事实之间的因果关系的认定，应该适用因果关系推定和举证责任倒置规则。（3）浙江省高级人民法院维持嘉兴市中级人民法院的判决，认为养殖场据以推定的损害原因不明、证据有限，其所主张的因果关系推定不能成立，本案未具备因果关系推定的前提。（4）最高人民法院指出，原审历次审理均要求受害人养殖场举证证明污染行为和损害后果的因果关系，原审历次审理对于举证责任的分配系适用法律错误，应该对污染行为和损害后果的因果关系适用举证责任倒置的分配原则。[①]根据法释〔2015〕12 号最高人民法院《关于审理环境侵权责任纠纷案件适用法律若干问题的解释》第 6 条的规定，被侵权人应当提供证据材料证明"污染者排放的污染物或者其次生污染物与损害之间具有关联性"。不过，此所谓"具有关联性"与法释〔2013〕28 号最高人民法院《关于审理食品药品纠纷案件适用法律若干问题的规定》第 5 条第 2 款所规定的"初步证明……存在因果关系"之间有何区别？最高人民法院研究室负责人就法释〔2015〕12 号最高人民法院《关于审理环境侵权责任纠纷案件适用法律若干问题的解释》答记者问时指出："因果关系的举证责任倒置并不意味着被侵权人不承担任何举证责任……人民法院对被侵权人就污染行为与损害结果之间存在因果关系的举证责任要求非常低，只需要证明两者之间存在关联性即可。"[②] 笔者认为，这两部司法解释实质上都要求受害人初步证明加害行为与损害之间存在因果关系，但同一价值判断结论不宜采取截然不同的规范表达。

第四，2003 年《婚姻法司法解释二》第 24 条规定："债权人就婚姻关系存续期间夫妻一方以个人名义所负债务主张权利的，应当按夫妻共同债务处理。但夫妻一方能够证明债权人与债务人明确约定为个人债务，或者能够证明属于婚姻法第十九条第三款规定情形的除外。"对 2003 年《婚姻法司法解释二》第 24 条作形式主义理解的人士主张：债权人就婚姻关系存续期间夫妻一方以个人名义所负债务主张权利的，应当按夫妻共同债

---

① 参见最高人民法院（2006）民二提字第 5 号民事判决书。

② 《最高人民法院研究室负责人就〈最高人民法院关于审理环境侵权责任纠纷案件适用法律若干问题的解释〉答记者问》，载 http://www.court.gov.cn/zixun-xiangqing-14616.html，访问日期：2015-06-04。

务处理。这就是该条文所规定的夫妻共同债务推定规范。该推定属于可反驳推翻的推定，用于反驳、抗辩的事实限于夫妻一方能够证明债权人与债务人明确约定为个人债务，或者能够证明"夫妻对婚姻关系存续期间所得的财产约定归各自所有……第三人知道该约定……"。夫妻一方不能就上述两项用于反驳、抗辩的事实中的任何一项举证的，夫妻双方应该就婚姻关系存续期间夫妻一方以个人名义所负债务承担连带偿还责任。对 2003 年《婚姻法司法解释二》第 24 条的形式主义理解所采取的推定标准是身份推定，即发生在夫妻婚姻关系存续期间的债务均被推定为夫妻共同债务。原《婚姻法》第 41 条规定："离婚时，原为夫妻共同生活所负的债务，应当共同偿还。共同财产不足清偿的，或财产归各自所有的，由双方协议清偿；协议不成时，由人民法院判决。"根据该条的规定，夫妻共同债务均应基于"夫妻共同生活所负的债务"这一"基础事实"而推定，"夫妻共同生活"也就成为夫妻共同债务推定规范中的用途推定标准。这就更强调夫妻之间的婚姻关系共同体特点。对 2003 年《婚姻法司法解释二》第 24 条作形式主义理解得出的夫妻共同债务身份推定标准与原《婚姻法》第 41 条规定的用途推定标准明显产生冲突。笔者认为，对相关"基础事实"的举证责任的分配须体系化。

二、《民法典》中妥当配置证据规范的意义

在民事单行法时代我国民事立法和司法解释对证据规范配置越来越重视的现象值得肯定。《民法典》如何有意识地、体系化地配置证据规范，成为我国民法典编纂过程中的重点和难点问题。举证责任规范是沟通民事实体法和民事程序法的桥梁，民法和民事诉讼法在举证责任问题上存在很多交叉。"证明责任分配属于实体法问题。证明责任分配，实际上是分配事实真伪不明时的败诉风险。尽管这一问题发生在诉讼过程中，但它本质上仍然是一个实体法问题而非程序法问题。"[1] 有民法学者曾经倡议：民事证据法从性质上说是程序法与实体法结合的产物。它既可以融合于程序法和实体法之中，也可以成为一个独立的法域。民事证据法如果不能单独立法，从立法技术和立法策略上讲，放在民法典中优先于放在民事诉讼法中。[2]

---

[1]　李浩：《民事诉讼法学》，北京，法律出版社，2011，第 216 页。

[2]　参见王利明：《审判方式改革中的民事证据立法问题探讨》，载《中国法学》，2000（4）。

"《民法典》制定过程中认真对待证明责任配置已经刻不容缓。"① "证明责任分配问题最终还须通过立法途径加以解决。在民法典编纂过程中,立法者应时刻保持在民法规范的构造与表达中完成证明责任分配的自觉意识。"② 笔者认为,《民法典》中妥当配置证据规范至少具有如下重大意义:

第一,《民法典》中妥当配置证据规范有助于将民事权利落到实处。民事权利在诉讼程序中需要被具体地加以证明。除非基于众所周知的历史事实等免证事实,否则权利人就须通过举证使其有证可查。"权利的胜利很大程度上依赖于其可证明性。"③ 权利需要被实现,否则其将无意义。从理论上说,每一个民事权利规范都须伴随一个民事证据规范,以增强其实效。权利人应当增强证据意识,以有助于自己权利的诉讼实现和权利被侵害时借助民事责任制度来实现救济。有学者甚至曾指出,略过证明责任问题的侵权责任法是不完整的。④

第二,《民法典》中妥当配置证据规范有助于案件事实的查清和证据裁判原则的贯彻。

一方面,生活事实本身并不能直接引起法律效果产生。只有当生活事实被转化为法律规范当中所包括的抽象的要件事实时,该法律规范才能得以适用,相应法律后果也才会发生。就司法三段论中小前提(案件事实)的形成来看,民法所调整的日常生活事实中的利益纠纷需要转化为案件事实的陈述方可。这也就是从"未经加工的案件事实"转化为"作为陈述的案件事实"的过程。在法律适用过程中,"未经加工的案件事实"作为单纯的历史事件没有意义,有意义的是由诉讼当事人所描述并由法院认定的"作为陈述的案件事实"⑤。在一定程度上可以说,"法律人的才能主要不在(于)认识制定法,而正是在于有能力能够在法律的——规范的观点之下分析生活事实"⑥。在"作为陈述的案件事实"的形成过程中,民事证据规

---

① 谌宏伟:《"规范说"与中国民事立法》,载夏戴乐主编:《北大法律评论》,第 15 卷,北京,北京大学出版社,2014。

② 刘小砚:《论证明责任分配视域下民法典的规范构造》,载《华东政法大学学报》,2019(3)。

③ 德国学者尧厄尼希语。转引自李浩:《民事证据制度的再修订》,载《中外法学》,2013(1)。

④ Vgl. Gert Brüggemeier, Haftungsrecht, Springer-Verlag, Berlin, Heidelberg, 2006, S. 611.

⑤ [德]卡尔·拉伦茨:《法学方法论》,北京,商务印书馆,2003,第 160~163 页。

⑥ [德]亚图·考夫曼:《类推与"事物本质"——兼论类型理论》,吴从周译,台北,台湾学林文化事业有限公司,1999,第 87 页。

范起着重要的媒介作用。有法官曾针对 2001 年《民事诉讼证据规定》展开法律适用调查，发现大约 44% 的法官希望完善举证责任分配制度。① 有法官甚至指出："很多民事案件，事实问题的认定直接决定着整个案件的最终处理结局。据笔者观察，我国目前申请再审的民商事案件大多数属于对事实问题的争议，而不是对纯粹的法律问题的争议。"②

另一方面，在民事司法裁判中，案件事实真伪不明的情形不可避免。面对民事案件事实认定的困境，法官不得拒绝裁判。在案件事实真伪难辨的情况下，妥当运用证据规范进行裁判就成为最后手段。普维庭指出："真伪不明应当通过证明责任判决来克服……证明责任判决，是指事实问题不清但仍然要对争议做出的裁决。"③ 波斯纳也曾敏锐地指出："法律制度常常对它必须解决的法律纠纷的是非曲直没有任何线索，但是，通过运用举证责任，以它来作为缺乏这种知识的代位者，法律制度就避开了这种耻辱。"④ 运用民事证明责任制度进行裁判成为法院解决案件事实认定困境的普遍做法。⑤ 证据裁判原则不包含举证责任分配的内容⑥，而是在举证责任分配已经明晰的情形下要求诉讼当事人根据法定证据种类证明案件事实。人民法院也必须根据经过法定举证、质证、认证程序所确认的具有证据能力的证据来认定案件事实，并根据这些证据的证明力确定其对案件事实的证明作用。可见，民事证据裁判原则有助于确保法院审理民事案件时"以事实为根据"，以提高裁判的公信力；也能够使举证责任配置与证据能力和证明力相结合以形成完整流畅的证明过程。

第三，《民法典》中妥当配置证据规范有助于丰富民法规范的类型。民法规范论的权威研究结论显示，以服务于对民事法律行为，尤其是对合同行为的效力进行判断的目的，主要依据法律规范协调的利益关系的差异，可以将民法规范区分为简单规范和复杂规范，复杂规范又可以进一步区分为任意性规范、倡导性规范、授权第三人规范、强制性规范和混合性

---

① 参见邹碧华、俞秋玮：《关于民事诉讼证据规定的实证研究》，载最高人民法院民事审判第二庭编：《民商事审判指导》，2008 年第 2 辑，北京，人民法院出版社，2008，第 221 页。

② 陈增宝：《法官如何认知案件事实》，载《人民法院报》，2013 - 08 - 20 (2)。

③ ［德］汉斯·普维庭：《现代证明责任问题》，吴越译，北京，法律出版社，2000，第 25 页。

④ ［美］理查德·A. 波斯纳：《法理学问题》，苏力译，北京，中国政法大学出版社，2002，第 272~273 页。

⑤ 参见陈科：《经验与逻辑共存：事实认定困境中法官的裁判思维》，载《法律适用》，2012 (2)。

⑥ 参见邵明：《论民事诉讼证据裁判原则》，载《清华法学》，2009 (1)。

规范。①

民法证据规范丰富了民法规范的类型：首先，以是否直接涉及举证责任分配等证据规范为标准，民法规范可以区分为普通民事实体规范和民事证据规范。实际上，普通民事实体规范中也往往包含民事证据规范的内容。如就民法任意性规范而言，主张与任意性规范不一致的当事人应该就其彼此之间"另有约定"承担举证责任。其次，结合举证责任配置理论，可以将民事权利规范分类为权利发生规范、权利妨碍规范、权利消灭规范和权利受制规范，以提升民事权利规范的可操作性。而从民法角度出发对证据规范作民事一体化研究，将民事权利规范与民事证据规范结合，可加强民事权利规范的诉讼实现。最后，民法中的证据规范不限于举证责任一般标准和法定特别标准，还包括证据方法规范、证明标准规范等。

综上，以编纂《民法典》为契机，《民法典》中妥当配置证据规范，可推动民事实体法和民事程序法的沟通，使实体法中的权利规范得到更好的动态实现。《民法典》中配置证据规范极大丰富了民法规范的类型，有助于法律适用者在经由民事司法三段论裁判案件的过程中将眼光更好地在规范和事实之间往返流转。②

三、《民法典》中证据规范的类型及配置技术

(一)《民法典》中证据规范的类型

民事司法案件事实的确定离不开民事立法上相关"操作规则"的预置。从民事立法上看，罗森贝克说，所有的民法规范都隐含着证明责任规范。③ 民事立法上所需要明确预置的用于认定案件事实的"操作规则"主要包括：通过哪些手段提供直接或者间接与事实构成相关的经验信息，法官在何种条件下可以认为一项事实已经"存在"，这一"事实"对法官来讲达到何种"确定性"程度方成其为事实，以及他应该通过哪些手段来确立这一"事实"的确定性；最后但却是最关键的是，哪一方必须提出并证

---

① 参见王轶：《民法典的规范类型及其配置关系》，载《清华法学》，2014 (6)。

② 参见［德］卡尔·恩吉施：《法律思维导论》，郑永流译，北京，法律出版社，2004，第285页。

③ 转引自肖建国、包建华：《证明责任：事实判断的辅助方法》，北京，北京大学出版社，2012，丛书总序，第2页。

明这一事实。所有这些问题都需要作出规范性的回答。① 上述问题分别经由证据方法、证据能力、证明力和举证责任制度来解答、落实，而证据能力和证明力规范应由民事诉讼法规定。

《民法典》中的证据规范以举证责任规范为主，本章对《民法典》中证据规范配置作立法论探讨，对《民法典》中证据规范的解释论展开，可以参阅本书第十五章。《民法典》中应配置的证据规范具体类型有如下几种。

第一，《民法典》中的证据方法规范。

它主要规定意思表示中表示行为的具体方式，如书面形式、口头形式、默示形式和沉默形式。一方面，民事法律行为以不要式为原则。对不要式民事法律行为而言，《民法典》中的相应证据方法规范主要通过倡导性规范加以规定，以提示当事人保存证据、谨慎交易。② 如原《民法通则》第56条规定："民事法律行为可以采取书面形式、口头形式或者其他形式。法律规定用特定形式的，应当依照法律规定。"1988年《民法通则意见（试行）》第66条规定："一方当事人向对方当事人提出民事权利的要求，对方未用语言或者文字明确表示意见，但其行为表明已接受的，可以认定为默示。不作为的默示只有在法律有规定或者当事人双方有约定的情况下，才可以视为意思表示。"原《合同法》第10条规定："当事人订立合同，有书面形式、口头形式和其他形式。""法律、行政法规规定采用书面形式的，应当采用书面形式。当事人约定采用书面形式的，应当采用书面形式。"另一方面，对要式民事法律行为而言，相关表示行为的具体方式或者说具体证据方法的采取应该以确保行为人意思的真实可靠为必要，不宜僵化理解对要式行为中的行为方式的规定。例如，应该对关于遗嘱法定形式的效力性强制性规定作适当缓和，以实现形式无害真意。③

第二，《民法典》中的举证责任一般规范。

作为通说的"法律要件分类说"就是在分析实体法权利配置规范的逻辑结构及彼此关系的基础上，辨别权利规范的类型以分别其证明责任配置："主张权利存在之人，应就权利发生的法律要件存在之事实负举证责

---

① 参见［德］齐佩利乌斯：《法学方法论》，金振豹译，北京，法律出版社，2009，第136～138页。

② 参见王轶：《论倡导性规范》，载《清华法学》，2007（1）。

③ 参见王雷：《我国〈继承法〉修改中应着力协调的三种关系》，载《苏州大学学报（法学版）》，2014（4）。

任；否定权利存在之人，应就权利妨害、权利消灭或权利受制的法律要件存在的事实负举证责任"[①]。2022年《民事诉讼法司法解释》第91条，结合"法律要件分类说"对法律关系证明责任问题作了集中规定。该条中的"法律关系"仅是一个纯粹民法学上的学理概念，尚无法成为实定法概念。在《民法典》编纂过程中，对举证责任一般规范适宜从民事权利的角度作规定，因关于举证责任配置的"法律要件分类说"可派生出《民法典》举证责任配置的一般标准，该一般标准无须由《民法典》结合具体民事权利逐一作明确具体规定，且其已经为民事诉讼法学中"法律要件分类说"所支持。如《法国民法典》第1315条就债务纠纷证明责任分配作出规定："请求履行债务的人应当证明债之存在。与此相对应，凡主张其已清偿债务的人，应当证明其已经进行清偿或者证明有引起债务消灭的事实。"《意大利民法典》第2697条更是颇有特色地对权利保护的证据问题作出一般性规定："在法庭上提出权利的，必须证明形成该权利基础的事实。主张该事实无效，或者该权利已经改变或者消灭的人，必须证明反驳所依据的事实。"我国澳门民法典第335条就民事权利的证明责任问题也作了明确规定："一、创设权利之事实，由主张权利之人负责证明。二、就他人所主张之权利存有阻碍、变更或消灭权利之事实，由主张权利所针对之人负责证明。三、如有疑问，有关事实应视为创设权利之事实。"该条位于澳门民法典第一卷"总则"第四分编"权利之行使及保护"第二章"证据"之中。德国民法典第一草案第193条曾经采取"法律要件分类说"规定了证明责任的一般规范："主张请求权者，应就发生该请求权所需之事实为举证。主张请求权消灭或主张请求权效力受制者，应就发生消灭所需事实或发生受制所需事实为举证。"但最后基于默示的有效性该条未被保留。通过比较法的分析可见，"德国民法典第一草案第193条的基本规则已经明确地或者默认地为所有的法律秩序所承认……毫无疑问可以认为这条基本规则在世界范围内是有效的"[②]。

《民法典》中的举证责任一般规范具有如下特点：首先，举证责任一般规范兼具行为规范和裁判规范的双重属性，这分别对应行为意义上的举证责任和结果意义上的举证责任。其次，举证责任一般规范具有不完全法

---

　　①　Leo Rosenberg, Die Beweislast, 5 Auflage, C. H. Beck, München, 1965, S. 119ff. 另参见陈计男：《民事诉讼法论》，上册，台北，三民书局，2009，第479～480页。

　　②　［德］汉斯·普维庭：《现代证明责任问题》，吴越译，北京，法律出版社，2000，第401～402页。

条属性，需要将民事权利构成要件中真伪不明的生活事实和举证责任一般规范结合起来①，才能得出相应的法律后果。再次，举证责任一般规范具有补充规范的特点。举证责任一般规范是民事权利规范的必要补充，其有助于解决民事权利规范要件事实真伪不明时的风险负担。最后，根据举证责任一般规范所协调的利益关系的类型，可以将举证责任一般规范定性为任意性规范。此类规范协调的是平等民事主体之间在案件事实真伪不明情形下的风险负担问题，这本质上是平等主体之间的私人利益，不存在法律强制规定的必要。"在当事人已经实现对举证责任的负担作出约定的情况下，只要约定的内容反映了双方当事人的真实意思且不违反法律中的禁止性规定，法院就没有理由不尊重当事人的选择。"②

第三，《民法典》中的举证责任倒置规范。

为矫正民事法律关系当事人之间证明责任分配的不平衡，现代民法还引入举证责任倒置规范，将部分民事构成要件事实的举证责任转移给对方当事人。举证责任一般规范，当事人只需就对其有利的要件事实承担证明责任。基于举证责任倒置规范，主张对自己有利事实之当事人无须就该全部要件事实承担举证责任，而只需承担部分要件事实的举证责任，至于其他的要件事实则由对方当事人负担证伪的责任。值得注意的是，举证责任倒置规范并非将民事构成要件事实的举证责任全部倒置，需要区分其倒置的是何种要件事实的举证责任。而即使对其举证责任被倒置的要件事实而言，基于当事人之间的利益平衡，也存在对方当事人初步举证的问题。③《民法典》中的举证责任倒置规范属于举证责任一般规范的例外。举证责任倒置规范具有法定性、强行性的特点，不允许当事人"另有约定"。

第四，《民法典》中的推定规范。

它具体包括民事权利推定规范和民事法律事实推定规范。民事权利推定规范包括可以反驳推翻的民事权利推定规范和不可反驳推翻的民事权利推定规范。民事法律事实推定规范同样包括可以反驳推翻的民事法律事实

---

① 也有学者指出："举证责任分配规范必然带有实体法和诉讼法双重性特征。"［肖建国：《论民事举证责任分配的价值蕴涵》，载《法律科学》，2002（3）。］

② 李浩：《民事判决中的举证责任分配——以〈公报〉案例为样本的分析》，载《清华法学》，2008（6）。张卫平教授持相反意见："证明责任不因当事人双方的意思表示而改变，即不因双方的合意和对合同内容的解释以及对文书的自身解释而改变证明责任。"（张卫平：《民事证据法》，北京，法律出版社，2017，第275页。）

③ 参见王雷：《我国〈侵权责任法〉中的证据规范》，载《山东大学学报（哲学社会科学版）》，2014（3）。

推定规范和不可反驳推翻的民事法律事实推定规范。① 可反驳的民事（权利/事实）推定规范能够起到转移举证责任的作用，有学者从此角度认为："权利推定规则本质是证明负担减轻规则"②；不可反驳的民事（权利/事实）推定规范类似于实体法上的拟制规范，其没有举证责任转移的功能，而是直接导致实体法规定的法律后果。对民事推定规范的上述"两分法"也符合通说的观点。普维庭就曾经说过："法律推定，即指某些法律规范中，立法者以一定的事实（推定基础）直接推导出另外一个特定的法律要件（推定结果）。这种被法律所推定的法律要件可以是一个事实（法律对事实的推定），也可以是一种权利状态（法律对权利的推定）。"③ 在司法实践中，"事实推定"有时指的是法官对事实的推定，有时指的又是法律上的事实推定。《民法典》中的民事法律事实推定规范意指后者。对于《民法典》中的民事权利推定规范和民事法律事实推定规范均需注意两个问题：一是妥当规定相关推定规范的"基础事实"及其举证责任；二是妥当规定可反驳推定规范的"反驳事实"。

第五，《民法典》中的证明标准规范。

证明标准是对案件事实的证明达到何种"确信"程度的要求。证明标准规范包括证明标准一般规范和例外规范。证明标准例外规范对应更高或者更低的证明标准要求，故证明标准例外规范须法定化。

（二）《民法典》中证据规范的配置技术

基于《民法典》中证据规范对民事权利规范的补充性特点，在立法配置技术上，二者也并非一概一一对应。普维庭就曾经说："倘若立法者要明确地为每一个法定的要件事实都规定一个证明责任规范的话，那将是一个法律内容和相应成本都无法承受的计划。"④

就《民法典》中的证据方法规范而言，不要式民事法律行为的证据方法规范主要涉及对行为人意思的查清，其不影响民事法律行为的效力，故相关证据方法规范以倡导性规范为主；要式民事法律行为中的证据方法规范主要涉及对行为人意思表示效力的影响，故以效力性强制性规范为主，但也本着形式无害真意的原则，对形式要件作适当缓和。

---

① 参见王雷：《〈婚姻法〉中的亲子关系推定》，载《中国青年政治学院学报》，2014（4）。
② 王洪亮：《权利推定：实体与程序之间的构造》，载《法学研究》，2011（1）。
③ ［德］汉斯·普维庭：《现代证明责任问题》，吴越译，北京，法律出版社，2000，第74页。
④ ［德］汉斯·普维庭：《现代证明责任问题》，吴越译，北京，法律出版社，2000，第383页。

应该在《民法典》总则编"民事权利"章节中对民法典中的举证责任一般规范作统合规定，以将比较法上举证责任分配的普遍做法法律化。总则"提取公因式"式的规定有助于法律适用者准确发现和转述立法者体现在民事权利规范中的举证责任配置规则。民事权利规范在条文结构和用语表述上兼顾举证责任的分配问题。"实体法明文规定证明责任终究是少数，在多数情况下，需要运用法律要件分类说分析实体法的逻辑结构以及实体法条文之间的关系，来辨别哪些事实属于产生权利的事实，哪些事实属于阻碍权利发生的事实，哪些事实属于变更或者消灭权利的事实。"① 正如有学者指出，在《德国民法典》中，对区别于民事权利发生规范的民事权利妨害、消灭和受制规范，会采取特殊的表达方式，例如，使用"除非""只要不""除……之外"等词语或如下从句："如果……，则前述规定不适用""不适用本规定""如果……，则不产生此法律后果""本法律后果仅限定在……""如果……，则第一款不适用"②。

《民法典》中的举证责任倒置规范和民事权利推定规范、民事法律事实推定规范都属于举证责任一般规范的例外情形，例外情形均须一对一地加以明确规定。在举证责任配置的法定例外情形中，主张对自己有利的要件事实的当事人之部分证明责任转由对方当事人来承担，民事权利推定规范、民事法律事实推定规范和举证责任倒置规范均然。对举证责任的法定特别标准规定之识别可以采取如下两种方法：一是，可以采取识别和判断此类特别标准的形式方法。民事权利推定规范、民事法律事实推定规范和举证责任倒置规范会对应特殊的条文结构或者立法用语表述方法，如"视为""因下列情形之一的，推定医疗机构有过错""但能够证明自己没有过错的除外""不能证明自己没有过错的，……""及其行为与损害之间不存在因果关系承担举证责任""但能够证明尽到管理职责的，不承担责任"，等等。二是，可以采取具有决定意义的实质识别和判断方法，而这就需要结合民事实体法中对民事权利规范的类型配置来展开，不同类型的民事权利规范对应不同的举证责任配置规范：将对一方当事人有利的要件事实转由对方当事人承担举证责任，就对应举证责任倒置规范；根据一定的"基础事实"认定要件事实的存在，则对应民事法律事实推定规范；根据一定

---

① 李浩：《民事诉讼法学》，北京，法律出版社，2011，第 220 页。
② 转引自周翠：《〈侵权责任法〉体系下的证明责任倒置与减轻规范——与德国法的比较》，载《中外法学》，2010（5）。

"基础事实"直接认定民事权利的存在，则对应民事权利推定规范。

可见，对《民法典》中的举证责任一般规范和举证责任法定特别规范，采取抽象原则和具体例外的方式加以规定。这就兼顾了《民法典》中证据规范的安定性和妥当性，也避免了立法的烦琐表达。如对民事法律行为的效力就不需要一方面像原《民法通则》第 55 条那样从正面规定其一般有效要件，另一方面又像原《民法通则》第 58、59 条那样从反面规定其效力瑕疵情形，更不能像 2001 年《民事诉讼证据规定》第 5 条第 1 款第一分句规定那样将合同成立和生效的举证责任全部交由主张该事实之当事人承担："在合同纠纷案件中，主张合同关系成立并生效的一方当事人对合同订立和生效的事实承担举证责任。"根据举证责任分配一般标准及一般规范，主张民事法律行为成立的当事人须就其成立要件事实承担举证责任。而基于私法自治原则，民事法律行为从其成立时起具有法律约束力。这意味着对民事法律行为应该采取有效推定规则。基于此，主张民事法律行为效力存在瑕疵的当事人须就相应的瑕疵事由承担举证责任。

四、《民法典》中证据规范配置的正义观

《民法典》证据规范中的举证责任规范是案件事实真伪不明时法官进行裁判的方法论，其本质上是一个价值判断问题，涉及对负担举证责任一方和对方当事人之间自由的保护及限制。不同的规范类型配置反映了不同的利益衡量结论。民法哲学主要运用矫正正义观和分配正义观等正义观，探求民法规范背后的"一种如流水潺潺不断的倾向"，以解答法律是否公正的问题。民法哲学更侧重于对实定法条文作解释论上规范目的（正义观方面的深层次目的）的探求和立法论上规则设立、完善的考察。判断《民法典》中证据规范配置的妥当性离不开民法哲学正义观的指导和检验。[1]"证明责任的分配，不管是一般规则还是特殊规则，实际上均体现了公平正义的精神内涵，并尽可能兼顾实现诉讼效率。"[2] 举证责任分配以公平正义为最基本的价值准则。[3] 对民法举证责任的价值评价也应该从实质正义观、矫正正义观、分配正义观、公道正义观和程序正义观等出发，力图在举证责任负担问题上实现形式正义与实质正义的统一。

---

[1] 参见王雷：《我国民法典总则编的多元正义观》，载《甘肃社会科学》，2021（5）。
[2] 邵明：《正当程序中的实现真实——民事诉讼证明法理之现代阐释》，北京，法律出版社，2009，第 341 页。
[3] 参见肖建国：《论民事举证责任分配的价值蕴涵》，载《法律科学》，2002（3）。

（一）《民法典》中证据规范配置的实质正义观

有学者认为，举证责任分配属于程序法形式正义的范畴："程序规则、证据规则和举证责任分配原则，属于形式正义。具体案件裁判的妥当性，即最终在具体案件的当事人之间实现的正义，属于实质正义。""必须指出，程序规则、证据规则和举证责任分配规则，都只是手段而绝非目的，裁判的目的只能是在具体案件的当事人间实现实质正义。"①

笔者认为，举证责任规范涉及要件事实举证负担和要件事实真伪不明时败诉风险的分配，这不仅具有形式正义，更涉及当事人利益取舍、排序意义上的实质正义，故举证责任问题无法完全交由民事诉讼法规定，民法不可避免地需要作出一些相应的规定。对此，有学者适切地指出："从程序法视角重构、重新发现实体法……实体法学者不仅要努力完善实体规范本身，而且要着眼于程序法，以程序上可行、简便的方式来完善。未来的改进，应当重点从实体法与程序法协调的角度归纳、总结构成要件与所需证明的事实，给出有建设性的处理方案。其中，当务之急是将证据规则纳入实体规范之中。若想让实体规范真正承担起裁判规范的功能，不将其与证据规则结合到一起，是非常困难的。"② 因此，《民法典》应该给予证据规范以应有的地位，《民法典》中举证责任的配置应该实现当事人之间的实体利益平衡，不宜在举证责任配置上出现畸轻畸重、忽左忽右的现象。

（二）《民法典》中证据规范配置的矫正正义观

正义的真实意义主要在于平等，民法上的私法自治原则所追求的正义首先是一种交换正义和矫正正义。霍布斯曾经总结道："著作家们把行为的正义分成两种，一种是交换的，另一种是分配的。他们说前者成算术比例，而后者则成几何比例。因此，他们便认为交换的正义在于立约的东西价值相等，而分配的正义则在于对条件相等的人分配相等的利益。意思好像是说贱买贵卖是不义，给予一个人多于其应得的东西也是不义。"③ 在非自愿交易领域，交换的正义便转化为矫正正义，矫正的公正是对违反意愿的交易结果进行纠正的公正，是数量的平等，其使交易双方之后的所得相等于交易之前的所有。很大程度上，"法律只考虑行为所造成的损害……

---

① 梁慧星：《形式正义只是手段，实质正义才是目的》，载 http://www.aisixiang.com/data/45549.html，访问日期：2015 - 03 - 11。

② 许德风：《法教义学的应用》，载《中外法学》，2013（5）。

③ ［英］霍布斯：《利维坦》，黎思复、黎廷弼译，北京，商务印书馆，1985，第 114 页。

法官就要通过剥夺行为者的得来使他受到损失"①。矫正公正对应的数量平等在民事责任领域主要体现为对损害的全面赔偿。

权利需要被实现,"权利的胜利很大程度上依赖于其可证明性"②。《民法典》中的证据规范配置首先体现了民法交换正义观和矫正正义观的要求。这主要对应《民法典》中的举证责任一般规范。当事人各对有利于己的要件事实承担举证责任,这是民法上的交换正义观的当然要求。通常情形下,提出该有利事实之人,"证据距离"更近。"如果人们将所有的证明责任均让原告承担,那么,事实上每一个法律诉讼从一开始就会变得毫无希望。"③ 举证责任一般规范对应的"法律要件分类说"正是民法上的矫正正义观的体现:"主张权利存在之人,应就权利发生的法律要件存在之事实负举证责任;否定权利存在之人,应就权利妨害、权利消灭或权利受制的法律要件存在的事实负举证责任。"④ 据此,笔者认为,2001 年《民事诉讼证据规定》第 5 条第 1 款第一分句就合同成立和生效的举证责任分配规定并不妥当:"在合同纠纷案件中,主张合同关系成立并生效的一方当事人对合同订立和生效的事实承担举证责任。"根据私法自治原则,对民事法律行为实行有效性推定规则,也有学者将之称为"成立推定有效"规则。⑤ 根据有效性推定规则,法律不必规定民事法律行为或者合同行为的一般有效要件(或者说生效要件),只需规定民事法律行为或者合同行为的成立要件、特别生效要件和效力瑕疵情形⑥(此种立法技术符合民事法律行为或者合同行为成立即生效的有效性推定规则)。特别生效要件是民

---

① [古希腊]亚里士多德:《尼各马可伦理学》,廖申白译注,北京,商务印书馆,2003,第137 页。

② 德国学者尧厄尼希语。转引自李浩:《民事证据制度的再修订》,载《中外法学》,2013(1)。

③ [德]莱奥·罗森贝克:《证明责任论》,第 4 版,庄敬华译,北京,中国法制出版社,2002,第 96 页。

④ Leo Rosenberg, Die Beweislast, 5 Auflage, C. H. Beck, München, 1965, S. 119ff. 另参见陈计男:《民事诉讼法论》,上册,台北,三民书局,2009,第 479~480 页。

⑤ 参见易军:《法律行为生效:一种新要件体系的证成》,载《法商研究》,2012(3)。

⑥ 有学者主张:"为了实现更合理的证明责任分配,更为合适的方式不是去规范何为法律行为的有效或者生效,而是直接规定法律行为在何种情况下无效。"[袁中华:《规范说之本质缺陷及其克服》,载《法学研究》,2014(6)。]笔者认为,该观点前半部分合理,后半部分并不全面。需要直接规定的并不限于"法律行为在何种情况下无效"。法律行为的特别生效要件和各种效力瑕疵情形均须作为法律行为有效性推定规则的例外加以规定。

事法律行为或者合同行为效力的受制规范①，效力瑕疵情形则属于其妨碍规范，二者均应由否定民事法律行为或者合同行为效力的对方当事人承担举证责任。

需要注意的是，《民事诉讼法》第 67 条第 1 款所规定的"主张"应当分别指，原告为使诉讼请求成立而提出的请求原因事实，以及被告为反驳原告诉讼请求而提出的抗辩事实。一方当事人对对方当事人所主张事实的单纯否认，不属于"主张"，否则将会出现双方当事人对同一要件事实分别从存在、不存在两个层面负担举证责任的现象。② 2022 年《民事诉讼法司法解释》第 90 条第 1 款规定："当事人对自己提出的诉讼请求所依据的事实或者反驳对方诉讼请求所依据的事实，应当提供证据加以证明，但法律另有规定的除外。"该条未区分"反驳对方诉讼请求所依据"的抗辩事实与否认事实。实际上，抗辩者负举证责任，而否认者无举证责任。被告对其否认的事实无须承担举证责任，这方属于符合矫正正义观的举证责任分配的概括表达。

（三）《民法典》中证据规范配置的分配正义观

民法的分配正义观要求两个人和两份事物间的几何比例的平等。郑成良教授认为，分配的正义包含强式意义上的平等对待和弱式意义上的平等对待。③《民法典》中的举证责任倒置规范是民法分配正义观的集中体现。有足够充分且正当理由的情况下，应该对民事主体进行弱式意义上的平等对待④：将对有利要件事实的举证责任倒置给对方当事人负担，或者适当降低证明标准，体现对弱势一方当事人的倾斜保护。尤其是在高风险、高技术领域，严格按照"法律要件分类说"来分配举证责任，就会难以兼顾当事人之间的实质公平⑤，不符合"不同情形不同对待"的分配正义观要求，所以就出现了举证责任倒置规范、证明标准降低规范等例外规定。

---

① 有学者认为，对那些需要批准的合同，附延缓条件、附始期的合同，由主张合同权利的一方对合同生效的事实承担证明责任。参见李浩：《民事行为能力的证明责任——对一个法律漏洞的分析》，载《中外法学》，2008（4）。

② 参见占善刚：《民事诉讼中的抗辩论析》，载《烟台大学学报（哲学社会科学版）》，2010（3）。

③ 参见郑成良：《法律之内的正义：一个关于司法公正的法律实证主义解读》，北京，法律出版社，2002，第 20 页。

④ 参见王轶：《民法价值判断问题的实体性论证规则》，载《中国社会科学》，2004（6）。

⑤ 参见邵明：《正当程序中的实现真实——民事诉讼证明法理之现代阐释》，北京，法律出版社，2009，第 356～357 页；肖建国：《论民事证明责任分配的价值蕴含》，载《法律科学》，2002（3）。

《德国民法典》第619条a规定："与第280条第1款不同，就因违反以劳动关系为基础的义务而发生的损害，仅在受雇人须对义务之违反负责时，受雇人始须向雇主给予赔偿。"从证明责任的配置上看，雇主的损害赔偿请求权的发生要件事实中包含"受雇人须对义务之违反负责"，雇主须对该事实承担举证责任。《德国民法典》第280条第1款规定："债务人违反因债务关系而发生的义务的，债权人可以请求赔偿因此而发生的损害。债务人无须对义务之违反负责任的，不适用前句的规定。"债权人损害赔偿请求权的权利发生要件事实包括债务关系的存在、债务人违反因债务关系发生的义务、债权人因此遭受损害。"债务人无须对义务之违反负责任"则是债务人针对债权人的损害赔偿请求权的权利妨碍事实，债务人须对此承担举证责任。通过体系解释可见，受雇人不同于一般的债务人，对违反债务关系所发生义务的可归责性，受雇人不承担举证责任。一般债务关系的债务人须承担举证责任。可以说，在雇佣合同中存在就该要件事实的举证责任倒置，将本应该由受雇人作为债务人承担的举证责任倒置给雇主来承担。这就减轻了受雇人的举证责任负担。《劳动法》第102条规定："劳动者违反本法规定的条件解除劳动合同或者违反劳动合同中约定的保密事项，对用人单位造成经济损失的，应当依法承担赔偿责任。"法释〔2003〕20号最高人民法院《关于审理人身损害赔偿案件适用法律若干问题的解释》（已失效）第9条第1款规定："雇员在从事雇佣活动中致人损害的，雇主应当承担赔偿责任；雇员因故意或者重大过失致人损害的，应当与雇主承担连带赔偿责任。雇主承担连带赔偿责任的，可以向雇员追偿。"据此，用人单位（雇主）对劳动者（雇员）主张损害赔偿请求权时，其须就"劳动者违反本法规定的条件解除劳动合同或者违反劳动合同中约定的保密事项"或者"雇员因故意或者重大过失致人损害"等权利发生的要件事实承担举证责任。这不属于举证责任倒置。

例如，原《侵权责任法》第54条一改医疗损害责任中的举证责任倒置，将因果关系要件事实和医疗过错要件事实转由患者举证证明。因此，医疗损害责任也成为适用一般侵权过错责任原则的侵权类型。在医疗损害责任中，患者在医疗损害责任诉讼中就须举证证明就诊的事实、遭受的实际损害、医疗行为和损害后果之间存在因果关系、医疗机构或者其医务人员的过错。"由此，导致法官在案件审理过程中需在举证责任分配理念上作出根本性的转变，采用'谁主张、谁举证'原则，分配给患者更多的举证责任。此外，也可让患者在起诉时更加慎重和理性，对因诉讼门槛较低造成的滥诉现象起到一定的遏制作用。"① 但"医师之民事责任程序中，系以病人之举证困难为其核心之问题。因医师系具专业知识与受专业教育训练之人，其执业行为之内容，非外行人所得窥其堂奥。医师民事责任程序中，当事人所遭遇之证据问题，除医师医疗行为本身之外，另存有其他生物性、心理性之特殊情况，尤其因对生命体之不可掌控性而产生医疗行为反应之不确定性及不可掌握性，均使病人之举证形成困难。而当病人确定其受损时，通常并不能知其细节，又因其缺乏专业知识，亦难期待其于损害与医疗过误之关联能为正确判断，且此一知识落差之不平等，并不能由聘任律师以补足及克服，因律师本身通常亦缺乏相关专业知识"②。根据分配正义观的要求，医师和病人之间在医疗专业知识方面存在事实上的不平等，为克服病人在医疗诉讼中的证据困难，应该根据举证责任分配意义上当事人之间的武器平等原则，注重对患者的举证责任进行减轻及适当调整。在立法论上看，将医疗损害责任要件事实交由患者承担举证责任，也存在矫枉过正之嫌。法院应当根据分配正义的要求，结合武器平等的举证责任分配原则，借鉴比较法的经验，采取因果关系推定等措施缓和患者的举证困难，以弥补患者在医疗专业知识上的欠缺。③ 由"侵权责任法司法解释研究"课题组组织起草的《中华人民共和国侵权责任法（司法解释建议稿）》第120条就规定："患者的损害有可能是由医务人员的诊疗行为造成的，除医务人员提供相反证据外，推定该诊疗行为与患者人身损害之间存在因果关系。"

又如，根据《消费者权益保护法》第55条第1款的规定，消费者对经营者享有的惩罚性损害赔偿请求权的权利发生要件事实包括"经营者提供商品或者服务有欺诈行为"，该要件事实应该由消费者承担举证责任。在"张某强诉徐州苏宁电器有限公司侵犯消费者权益纠纷案"中，一审法院将惩罚性赔偿的相关要件事实倒置给经营者承担举证责任。这就以法官自由裁量的方式改变了法定举证责任分配标准。再审法院则坚持按照"法律要件分类说"的观点分配消费欺诈诉讼中的举证责任："商品经营者为消费者提供商品或服务时，应当遵循诚实信用原则，消费者亦有权知悉其

---

① 李冬冬：《丰台法院调研侵权责任法实施后医疗纠纷案审理中的变化》，载北京法院网，访问日期：2010-11-04。

② 姜世明：《医师民事责任程序中关于可归责性要件之举证责任》，载姜世明：《民事证据法实例研习》（一），台北，正点文教出版顾问有限公司，2005，第288页。

③ 参见杨立新：《医疗损害责任的因果证明及举证责任》，载《法学》，2009（1）。

所购买、使用的商品或接受的服务的真实情况。在侵犯消费者权益纠纷案件中，消费者主张商品经营者提供的商品存在品质问题，并提供了相应证据的，商品经营者如主张该商品不存在品质问题，应对其主张承担举证责任。"① 再审法院实际上是在不突破"法律要件分类说"的举证责任分配一般原则的前提下，通过举证责任转换适当降低了消费者的举证责任负担，值得肯定。

再如，根据《消费者权益保护法》第55条第2款的规定，经营者明知商品或者服务存在缺陷，仍然向消费者提供，造成消费者或者其他受害人死亡或者健康严重损害的，受害人对经营者享有惩罚性损害赔偿请求权。该条也是原《侵权责任法》第47条规定的产品缺陷致人损害惩罚性赔偿制度的具体化。鉴于消费者与经营者之间的信息不对称，消费者来证明经营者"明知"商品或者服务存在缺陷，颇为困难，但此时又不属于证明责任倒置的情形。对此，法院可以考虑通过表面证据结合日常生活经验法则的方式来减轻消费者对经营者"明知"的举证负担，推定经营者的"明知"②。

此外，本着民法弱式意义上平等对待的价值判断问题实体性论证规则，基于信息不对称、地位不平等等因素，民事诉讼当事人之间存在实质不平等。为贯彻民事诉讼当事人武器平等原则，使诉讼当事人之间拥有同等的攻击防御手段，在案件事实的举证责任配置上存在一系列的缓和措施，如推定制度、举证责任倒置、证明标准降低等等，以有利于案件事实的查清并能实现当事人之间利益的真正平衡。有学者指出："推定可以改变推定受益方的证明对象以减缓其证明负担……推定在很多国家被认为是一种减缓诉讼中弱势一方当事人证明负担的有力工具……推定的适用只是减缓而非免除推定受益方对于推定事实的证明负担。从形式上来看，推定受益方不需再对待证事实进行证明，但仍需承担基础事实的证明负担。"③

综上，应该根据矫正正义观和分配正义观区分类型来分别配置《民法典》中的证据规范，以分别贯彻对民事主体强式意义上的平等对待和弱势

---

① 《最高人民法院公报》，2006（10）。

② 最高人民法院指导案例23号。另参见尚连杰：《"知假买假"的效果证成与文本分析》，载《华东政法大学学报》，2015（1）。

③ 张海燕：《民事推定法律效果之再思考——以当事人诉讼权利的变动为视角》，载《法学家》，2014（5）。

意义上的平等对待；并根据实质正义观来检验相关举证责任等证据规范的配置是否符合民事主体之间的利益平衡。虽然《民法典》中的证据规范应该根据正义观来配置，但并不意味着法律适用者可以直接从正义中推导出举证责任的分配规则，否则将有违法的安定性原则。"适当的、明智的证明责任分配属于法律制度最为必要的或最值得追求的内容……分配原则不能从公正性中推导出来。虽然没有比公正性更高的指路明灯，但这仅仅对立法者而言是如此……如果法官想将具体的诉讼之船根据公正性来操纵，那么，他将会在波涛汹涌的大海里翻船。诉讼的本质将会从根本上受到破坏。"①

（四）《民法典》中证据规范配置的公道正义观

有学者认为，一方当事人对对方当事人所主张事实的单纯否认，无论是单纯的否认，还是附理由的否认，均不属于"主张"，否则将会出现双方当事人对同一要件事实分别从存在、不存在两个层面负担举证责任的现象。② 笔者认为，对单纯的否认事实无须举证，但对附理由的否认则须由否认者承担举证责任，因为此时否认者所提出的是新的有利于己之事实，应该就该事实承担举证责任。这是民法上的回报正义观的当然要求。如原告主张被告偿还借款，被告陈述该笔款项属于原告的赠与，该赠与之事实属于附理由的否认事实，其与原告主张所依据的事实截然不相容。此时，原、被告应该就各自主张的事实承担举证责任。

有学者认为，抗辩乃被告向受诉法院提出与原告所主张的请求原因事实两立的事实之行为。被告提出抗辩即事实上免除了原告对其所主张请求原因事实的举证责任。因为抗辩以承认原告主张的请求原因事实真实为前提，否则就不是抗辩，而仅为附理由的否认。抗辩实乃被告针对请求原因事实所作的附限制的自认。如原告主张被告偿还借款，被告陈述该笔款项已经偿还。被告事实上就承认了原告的请求原因事实，从而成立对请求原因事实的自认。这就免除了原告对借款事实的举证责任。③ 笔者认为，该观点是严格的当事人主义诉讼模式的当然推演结论，但其并不符合实质正

---

① ［德］莱奥·罗森贝克：《证明责任论》，第 4 版，庄敬华译，北京，中国法制出版社，2002，第 97 页。

② 参见占善刚：《民事诉讼中的抗辩论析》，载《烟台大学学报（哲学社会科学版）》，2010（3）。

③ 参见占善刚：《民事诉讼中的抗辩论析》，载《烟台大学学报（哲学社会科学版）》，2010（3）。

义观。这容易使诉讼被告陷入原告的"语言陷阱"。此时，对被告的主张是否构成自认应该谨慎认定：经由法院释明，被告仍对借款事实认可方能构成自认，否则单纯对还款事实的陈述尚不构成免除原告举证责任的被告自认。

此外，根据矫正正义观的要求，主张有利于己事实之当事人应该承担行为意义上的举证责任和结果意义上的举证责任。如在民事诉讼中，除非存在加害人的自认，否则损害必须被证明方能被救济。当事人能够证明损害确实存在，但难以或者无法证明具体损害数额的，此时法院若简单地以受害人未尽结果意义上的举证责任为由判决驳回诉讼请求，则对受害人的救济就有不周。在损害发生得以确定、损失大小难以证明的情况下，损害额认定制度要求法官降低其心证标准。即便法官对损失未完全确信，但依评估认为有此损失时，即可就该损失大小予以认定，以此减轻受害人的举证负担，避免发生因证明困难而沦为证明责任判决或损害填补不足等不公平现象。[①] 这也是公道正义观的要求。

(五) 行为意义上的举证责任与程序正义观

民事裁判中的法律真实论强调法律程序在案件事实认定中的价值。"法院裁判所依据的真实应当是经过正当程序所实现的真实。"[②] 客观发生的生活事实在诉讼过程中需要通过严格的法定证明程序得到回溯性展现。民法证据规范主要涉及对当事人之间举证责任的分配和证明标准的要求。这就直接关涉民事主体之间的利益安排。有关证据种类、证据保全、证明对象、证明过程等纯粹证据程序规范则属于民事诉讼法的规制对象。民法证据程序规范自然是程序正义观的体现。

"举证责任分配的实体一般公正必须通过程序公正来达成。"[③] 根据矫正正义观的要求，主张有利于己之事实的当事人应该承担行为意义上的举证责任和结果意义上的举证责任，分别对应举证责任规范的行为规范和裁判规范属性。根据"举证责任"概念内涵的不同界定，从主观提供证据责任或行为意义上的举证责任的角度看，举证责任规范（Beweislastregeln）对应行为规范，其为当事人提供证据的具体内容提供了行为指引；从客观

---

① 参见毋爱斌：《损害额认定制度研究》，载《清华法学》，2012 (2)；段文波：《事实证明抑或法官裁量：民事损害赔偿数额认定的德日经验》，载《法学家》，2012 (6)。

② 邵明：《正当程序中的实现真实——民事诉讼证明法理之现代阐释》，北京，法律出版社，2009，第71页。

③ 肖建国：《论民事证明责任分配的价值蕴涵》，载《法律科学》，2002 (3)。

举证责任或结果意义上的举证责任的角度来看，举证责任规范起到了在案件事实真伪不明的情况下，在当事人之间依法分配败诉风险后果的功能，其对法院裁判案件起到了引导作用，举证责任规范此时也就直接对应裁判规范。而在兼顾举证责任主、客观含义的基础上，举证责任规范则既是行为规范，又是裁判规范。可见，举证责任既包括作为第一性义务的行为意义上的举证责任，也包括作为违反第一性义务而产生第二性义务的结果意义上的举证责任。行为意义上的举证责任属于民法上的不真正义务，违反该义务之当事人承担于己不利的后果。

2015 年《民事诉讼法司法解释》第四部分"证据"制度创造了"举证证明责任"的表达。此概念似有强调区分行为意义的证明责任和结果意义上的证明责任的用意，将"举证责任"界定为行为意义上的证明责任，强调"举证证明责任"不仅包含提供证据的责任，而且包含证明责任。不过，较之"举证责任"或"证明责任"的传统表达，"举证证明责任"未增实意，只要说明在何种意义上使用这三个概念即可。该三概念的区分属于纯粹民法学问题中的解释选择问题。

五、小结：民法证据规范是对民法规范的新发展

《民法典》中的民事权利规范只有经由证据规范的配合，使权利的要件事实充分被证明，才能在诉讼中得到实现。《民法典》中证据规范的妥当配置能够为要件事实论在法律适用中的有效展开提供便利。日本民法学者我妻荣曾经说："权利的发生、妨碍、消灭等各种法律效果是否得到肯定，与该等法律效果的发生要件相对应的具体事实的有无相关，因此这种事实一般被称为要件事实，为了与前述法律要件相对应，有时又称为法律事实。"[①] 日本民事诉讼法学者高桥宏志认为："在法律条文中构成要件所记述的事实为要件事实，而使要件事实得到充实的具体事实则是主要事实。"[②] 民事司法纠纷中的要件事实是当事人产生争议的能够为构成要件事实所涵摄的具体生活事实。具体生活事实与抽象构成要件事实之间是评价对象和评价标准的关系。当事人存在争议的具体生活事实并非自动涵摄到构成要件事实之下。作为事件的具体生活事实须先转化为作为陈述的案件

[①] 转引自许可：《民事审判方法：要件事实引论》，北京，法律出版社，2009，第 38～39 页。[日]山本敬三：《民法讲义》，Ⅰ·总则，解亘译，北京，北京大学出版社，2012。

[②] [日]高桥宏志：《民事诉讼法：制度与理论的深层分析》，林剑锋译，北京，法律出版社，2003，第 342 页。

事实，然后经由证据加以证明方可作为裁判的对象。《民法典》中的证据规范是生活事实、作为陈述的案件事实和抽象构成要件事实之间顺利转换的助推剂，是司法三段论小前提（案件事实）形成过程中的关键环节。

值得一提的是，中国法学会民法典编纂项目领导小组和中国法学会民法学研究会组织撰写并于 2015 年 4 月 20 日公布的《中华人民共和国民法典·民法总则专家建议稿（征求意见稿）》第 210 条将民事权利的举证责任一般规范写入其中："除非法律另有规定，主张权利存在的，应当就该权利发生的事实承担举证责任；主张权利变更、消灭或者存在限制的，应当就该权利变更、消灭或者受到限制的事实承担举证责任。"2015 年 6 月 5 日，在指导笔者研究拟就举证责任立法条文的过程中，王轶教授建议将《中华人民共和国民法典·民法总则专家建议稿（征求意见稿）》中的民事权利的举证责任一般规范扩及民事义务和民事责任，并落实为立法条文的表达。2015 年 6 月 24 日，正式提交全国人大常委会法工委的《中华人民共和国民法典·民法总则专家建议稿》第 201 条规定："除非法律另有规定，主张民事权利存在的，应当就该民事权利发生的事实承担举证责任；主张民事权利变更、消灭或者受到限制的，应当就该民事权利变更、消灭或者受到限制的事实承担举证责任。""主张民事义务、民事责任存在、变更、消灭或者受到限制的，准用前款规定。"

当然，对《民法典》等民商事立法中的证据规范进行有意识的、体系化的配置仍然任重道远：一方面，《民法典》具体条文的配置中应该有意识地结合举证责任一般规范展开；另一方面，对《民法典》中的举证责任特别规范、证明标准特别规范均应该作法定化、类型化、体系化的配置。在《民法典》中配置证据规范能够推动民事实体法和民事程序法的沟通，也丰富了民法规范的类型。《民法典》中的证据规范配置采取抽象原则规范和具体例外规范相结合的立法技术：前者对应《民法典》中的举证责任一般规范、证明标准一般规范，后者则具体化、法定化为举证责任倒置规范、民事权利推定规范、民事法律事实推定规范、证明标准特别规范。这些都是对民法规范论的新发展。《民法典》中证据规范的妥当配置符合民法实质正义的要求，在矫正正义观、分配正义观等多元正义观的指导下展开，从而在举证责任、证明标准问题上实现以强式意义上的平等对待为原则，以弱式意义上的平等对待为例外的目标。

第十五章 《民法典》证据规范
配置的解释论

一、认真对待《民法典》中的证据规范

《民法典》和《民事诉讼法》的制度交叉及适用衔接无处不在，《民法典》中的证据规范是很重要的体现之一。罗森贝克认为："证明责任主要属于民法，因为在绝大多数情况下，民事诉讼中所主张的请求权均是以民法为基础的……证明责任不是根据新的诉讼法，而只是根据对诉讼关系有决定意义的实体法来决定……证明责任规范属于实体法。"①《民法典》中的证据规范包括形式意义上的证据规范和实质意义上的证据规范。《民法典》中"证据"二字出现 17 次，"证明"二字出现 47 次，"举证"二字出现 1 次，"推定"二字出现 8 次，"视为"二字出现 44 次。这些相应的规范构成《民法典》中形式意义上的证据规范。通过文义解释方法，结合《民法典》条文中出现的"证据""证明""举证""推定""视为"这些用词，可以识别出《民法典》中形式意义上的证据规范。《民法典》中还有更多实质意义上的证据规范，需要认真解释以利其适用。对于实质意义上的证据规范，须运用体系解释等方法并结合"法律要件分类说"等举证责任分配标准进行识别。例如，实体法上使用"足以"这种表述往往表明其有拔高证明标准的意图。②不过，无法根据文义解释方法通过简单分析《民法典》中法律规范的结构即得出实质意义上的证据规范，因为这以立法者在《民法典》中对证据规范作有意识、体系化配置为前提。《民法典》中的证据规范主要是对过往九部民事单行法中的证据规范的继承，而非创

---

① ［德］莱奥·罗森贝克：《证明责任论》，第 5 版，庄敬华译，北京，中国法制出版社，2018，第 101、105 页。

② 参见最高人民法院修改后民事诉讼法贯彻实施工作领导小组编著：《最高人民法院民事诉讼法司法解释理解与适用》（上），北京，人民法院出版社，2015，第 362～363 页。

新，相关证据规范的配置是零散的，不是系统的。因《民法典》未对证据规范作有意识、体系化的配置，故尚须对之作类型化和体系化研究。①

以上是对《民法典》中的证据规范进行的形式查找和静态观察。观察分析《民法典》中的证据规范还有另外一个角度：基于案件事实的动态发展性，于不同公权力机关、不同诉讼阶段对案件事实的举证责任和证明标准会有差别。还应该注意结合纠纷解决的不同方式、诉讼的不同阶段、审判的不同进程，对《民法典》中的证据规范作类型化、精细化、动态化解释适用：区分与请求、抗辩、再抗辩等对应的举证责任，区分行政机关与司法机关对证据的审查权限和能力，区分本证、反证的不同举证责任和证明标准，区分不同诉讼阶段的不同举证责任和证明标准。

《民法典》中的每一个裁判规范都对应或者应该对应一个证据规范。罗森贝克曾言："正确分配确认责任和证明责任的首要且唯一条件是，剖析和筛选法律规范及其特征。"②《民法典》中的权利、义务、责任规范往往具有一体多面的规范性质。本章以民事一体化为视角，运用交叉学科的学术视角和以问题为导向的思考方法，从解释论角度梳理《民法典》中的证据规范的类型及配置，以助于将民事权利、义务、责任规范落到实处。习近平总书记于 2020 年 11 月 16 日在中央全面依法治国工作会议上的讲话中指出，当前和今后一个时期，推进全面依法治国要重点抓好十一项工作；并在第六项重点工作"坚持建设中国特色社会主义法治体系"中强调："中国特色社会主义法治体系是推进全面依法治国的总抓手。要加快形成完备的法律规范体系、高效的法治实施体系、严密的法治监督体系、有力的法治保障体系，形成完善的党内法规体系……"加快形成完备的法律规范体系离不开完备的法律规范理论。民法规范不简单等同于民事权利、义务、责任规范，略过举证责任等证据规范的民法是不完整的。

《民法典》中的证据规范不简单等同于举证责任规范。笔者持广义证据规范观，认为《民法典》中的证据规范包括证据方法规范、举证责任一

---

①　忽略对证据规范的配置，这并非《民法典》的独有现象。类似地，日本学者伊藤滋夫也曾指出："日本民法在制定时并未考虑到通过条文结构形式分配证明责任"（［日］伊藤滋夫：《要件事实的基础——民事司法裁判结构》，许可、［日］小林正弘译，北京，法律出版社，2022，译者序，第 5 页）。

②　［德］莱奥·罗森贝克：《证明责任论》，第 5 版，庄敬华译，北京，中国法制出版社，2018，第 144 页。

般规范、举证责任倒置规范、推定规范和证明标准规范。《民法典》中的证据规范还可以细分到各编。各编形式意义上的证据规范和实质意义上的证据规范数量不同，具体类型也各有特色。《民法典》物权编中的证据规范以物权推定规范为特色，合同编以合同请求权及对之为抗辩的证据规范为特色，人格权编中的证明标准规范值得关注，婚姻家庭编以民事法律事实推定规范为特色，继承编中存在大量证据方法规范，侵权责任编以举证责任倒置规范为特色。

二、《民法典》中的证据方法规范的解释论

民事法律事实通过《民事诉讼法》第 66 条规定的各种法定证据方法予以固定和展现。民法典中的证据方法规范包括对事件、事实行为、准民事法律行为或者民事法律行为的证据方法规范。对事件的证据方法规范，如《民法典》第 590 条第二句规定的当事人在合理期限内提供因不可抗力不能履行合同的证明。对事实行为的证据方法规范，如《民法典》第 1225 条所规定的证明诊疗活动的患者病历资料、第 1254 条规定的公安机关调查结论。对准民事法律行为的证据方法规范，如《民法典》第 145 条第 2 款和第 171 条第 2 款规定的催告、第 546 条中的债权转让通知、第 1125 条第 2 款规定的被继承人的宽恕。对民事法律行为的证据方法规范，如《民法典》第 135 条第一分句所规定的民事法律行为的形式。

例如，针对高空抛物、坠物侵权行为，《民法典》第 1254 条第 3 款规定："发生本条第一款规定的情形的，公安等机关应当依法及时调查，查清责任人。"公安机关的调查结论属于何种证据方法？证明力如何？一方面，针对高空抛物、坠物侵权行为，公安机关的调查结论属于公文书。虽然公安机关的结论与鉴定意见最为接近，但鉴定意见的基本特征在于鉴定人利用专门知识对涉及专业知识的事实问题进行判断，而公安机关的调查结论显然不符合这一基本特征。就公安机关的调查结论是国家专门机关对案件事实的判断结论而言，其更接近于书证。其基本特征类似于一种特殊书证——公证文书，属于公文书中的报道性公文书（公文制作机构就待证事实是否真实作出的判断）。在诉讼中一方对公安机关作出的认定文书的真实性提出质疑（无论是对文书本身的真假，还是对认定内容是否成立）时，应当对其质疑提供证据加以证明。2022 年《民事诉讼法司法解释》第 114 条规定："国家机关或者其他依法具有社会管理职能的组织，在其职权范围内制作的文书所记载的事项推定为真实，但有相反证据足以推翻

的除外。必要时，人民法院可以要求制作文书的机关或者组织对文书的真实性予以说明。"没有相反证据足以推翻时，推定公安机关的调查结论为真实。"需要注意的是这类文书与公安、检察机关询问、讯问笔录的区别，公安机关的询问笔录虽然也是公文书，但只是关于被询问人陈述的记载，不是关于事实的判断结论。"① 另一方面，对公安机关调查结论之外的其他调查笔录内容，要区分调查对象的不同，分别判断其证据类型：如果是针对当事人之外的他人进行的调查，此种笔录内容属于证人证言，不能作为公文书；如果是针对当事人进行的调查，此种笔录内容可能构成当事人诉讼外的自认。

民事法律行为是最重要、最常见的民事法律事实。以下主要围绕《民法典》中对民事法律行为的相应证据方法规范展开分析。

（一）民事法律行为的形式对应的证据方法

《民法典》第135条第一分句是对民事法律行为的形式的一般规定和原则规定："民事法律行为可以采用书面形式、口头形式或者其他形式。"民事法律行为中的要式行为还要求法定或者约定的特殊形式。对此，《民法典》第135条第二分句有明确规定。民事法律行为的形式（书面形式、口头形式或者其他形式）对应多种证据方法，即《民事诉讼法》第66条规定的当事人陈述、书证、物证、视听资料、电子数据、证人证言、鉴定意见、勘验笔录等八种证据方法。准民事法律行为的形式对应的证据方法类推适用民事法律行为的形式对应的证据方法的有关规定。民法典中的证据方法规范不满足于和八种证据方法的简单对应，需要做更多解释论工作，以便利其适用。

以书面形式对应的书证为例：2009年《合同法司法解释二》第5条曾规定，当事人在合同书上"按手印"具有与签字或者盖章同等的法律效力。《民法典》第490条第1款丰富了合同的证据方法，将"签字或者盖章"改为"签名、盖章或者按指印"，更为准确、清晰，也丰富了合同书这一书证类型的呈现方式。根据《民法典》第490条、第1134条、第1135条、第1136条，签名均可作为彰显合同当事人或者遗嘱人身份的书证方法。盖章或者按指印可否作为书面遗嘱中遗嘱人彰显自己身份的书证方法？笔者持否定态度，理由如下：第一，通过文义解释和历史解释可以发现，原《继承法》第17条对自书遗嘱和代书遗嘱就只允许遗嘱人"签

---

① 张卫平：《民法典的实施与民事诉讼法的协调和对接》，载《中外法学》，2020（4）。

名"；《民法典》第 1134～1136 条对自书遗嘱、代书遗嘱和打印遗嘱也只允许遗嘱人"签名"，不允许盖章或者按指印。第二，通过体系解释则会发现，《民法典》第 1134～1136 条规定的自书遗嘱、代书遗嘱和打印遗嘱这三类书面遗嘱中遗嘱人身份的呈现方式，明显有别于《民法典》第 490 条规定的合同当事人身份的呈现方式。可见，伦理家庭生活领域中的遗嘱和市场经济生活领域中的合同书对当事人身份的呈现方式有别，不能等量齐观。第三，针对书面遗嘱中的代书遗嘱，有学者认为："遗嘱人如果确实是不会书写自己姓名的，可用捺印或者盖章方式代替签名。"① "如果要求遗嘱人必须亲笔签名，难免过于严苛，尤其是遗嘱人没有书写能力的情况下……应该认可按指印与签字具有同等效力。"② 这种观点实质上是在对《民法典》第 1135 条作漏洞补充。笔者认为：鉴于遗嘱具有要式行为的特点，当遗嘱人没有书写能力时，只能采取录音录像遗嘱等非书面形式。盖章或者按指印不能作为书面遗嘱中遗嘱人彰显自己身份的证据方法。如果遗嘱人、代书人或者其他见证人任何其一在书面遗嘱上以盖章或者按指印代替"签名"，都会导致相应的书面遗嘱无效。

《民法典》第 1158 条没有规定遗赠扶养协议的形式要件。遗赠扶养协议是必须采取书面形式，还是可以采取口头形式，抑或形式自由？依《民法典》第 1133 条遗嘱继承和遗赠都归结为遗嘱，均属于死因行为和要式行为，均须遵守遗嘱的形式要件。遗赠扶养协议是扶养协议和遗赠的结合，从文义解释的角度看，遗赠扶养协议也应属于要式民事法律行为并遵守遗嘱的形式要件。但目的解释的结论则与此相反：宜将遗赠扶养协议作为非要式民事法律行为。理由在于：一方面，要式民事法律行为是对当事人的形式自由的限制，构成这种限制的足够充分且正当的理由只能是《民法典》第 135 条第二分句规定的"法律、行政法规规定或者当事人约定"。将遗赠扶养协议作为要式民事法律行为明显减损了当事人的合法权益，增加了当事人的法定义务，背离了当事人的合理预期。另一方面，遗赠扶养协议除有遗赠面向外，还有扶养协议面向。遗赠扶养协议具有对待给付、双务有偿的特点，并且遗赠扶养协议不完全是死因行为。本着民事法律行为的形式自由原则，在遗赠要式民事法律行为和扶养协议非要式民事法律行为之间，应该选择对当事人意思自治限制最少的非要式民

---

① 杨立新：《中国民法典释评》，继承编，北京，中国人民大学出版社，2020，第 133 页。
② 陈甦、谢鸿飞主编：《民法典评注》，继承编，北京，中国法制出版社，2020，第 134 页。

事法律行为。相应地，也就不能把遗赠扶养协议的形式对应的证据方法局限于书证。

（二）《民法典》中的同意、明确同意和书面同意对应不同的证据方法

《民法典》中"同意"一词出现 91 次。"同意"本身是一种意思表示，该意思表示的作出方式对应不同的证据方法。《民法典》第 140 条也规定了意思表示作出的多样方式。

根据《民法典》第 1033 条，侵害他人隐私权的免责事由须法律另有规定或者权利人"明确同意"。根据《民法典》第 1219 条第 1 款医疗措施须患者或者其近亲属"明确同意"。根据《民法典》第 1035 条第 1 项、第 1036 条第 1 项规定的处理个人信息的条件之一是征得该自然人或者其监护人"同意"。这就对应不同的意思表示作出方式和证据方法："明确同意"对应《民法典》第 140 条第 1 款规定的"明示"作出意思表示；"同意"则对应《民法典》第 140 条第 1 款规定的明示或者默示作出意思表示，也可以是符合该条第 2 款规定的沉默。不同证据方法体现出立法对隐私权和个人信息等的保护力度的差异。

立法者将《民法典》第 220 条第 1 款、第 391 条、第 409 条第 1 款、第 695 条、第 696 条第 2 款、第 697 条第 1 款、第 1008 条第 1 款中的"同意"限于"书面同意"。笔者认为：将"同意"限于"书面同意"并不合适，宜将这些"书面同意"解释为倡导性规范，以提示当事人慎重行事且便于保存证据。如前所述，没有足够充分且正当理由，不得限制意思表示的形式自由。采取书面形式、口头形式还是其他形式，采取明示、默示还是沉默方式，对应不同的证据方法，属于民事主体意思自治的范畴。

与知情同意相对应的是提示说明或者告知说明。法〔2021〕94 号最高人民法院《全国法院贯彻实施民法典工作会议纪要》第 7 条指出："提供格式条款的一方对格式条款中免除或者减轻其责任等与对方有重大利害关系的内容，在合同订立时采用足以引起对方注意的文字、符号、字体等特别标识，并按照对方的要求以常人能够理解的方式对该格式条款予以说明的，人民法院应当认定符合民法典第四百九十六条所称'采取合理的方式'。提供格式条款一方对已尽合理提示及说明义务承担举证责任。"可见，提示说明义务的履行不以书面形式为必要。提供格式条款一方通过何种形式履行此种义务，关乎后续其举证的便利性，法律不必强求。究竟采取何种形式履行提示说明义务，须结合常人能够理解的方式，以接受格式条款一方知情同意为判断标准。《全国法院民商事审判工作会议纪要》第

76 条进一步提高了金融产品卖方机构履行告知说明义务的标准。金融消费者手写了诸如"本人明确知悉可能存在本金损失风险"等内容的，不足以证明卖方机构尽到了告知说明义务。

（三）《民法典》对"口头证据规则"的取舍

2018 年 9 月 5 日《民法典合同编（草案）》（一次审议稿）第 281 条规定："当事人一方在订立合同前向对方所作的允诺内容具体确定，对合同的订立有重大影响，对方有理由相信其为合同内容的，该允诺视为合同条款。"2019 年 1 月 4 日《民法典合同编（草案）》（二次审议稿）将第 281 条删掉。有学者认为，其一次审议稿第 281 条来源于法释［2003］7 号最高人民法院《关于审理商品房买卖合同纠纷案件适用法律若干问题的解释》第 3 条的规定："商品房的销售广告和宣传资料为要约邀请，但是出卖人就商品房开发规划范围内的房屋及相关设施所作的说明和允诺具体确定，并对商品房买卖合同的订立以及房屋价格的确定有重大影响的，应当视为要约。该说明和允诺即使未载入商品房买卖合同，亦应当视为合同内容，当事人违反的，应当承担违约责任。"但是该司法解释适用的范围仅限于开发商卖房的情形，不宜过度扩大其适用范围，只能在消费合同领域作为消费者权益保护的一个"特例"处理。在合同订立之中，当事人在协商过程中可能会有各种允诺，但是最终仍要以确定性的文本为准。所签订文本与之前双方的意思表示不一致的，可视为对双方先前合意的替代。任何一方当事人不能在正式文本签订后，再以缔约期间的允诺来推翻正式文本的内容，否则将会徒增纠纷，影响合同的严肃性。有学者认为：口头承诺最后都被书面合同代替，要以书面合同为准。口头承诺不能否定书面合同。书面证据具有优先性，就是基于维护合同严肃性的考虑所确立的证据效力规则。[①] 笔者认为，这本质上是针对不同证据方法的解释问题。不同证据方法都是对合同当事人的真实意思表示的固定。对此，体系解释和历史解释方法具有重要意义。根据 2001 年《民事诉讼证据规定》第 77 条对不同证据方法证明力的规定[②]，在人民法院就数个证据对同一事实的证明力认定规则中，不存在书证证据效力优先规则，也不存在英美法理论上的

---

① 参见王利明：《民法典合同编中的重大疑难问题》，载 http://www.civillaw.com.cn/zt/t/?id=34812，访问日期：2018-10-27。

② 该条被法释［2019］19 号最高人民法院《关于修改〈关于民事诉讼证据的若干规定〉的决定》删除。

"口头证据规则"（Parol Evidence Rule）①。况且，无论是《民法典合同编（草案）》（一次审议稿）第 281 条中的"允诺"，还是法释〔2003〕7 号最高人民法院《关于审理商品房买卖合同纠纷案件适用法律若干问题的解释》第 3 条中的"说明和允诺"，都不限于口头证据。相关允诺完全可以通过前文所述的民事法律行为的形式对应的不同证据方法呈现，无论是口头证据还是书面证据等。我们须对不同证据方法所呈现的允诺在合同订立规则体系下作准确定位，以实践契约精神，避免作出允诺之人言而无信。更重要的是，英美合同法理论上的"口头证据规则"有其适用范围的限制：只有当事人明确将合同限于书面形式（written agreement）时，双方才只受书面合同的约束。②

要完整、准确理解"口头证据规则"的边界。普遍确认合同订立前允诺的法律效力并不会损害合同正式文本的严肃性或影响合同的可预期性，在合同订立前的允诺与合同正式文本出现不一致的情况下，根据合同法理论，合同正式文本的效力肯定是优先的。以此为由将《民法典合同编（草案）》（一次审议稿）第 281 条限缩回归到消费合同领域，难以成立。③《民法典合同编（草案）》（一次审议稿）第 281 条中的允诺与承诺是何种关系？不清晰。草案一审稿第 281 条紧接承诺制度，居于承诺制度之后。这是否意味着草案将之作为承诺？法释〔2003〕7 号最高人民法院《关于审理商品房买卖合同纠纷案件适用法律若干问题的解释》第 3 条明显将此种说明和允诺规定为要约，而非承诺。既然是要约，同样需要满足原《合同法》第 14 条所规定的要约的两项构成要件：一是内容具体确定；二是表明经受要约人承诺，要约人即受该意思表示约束。法释〔2003〕7 号最高人民法院《关于审理商品房买卖合同纠纷案件适用法律若干问题的解释》第 3 条将要约邀请上升为要约，明确了内容具体确定这个要件，但没有回应要约的第二个构成要件。即便内容具体确定，但如果该销售广告和宣传资料没有"表明经受要约人承诺，要约人即受该意思表示约束"，仍然不

---

① "口头证据规则"认为，合同的内容应通过最终的书面契约来确定，除此之外的证据（如口头约定等）应被排除；应禁止当事人提交其他外在的证据，尤其是之前的口头证据，来质疑最终书面合同的效力或者含义。参见刘承韪：《民法典合同编（草案）二审稿的修改建议》，载《法治研究》，2019（3）。

② See Edwin Peel, *The Law of Contract*, fourteenth edition, Thomson Reuters UK Limited, 2015, p. 234.

③ 合同中的售后服务条款经常不在合同文本中。例如商家网站上的售后服务条款，属于什么性质？参考《民法典合同编（草案）》（一次审议稿）第 281 条，就可以得到较好的解释。

应将之作为要约。《民法典合同编（草案）》（一次审议稿）第 281 条虽然在体系位置上接近承诺制度，但在构成要件上回归要约的两项构成要件（"允诺内容具体、确定""对方有理由相信其为合同内容"）。第二项构成要件实际上是从对方角度理解何为要约人受法律约束的意思。这就采取了相对人合理信赖的解释方法。如果将《民法典合同编（草案）》（一次审议稿）第 281 条作如下修改并放到《民法典》第 473 条之后，体系会更融贯："当事人一方在订立合同前向对方所作的允诺内容具体确定，对合同的订立有重大影响，对方有理由相信其为合同内容的，该允诺构成要约。"

三、《民法典》中的举证责任一般规范的解释论

（一）运用举证责任一般规范识别《民法典》中实质意义上的证据规范

《民法典》中的每一个裁判规范背后都对应或者应该对应一个证据规范。虽然略过举证责任的民法是不完整的，但只有举证责任倒置规范、民事权利推定规范、民事法律事实推定规范和证明标准例外规范才需要立法一对一地加以明确规定。前三类是举证责任一般规范的例外，第四类是证明标准一般规范的例外。申言之，立法不必对举证责任一般规范和证明标准一般规范逐一规定，否则那将是立法者难以承受之重，也违反了法律规范的抽象性特点。普维庭就曾经说："倘若立法者要明确地为每一个法定的要件事实都规定一个证明责任规范的话，那将是一个法律内容和相应成本都无法承受的计划。"[①]

1. 根据"法律要件分类说"识别《民法典》中的举证责任规范

2022 年《民事诉讼法司法解释》第 91 条采纳了"法律要件分类说"的举证责任分配标准，规定了举证责任分配的一般规则。[②] 除非法律或者司法解释另有规定，主张民事权利存在的当事人，应当就该民事权利发生的要件事实承担举证责任；主张民事权利变更、转让、消灭、妨害或者受到限制的当事人，应当就该民事权利变更、转让、消灭、妨害或者受到限

---

① ［德］汉斯·普维庭：《现代证明责任问题》，吴越译，北京，法律出版社，2000，第 383 页。

② 参见最高人民法院修改后民事诉讼法贯彻实施工作领导小组编著：《最高人民法院民事诉讼法司法解释理解与适用》（上），北京，人民法院出版社，2015，第 316 页。

罗森贝克的"法律要件分类说"（本质上也是有"利事实说"）认为："每一方当事人均必须主张和证明对自己有利的规范（＝法律效果对自己有利的规范）的条件……原告必须对权利产生的事实加以证明，而被告必须对权利妨碍的事实、权利消灭的事实、权利排除的事实加以证明。"（［德］莱奥·罗森贝克：《证明责任论》，第 5 版，庄敬华译，北京，中国法制出版社，2018，第 121、132 页。）

制的要件事实承担举证责任。例如，在买卖合同纠纷中，买受人主张出卖人交付的为瑕疵标的物，出卖人主张买受人所称的瑕疵标的物实际上被买受人替换，与自己实际交付的标的物并非同一。这就在出卖人和买受人之间存在举证责任分配问题。通常情况下，买受人举证证明购买凭据信息与标的物的特定化信息一致时，买受人的举证即完成。如果标的物交付完成，买受人须对标的物存在瑕疵承担举证责任。这对应买受人享有的违约请求权的发生要件事实。如果交付没有完成，买受人拒绝受领，出卖人须对标的物符合质量要求承担举证责任。这对应出卖人基于清偿而使买卖合同消灭的消灭要件事实。"法律要件分类说"中的"规范说"进一步提出，要结合实体法规范的逻辑结构，分析其"原则—例外"关系，分析其发生规范和对立规范，区分请求与反驳，分别确定相应的举证责任分配标准。"规则规范和例外规范的关系对于证明责任的意义无处不在。"[1]

又如，从文义解释和体系解释角度看，《民法典》第 172 条和第 504 条对表见代理和表见代表的规范配置中的"原则—例外"关系不同，举证责任也就有所差别。"相对人有理由相信行为人有代理权"是表见代理发生所对应的代理权外观存在的要件事实，应当由相对人承担举证责任。"相对人知道或者应当知道其超越权限"是表见代表的对立规范。立法者通过除外条款这一立法技术，将该要件事实的举证责任分配给被代表人承担。当然，无论是表见代理还是表见代表，相对人非善意的事实均由被代理人、被代表人承担举证责任。对比可见，表见代表中相对人的举证责任更轻，对相对人信赖的保护程度更高。通过目的解释方法可以发现此种立法价值判断的原因：相对人只要证明以法人或者非法人组织名义订立合同的对方为"法人的法定代表人或者非法人组织的负责人"，即可基于此种职务信赖，推定对方代表权的存在。这种解释结论也与《民法典》第 61 条第 3 款体系融贯。根据《民法典》第 61 条第 3 款的规定，法人或者非法人组织对法定代表人或者负责人代表权的限制，不得对抗善意相对人，即善意相对人对此不负担审查注意义务。[2] 但根据《公司法》第 16 条的规定，在公司担保问题上法律对法定代表人权限的限制，相对人"知道或者应当知道"，并有义务审查法定代表人是否遵从了该条规定的担保决议授

---

① ［德］莱奥·罗森贝克：《证明责任论》，第 5 版，庄敬华译，北京，中国法制出版社，2018，第 159 页。

② 《民法典》第 61 条规定了职务代表行为。类似地，《民法典》第 170 条规定了职务代理规则。

权程序。可见，此种情形下相对人的注意义务相对更高。

分析实体法规范结构，从中推知不同要件事实的举证责任分配，这种做法是以立法者在实体法规范配置过程中对证据规范作有意识、体系化安排为前提的。《民法典》多数条文对应的举证责任规范可以通过这种方法解释识别出。"先前的法律要件分类说之所以被称为规范说，是因为法律要件的分类是根据实体法规的形式即本文、但书，第 1 项、第 2 项等的形式、文句本身的表达来决定。该种规范说的前提是立法者于起草条文时已充分考虑了证明责任的分配，而且立法者的意思现在仍然妥当。但是该前提常常不存在。"①

2. 突破"法律要件分类说"形式解释观的边界

当立法者在《民法典》中没有有意识、体系化地对举证责任规范等证据规范作安排时，形式解释观无法发挥作用。此时，就需要诉诸文义解释之外的其他解释方法乃至漏洞补充方法，通过实质解释观以济其穷。

通过分析《民法典》条文的规范结构识别其对应的举证责任规范的思路，对《民法典》第 311 条规定的善意取得制度不再具有解释力。从文义解释看，《民法典》第 311 条显然把受让人善意作为善意取得发生的要件事实，由受让人对自己的善意承担举证责任。然而，此种文义解释的结论与目的解释的结论相悖。善意取得制度的逻辑前提是物权公示方法的公信力，据此即可推定受让人善意。受让人对物权公示方法公示出的权利人的信赖受法律保护，以维护交易安全。真实权利人应当对受让人的恶意承担举证责任。《民法典物权编司法解释一》第 14 条第 2 款修正了基于《民法典》第 311 条对善意要件事实的举证责任的文义解释结论，规定："真实权利人主张受让人不构成善意的，应当承担举证证明责任。"

举证责任一般规范还要结合"待证事实分类说"，区分待证事实是积极要件事实还是消极要件事实，结合要件事实论等，适当调整、变通。对高空抛物、坠物侵权行为进行法律规制的最大难点在于不能确定具体的侵权人。虽然《民法典》第 1254 条第 1 款对侵权人的推定属于可推翻的推定，但是"证明自己不是侵权人"的举证责任对于没有实施这一侵权行为

---

① ［日］伊藤真：《民事诉讼法》，第 4 版补订版，曹云吉译，北京，北京大学出版社，2019，第 254 页。另参见袁中华：《违约责任纠纷之证明责任分配——以〈民法典〉第 577 条为中心》，载《法学》，2021（5）。

的人是很难实现的。① 这是要求侵权人对一个不存在的事实举证，违背了消极要件事实的举证责任配置理论——"主张者承担证明，否定者不承担证明"，"事物的性质不要求否定者承担证明"，"主张消极事实的当事人不需要对该消极事实的不存在承担举证责任"。作为可反驳推翻的民事法律事实推定，被侵权人对基础事实——"可能加害的建筑物使用人"的范围进行举证后②，被推定之人可以举证证明自己不是"可能加害的建筑物使用人"，如被推定之人举证证明自己是一楼住户或地下一楼住户、损害发生时家中无人、自己房间的窗户朝向与损害发生地点相反，等等。笔者认为，宜弥补《民法典》第1254条第1款但书条款"除能够证明自己不是侵权人的外"的法律漏洞。在解释论上，被侵权人对"可能加害的建筑物使用人"的范围承担举证责任，对方有相反证据证明自己不属于"可能加害的建筑物使用人"的，不承担责任。从待证事实难度看，证明自己不属于"可能加害的建筑物使用人"相对容易，证明自己"不是侵权人"难。既然证明前者即可避责，则不必舍易求难。从要件事实论看，只有当被侵权人成功举证证明"可能加害的建筑物使用人"等要件事实时，方有对方反驳的必要。而在反驳过程中，对方举证证明自己不属于"可能加害的建筑物使用人"足矣。

（二）区分请求、抗辩、再抗辩等对应的举证责任

应该区分诉讼体系中请求、抗辩、再抗辩等攻击防御方法分别对应的举证责任，结合审判的不同进程，实现对民法规范的动态解释和从举证责任角度出发的体系解释，使当事人之间的争议以要件事实为中心，以规范性的攻击防御面目呈现。③ 这也实质上突破了本证和反证的单回合循环。"如果人们将所有的证明责任均让原告承担，那么，事实上任何一个诉讼从一开始就会变得毫无希望，因而也使诉讼成为不可能。这就等于使法律

---

① 法发〔2019〕25号最高人民法院《关于依法妥善审理高空抛物、坠物案件的意见》第10条指出："综合运用民事诉讼证据规则。人民法院在适用侵权责任法第八十七条裁判案件时，对能够证明自己不是侵权人的'可能加害的建筑物使用人'，依法予以免责……"

② 2019年8月23日，中国法学会组织召开高空抛物坠物法治工作座谈会。张新宝教授认为，被侵权人对"可能加害"负有举证责任；并建议将"可能加害"的举证责任分配给被侵权人一方，使这一补偿具有正义性。

③ "所谓的要件事实论——在确定发生一定法律效果之法律要件的基础上，旨在阐明有关构成该事实之主张、举证责任的所在以及应当由当事人提出之攻击防御方法的配置（请求原因、抗辩、再抗辩等）的理论。"（〔日〕山本敬三：《民法讲义》，Ⅰ·总则，解亘译，北京，北京大学出版社，2012，第三版中文版序言。）

取决于义务人的善意，这将会发生法不安全性，这种法不安全性等同于缺乏任何法律保护。被告可以通过任意的否认和主张，使原告无证据、无权利。"①"直接导致权利发生的根据性事实是要件事实［符合裁判规范的民法（也就是当证明在诉讼中成为问题的时候，明确了审判中作为实体法权利义务判断标准的证明责任的民法）构成要件的具体事实］。""要件事实是成为证明责任对象的事实，也可称为证明责任对象事实……主张责任与证明责任应当一致。""可以说要件事实思考方法的核心在于证明责任的思考方法。"② 要件事实论对传统民法解释学进行了改造：传统民法解释学没有考虑要件事实真伪不明时的法律适用，故要把民法规范改造成为在要件事实真伪不明时也可以作出判断的规范，进一步突出其"裁判规范之民法"的功能。要件事实论研究、发掘民法的规范结构，拆分实体权利的要件事实，根据各类要件事实的原则—例外关系，分别配置举证责任和主张责任，使要件事实在诉讼过程中以"请求、抗辩、再抗辩和再再抗辩"的形式出现。要件事实论的基本功能是对民事诉讼的主张证明责任进行分配，辅助功能是对民法解释方法提供有益的精密的补充。③ 要件事实论"就其本质而言仍然是民法的解释论"④。

　　要件事实论下的"抗辩"是一个广义概念，是从对抗制诉讼模式角度而言的，对应 2022 年《民事诉讼法司法解释》第 90 条第 1 款中的"反驳"。"抗辩"既包括民事诉讼中的抗辩，也包括民事诉讼中的否认，这些都构成被告"对抗"原告之请求的手段。民事诉讼中提出抗辩之人须对抗辩事实承担本证的举证责任，对原告之请求作否认之人则只需承担反证的举证责任。要件事实论与举证责任紧密结合，提供了从案件事实认定角度消除民事权利规范（民事义务规范、民事责任规范）潜在体系冲突的很好视角。⑤"研究由何方当事人对要件事实负主张、证明责任便是要件事实论

---

① ［德］莱奥·罗森贝克：《证明责任论》，第 5 版，庄敬华译，北京，中国法制出版社，2018，第 113 页。

② ［日］伊藤滋夫：《日本要件事实的思考方法》，载崔建远主编：《民法九人行》，第 8 卷，北京，法律出版社，2016，第 191、192 页。

③ 参见［日］小林正弘：《作为民法解释学的要件事实论——"裁判规范之民法"的构想》，载崔建远主编：《民法九人行》，第 7 卷，北京，法律出版社，2014，第 271～279 页。

④ ［日］小林正弘：《作为民法解释学的要件事实论——"裁判规范之民法"的构想》，载崔建远主编：《民法九人行》，第 7 卷，北京，法律出版社，2014，第 272 页。

⑤ 张卫平教授曾指出，民事诉讼实务中存在"没有能够从实体请求权要件着手认识证明责任的性质以及证明责任的分配"的现象。参见张卫平：《对民事诉讼法学贫困化的思索》，载《清华法学》，2014（2）。

的主要目的。"① 要件事实论是一项重要的司法技术，有助于法官准确"理解、转述立法者体现在法律规定中的价值判断"②。例如，根据《民法典》第 1245 条，饲养动物损害责任适用无过错责任归责原则，除非动物饲养人或者管理人"能够证明损害是因被侵权人故意或者重大过失造成的"。而根据该法第 1246 条，结合"法律要件分类说"的举证责任分配标准，被侵权人须对动物饲养人或者管理人"违反管理规定，未对动物采取安全措施"之过错要件事实承担证明责任。通过文义解释可以发现，这两个条文在归责原则问题上产生了体系冲突，为此需要更多的解释工作以消除冲突。有学者认为，这是举证责任分配"法律要件分类说"的本质缺陷。③笔者认为，"法律要件分类说"于此无谬，有缺陷的是立法者没有根据"法律要件分类说"有意识地、体系化地配置饲养动物损害责任中的举证责任，导致第 1245 条第二分句和第 1246、1247 条之间并非并列关系，而是一般与特别的关系。法律解释者此时可以运用要件事实论对相关规范体系作动态解释：《民法典》第 1246 条、第 1247 条为对第 1245 条规定的抗辩事由之再抗辩。被侵权人援引第 1245 条第一分句提出损害赔偿请求时，动物饲养人或者管理人可以举证第 1245 条第二分句所列事由进行免责或者减责抗辩。对此，被侵权人可以援引第 1246 条或者第 1247 条进行再抗辩，以阻止对动物饲养人或者管理人的免责或者减责。值得注意的是，相对比于原《侵权责任法》第 79 条，《民法典》第 1246 条增加一个"但书"条款，以实现对当事人之间更精细的利益平衡。这实质上限缩了第 1245 条规定的免责或者减责抗辩事由的适用范围（即使被侵权人存在故意，也不简单免除动物饲养人或者管理人的责任）。当被侵权人依据第 1246 条第一分句成功实现再抗辩时，动物饲养人或者管理人可以举证该"但书"条款对应的"损害是因被侵权人故意造成的"这一要件事实，进行"再再抗辩"，以图减轻责任。

（三）区分行政机关与司法机关对证据的审查权限和能力

行政机关与司法机关对证据的审查权限和能力有所不同。原《物权法》第 19 条第 1 款规定了更正登记，但"不动产登记簿记载的权利人书

---

① ［日］小林正弘：《作为民法解释学的要件事实论——"裁判规范之民法"的构想》，载崔建远主编：《民法九人行》，第 7 卷，北京，法律出版社，2014，第 286 页。

② 王轶：《民法原理与民法学方法》，北京，法律出版社，2009，第 265 页。

③ 参见袁中华：《规范说之本质缺陷及其克服——以侵权责任法第 79 条为线索》，载《法学研究》，2014（6）。

面同意更正或者有证据证明登记确有错误的，登记机构应当予以更正"之表述值得斟酌。仅因登记权利人同意即办理更正登记，会有巨大风险：当事人可以更正登记的方式为移转登记并规避税收。何时堪称"有证据证明登记确有错误"，登记机构往往无力判断，也无权作出终局判断，因其并非裁判机构。若其判断错误而为更正登记，可能损害权利人的利益。然而，《不动产登记暂行条例实施细则》第 79 条未纠其弊。《民法典》第 220条第 1 款维持了原《物权法》第 19 条第 1 款的规定。在解释论上，宜将该条有关更正登记的构成要件事实由选择性条件解释修正为并列性条件："权利人、利害关系人认为不动产登记簿记载的事项错误的，可以申请更正登记。不动产登记簿记载的权利人书面同意更正且有证据证明登记确有错误的，登记机构应当予以更正。"由此，既避免权利人书面同意更正以规避转移登记之实，也避免权利人不同意更正登记而利害关系人有证据证明登记确有错误时，登记机构代行司法机关的物权确权职能。

类似地，也不宜由婚姻登记机关判断是否存在婚姻可撤销的事由。婚姻撤销事由的判断是行政程序难以承受之重。此种判断权并非行政权，而是司法权，应该由法院行使。《民法典婚姻家庭编（草案）》（三次审议稿）第 829 条第 1 款规定："因胁迫结婚的，受胁迫的一方可以向婚姻登记机关或者人民法院请求撤销该婚姻。"第 830 条第 1 款规定的隐瞒重大疾病的可撤销婚姻制度与此类似。婚姻登记机关对婚姻登记主要进行形式审查，没有职责和能力判断婚姻当事人是否存在胁迫或隐瞒重大疾病等情形，后者须由司法机关作实质审查判断。婚姻登记行为的效力不同于婚姻行为的效力。婚姻行为效力纠纷属于民事案件纠纷，不应将聚焦于审查登记这一行政程序行为合法与否的行政复议或者行政诉讼作为兜底救济机制。从《民法典各分编（草案）》到《民法典婚姻家庭编（草案）》（三次审议稿），一直坚持可撤销婚姻既可以由人民法院撤销，也可以由婚姻登记机关撤销。《民法典（草案）》对存在胁迫的婚姻仍然规定婚姻登记机关也可撤销。《民法典》第 1052 条和第 1053 条对于可撤销婚姻只允许人民法院撤销，不允许婚姻登记机关撤销，值得肯定。

四、《民法典》中的举证责任倒置规范的解释论

"法律要件分类说"对应的举证责任一般规范，在有些案件中可能带来实质不公平。特别是在当事人的地位不具有平等性和互换性的情况下，证据往往集中在被告手中，法律通过明确规定举证责任倒置可以纾解原告

的举证之困。①《民法典》中的举证责任倒置规范主要表现为对过错要件事实的举证责任倒置规范和对因果关系要件事实的举证责任倒置规范。《民法典》侵权责任编对举证责任倒置的规定最为集中。

（一）对侵权责任要件事实的举证责任倒置规范

对过错要件事实的举证责任倒置规范，如《民法典》第1165条第2款规定行为人须"证明自己没有过错"，第1199条规定教育机构须"证明尽到教育、管理职责"，第1242条规定高度危险物的所有人、管理人须"证明对防止非法占有尽到高度注意义务"，第1243条规定高度危险活动区域或者高度危险物存放区域的管理人须"证明已经采取足够安全措施并尽到充分警示义务"，第1248条规定动物园须"证明尽到管理职责"，第1253条规定所有人、管理人或者使用人须"证明自己没有过错"，第1255条规定堆放人须"证明自己没有过错"，第1256条规定公共道路管理人须"证明已经尽到清理、防护、警示等义务"，第1257条规定林木的所有人或者管理人须"证明自己没有过错"，第1258条第1款规定施工人须"证明已经设置明显标志和采取安全措施"，第1258条第2款规定窨井等地下设施管理人须"证明尽到管理职责"。这些对过错要件事实的举证责任倒置规范对应过错推定归责原则。

对因果关系要件事实的举证责任倒置规范，如《民法典》第1230条规定，因污染环境、破坏生态发生纠纷，行为人应当就"其行为与损害之间不存在因果关系承担举证责任"；第1252条第1款规定，建设单位与施工单位须"证明不存在质量缺陷"。

要注意区分对因果关系要件事实的举证责任倒置规范和举证责任一般规范：前者表现为行为人对自己的行为和损害之间不存在因果关系举证，后者表现为行为人对其他致害原因举证。行为人对其他致害原因举证属于一般举证责任，而非举证责任倒置，如《民法典》第1237条规定民用核设施的营运单位须"证明损害是因战争、武装冲突、暴乱等情形或者受害人故意造成的"，第1238条规定民用航空器的经营者须"证明损害是因受害人故意造成的"，第1239条规定占有或者使用易燃、易爆、剧毒、高放射性、强腐蚀性等高度危险物占有人或者使用人须"证明损害是因受害人故意或者不可抗力造成的"，第1240条规定从事高空、高压、地下挖掘活

---

① 参见王亚新、陈杭平、刘君博：《中国民事诉讼法重点讲义》，北京，高等教育出版社，2017，第108页。

动或者使用高速轨道运输工具的经营者须"证明损害是因受害人故意或者不可抗力造成的"，第 1245 条规定动物饲养人或者管理人须"证明损害是因被侵权人故意或者重大过失造成的"，第 1246 条规定动物饲养人或者管理人须"证明损害是因被侵权人故意造成的"。《民法典》本不必对举证责任一般规范加以规定，无论是针对因果关系要件事实，还是针对其他要件事实，因为这些一般规范均可由法律适用者结合 2022 年《民事诉讼法司法解释》第 91 条在个案裁断中解读得出。当然，立法者对这些举证责任一般规范明确规定的确具有裁判规范意义，但也展现出立法者对举证责任规范等证据规范欠缺有意识、体系化的配置的问题，即混淆了举证责任倒置规范和一般规范。在民事单行法时代体现出的这种立法态度被《民法典》延续了。

（二）侵权责任要件事实举证责任倒置规范的解释难题

欠缺举证责任分配意识，误置举证责任倒置规范会带来体系违反。如有偿保管和无偿保管中保管人的注意义务不同，根据《民法典》第 897 条第一句有偿保管中保管人"保管不善"要件事实对应举证责任一般规范，须由寄存人举证。[①] 该条第二句却规定了无偿保管中保管人主观过错的举证责任倒置规范[②]，即"没有故意或者重大过失的举证责任在于保管人一方"[③]。实体法上旨在通过提高归责原则门槛实现对无偿保管人的优待和宽容，但在举证责任倒置的情形下无偿保管人反倒需要"证明自己没有故意或者重大过失"。这就需要从解释论上作漏洞补充，以消除此种体系违反现象。笔者认为，无偿保管中保管人存在故意或者重大过失的要件事实也应当由寄存人承担举证责任。

举证责任倒置规范缺位会加大权利人维护自己权益的难度，特别是使举证更加困难。《民法典》第 111 条、第 1034～1039 条规定了自然人个人信息保护法律制度，结合第 1165 条等，形成裁判规范和完全法条。但第 111 条和第 1034～1039 条未作有别于第 1165 条第 1 款规定的过错责任原

---

　　① 有学者认为，有偿保管合同中保管人能够证明自己已经尽到妥善保管义务的，不用承担违约损害赔偿责任。（参见黄薇主编：《中华人民共和国民法典合同编释义》，北京，法律出版社，2020，第 833～834 页。）笔者认为，此种观点违反举证责任一般规范。

　　② 有学者认为，无偿保管合同中寄存人须证明保管人存在故意或者重大过失。［参见谢鸿飞、朱广新主编：《民法典评注》，合同编·典型合同与准合同，北京，中国法制出版社，2020，第 59 页。］笔者认为，此种解读与《民法典》第 897 条第二句的明确规定冲突。

　　③ 黄薇主编：《中华人民共和国民法典合同编释义》，北京，法律出版社，2020，第 834 页。

则的特殊安排，故受害人须举证证明加害人的过错。如何纾解受害人的举证难？"与信息收集人的安全保障义务相适应，对信息收集人应采取过错推定责任原则。"[1] 在"庞某诉中国东方航空股份有限公司、北京趣拿信息技术有限公司隐私权纠纷案"中，法院认为：旅客的姓名、电话号码及行程安排等事项属于个人信息，也因包含了隐私而整体上成为隐私信息，可以通过隐私权而寻求救济。从收集证据的资金、技术等成本来看，作为普通人的庞某根本不具备对东方航空股份有限公司（以下简称东航）、北京趣拿信息技术有限公司（以下简称趣拿公司）的内部数据信息管理是否存在漏洞等情况举证证明的能力。因此，客观上，法律不能也不应要求庞某证明必定是东航或趣拿公司泄露了其隐私信息。东航和趣拿公司均未证明涉案信息泄漏归因于他人，或黑客攻击，抑或庞某本人。法院在排除其他泄露隐私信息可能的前提下，结合本案证据认定上述两公司存在过错。本案泄露事件的发生，是航空公司、网络购票平台疏于防范导致的结果，因而可以认定其具有过错，应承担侵权责任。[2]《中华人民共和国个人信息保护法（草案）》第 65 条第二句适用过错推定责任归责原则并对应举证责任倒置规范，值得肯定。该条规定："因个人信息处理活动侵害个人信息权益的，按照个人因此受到的损失或者个人信息处理者因此获得的利益承担赔偿责任；个人因此受到的损失和个人信息处理者因此获得的利益难以确定的，由人民法院根据实际情况确定赔偿数额。个人信息处理者能够证明自己没有过错的，可以减轻或者免除责任。"为与《民法典》第 1165 条第 2 款规定的过错推定原则的立法表述保持一致，《中华人民共和国个人信息保护法（草案）》（二次审议稿）第 68 条第 1 款规定："个人信息权益因个人信息处理活动受到侵害，个人信息处理者不能证明自己没有过错的，应当承担损害赔偿等侵权责任。"《中华人民共和国个人信息保护法》第 69 条第 1 款规定："处理个人信息侵害个人信息权益造成损害，个人信息处理者不能证明自己没有过错的，应当承担损害赔偿等侵权责任。"根据过错推定责任原则的要求，个人信息处理者须自证清白。

五、《民法典》中的推定规范的解释论

推定对举证责任的影响确定无疑。推定本质上也是一种举证责任规

---

[1] 王雷：《〈民法总则〉中证据规范的解释与适用》，载《法学家》，2018（6）。
[2] 参见北京市第一中级人民法院（2017）京 01 民终 509 号民事判决书。该案为最高人民法院发布第一批涉互联网典型案例之一。

范，但"推定仅仅减轻证明责任，因为只是不需证明被推定的事实，但仍需证明推定的前提条件"①。根据推定内容的差别，可以将推定分为事实推定和权利推定。

（一）《民法典》中的民事法律事实推定规范

"被法律所推定的法律要件可以是一个事实（法律对事实的推定），也可以是一种权利状态（法律对权利的推定）。"② 民事法律事实推定规范致力于对民事权利发生对应的要件事实进行推定，实现从生活事实到权利发生的要件事实的飞跃。

《民法典》第 65 条规定："法人的实际情况与登记的事项不一致的，不得对抗善意相对人。"法人外观主义将法人登记事项推定为真实，以使登记产生公信力，保护善意相对人的信赖利益，维护交易安全。

《民法典》第 623 条规定标的物数量和外观瑕疵检验推定规则时用"推定"而非"认定"。的确该条具有民事法律事实推定规范的品格，但推定的例外究竟是 2012 年《买卖合同司法解释》第 15 条规定的"有相反证据足以推翻的除外"，还是《民法典》第 623 条规定的"有相关证据足以推翻的除外"？对"相反证据"的习惯用语为何改弦易辙？此外，《民法典》第 623 条但书中的"相关证据"与第 352 条但书中的"相反证据"在立法用语上未保持一致。对此，笔者认为，"有相反证据足以推翻的除外"更契合 2019 年《民事诉讼证据规定》的用语习惯。

"人的生存也是一种事实状态，对于该事实状态在对法适用起着决定性作用的时刻或期间就已存在必须予以证明。"③ 如《民法典》第 1121 条第 2 款规定：相互有继承关系的数人在同一事件中死亡，难以确定死亡时间的，"推定"没有其他继承人的人先死亡。都有其他继承人，辈分不同的，"推定"长辈先死亡；辈分相同的，"推定"同时死亡，相互不发生继承。

"对善意或恶意的证明，也往往通过法律推定的方法，以减轻证明难度。"④ 当然，《民法典》中存在对民事主体的善意的推定，存在对过错的

---

① ［德］莱奥·罗森贝克：《证明责任论》，第 5 版，庄敬华译，北京，中国法制出版社，2018，第 261～262 页。

② ［德］汉斯·普维庭：《现代证明责任问题》，吴越译，北京，法律出版社，2000，第 74 页。

③ ［德］莱奥·罗森贝克：《证明责任论》，第 5 版，庄敬华译，北京，中国法制出版社，2018，第 184 页。

④ 纪格非：《论法律推定的界域与效力：以买受人检验通知义务为视角的研究》，载《现代法学》，2020（6）。

推定，但不存在对恶意的推定。例如，《民法典》第 311 条规定善意取得制度中受让人的善意可被推定，但真实权利人对受让人的恶意须承担举证责任。

《民法典》第 1064 条规定了夫妻共同债务推定规范，并明确了此种推定规范对应的基础事实的举证责任分配。该条规定纠正了身份推定标准的机械司法态度，坚持兼顾夫妻主观意思"共同意思论"和客观用途"共同用途论"的多元化夫妻共同债务认定标准。夫妻一方侵权之债能否被认定为夫妻共同债务，可以类推适用第 1064 条规定的"共同意思论"和"共同用途论"的判断标准。

《民法典》第 1073 条规定了亲子关系推定规范。《民法典婚姻家庭编司法解释一》第 39 条对之做进一步具体化规定：推定确认或者否认亲子关系对应的基础事实是请求确认或者否认亲子关系一方提供的必要证据。亲子关系推定规范有助于克服此类案件中一方当事人证明妨碍所带来的证据难题。

（二）《民法典》中的民事权利推定规范

民事权利推定规范直接推定民事权利本身，实现从生活事实到民事权利的飞跃。《民法典》中的民事权利推定具体表现为物权推定，即以物权公示方法为前提，赋予物权公示方法公信力，从而推定公示方法所对应物权的真实性。如不动产登记簿的权利推定规范、动产占有的权利推定规范，即为代表。物权公示方法的权利推定力也构成了推定善意取得中"善意"要件事实的逻辑前提。

《民法典》第 216 条第 1 款规定："不动产登记簿是物权归属和内容的根据。"本条的规范性质实为可反驳推翻的不动产物权推定规范：不动产登记簿是物权归属和内容的根据，但有相反证据足以推翻的除外。

（三）推定规范与拟制规范的区分

需要特别注意的是，法律推定规范不同于拟制规范。拟制是不可反驳、推翻的推定。拟制规范常伴随"视为"的立法用语，《民法典》中"视为"一词出现 44 次。梅因曾指出："关于使'法律'和社会相协调的媒介，有一个有些价值的一般命题可以提出。据我看来，这些手段有三，即'法律拟制'、'衡平'和'立法'。"① 立法上的拟制和参照适用不同，拟制是"指鹿为马"，参照适用是"指鹿似马"。《民法典》中的拟制规范

---

① ［英］梅因：《古代法》，沈景一译，北京，商务印书馆，1984，第 17 页。

大致可以分为如下类型：对民事主体资格的拟制规范，对民事权利或民事义务的拟制规范，对意思表示的拟制规范，对其他民事法律事实的拟制规范。

以对意思表示的拟制规范为例：《民法典》第 140 条第 2 款将特定情形下的沉默"视为意思表示"。第 528 条在不安抗辩权的后果中增加拟制规定，明确后履行一方沉默不作为的构成根本违约：不安抗辩权人中止履行后，对方在合理期限内未恢复履行能力且未提供适当担保的，"视为以自己的行为表明不履行主要债务"。第 718 条中出租人的沉默虽然对应的不当然是有利于其权利实现的事项，但"法律规定"将此种沉默"视为"具有"同意转租"的意思表示。第 552 条将债务加入情形下债权人的沉默视为同意。权利人就有利于自己权利实现的事项保持沉默时，可以将此种沉默认定为默许，这合乎常情常理。第 552 条的立法用语中未出现"视为"二字，是实质意义上的拟制规范，也属于第 140 条第 2 款规定的"法律规定"将沉默"视为"意思表示的情形。

宜区分推定规范和拟制规范。《民法典》第 48 条规定的"视为其死亡的日期"，更为准确的说法是"推定为其死亡的日期"，因为根据第 49 条的规定，被宣告死亡人重新出现时，经本人或者利害关系人申请，人民法院应当撤销死亡宣告。《民法典》第 544 条规定合同内容"推定"为未变更。此处"推定"属于不可反驳、推翻的推定，用"视为"更合适。

宜区分"认定"和"视为"两种立法术语。完全可以涵摄认定到构成要件事实中的情形，不宜配置"视为"的立法用语。例如，权利人就有可能对自己权利实现产生不利影响的事项保持沉默时，应该坚持《民法典》第 140 条第 2 款的规定，不得将此种沉默作为意思表示。《民法典》第 551 条第 2 款的拟制规定是："债务人或者第三人可以催告债权人在合理期限内予以同意，债权人未作表示的，视为不同意"。该款不过是第 140 条第 2 款的当然解释结论，不必规定"视为"不同意。类似地，第 145 条第 2 款、第 171 条第 2 款、第 680 条第 2 款和第 3 款、第 726 条第 2 款、第 727 条，不过是第 140 条第 2 款的当然解释结论，第 503 条、第 638 条第 2 款不过是第 140 条第 1 款中默示意思表示的具体表现，都不必设置"视为"的拟制规范。《民法典》第 638 条第 1 款第二句规定试用买卖中买受人沉默"视为购买"，第 2 款规定买受人实施特定行为"视为同意购买"。且不谈这两款规定之间的逻辑关系，单就第 2 款而言，该款所对应的并非沉默，而是默示意思表示。不应"视为"同意购买，其本身就是同意购买的意思表示。不存在非 A 拟制为 A 的问题，因为它本身就是 A。第 685 条第 2 款中的债权人也是默示意思表示，但立法者就没用"视为"的拟制规范。

《民法典》第 621 条将买受人怠于履行通知检验义务"视为标的物的数量或者质量符合约定"。有学者认为：用拟制方法解决事实问题并不妥当。第 621 条作为解释的结果应该是意思表示而非标的物的质量，因此，本条将没有履行通知义务推定为"默示的意思表示"或者出卖人对买受人的请求进行抗辩更具有合理性。① 笔者认为，《民法典》第 621 条和第 831 条均属于对标的物的数量或者质量的拟制规范，而非对买受人或者收货人是否接受标的物的意思表示的推定，属于对其他民事法律事实的拟制规范。买受人或者收货人违反及时通知义务这一不真正义务时自行承受不利益，相应标的物的数量或者质量视为符合约定。这种"视为"的拟制规范属于不可反驳推翻的推定规范。当然，鉴于这两种情形均只涉及合同主体的私人利益，法院或者仲裁机构均不能主动适用第 621 条和第 831 条。在此基础上，《民法典》第 621 条和第 831 条是坚持现有的拟制规范，还是改采对当事人接受标的物的意思表示的推定，抑或赋予另一方当事人抗辩权，这就不是价值判断之争，而是解释选择之别，不影响合同当事人之间的权利义务安排。

六、《民法典》中的证明标准规范的解释论

我国现行民事证据规范将证明标准类型化为高度盖然性证明标准、排除合理怀疑证明标准和提供初步证据（盖然性）的证明标准。证明标准解决法律适用者对案件事实须达到何种最低"确信"程度的问题，对应负担举证责任的当事人对案件事实提供证据所要达到的证明程度。"证明活动达到何种程度才能使法官对该证明的对象事实予以确信，属于证明标准的问题。"② 2022 年《民事诉讼法司法解释》第 108 条和第 109 条分别规定作为原则的高度可能性（盖然性）证明标准和作为例外的排除合理怀疑证明标准。

---

① 参见纪格非：《论法律推定的界域与效力：以买受人检验通知义务为视角的研究》，载《现代法学》，2020（6）。另参见纪格非教授于 2021 年 10 月 12 日在中国政法大学民商经济法学院举办的"实体法与程序法交错背景下的法律推定"学术研讨会上的发言内容，载 http://msjjfxy.cupl.edu.cn/info/1046/7404.htm。

② 张卫平：《民事证据法》，北京，法律出版社，2017，第 232 页。

　　《民法典》中多处条文如第 527 条、第 614 条、第 925 条中出现"有确切证据证明"的表述，多处条文中如第 217 条、第 220 条中出现"有证据证明……确有错误"的表述。"确切""确有"这类程度副词易误导人们以为立法提高了对相应要件事实的证明标准，而立法的本意实际上是提示民事主体慎重，避免滥诉①，并无提高证明标准之意。对比《民法典合同编（草案）》（二次审议稿）、《民法典（草案）》、《民法典（草案）》（上会表决稿）及《民法典》可以发现，《民法典》第 527 条第 1 款和第 2 款、第 614 条、第 925 条延续了原《合同法》的做法，在相关条文中继续使用"确切证据"的表述。《民法典合同编（草案）》（二次审议稿）、《民法典（草案）》在对应条文中都曾删除"确切"二字，值得肯定。但《民法典（草案）》（上会表决稿）和《民法典》在这些条文中又加上了"确切"二字。可见，"确切证据"中"确切"二字欲去又还。针对《民法典》第527 条规定的不安抗辩权制度中的"确切证据"，有学者妥当指出："'确切证据'一词并非意味着不安抗辩权的证明标准高于一般证明标准，而是立法者考虑到表意上的准确和通顺作出的特别安排。从证据法上考虑，证据本身也无所谓确切证据与非确切证据之区分。"②

（一）《民法典》中的证明标准降低规范

　　在民事立法和司法解释层面出现一些值得肯定的、降低证明标准为"提供初步证据"或者"提供必要证据"的现象。这就不同于高度可能性或者排除合理怀疑的证明标准。"初步证据"使负有举证责任的当事人的举证变得容易。

　　例如，《民法典》第 831 条规定了承运人已经按照运输单证的记载交付的"初步证据"，第 1195 条和第 1196 条规定了网络侵权通知中应当包括构成侵权的"初步证据"。网络服务提供者无力审查是否存在网络侵权的事实，其审查义务只能及于侵权通知或者反侵权声明中的初步证据。《电子商务法》第 42 条规定了知识产权人的侵权通知应当包括构成侵权的"初步证据"，第 43 条规定了平台内经营者的声明应当包括不存在侵权行为的"初步证据"。

---

　　① 参见黄薇主编：《中华人民共和国民法典合同编释义》，北京，法律出版社，2020，第150、353、879～880 页；黄薇主编：《中华人民共和国民法典物权编释义》，北京，法律出版社，2020，第 23、45 页。

　　② 朱广新、谢鸿飞主编：《民法典评注》，合同编·通则 1，北京，中国法制出版社，2020，第 508 页。

又如，2011 年《婚姻法司法解释三》第 2 条，针对亲子关系推定作出起诉请求确认亲子关系不存在的一方"提供必要证据予以证明"的规定。根据《民法典婚姻家庭编司法解释一》第 39 条，请求确认或者否认亲子关系的一方须"提供必要证据予以证明"。这也就回答了何为《民法典》第 1073 条规定的亲子关系推定规范中的"正当理由"。

再如，《民法典》第 1230 条规定了污染环境、破坏生态纠纷中行为与损害之间不存在因果关系的举证责任倒置："因污染环境、破坏生态发生纠纷，行为人应当就法律规定的不承担责任或者减轻责任的情形及其行为与损害之间不存在因果关系承担举证责任。"根据最高人民法院于 2020 年修正的《关于审理环境侵权责任纠纷案件适用法律若干问题的解释》第 6 条的规定，环境侵权责任纠纷案件中的被侵权人应当提供证据材料证明"侵权人排放的污染物或者其次生污染物、破坏生态行为与损害之间具有关联性"。根据最高人民法院于 2020 年修正的《关于审理环境民事公益诉讼案件适用法律若干问题的解释》第 8 条的规定，提起环境民事公益诉讼应当提交"被告的行为已经损害社会公共利益或者具有损害社会公共利益重大风险的初步证明材料"。根据最高人民法院于 2020 年修正的《关于审理生态环境损害赔偿案件的若干规定（试行）》第 6 条的规定，原告主张被告承担生态环境损害赔偿责任的，应当就"被告污染环境、破坏生态的行为与生态环境损害之间具有关联性"承担举证责任。前述三部司法解释实际上降低了行为人（侵权人、被告）的举证负担，将部分举证负担转移给被侵权人、原告，但同时降低其证明标准：被侵权人、原告只需要对因果关系提供初步证据，证明侵权人、被告的行为与损害之间存在关联性即可。与上述平衡双方举证负担、降低证明标准的司法态度类似，法释〔2020〕12 号最高人民法院《关于知识产权民事诉讼证据的若干规定》第 3 条第 1 款要求，侵害专利权纠纷中的原告应当举证证明"被告制造的产品经由专利方法制造的可能性较大"。

此外，《反家庭暴力法》第 23 条至第 32 条规定了"人身安全保护令"。该法第 20 条还规定："人民法院审理涉及家庭暴力的案件，可以根据公安机关出警记录、告诫书、伤情鉴定意见等证据，认定家庭暴力事实。"《民法典》第 997 条使人身安全保护令的适用范围不再局限于"当事人因遭受家庭暴力或者面临家庭暴力的现实危险"的场景。可以延伸思考的是：人身安全保护令适用何种民事程序？经实体审理还是程序审查？人身安全保护令的举证责任和证明标准如何？法律适用上是参照适用《反家庭暴力法》第 23 条至第 32 条，还是参照适用《民事诉讼法》第 103 条至第 108 条？笔者认为，人身安全保护令属于《民事诉讼法》第 103 条所规定的行为保全，申请人身安全保护令案件可以比照适用特别程序。① 人身安全保护令的申请人应当提供初步证据证明"行为人正在实施或者即将实施侵害其人格权的违法行为"，人民法院经审查确信待证事实的存在具有可能性即可。"对于'难以弥补的损害'的证明不一定在所有案件中都对此有要求。"② "被申请人否认由其侵害，需提供证据加以证明；若没有证据或证据不足，则应由被申请人承担不利后果。"③《民法典》第 997 条规定的"有证据证明"没有照应到人身安全保护令的特别程序特点，误将实体审理的证据标准扩大适用于此，不符合此种程序的迅捷性要求，而应该经目的性限缩解释为"有初步证据证明"④。"由于并非对实体权利关系前提事实的认定，因此为保全而采取的相应处分或关于一定程序上事项作出裁判而需要证明时，无需达到高度盖然性的确信，只需达到相当程度的盖然性即可对该事项作出认定，此即为疏明的概念。"⑤ 笔者认为，"初步证据"的证明标准对于缓解性骚扰纠纷⑥、媒体侵权纠纷中受害人的举证难，

---

① 参见 2016 年 7 月 13 日起施行的最高人民法院《关于人身安全保护令案件相关程序问题的批复》第 3 条。

② 胡婷：《行为保全程序中的证明问题研究》，载中国民事诉讼法学研究会：《民事程序法研究》，第 19 辑，厦门，厦门大学出版社，2018，第 187 页。

③ 宁武阳：《家暴如何证明？——以〈反家庭暴力法〉中人身安全保护令的家暴证明为视角》，载《民事程序法研究》，第 19 辑，厦门，厦门大学出版社，2018，第 73 页。

④ 类似地，法释〔2020〕12 号最高人民法院《关于知识产权民事诉讼证据的若干规定》第 11 条规定："人民法院对于当事人或者利害关系人的证据保全申请，应当结合下列因素进行审查：（一）申请人是否已就其主张提供初步证据……"

⑤ 〔日〕伊藤真：《民事诉讼法》，第 4 版补订版，曹云吉译，北京，北京大学出版社，2019，第 235 页。

⑥ 性骚扰通常极具隐秘性，受害人面临不小的举证困难，故性骚扰案件中最难的是收案证据。作为一般侵权行为，性骚扰的举证责任由受害人承担。通过诉讼而获取赔偿的性骚扰案件非常少，究其原因无非是受害人在向法庭举证时会遇到比较大的困难。性骚扰往往发生在私密空间，性骚扰案件的当事人又多是一对一，加上受害人精神紧张、惶恐，当时难以通过录音录像的方式取证，事后又担心个人隐私泄露、被非议，有种种顾虑，未必会及时告控，所以取证难。性骚扰案件中最重要的证据是"反应证据"，即受害人事后对性骚扰者的质询以及性骚扰者的回应，可以作为证据。受害人及时发问，常会得到性骚扰者含糊笼统的道歉或者解释。这可以作为自认证据。性骚扰者事后在通话和微信聊天记录中作出的道歉表示，往往也成为性骚扰案件的关键证据。笔者认为，应该密切关注性骚扰案件证据的具体化，增强受害人的证据意识，发挥录音证据、录像证据、电子证据（手机短信、聊天记录、邮件来往记录等，并注意保留原有载体或交流工具中的原始记载）、证人证言、自认等的综合作用。为保护女性权利，在美国，"禁止使用被害人品格证据、允许使用性骚扰者的品格证据"的证据规则已经体现在过往的司法判例中。

都有借鉴启发意义。

(二) 区分本证、反证的不同证明标准

举证责任和证明标准贯穿于民事审判的全过程，应该注意结合民事审判的动态进程，区分本证、反证的证明标准。民事证据法学理论通说认为："反证，是指没有证明责任的一方当事人提出的为证明对方主张事实不真实的证据。""本证的作用在于使法院对待证事实的存在与否予以确信，并加以认定，而反证的作用则是使法院对本证证明的事实的确信发生动摇，以致不能加以认定。""区别本证与反证的实际效果主要在于两者的证明标准有所不同，以便明确证明责任的归属。"① 2020 年《民间借贷司法解释》第 15 条第 1 款关于被告对其"已经偿还借款"的主张须"提供证据证明"的规定，不同于第 16 条关于被告对其"转账系偿还双方之前借款或其他债务"的抗辩须"提供证据证明"的规定。根据第 15 条第 1款，首先由被告承担本证的举证责任，且须达到高度盖然性的证明标准。针对被告的本证，原告可以进行反证。根据第 16 条，被告抗辩转账系偿还双方之前借款或其他债务的，被告应当对其抗辩"提供证据证明"②，以"作出合理说明"。被告的举证只要达到使法官对借款合同的真实性产生合理怀疑（动摇法官对本证的内心确信）的程度即可，因为被告否定相关要件事实存在而进行的证明属于反证，反证时只需要根据 2022 年《民事诉讼法司法解释》第 108 条第 2 款，将法官的心证拉低到案件事实真伪不明的状态。应该对第 16 条被告举证责任和第 15 条第 2 款被告举证责任及其证明标准作同等解释（"作出合理解释"即可）。在第 16 条规定的情形下，被告对反证的证明标准不同于原告对本证的证明标准。如果被告的抗辩达到高度盖然性的标准，则不必适用该条最后一句由原告就借贷关系的成立承担举证责任，此时直接认定被告抗辩证成的法律关系即可。

当事人对反证的证明标准低于对本证的证明标准。而且，只有提出本证之人对相应案件事实尽到举证责任且对相应案件事实的证明达到证明标

---

① 张卫平：《民事证据法》，北京，法律出版社，2017，第 21、22 页。

② 当今证据法理论中，举证责任和证明责任是同一意思。提供证据责任也称主观举证责任，其不同于客观举证责任。负担举证责任一方当事人在诉讼中首先应当承担提供证据的责任。提供证据的责任会随着具体案件的审理进程和法官心证的变化而在当事人之间转移。当案件事实真伪不明时，负担举证责任的一方当事人承担败诉后果。承担提供证据责任的一方当事人不能够有效举证时，后续进程会对其产生一定的不利影响，但并不必然导致败诉后果。参见刘显鹏：《民事证明制度改革的架构与径路研究》，武汉，武汉大学出版社，2020，第 127~128、130~131 页。

准（确信待证事实的存在具有高度可能性），才存在反证之人的反证和较低证明标准（待证事实真伪不明）的问题。法发［2009］40 号最高人民法院《关于当前形势下审理民商事合同纠纷案件若干问题的指导意见》第8 条第二句规定："……违约方对于违约金约定过高的主张承担举证责任，非违约方主张违约金约定合理的，亦应提供相应的证据。"最高人民法院《关于适用〈中华人民共和国民法典〉合同编的解释（一）》（2021 年 9 月18 日中国人民大学讨论稿）第 91 条规定："当事人主张约定的违约金低于违约造成的损失请求予以增加，或者主张约定的违约金过分高于违约造成的损失请求予以适当减少的，应当承担举证责任；相对人主张违约金约定合理的，也应提供相应的证据。"如果不区分本证和反证分别对应的案件事实，在违约金是否过高真伪不明时就很难确定败诉风险的负担。因此，违约金酌减诉讼中举证责任的分配应该注意区分违约方的本证与守约方的反证，不宜由双方当事人同时对"过高"或者"合理"这一要件事实承担举证责任。法官对本证和反证的调查顺序不同：在违约方提供相应证据证明违约金"过高"后，守约方须举证证明违约金约定的"合理"。

（三）区分不同诉讼阶段的不同举证责任和证明标准

起诉、审理、强制执行等不同诉讼阶段有不同的证据思维，对应不同的举证责任和证明标准。我们讨论的证据规范通常针对案件审理阶段。案件事实的形成和诉讼都是一个动态发展过程，法律适用者对案件事实的认知会随着诉讼进程不断加深，在不同诉讼阶段对案件事实配置的举证责任和证明标准会有差异。

根据《民事诉讼法》第 47 条，审判人员回避的实质原因是"可能影响对案件公正审理"。这不同于 2022 年《民事诉讼法司法解释》第 108 条和第 109 条分别规定的"高度可能性""排除合理怀疑"，而仅是一种较低可能性（可能性较大）。

根据《民事诉讼法》第 122 条，在起诉阶段对证据的要求是"有具体的诉讼请求和事实、理由"。不能混同起诉和实体判决对证据的要求。根据最高人民法院于 2020 年修正的《关于审理环境民事公益诉讼案件适用法律若干问题的解释》第 8 条，提起环境民事公益诉讼应当提交"被告的行为已经损害社会公共利益或者具有损害社会公共利益重大风险的初步证明材料"。

有学者认为："证明责任仅发生于诉讼（裁判）阶段，在执行阶段不发生证明责任负担的问题。执行中，债务人是否有可供执行的财产，是由申请人提供证据加以证明，还是由法院查明，并不是证明责任的问题。不能把申请人没有能够证明被执行人存在财产的后果认为是证明责任。"① 笔者认为，在强制执行阶段同样存在证明责任与证明标准问题，不能因为强制执行权具有行政权特点就否定当事人的举证负担。当然，对该负担究竟是否需要在证明责任（举证责任）之外另觅新词加以指称，这属于对概念术语的解释选择问题，对价值判断结论没有影响。在法院强制执行阶段可以将哪些财产作为被执行人的财产纳入执行标的的范围？对此，执行机构以权利公示方法对应的形式认定标准为原则，以有限的实质认定标准为例外。前者表现为法释〔2020〕21 号最高人民法院《关于人民法院民事执行中查封、扣押、冻结财产的规定》第 2 条第 1 款："人民法院可以查封、扣押、冻结被执行人占有的动产、登记在被执行人名下的不动产、特定动产及其他财产权。"后者对应该规定第 15 条第二分句，在坚持权利外观主义的基础上引入过错原则以保护真实交易中无过错的买受人。② 例如，被执行人对登记在他人名下的不动产已经申请异议登记的，法院可以对经异议登记的该不动产进行预查封。被执行人对登记在他人的名下的不动产已经办理预告登记的，法院可以对该预告登记的不动产进行预查封。反而言之，预告登记义务人作为被执行人时，法院也可以强制查封仍然登记在该预告登记义务人名下的不动产，但"在预告登记未涂销的情况下执行法院不得对之处分"③。更为利益平衡的解决方案是，即便为强制拍卖，预告登记权利人在本登记条件成就时，有权请求拍定人协助办理本登记。④

　　法律对不同公权力在认定案件事实过程中应达到的证明标准有不同要求。举证责任规范和证明标准规范在非诉程序中也是适用的。法院的执行机构依据权利外观主义对被执行人的责任财产进行认定。《民法典》第216 条第 1 款对应可反驳推翻的不动产物权推定规范，据此，不动产登记名义人作为被执行人，其名下财产被强制执行时，该不动产的真实权利人可以提起案外人异议之诉，转由审判机构来定分止争。强制执行权作为行政权，不能处理真实权利人提起的物权归属争议。可见，对不动产登记簿反映出的权属状况，法院的执行机构原则上坚持权利外观主义的形式认定

① 张卫平：《民事证据法》，北京，法律出版社，2017，第 276 页。
② 法释〔2020〕21 号最高人民法院《关于人民法院办理执行异议和复议案件若干问题的规定》第 28 条和第 29 条坚持了对善意买受人保护的立场。
③ 江必新主编：《强制执行法理论与实务》，北京，中国法制出版社，2014，第 594 页。
④ 参见庄加园：《预告登记在强制执行程序中的效力》，载《当代法学》，2016（4）。

标准，以确保强制执行的迅捷、及时；法院的审判机构则须回应案外人异议之诉，采纳实质认定标准。如果执行机构误将登记在案外人名下的房产作为被执行人的财产予以查封，这就违反了执行程序对应的权利外观主义的证据要求，案外人可通过提出执行异议寻求救济。①

七、小结：认真对待《民法典》中的证据规范，加快形成完备的法律规范体系

加快形成完备的法律规范体系离不开完备的法律规范理论。民法规范不简单等同于民事权利、义务、责任规范。略过举证责任规范等证据规范的民法是不完整的。《民法典》中的每一个裁判规范都对应或者应该对应一个证据规范。作为权利本位的法，《民法典》中的民事权利规范只有经由证据规范的配合，使权利的要件事实充分被证明，才能在诉讼中得到实现。《民法典》中证据规范的妥当配置能够为构成要件事实在法律适用中的有效展开提供便利。民事权利规范和民法证据规范互相补充，相得益彰。

法学方法论应当超越单纯的法律解释学。民事司法三段论对应的方法论不简单等同于民法解释学，后者局限于对大前提的寻找、解释和适用。民法证据规范的类型化和体系化是对传统民法学方法论体系的有益扩充，是广义民法学方法论的有机组成部分。

《民法典》编纂过程中宜从立法论角度讨论证据规范配置的理想。② 在《民法典》实施背景下，宜从解释论的角度透视《民法典》中证据规范的现实。一定程度上，在我们错过了有意识地、体系化地配置《民法典》中的证据规范的理想，不宜继续错过认真对待和解释《民法典》中证据规范的现实。对《民法典》中的证据方法规范、举证责任一般规范、举证责任倒置规范、民事法律事实推定规范、民事权利推定规范、证明标准规范的解释论工作任重道远，倍加艰巨。《民法典》中的证据规范能够推动民事实体法和民事程序法的沟通，丰富民法规范的类型。《民法典》中的证据规范是对民法规范的新发展。

---

① 参见肖建国主编：《民事执行法》，北京，中国人民大学出版社，2014，第206页。
② 参见王雷：《我国民法典中证据规范的配置——以民法证明责任规范为中心》，载《法商研究》，2015（5）。

第十六章 结　　语

一、民法学方法论不简单等同于民法解释学

民法学方法论主要是以民法适用为核心研究对象的一门学问。长期以来，我国民法学方法论研究在很大程度上体现在民法规范论之上，民法学方法论更多关注通过请求权规范基础分析方法和法律解释方法，对司法三段论大前提即民法规范的寻找、定性和解释完善，但对小前提即案件事实的形成关注较少。

在此背景下，很多民法著述都特别强调请求权规范基础分析方法和不同的法律解释方法。在一定程度上，以民法适用为核心研究对象的民法学方法论已经等同于民法解释学。但实际上，以司法三段论为典型的民法适用包括大前提（法律规范）、小前提（案件事实），以及通过逻辑三段论得出裁判结论。在这个过程中，对大前提的寻找、解释和适用仅仅是民法学方法论的一个环节而已。学界对小前提案件事实的形成过程欠缺民法、民事诉讼法的关联研究。

请求权规范基础分析方法在民法领域不是"包打天下"的。一方面，当具体案件不涉及请求权时，对案件的处理就要借助民事法律关系分析方法；另一方面，请求权规范基础分析方法的主要功能是协同民法法源理论对供作司法三段论大前提的民法规范进行寻找。

案件事实的认定问题，除了在诉讼法上被提及外，很少在实体法上或在法学方法上被关注，以探讨其实际上究竟如何被认定，而且在诉讼上所处理的案件事实的认定问题也偏重证据规则。如何从民法学方法论的角度，从司法三段论的小前提（案件事实）入手，进一步关注、提炼案件事实形成中丰富的民法学方法论命题？这是民法和民事证据法关联交叉、应当引起重视的领域。从法律适用的角度看，法学方法论应超越单纯的法律解释学。

近十年来，越来越多的民法学者意识到这个问题。王利明教授在2012 年出版的《法学方法论》中指出："从今后的发展趋势来看，如何掌握从证据法的角度来认定事实，又如何从方法论上确定小前提，并依法作出公正的裁判，是法官需要掌握的一门司法艺术。"① 在民法领域广义的民法学方法论并不以民法适用为唯一研究对象，还有更广泛的内容，比如王轶教授主张民法方法论区分问题类型，在事实判断、价值判断、解释选择、立法技术、司法技术等不同问题类型下具体探讨相应的研究方法或者法律适用方法。② 在民法解释方法之外，很多学者也在逐渐关注、借鉴社科法学方法以解决民法领域的法律适用问题。总体来看，民法方法论不简单等同于民法解释学，我们应当关注民事司法三段论的全貌。

二、司法三段论小前提案件事实形成环节蕴含着丰富的民法学方法论命题

民法将一些生活事实纳入其调整对象范围，并转化为民事法律事实，然后进行一般性的调整。"作为组织社会秩序的工具，民法不仅拥有众多对特定类型冲突利益关系进行协调的规范策略，还包含着一个解释、描述、想象外部世界的概念范畴体系，这个范畴体系的核心词就是'民事法律事实'和'民事法律关系'。"③ 民事法律事实是指民法认可的能够引起民事法律关系产生、变更或者消灭的客观现象。在民事案件裁判过程中，民事法律事实又以"作为陈述的案件事实"的面目出现。从生活事实到民事法律事实，再到案件事实的形成环节蕴含了法学方法论的丰富命题，亟须从民法学方法论层面归纳提炼。

民事法律事实本身有不同的面向："作为陈述的案件事实"与法律规范的构成要件之间构成评价对象和评价标准的关系，"经法官认定的案件事实"与具体法律效果之间存在司法三段论的推论关系，"未经加工的案件事实"则提供了个案裁判中的规范对象。这些也都属于在案件裁判环节围绕民事法律事实形成的重要价值判断问题。

民事法律规范作为民法适用的大前提并不能自动引起民事权利、民事义务或者民事责任，它只是表明民事主体享有权利、履行义务或者承担责任的可能性。生活事实也不能当然引起民事权利或者民事义务，它必须先

---

① 王利明：《法学方法论》，北京，中国人民大学出版社，2012，第 180 页。
② 参见王轶：《民法原理与民法学方法》，北京，法律出版社，2009。
③ 王轶：《论民事法律事实的类型区分》，载《中国法学》，2013（1）。

上升为能够被涵摄在民事法律规范构成要件之下的民事法律事实（要件事实）。在法律适用过程中，"未经加工的案件事实"作为单纯的生活事实是没有意义的，有意义的是经诉讼当事人所描述并由法院认定的"作为陈述的案件事实"①。在案件事实形成的过程中，一方面，生活事实能否上升为民事法律事实，并非简单的抽象化或者类型化的法律技术问题，而是一个民法问题中的价值判断问题。并非所有的生活事实都能够或者说有必要进入民法调整领域；并非当事人对案件细节的所有陈述也都具有法律上的重要性，都能够转化为民事法律事实，需要结合拟适用的法律规范来对事实进行必要的剪裁。"作为陈述的案件事实"只不过是法官将生活事实中无规范意义的部分剪裁掉，并将剩余部分运用民法语言加以转述的结果。在一定程度上"作为陈述的案件事实"不过是对"未经加工的案件事实"进行的一场"圈地运动"，是在法律评价的指引下对生活事实中重要的、需要由法律进行调整的那一部分的撷取。并非一切人际关系皆为法律所规范，有些人际生活事实仅涉及友情、爱情、亲情的建立、维持或者增进，属于法律管不着的或者说不需要也不适宜由法律来规范的纯粹生活事实，构成"法外空间"。"至于哪种生活事实应被评价为有规范上的意义，在性质上属于立法上的政策决定。立法政策之制定标准及其妥当性的探讨，终极属于法律哲学的领域。"② 如纯粹的情谊行为不是民事法律行为，而是处于民法调整范围之外的纯粹生活事实。情谊行为在一定条件下可能转化为受民法调整的民事法律事实，对此均需要借助利益动态衡量的方法进行具体判断。另一方面，民事法律事实在民事纠纷解决的过程中以"作为陈述的案件事实"的面目出现，并与民事法律规范的构成要件发生连接，以引发民事法律关系变动的法律后果。对有法律评价上重要性的案件事实的陈述需要通过证据的方式加以展开，不得对案件事实作无中生有、人云亦云或指鹿为马之认定。这个过程就要根据举证责任规范等证据规范、法官对证据能力和证明力的自由裁量等进行。妥当运用民事举证责任规范对"作为陈述的案件事实"的认定也并非简单的事实判断问题，而是包含在当事人之间举证责任分配及事实真伪不明时分配败诉风险的价值判断问题。

在理论上，形成了以法律适用问题为核心研究对象的法学方法论。法

① ［德］卡尔·拉伦茨：《法学方法论》，陈爱娥译，北京，商务印书馆，2003，第 160～163 页。

② 黄茂荣：《法学方法与现代民法》，5 版，北京，法律出版社，2007，第 241 页。

学方法论反过来又能保障法律的正确适用，保障法官依法公正裁判。从法律适用的角度看，法学方法论已经超越了单纯的法律解释学，前者包含了以司法三段论为核心的更丰富的内容。案件事实形成环节蕴含了法学方法论的丰富命题，亟须从民法学方法论层面着重视。"法律事实的认定问题，除了在诉讼上曾被提及外，很少在实体法上或在法学方法上，探讨其实际上究竟如何被认定的问题，而且在诉讼上所处理之法律事实的认定问题，也只偏重在规定'认定事实的机关'以及'证据法则'。"① 对案件事实形成过程中举证责任规范等民法证据规范的发现、归类和解释运用，是对传统法学方法论体系的有益扩充。案件事实形成环节蕴含着法学方法论的丰富命题，本书将民法与民事诉讼法、民事权利规范与民法证据规范有机结合，得出如下基本观点：首先，从案件事实形成过程看，民事司法三段论实际上是一个"双阶层司法三段论"。其次，民法证据规范是"小司法三段论"的"大前提"。再次，民法证据规范的发现、归类、解释和适用，是对民法规范论的有益补充。最后，案件事实形成过程中的民法证据思维要求对民法证据规范作类型化、精细化、动态化解释适用。

三、民事司法三段论本质上是一个"双阶层司法三段论"

民事案件事实的形成实际上是从生活事实到民事法律事实，到当事人"作为陈述的案件事实"，再到"经审理查明的案件事实"的过程。在此过程中，民法和民事诉讼法关联互动。

案件事实本身的特点也和民事证据法密切关联。案件事实具有客观性、语言文字陈述性、对生活事实的截取性、证据性、受法律规范评价性等特点。与历史学科关注的历史事实类似，案件事实是发生在过去的客观现象，借助语言文字，通过各种证据予以佐证。并且，案件事实并不是对过去客观现象的完整呈现，故我们需要遵循法律规范评价对生活事实中有意义的部分进行截取。案件事实的这些特点与证据的客观性、关联性和合法性密切相关。

维特根斯坦曾说，"世界由事实组成"。整个世界处于事实当中，我们通过语言文字来描述现实。法院裁判文书中的原告诉称、被告辩称、举证、质证、认证、经审理查明等等都通过语言文字展现，并辅以不同证据方法以查清案件事实。在此过程中，对生活事实的截取展现了证据的关联

---

① 黄茂荣：《法学方法与现代民法》，5版，北京，法律出版社，2007，第247页。

性特点。

小前提案件事实的形成过程本身就存在司法三段论的适用。生活事实上升为司法三段论小前提"经审理查明的案件事实"，已然经历了一个"小司法三段论"的过程举证责任规范等证据规范贯穿于该三段论始终。而当具体的要件事实由于证据存在问题而真伪不明时，一般需要借助结果意义上的举证责任规范作裁判。这是第一阶层的司法三段论。

法律规范中抽象的构成要件事实是评价标准，"作为陈述的案件事实"是评价对象。一旦评价对象符合评价标准，"作为陈述的案件事实"就变为具体的要件事实，它就是一种评价结果。具体的要件事实被涵摄到法律规范抽象的构成要件事实之下，并得出法律适用结论。这是第二阶层的司法三段论。

因此，司法三段论本质上是一个"双阶层司法三段论"。民事案件事实形成环节蕴含了法学方法论的丰富命题，亟须归纳提炼。对案件事实形成过程中举证责任规范等民法证据规范的发现、归类和解释完善是对传统法学方法论体系的有益扩充。

四、民法证据规范是"小司法三段论"的"大前提"

民事法律关系是基于民事法律事实所形成的社会关系。民事法律规范作为民法适用的大前提并不能自动引起具体的民事法律关系。生活事实不当然引起民事权利或者民事义务，它必须先上升为能够被涵摄在民事法律规范构成要件之下的民事法律事实。民事法律事实在民事纠纷解决的过程中以"作为陈述的案件事实"的面目出现，并与民事法律规范的构成要件发生连接，以引起民事法律关系变动的法律后果。而在"作为陈述的案件事实"与民事法律规范连接的过程中，民法证据规范起着关键作用。民法证据规范是案件事实形成环节所对应的"小司法三段论"的"大前提"。

首先，"作为陈述的案件事实"借助语言及各种表达形式，切实反映"实际发生的案件事实"。当事人和人民法院运用各种法定证据作为认识实际发生的客观生活事实的手段。其次，在司法裁判的案件事实认定环节，行为意义上的举证责任规范指导当事人为自己的主张承担举证责任，使对案件事实的法律发现有序进行。再次，"实际发生的案件事实"也不一定都能通过证据上升为"作为陈述的案件事实"。当存在案件事实真伪不明的情况时，结果意义上的举证责任规范就成为法官进行裁判的方法论。德国学者普维庭曾精辟地指出："证明责任判决始终是'最后的救济'，或者说'最后一招'，如果为了使法官达到裁判之目的，就别无选择。"①

可见，描述"实际发生的案件事实"并将之以民事法律事实的规范性语言陈述出来供作司法三段论的小前提，并非简单的事实判断问题，其中蕴含了丰富的价值判断。民事举证责任规范能够使法院在事实真伪不明情形下裁判案件有据可依。举证责任是待证事实缺乏证据或者真伪不明时法官进行裁判的方法论，有助于避免事实认定不清导致民事法律关系的悬而不决。正是从这个意义上，有学者指出："举证责任之本质，既非诉讼法上之权利，亦非诉讼法上之义务，而仅系败诉的危险负担。"②

从法律解释的角度看，对民事法律中举证责任规范等证据规范的发现和转述也是重要的民法价值判断问题，其直接涉及当事人的实体权利的实现和败诉风险的承担。对民事权利对应的举证责任作不适当配置可能会直接违背民事权利配置的本来目的。民法学方法论不应该仅仅满足于对民事权利静态考察其要件事实为何，还应该同时思考该要件事实在动态的法律适用中应如何被证明。当然，这既是民法解释的任务，也是民事立法的任务。

民法证据规范有助于民事实体法和程序法在方法论上的融合：

第一，民法证据规范论有助于将民事权利落到实处。德国法学家尧尔尼希曾说："权利的胜利很大程度上依赖于其可证明性。"③ 实体法赋予当事人的民事权利若在诉讼或仲裁的过程中不能通过证据得到展现，对方又不自认，也不属于法院依职权审查的事项，更不是免证事实，那么这项民事权利就无法获得实效。离开民法证据规范的民事权利有可能只是"水中月、镜中花"。

第二，民法证据规范论有助于丰富民法规范论的类型体系，提升民事权利规范的可操作性和价值连贯性。民事权利规范的类型不再限于任意性规范和强制性规范。在民事实体法领域，民法规范除任意性规范和强制性规范外还有更丰富的类型。民法证据规范论可扩充既有的民法规范类型，以提高民事权利规范的可操作性。比如，可借鉴民事诉讼法中的"法律要件分类说"，将民事权利规范类型化为民事权利的发生规范、民事权利的妨碍规范、民事权利的消灭规范和民事权利的受制规范。实体法对权利规

---

① ［德］汉斯·普维庭：《现代证明责任问题》，吴越译，北京，法律出版社，2000，第28～29页。

② 王甲乙、杨建华、郑健才：《民事诉讼法新论》，台北，三民书局，2010，第401页。

③ 转引自李浩：《民事证据制度的再修订》，载《中外法学》，2013（1）。

范的安排离开了证据法的配合有可能失去价值连贯性。民法证据规范论有助于提升民事权利规范的价值连贯性。

第三，民法证据规范论和要件事实论相结合可以推进对民法规范的动态解释，将民法规范中的构成要件和法律后果具体化为诉讼过程中的请求原因、抗辩、再抗辩及其相应的举证责任。要件事实论是发源于德国、发展于日本的一项法律适用方法，强调要将民事实体法中的构成要件事实区分为当事人的请求、抗辩、再抗辩，厘清它们各自对应的具体要件事实，并将这些要件事实与举证责任关联在一起。

第四，民法证据规范论能够为研究商法、知识产权法等部门法中的证据规范提供有益的参考样本。民法证据规范论在一定程度上可以扩大至内容各样的各实体法领域，这一研究趋势一定会越来越明显。对民法证据规范的类型化梳理能够为研究其他部门法中的证据规范提供有益的参考样本。例如，证明标准降低规范在商事纠纷中能够在多大程度上被适用？法释〔2020〕18 号最高人民法院《关于适用〈中华人民共和国公司法〉若干问题的规定（三）》第 20 条规定："当事人之间对是否已履行出资义务发生争议，原告提供对股东履行出资义务产生合理怀疑证据的，被告股东应当就其已履行出资义务承担举证责任。"如何理解该条第二句规定的原告的举证负担？该条中的"产生合理怀疑证据"与"初步证据证明"之间有什么区别？体现出何种案件事实观？若"产生合理怀疑证据"与"初步证据证明"二词同解①，为何表述不统一？法释〔2020〕18 号最高人民法院《关于适用〈中华人民共和国公司法〉若干问题的规定（四）》第 7 条规定："股东依据公司法第三十三条、第九十七条或者公司章程的规定，起诉请求查阅或者复制公司特定文件材料的，人民法院应当依法予以受理。""公司有证据证明前款规定的原告在起诉时不具有公司股东资格的，人民法院应当驳回起诉，但原告有初步证据证明在持股期间其合法权益受到损害，请求依法查阅或者复制其持股期间的公司特定文件材料的除外。"又如，惩罚性赔偿中"明知"这一要件事实的证明难题缓解之道对证券市场内幕交易中"知悉"这一要件事实的证明难题之克服可提供何种借鉴？②

---

① 参见马登科、尹志勇：《股东出资"合理怀疑"规则的检视及程序展开——基于〈公司法解释三〉第 20 条的实证分析》，载《山东大学学报（哲学社会科学版）》，2020（4）。

② 有学者主张完善内幕交易事实推定规则以限制此类案件中的证券行政执法自由裁量权。参见陈洁：《内幕交易事实认定中自由裁量权的适用及其规制——以内幕交易"知悉"要件的推定为视角》，载《清华法学》，2018（6）。

值得思考。

五、民法证据思维有助于保障司法公正

民法证据规范有助于将民事权利规范落到实处。民事权利规范对于识别民法中的证据一般规范乃至法定特殊规范都具有重要意义。民法证据思维是对请求权规范思维、民事法律关系思维的有益补充。描述"实际发生的案件事实"并将之以民事法律事实的规范性语言陈述出来供作司法三段论的小前提，并非简单的事实判断问题，其中蕴含了丰富的价值判断。民法证据思维能够使事实认定和事实真伪不明情形下的法院裁判有据可依，避免事实认定不清导致民事法律关系的悬而不决。边沁认为："证据是司法公正的基石，排除了证据，你就排除了司法公正。"[①] 民法证据思维有助于通过查清案件事实来保障司法公正。

在一定程度上可以说，"法律人的才能主要不在认识制定法，而正是在于有能力在法律的——规范的观点之下分析生活事实"[②]。德国学者魏德士也指出："形象地说，实践当中如果有一千个事实问题，那么真正的法律问题还不到事实问题的千分之一。"[③] 从民事司法实务来看，"在对民事司法近距离的观察中，我们认识到证明责任分配是困扰民事法官和律师的最大问题之一，既绕不过去，又难以面对。对当事人而言，证明责任分配往往成为决定案件胜败的关键因素，可是当事人也苦于找不到说服法官改变证明责任分配的办法和充足理由"[④]。在"作为陈述的案件事实"的形成过程中，民事证据规范起着重要的媒介作用。我国曾有法官针对 2001 年《民事诉讼证据规定》展开法律适用调查，发现大约 44％的法官希望完善举证责任分配制度。这也从侧面说明当时实体法中的举证责任规范存在缺漏，法官在司法实践中面临着举证责任分配的难题。[⑤] 有法官甚至指出："若仔细回顾一下我们所审理过的案件，你就会发现，真正在法律适用方面存在困难的案件并不是特别多，相反，很多案件我们难以下判的原因是事实认

---

① 吴洪淇：《证据法的理论面孔》，北京，法律出版社，2018，第 152 页。

② ［德］亚图·考夫曼：《类推与"事物本质"——兼论类型理论》，吴从周译，台北，学林文化事业有限公司，1999，第 87 页。

③ ［德］魏德士：《法理学》，丁晓春、吴越译，北京，法律出版社，2005，第 290 页。

④ 肖建国、包建华：《证明责任：事实判断的辅助方法》，北京，北京大学出版社，2012，自序，第 2 页。

⑤ 参见邹碧华、俞秋玮：《关于民事诉讼证据规定的实证研究》，载最高人民法院民事审判第二庭编：《民商事审判指导》，2008 年第 2 辑，北京，人民法院出版社，2008，第 221 页。

定，对于当事人所主张的事实的真伪我们难以作出决断，因此，就民事审判中的事实认定问题进行探讨和研究是非常必要的。"① 民法证据思维有助于司法权依法独立行使，避免受到社会不当舆论等的干扰，以保障司法公正，提高司法公信力。

有学者甚至认为，法学方法论的核心问题就是事实认定问题。② 民法证据思维与民事诉讼案件所致力解决的两个基本问题有密切关系，即查清是非（认定事实）和适用法律。查清是非是适用法律的前提："是非"就是当事人之间争执的事实问题，在司法上表现为对要件事实进行证明。而要件事实的发现和证明则依赖证据并通过行为意义上的举证责任和结果意义上的举证责任共同完成。在某种程度上说，"打官司"就是"打证据"。"法律依据何在""有证据吗"都已经成为法律人的经典行话和"日常问候"。无证不信，有一份证据说一份话，如果不能向法院提供足够的证据，当事人很可能要承担败诉的风险。基于证据规范，特别是举证责任规范的这些重要作用，理论上普遍认为"证明责任乃诉讼的脊梁"，"证明责任乃诉讼的命脉（Rückgrat des Prozesses）"。举证责任在民事诉讼中居于枢纽地位，是民事实体法与程序法交汇的主战场，也是法院裁判中法律表达与法律实践碰撞得最为激烈的领域。"证据和证明在诉讼中的地位，无论怎样强调都不算过分。甚至可以武断地说，裁判的技术实质上就是发现客观事实和建构法律事实的技术，而证明则是发现事实和建构事实的主要（不是唯一）手段和路径，因而也成为整个一审程序乃至成文法国家的二审程序的核心任务。"③

民法证据思维还包括证据裁判原则。证据裁判原则与作为民法证据思维核心的举证责任配置规范并不相同：证据裁判原则不包含举证责任分配的内容④，而是在举证责任分配已经明晰的情形下要求诉讼当事人根据法定证据种类证明案件事实，法院也必须依据经过法定举证、质证、认证程

---

① 王明华：《民事审判思路及事实认定——民事审判中关于事实认定的若干问题》，2010 年 5 月 13 日山东大学民商事疑难案件研究中心举办的系列应用讲座之一。还有法官指出："很多民事案件，事实问题的认定直接决定着整个案件的最终处理结局。据笔者观察，我国目前申请再审的民商事案件大多数属于对事实问题的争议，而不是对纯粹的法律问题的争议。"（陈增宝：《法官如何认知案件事实》，载《人民法院报》，2013 - 08 - 20。）

② Vgl. Friedrich Müller, Juristische Methodik, Berlin, Duncker und Humblot GmbH, 1989, SS. 21 - 22.

③ 傅郁林：《证明责任的特别规则及其正当性》，载《中外法学》，2010（5）。

④ 参见邵明：《论民事诉讼证据裁判原则》，载《清华法学》，2009（1）。

序所确认的具有证据能力的证据认定案件事实，并依据这些证据的证明力确定其对案件事实的证明作用。证据裁判原则有助于确保法院审理民事案件"以事实为根据"，以提高裁判的公信力；也能够使举证责任配置规范与证据能力和证明力规则相结合形成完整流畅的证明过程。

还需要指出的是，在运用民法证据思维判断证据能力的疑难案件中，离不开利益动态衡量等裁判方法的运用。在违法证据审查问题上，审查标准主要为诚信原则与法律规范目的，审查方法则为利益衡量。在 2006 年"北大方正陷阱取证案"中，最高人民法院利用妥当的利益衡量方法判定北大方正集团机会提供型的陷阱取证方式合法。[①] 而司法解释对该问题采取的是不确定法律概念的规定方式，价值判断的结论并不明确具体。2001 年《民事诉讼证据规定》第 68 条规定："以侵害他人合法权益或者违反法律禁止性规定的方法取得的证据，不能作为认定案件事实的依据。"2022 年《民事诉讼法司法解释》第 106 条规定："对以严重侵害他人合法权益、违反法律禁止性规定或者严重违背公序良俗的方法形成或者获取的证据，不得作为认定案件事实的根据。"

法律思维的核心特征在于规范性、证据性和价值性，三者关联互动、有机统一。"法律何在"？法律文字是确定法律意旨的最基本和最重要的证据。对于法律解释，简单却经常被忽视的建议是"仔细阅读法律文本"。对此，也可以想到路德的话："没有文本的法律人说话，会让人唾骂。"[②] 法律思维的证据性要求法律人必须直面"证据何在"的发问。法律思维体现了法律的价值取向，是对利益关系、利益冲突的取舍或者排序。法律人始终具有正义观和利益平衡观，始终思考"正义何在"。法律适用者心中应当始终充满正义，目光不断往返流转于规范与事实之间，实现法、理、情的有机结合。欠缺证据思维的法律思维是不完整的，略过证据规范的民法也是不完整的。

---

① 参见《最高人民法院公报》，2006（11）。
② ［奥］恩斯特·A. 克莱默：《法律方法论》，周万里译，北京，法律出版社，2019，第 48 页。

参 考 文 献

一、中文著作

1. 张文显主编．马克思主义法理学．北京：高等教育出版社，2003

2. 张文显主编．法理学．4 版．北京：高等教育出版社，北京大学出版社，2011

3. 朱景文主编．法理学．北京：中国人民大学出版社，2008

4. 夏勇主编．法理讲义：上．北京：北京大学出版社，2010

5. 韩忠谟．法学绪论．北京：北京大学出版社，2009

6. 史尚宽．民法总论．北京：中国政法大学出版社，2000

7. 王泽鉴．民法总则．北京：北京大学出版社，2009

8. 王泽鉴．债法原理．北京：北京大学出版社，2009

9. 王泽鉴．侵权行为．北京：北京大学出版社，2009

10. 王泽鉴．民法思维 请求权基础理论体系．北京：北京大学出版社，2009

11. 黄茂荣．法学方法与现代民法．北京：法律出版社，2007

12. 谢在全．民法物权论：上册．5 版．北京：中国政法大学出版社，2011

13. 郑玉波．民法总则．北京：中国政法大学出版社，2003

14. 黄茂荣．买卖法．北京：中国政法大学出版社，2002

15. 杨仁寿．法学方法论．北京：中国政法大学出版社，1999

16. 苏永钦．私法自治中的国家强制．北京：中国法制出版社．2005

17. 郑玉波．法谚（一）．北京：法律出版社，2007

18. 魏振瀛．民法．4 版．北京：北京大学出版社，2010

19. 王利明．民法．8 版．北京：中国人民大学出版社，2020

20. 王利明．侵权责任法研究：上卷．北京：中国人民大学出版社，

2010

21. 王利明 . 侵权责任法研究：下卷 . 北京：中国人民大学出版社，2011

22. 梁慧星 . 民法解释学 . 北京：中国政法大学出版社，1995

23. 梁慧星 . 中国民事立法评说 . 北京：法律出版社，2010

24. 梁慧星 . 民法总论 . 4 版 . 北京：法律出版社，2011

25. 梁慧星，陈华彬 . 物权法 . 5 版 . 北京：法律出版社，2010

26. 崔建远 . 中国民法典释评：物权编：上卷 . 北京：中国人民大学出版社，2020

27. 崔建远 . 物权：规范与学说：上册 . 北京：清华大学出版社，2011

28. 崔建远 . 合同法 . 2 版 . 北京：北京大学出版社，2013

29. 王利明 . 法律解释学导论——以民法为视角 . 北京：法律出版社，2009

30. 王利明 . 法学方法论 . 北京：中国人民大学出版社，2012

31. 王利明 . 民法典体系研究 . 北京：中国人民大学出版社，2008

32. 张新宝 . 侵权责任构成要件研究 . 北京：法律出版社，2007

33. 王轶 . 民法原理与民法学方法 . 北京：法律出版社，2009

34. 朱庆育 . 民法总论 . 北京：北京大学出版社，2013

35. 程啸 . 侵权责任法 . 2 版 . 北京：法律出版社，2015

36. 吴从周 . 概念法学、利益法学与价值法学：探索一部民法方法论的演变史 . 北京：中国法制出版社，2011

37. 潘维大 . 英美侵权行为法案例解析 . 北京：高等教育出版社，2005

38. 黄茂荣 . 不当得利 . 台北：植根法学丛书编辑室，2011

39. 刘言浩 . 不当得利法的形成与展开 . 北京：法律出版社，2013

40. 陈自强 . 契约之成立与生效 . 北京：法律出版社，2002

41. 北京市朝阳区律师协会编 . 律师之师：律师素质与思维十讲 . 北京：中国法制出版社，2014

42. 吴从周 . 违约金酌减之裁判分析 . 2 版 . 台北：元照出版公司，2015

43. 最高人民法院民事审判第一庭编 . 最高人民法院新民事诉讼证据规定理解与适用 . 北京：人民法院出版社，2020

44. 张卫平．民事证据法．北京：法律出版社，2017

45. 张保生．证据法的理念．北京：法律出版社，2021

46. 王甲乙，杨建华，郑健才．民事诉讼法新论．台北：三民书局，2010

47. 杨荣馨．民事诉讼法学．北京：中国政法大学出版社，2001

48. 陈计男．民事诉讼法论：上册．修订 5 版．台北：三民书局，2009

49. 李浩．民事诉讼法学．北京：法律出版社，2011

50. 姜世明．举证责任与真实义务．台北：新学林出版股份有限公司，2006

51. 姜世明．民事证据法实例研习（一）．台北：正点文教出版顾问有限公司，2005

52. 李学灯．证据法比较研究．台北：五南图书出版公司，1992

53. 李浩．民事举证责任研究．北京：中国政法大学出版社，1993

54. 李浩主编．证据法学．北京：高等教育出版社，2009

55. 李浩．民事证据立法前沿问题研究．北京：法律出版社，2007

56. 王亚新．社会变革中的民事诉讼．北京：中国法制出版社，2002

57. 王亚新．对抗与判定：日本民事诉讼的基本结构．北京：清华大学出版社，2002

58. 王亚新，陈杭平，刘君博．中国民事诉讼法重点讲义．北京：高等教育出版社，2017

59. 何家弘，刘品新．证据法学．北京：法律出版社，2004

60. 何家弘．从应然到实然——证据法学探析．北京：中国法制出版社，2008

61. 肖建国，包建华．证明责任：事实判断的辅助方法．北京：北京大学出版社，2012

62. 肖建国主编．民事执行法．北京：中国人民大学出版社，2014

63. 纪格非．民事诉讼中的真实——路径与限度．北京：中国政法大学出版社，2013

64. 邵明．正当程序中的实现真实——民事诉讼证明法理之现代阐释．北京：法律出版社，2009

65. 陈刚．证明责任法研究．北京：中国人民大学出版社，2000

66. 邹碧华．要件审判九步法．北京：法律出版社，2010

67. 许可. 民事审判方法：要件事实引论. 北京：法律出版社，2009

68. 王国征等. 合同纠纷证明责任研究：基于买卖合同等 4 种合同的分析. 北京：法律出版社，2020

69. 刘英明. 中国民事推定研究. 北京：法律出版社，2014

70. 王立争. 民法推定性规范研究. 北京：法律出版社，2013

71. 吴洪淇. 证据法的理论面孔. 北京：法律出版社，2018

72. 刘显鹏. 民事证明制度改革的架构与径路研究. 武汉：武汉大学出版社，2020

73. 袁中华. 法教义学视野下的证明责任问题. 北京：法律出版社，2021

74. 金永恒. 商事诉讼证据问题研究. 北京：经济日报出版社，2020

75. 周枏. 罗马法原论：上册. 北京：商务印书馆，1994

76. 徐国栋. 优士丁尼《法学阶梯》评注. 北京：北京大学出版社，2011

77. 郑成良. 法律之内的正义：一个关于司法公正的法律实证主义解读. 北京：法律出版社，2002

78. 易军. 民法基本理论新视域. 北京：法律出版社，2012

79. 刘亚丛. 事实与解释：在历史与法律之间. 北京：法律出版社，2010

80. 费孝通. 乡土中国 生育制度. 北京：北京大学出版社，1998

81. 何兆武. 历史与历史学. 武汉：湖北人民出版社，2007

82. 彭漪涟. 事实论. 桂林：广西师范大学出版社，2015

83. 陈嘉映. 无法还原的象. 北京：华夏出版社，2005

84. 陈嘉映. 说理. 北京：华夏出版社，2014

二、中文论文

1. 王利明. 审判方式改革中的民事证据立法问题探讨. 中国法学，2000（4）

2. 崔建远. 编纂民法典必须摆正几对关系. 清华法学，2014（6）

3. 杨立新. 医疗损害责任的因果证明及举证责任. 法学，2009（1）

4. 张新宝. 侵权责任法立法的利益衡量. 中国法学，2009（4）

5. 张新宝. 民法分则侵权责任编立法研究. 中国法学，2017（3）

6. 王轶. 论民事法律事实的类型区分. 中国法学，2013（1）

7. 王轶．论物权法的规范配置．中国法学，2007（6）

8. 王轶．《物权法》的任意性规范及其适用．法律适用，2007（5）

9. 王轶．论倡导性规范——以合同法为背景的分析．清华法学，2007（1）

10. 王轶．民法典的规范类型及其配置关系．清华法学，2014（6）

11. 王轶．物权请求权与诉讼时效制度的适用．当代法学，2006（1）

12. 王轶．论一物数卖——以物权变动模式的立法选择为背景．清华大学学报（哲学社会科学版），2002（4）

13. 王轶，关淑芳．物权债权区分的五个理论维度．吉林大学社会科学学报，2014（5）

14. 关淑芳，王轶．论授权第三人规范——兼论违反《物权法》第74条第1款的法律效果．法律适用，2009（8）

15. 刘贵祥．论无权处分和善意取得的冲突和协调——以私卖夫妻共有房屋时买受人的保护为中心．法学家，2011（5）

16. 郭锋，陈龙业，蒋家棣，刘婷．《关于适用民法典总则编若干问题的解释》的理解与适用．人民司法，2022（10）

17. 高圣平．公司担保中相对人的审查义务——基于最高人民法院裁判分歧的分析和展开．政法论坛，2017（5）

18. 屈茂辉．违约金酌减预测研究．中国社会科学，2020（5）

19. 葛云松．简单案件与疑难案件——关于法源及法学方法的探讨．中国法律评论，2019（2）

20. 朱岩．"利润剥夺"的请求权基础——兼评《中华人民共和国侵权责任法》第20条．法商研究，2011（3）

21. 常鹏翱．物权法中的权利证明规范．比较法研究，2006（2）

22. 程啸．不动产登记簿之推定力．法学研究，2010（3）

23. 程啸．不动产登记簿的推定力、公信力与买方信赖的保护——"丁福如与石磊房屋买卖合同纠纷案"评释．交大法学，2013（4）

24. 程啸，尹飞．论物权法中占有的权利推定规则．法律科学，2006（6）

25. 程啸．论不动产登记簿公信力与动产善意取得的区分．中外法学，2010（4）

26. 程啸．论动产多重买卖中标的物所有权归属的确定标准——评最高法院买卖合同司法解释第9、10条．清华法学，2012（6）

27. 程啸．婚内财产分割协议、夫妻财产制契约的效力与不动产物权变动——"唐某诉李某某、唐某乙法定继承纠纷案"评释．暨南学报（哲学社会科学版），2015（3）

28. 程啸，樊竟合．网络直播中未成年人充值打赏行为的法律分析．经贸法律评论，2019（3）

29. 朱广新．论物权法上的权利推定．法律科学，2009（3）

30. 许德风．不动产一物二卖问题研究．法学研究，2012（3）

31. 刘承韪．违约可得利益损失的确定规则．法学研究，2013（2）

32. 徐涤宇．民事证明责任分配之解释基准——以物权法第 106 条为分析文本．法学研究，2016（2）

33. 陈洁．内幕交易事实认定中自由裁量权的适用及其规制——以内幕交易"知悉"要件的推定为视角．清华法学，2018（6）

34. 吴国喆．善意认定的属性及反推技术．法学研究，2007（6）

35. 吴泽勇．论善意取得制度中善意要件的证明．中国法学，2012（4）

36. 郑金玉．善意取得证明责任分配规则研究．现代法学，2009（6）

37. 肖建国．论合同法上的证据规范．法学评论，2001（5）

38. 吴泽勇．民间借贷诉讼中的证明责任问题．中国法学，2017（5）

39. 吴旭莉．民间借贷案件证明过程之分析．现代法学，2014（3）

40. 谭启平，张海鹏．违约金调减权及其行使与证明．现代法学，2016（3）

41. 熊丙万．法律的形式与功能：以"知假买假"案为分析范例．中外法学，2017（2）

42. 吴香香．请求权基础思维及其对手．南京大学学报（哲学·人文科学·社会科学），2020（2）

43. 姚明斌．违约金双重功能论．清华法学，2016（5）

44. 刘英明．仅有转账凭证的民间借贷诉讼举证规则——对民间借贷司法解释第 17 条的分析．政治与法律，2017（9）

45. 吴杰，刘璐．交易习惯对证明责任分配的影响．人民法院报，2010 - 10 - 28

46. 许传玺．侵权法事实自证制度研究．法学研究，2003（4）

47. 周翠．《侵权责任法》体系下的证明责任倒置与减轻规范——与德国法的比较．中外法学，2010（5）

48. 胡学军. 环境侵权中的因果关系及其证明问题评析. 中国法学, 2013 (5)

49. 关丽. 环境侵权诉讼中如何分配双方的举证责任?. 中国审判, 2007 (12)

50. 袁小荣. 举证责任倒置在环境侵权诉讼中的适用. 人民司法・案例, 2011 (20)

51. 张宝. 环境侵权诉讼中受害人举证义务研究——对《侵权责任法》第 66 条的解释. 政治与法律, 2015 (2)

52. 罗发兴. 环境侵权证明责任的司法实践现状与评析——以 60 个真实案件为样本分析. 北方法学, 2015 (1)

53. 黄成, 陈果. 环境诉讼因果关系推定需受害者证明基础事实. 人民司法・案例, 2015 (2)

54. 胡学军. 解读无人领会的语言——医疗侵权诉讼举证责任分配规则评析. 法律科学, 2011 (3)

55. 李霞. 高空抛物致人损害的法律救济——以《侵权责任法》第 87 条为中心. 山东大学学报 (哲学社会科学版), 2011 (1)

56. 洪冬英. 论医疗侵权诉讼证明责任. 政治与法律, 2012 (11)

57. 邵明. 侵权证明责任分配释论. 人民司法・应用, 2010 (19)

58. 冯珏. 论侵权法中的抗辩事由. 法律科学, 2011 (4)

59. 占善刚. 民事诉讼中的抗辩论析. 烟台大学学报 (哲学社会科学版), 2010 (3)

60. 占善刚. 降低程序事实证明标准的制度逻辑与中国路径. 比较法研究, 2021 (6)

61. 袁琳. 证明责任视角下的抗辩与否认界别. 现代法学, 2016 (6)

62. 王倩. 论侵权法上抗辩事由的内涵. 现代法学, 2013 (3)

63. 黄毅. 损害赔偿额之酌定: 基于诉讼公平的考量. 法学论坛, 2012 (4)

64. 马小新. 产品质量纠纷举证责任的分配与承担. 人民法院报, 2012 - 10 - 25

65. 林操场, 王茂峰. 环境污染赔偿案不全免除原告的举证责任. 人民法院报, 2006 - 09 - 11

66. 易军. 原则/例外关系的民法阐释. 中国社会科学, 2019 (9)

67. 易军. 法律行为生效要件体系的重构. 中国法学, 2012 (3)

68. 尚连杰．"知假买假"的效果证成与文本分析．华东政法大学学报，2015（1）

69. 胡晓霞，段文波．主张证明责任视角下的民法——以不当得利为切入点．暨南学报，2011（3）

70. 刘言浩．不当得利诉讼中的证明责任分配与法官的释明权．人民司法·应用，2009（23）

71. 陈自强．亲子关系推定的许可与禁止——对《婚姻法司法解释三》第二条的评析．政治与法律，2013（8）

72. 张海燕．亲子关系诉讼中亲子鉴定适用问题研究——兼评《婚姻法司法解释（三）》第 2 条．山东社会科学，2013（5）

73. 李红玲．论夫妻单方举债的定性规则——析《婚姻法解释（二）》第 24 条．政治与法律，2010（2）

74. 夏吟兰．我国夫妻共同债务推定规则之检讨．西南政法大学学报，2011（1）

75. 孙若军．论夫妻共同债务"时间"推定规则．法学家，2017（1）

76. 冉克平．夫妻团体债务的认定及清偿．中国法学，2017（5）

77. 程新文，刘敏，方芳，沈丹丹．《关于审理涉及夫妻债务纠纷案件适用法律有关问题的解释》的理解与适用．人民司法·应用，2018（4）

78. 叶名怡．"共债共签"原则应写入《民法典》．东方法学，2019（1）

79. 朱虎．夫妻债务的具体类型和责任承担．法学评论，2019（5）

80. 汪洋．夫妻债务的基本类型、责任基础与责任财产：最高人民法院《夫妻债务解释》实体法评析．当代法学，2019（3）

81. 缪宇．走出夫妻共同债务的误区：以《婚姻法司法解释（二）》第 24 条为分析对象．中外法学，2018（1）

82. 刘征峰．夫妻债务规范的层次互动体系——以连带债务方案为中心．法学，2019（6）

83. 吴至诚．夫妻债务的英美法系功能比较研究——以不采行夫妻共同财产制的模式为中心．华东政法大学学报，2021（1）

84. 江伟，吴泽勇．证据法若干基本问题的法哲学分析．中国法学，2002（1）

85. 张卫平．民法典与民事诉讼法的连接与统合——从民事诉讼法视角看民法典的编纂．法学研究，2016（1）

86. 张卫平．对民事诉讼法学贫困化的思索．清华法学，2014（2）

87. 张卫平．执行中的举证责任．人民法院报，2005－04－27

88. 张卫平．司法公正的法律技术与政策——对"彭宇案"的程序法思考．法学，2008（8）

89. 王亚新．民事诉讼中的举证责任．证据科学，2014（1）

90. 汤维建．关于证据属性的若干思考和讨论——以证据的客观性为中心．政法论坛，2000（6）

91. 肖建国．论民事证明责任分配的价值蕴涵．法律科学，2002（3）

92. 肖建国．执行标的实体权属的判断标准——以案外人异议的审查为中心的研究．政法论坛，2010（3）

93. 吴泽勇．不负证明责任当事人的事案解明义务．中外法学，2018（5）

94. 吴泽勇．违约金调减的证明责任问题．法学评论，2022（1）

95. 张继成．事实、命题与证据．中国社会科学，2001（5）

96. 张继成，杨宗辉．对"法律真实"证明标准的质疑．法学研究，2002（4）

97. 张志铭．裁判中的事实认知//王敏远主编．公法：第 4 卷．北京：法律出版社，2003

98. 张志铭．何谓"法律真实"．人民法院报，2002－03－15

99. 张志铭．解读"以事实为根据"．人民法院报，2002－02－01

100. 张志铭．证成法律真实标准．人民法院报，2002－04－12

101. 舒国滢，宋旭光．法学与历史学中的事实、证据与证明．国家检察官学院学报，2020（6）

102. 杨贝．论案件事实的层次与建构．法制与社会发展，2019（3）

103. 樊崇义．客观真实管见．中国法学，2000（1）

104. 卓泽渊．法律事实≠客观事实．检察日报，2000－06－29

105. 陈增宝．法官如何认知案件事实．人民法院报，2013－08－20

106. 裴苍龄．论证据学的学科定位．环球法律评论，2015（1）

107. 李浩．民事证据制度的再修订．中外法学，2013（1）

108. 李浩．《民事诉讼法》修订中的举证责任问题．清华法学，2011（3）

109. 李浩．民事行为能力的证明责任——对一个法律漏洞的分析．中外法学，2008（4）

110. 张保生．事实、证据与事实认定．中国社会科学，2017（8）

111. 张保生．证据规则的价值基础和理论体系．法学研究，2008（2）

112. 张保生．推定是证明过程的中断．法学研究，2009（5）

113. 吴英姿．证明责任的程序法理．南大法学，2020（2）

114. 邵明．论民事诉讼证据裁判原则．清华法学，2009（1）

115. 傅郁林．证明责任的特别规则及其正当性．中外法学，2010（5）

116. 陈刚．民事实质诉讼法论．法学研究，2018（6）

117. 王琦．民事诉讼事实认定的智能化．当代法学，2021（2）

118. 霍海红．证明责任配置裁量权之反思．法学研究，2010（1）

119. 张海燕．民事推定法律效果之再思考——以当事人诉讼权利的变动为视角．法学家，2014（5）

120. 张海燕．家事诉讼证据规则的反思与重构．政治与法律，2018（11）

121. 孙远．论事实推定．证据科学，2013（6）

122. 陈杭平．论医疗过错推定及其诉讼展开．清华法学，2020（5）

123. 黄忠顺．惩罚性赔偿消费公益诉讼研究．中国法学，2020（1）

124. 任重．夫妻债务规范的诉讼实施——兼论民法典与民事诉讼的衔接．法学，2020（12）

125. 任重．论民事诉讼案例分析框架：案例教学与研究方法．法治现代化研究，2020（1）

126. 刘哲玮．论美国法上的证明责任——以诉讼程序为视角．当代法学，2010（3）

127. 刘哲玮．确认他人恶意串通合同无效之诉的合法性检讨——最高人民法院指导案例 33 号的程序法评释．当代法学，2018（2）

128. 刘哲玮．民事电子证据：从法条独立到实质独立．证据科学，2015（6）

129. 周洪波．客观——主观证明责任体系解构．法学家，2021（1）

130. 周洪波．证明责任分类的体系重构．法制与社会发展，2020（3）

131. 胡东海．民事证明责任分配的实质性原则．中国法学，2016（4）

132. 胡东海．合同成立之证明责任分配．法学，2021（1）

133. 袁中华．规范说之本质缺陷及其克服．法学研究，2014（6）

134. 袁中华．违约责任纠纷之证明责任分配——以《民法典》第 577 条为中心．法学，2021（5）

135. 谌宏伟."规范说"与中国民事立法//夏戴乐主编：北大法律评论：第 15 卷. 北京：北京大学出版社，2014

136. 毋爱斌. 损害额认定制度研究. 清华法学，2012（2）

137. 段文波. 事实证明抑或法官裁量：民事损害赔偿数额认定的德日经验. 法学家，2012（6）

138. 段文波. 民事证明责任分配规范的法教义学新释. 现代法学，2020（3）

139. 吴洪淇. 边沁、威格摩尔与英美证据法的知识传统. 比较法研究，2009（5）

140. 周翠. 从事实推定走向表见证明. 现代法学，2014（6）

141. 胡学军. 在"生活事实"与"法律要件"之间：证明责任分配对象的误识与回归. 中国法学，2019（2）

142. 胡学军. 证明责任制度本质重述. 法学研究，2020（5）

143. 胡学军. 表见证明理论批判. 法律科学，2014（4）

144. 胡学军. 证明责任泛化理论批判——以"物"之争议的举证证明为中心. 河北法学，2021（3）

145. 王洪亮. 权利推定：实体与程序之间的构造. 法学研究，2011（1）

146. 朱晓喆. 布洛克斯的《德国民法总论》及其法学方法论. 东方法学，2014（1）

147. 许德风. 法教义学的应用. 中外法学，2013（5）

148. 雷磊. 法教义学的基本立场. 中外法学，2015（1）

149. 曹志勋."真伪不明"在我国民事证明制度中确实存在么？. 法学家，2013（2）

150. 曹志勋. 论我国证明责任裁判在实务中的发展. 燕大法学教室，2021（2）

151. 亓同惠."事实怀疑论"的背景、类型与矫正策略——兼论中国司法实践中的"事实". 法学，2013（3）

152. 陈科. 经验与逻辑共存：事实认定困境中法官的裁判思维. 法律适用，2012（2）

153. 肖建国，谢俊. 主张和抗辩在举证责任分配中的适用. 人民法院报，2007-01-01

154. 马登科，尹志勇. 股东出资"合理怀疑"规则的检视及程序展

开——基于《公司法解释三》第 20 条的实证分析 . 山东大学学报（哲学社会科学版），2020（4）

155. 栗明 . 亲子关系推定规则的理解与适用——基于"北大法宝"251 份民事判决书的分析 . 证据科学，2021（2）

156. 陈巍 . 论统一的过错证明责任分配规则 . 法商研究，2020（5）

157. 陈巍 . 民事再审审查的非讼法理与证明标准 . 天津大学学报（社会科学版），2020（6）

158. 韩旭 . 高空抛物犯罪案件司法证明之难题 . 法治研究，2020（6）

159. 刘鹏飞 . 医疗行为侵权因果关系证明责任的解释与平衡 . 法学杂志，2019（7）

160. 刘鹏飞 . 证明责任规范的功能性审视：以归责原则为重心 . 政法论坛，2019（3）

161. 包冰锋 . 民事诉讼间接证明的机理证成与模型应用 . 法律科学，2020（5）

162. 欧元捷 . 道路交通事故侵权诉讼中的证明责任分配 . 山东社会科学，2017（10）

163. 史明洲 . 区块链时代的民事司法 . 东方法学，2019（3）

164. 王刚 . 证明责任减轻制度研究 . 比较法研究，2021（6）

165. 刘小砚 . 论证明责任分配视域下民法典的规范构造 . 华东政法大学学报，2019（3）

166. 苏力 . 中国法学研究格局的流变 . 法商研究，2014（5）

167. 张明楷 . 案件事实的认定方法 . 法学杂志，2006（2）

168. 吴汉东 . 知识产权侵权诉讼中的过错责任推定与赔偿数额认定——以举证责任规则为视角 . 法学评论，2014（5）

169. 周光权 . 犯罪事实在司法活动中的重构//陈兴良主编 . 刑事法评论：第 4 卷 . 北京：中国政法大学出版社，1999

170. 王书可 . 日本的要件事实论 . 南京：南京师范大学，2010

171. ［日］小林正弘 . 作为民法解释学的要件事实论——"裁判规范之民法"的构想//崔建远主编 . 民法九人行：第 7 卷 . 北京：法律出版社，2014

172. 王娱瑗 . 我国初步证据的类型化适用及其规则完善 . 江西社会科学，2021（7）

173. 崔世群 . 区块链证据真实性问题研究 . 经贸法律评论，2021（3）

三、译著、译文

1. 〔古希腊〕亚里士多德. 政治学. 吴寿彭, 译. 北京：商务印书馆, 1965

2. 〔古希腊〕亚里士多德. 尼各马可伦理学. 廖申白, 译注. 北京：商务印书馆, 2003

3. 〔罗马〕查士丁尼. 法学总论——法学阶梯. 张企泰, 译. 北京：商务印书馆, 1989

4. 〔美〕罗伯特·C. 埃里克森. 无需法律的秩序——邻人如何解决纠纷. 苏力, 译. 北京：中国政法大学出版社, 2003

5. 〔德〕黑格尔. 法哲学原理. 范扬, 张企泰, 译. 北京：商务印书馆, 1961

6. 〔德〕汉斯·格奥尔格·伽达默尔. 诠释学：Ⅰ·真理与方法——哲学诠释学的基本特征. 洪汉鼎, 译. 北京：商务印书馆, 2007

7. 〔德〕卡尔·拉伦茨. 法学方法论. 陈爱娥, 译. 北京：商务印书馆, 2003

8. 〔德〕卡尔·拉伦茨. 法学方法论：全本·第六版. 黄家镇, 译. 北京：商务印书馆, 2020

9. 〔德〕卡尔·恩吉施. 法律思维导论. 郑永流, 译. 北京：法律出版社, 2004

10. 〔德〕罗伯特·阿列克西. 法律论证理论. 舒国滢, 译. 北京：中国法制出版社, 2002

11. 〔德〕齐佩利乌斯. 法学方法论. 金振豹, 译. 北京：法律出版社, 2009

12. 〔奥〕恩斯特·A. 克莱默. 法律方法论. 周万里, 译. 北京：法律出版社, 2019

13. 〔德〕马克斯·韦伯. 论经济与社会中的法律. 张乃根, 译. 北京：中国大百科全书出版社, 1998

14. 〔奥〕凯尔森. 法与国家的一般理论. 沈宗灵, 译. 北京：中国大百科全书出版社, 1996

15. 〔奥〕凯尔森. 纯粹法理论. 张书友, 译. 北京：中国法制出版社, 2008

16. 〔英〕约翰·奥斯丁. 法理学的范围. 刘星, 译. 北京：中国法

制出版社，2002

17. ［英］哈特．法律的概念：第 2 版．许家馨，李冠宜，译．北京：法律出版社，2011

18. ［英］约瑟夫·拉兹．法律体系的概念．吴玉章，译．北京：中国法制出版社，2003

19. ［美］布莱恩·H. 比克斯．牛津法律理论词典．邱昭继，等译．北京：法律出版社，2007

20. ［德］鲁道夫·冯·耶林．为权利而斗争．胡宝海，译．北京：中国法制出版社，2004

21. ［德］鲁道夫·冯·耶林．法学的概念天国．柯伟才，于庆生，译．北京：中国法制出版社，2009

22. ［德］萨维尼．当代罗马法体系：Ⅰ·法律渊源·制定法解释·法律关系．朱虎，译．北京：中国法制出版社，2010

23. ［德］莱奥·罗森贝克．证明责任论：第 4 版．庄敬华，译．北京：中国法制出版社，2002

24. ［德］汉斯·普维庭．现代证明责任问题．吴越，译．北京：法律出版社，2000

25. ［德］亚图·考夫曼．类推与"事物本质"——兼论类型理论．吴从周，译．台北：学林文化事业有限公司，1999

26. ［德］魏德士．法理学．丁晓春，吴越，译．北京：法律出版社，2005

27. ［德］卡尔·拉伦茨．德国民法通论：上册．谢怀栻，等译．北京：法律出版社，2003

28. ［德］迪特尔·梅迪库斯．德国债法总论．杜景林，卢湛，译．北京：法律出版社，2004

29. ［德］迪特尔·梅迪库斯．请求权基础．陈卫佐，等译．北京：法律出版社，2012

30. ［德］迪特尔·施瓦布．民法导论．郑冲，译．北京：法律出版社，2005

31. 欧洲侵权法小组．欧洲侵权法原则：文本与评注．于敏，谢鸿飞，译．北京：法律出版社，2009

32. ［美］特伦斯·安德森，戴维·舒姆，威廉·特文宁．证据分析．张保生，朱婷，张月波，等译．北京：中国人民大学出版社，2012

33. 〔德〕汉斯·格奥尔格·伽达默尔. 诠释学：Ⅱ·真理与方法——补充和索引. 洪汉鼎，译. 北京：商务印书馆，2007

34. 〔美〕理查德·A. 波斯纳. 法理学问题. 苏力，译. 北京：中国政法大学出版社，2002

35. 〔美〕E. 博登海默. 法理学——法哲学与法律方法. 邓正来，译. 北京：中国政法大学出版社，1998

36. 〔美〕罗斯科·庞德. 法理学：第 2 卷. 封丽霞，译. 北京：法律出版社，2007

37. 〔美〕理查德·A. 波斯纳. 法律的经济分析：上. 北京：中国大百科全书出版社，1999

38. 〔美〕约翰·罗尔斯. 正义论. 修订版. 何怀宏，等译. 北京：中国社会科学出版社，2009

39. 〔美〕本杰明·卡多佐. 司法过程的性质. 苏力，译. 北京：商务印书馆，1998

40. 〔日〕山本敬三. 民法讲义. Ⅰ·总则. 解亘，译. 北京：北京大学出版社，2012

41. 〔日〕田山辉明. 物权法. 陆庆胜，译. 北京：法律出版社，2001

42. 〔日〕大木雅夫. 比较法. 范愉，译. 北京：法律出版社，2006

43. 〔日〕星野英一. 私法中的人. 王闯，译. 北京：中国法制出版社，2004

44. 〔日〕高桥宏志. 民事诉讼法：制度与理论的深层分析. 林剑锋，译. 北京：法律出版社，2003

45. 〔日〕高桥宏志. 重点讲义民事诉讼法. 张卫平，许可，译. 北京：法律出版社，2007

46. 〔日〕原田尚彦. 环境法. 于敏，译. 北京：法律出版社，1999

47. 〔日〕伊藤滋夫. 要件事实的基础——民事司法裁判结构. 许可，〔日〕小林正弘，译. 北京：法律出版社，2022

48. 〔英〕罗素. 婚姻革命. 靳建国，译. 北京：东方出版社，1988

49. 〔德〕恩格斯. 家庭、私有制和国家的起源//马克思恩格斯选集：第 4 卷. 2 版. 北京：人民出版社，1995

50. 〔法〕吉尔兹. 地方性知识：事实与法律的比较透视. 邓正来，译//梁治平编. 法律的文化解释. 北京：生活·读书·新知三联书店，1994

51. ［德］J. H. 冯·基尔希曼. 作为科学的法学的无价值性——在柏林法学会的演讲. 赵阳，译. 比较法研究，2004（1）

52. ［日］奥田隆文. 司法研修所教育及对法学教育的期望. 丁相顺，译. 法律适用，2002（6）

53. ［日］山本敬三. 民法中的动态系统论——有关法律评价及方法的绪论性考察. 解亘，译//梁慧星主编. 民商法论丛：第 23 卷. 香港：金桥文化出版（香港）有限公司，2002

54. ［奥］瓦尔特·维尔伯格. 私法领域内动态体系的发展. 李昊，译. 苏州大学学报（法学版），2015（4）

四、德文文献

1. Karl Larenz，Manfred Wolf，Allgemeiner Teil des Bürgerlichen Rechts，C. H. Beck，München，2004

2. Dieter Medicus，Allgemeiner Teil des BGB，9 neu bearbeitete Auflage，C. F. Müller Verlag，Heidelberg，2006

3. Hans Brox，Wolf-Dietrich Walker，Allgemeiner Teil des BGB，32 Auflage Carl Heymanns Verlag，2008

4. Bernd Rüthers，Astrid Stadler，Allgemeiner Teil des BGB，14 Auflage，C. H. Beck，München，2006

5. Hein Kötz，Gerhard Wagner，Deliktsrecht，Verlag Franz Vahlen，München，2010.

6. Gert Brüggemeier，Haftungsrecht，Springer-Verlag，Berlin Heidelberg，2006.

7. Friedrich Müller，Juristische Methodik，Berlin，Duncker und Humblot GmbH，1989

8. Philipp Heck，Begriffsbildung und Interessenjurisprudenz，J. C. B. Mohr（Paul Siebeck），Tübingen，1932

9. Leo Rosenberg，Die Beweislast，5 Auflage，C. H. Beck，München，1965

10. Assessor Hans-Willi Laumen und Assessor Joachim Strieder und Dr. Arno Wittmann，Handbuch der Beweislast im Privatrecht，Carl Heymanns Verlag KG，1981

11. Baumgärtel/Laumen/Prütting，Handbuch der Beweislast im Privatrecht，3 Aufl.，2007

12. Handbuch der Beweislast im Privatrecht. Bürgerliches Gesetzbuch Allgemeiner Teil, 2008

13. Pruning, Gegenwartsprobleme der Beweislast, 1983

14. Musielak, Die Grundlagen der Beweislast im Zivilprozeß, 1975

15. Verhandlungen des Ersten Deutschen Soziologentages (1910), Tübingen, 1991

16. Blomeyer, Beweislast und Beweiswürdigung im Zivil-und Verwaltungsprozeß, Gut-achten für den 46, Deutschen Juristentag, 1966

17. Heinrich, Die Beweislast bei Rechtsgeschäften, 1995

18. Prölss, Beweiserleichterungen im Schadensersatzprozeß, 1966

19. Nagel/Gottwald, Internationales Zivilprozessrecht, 6 Auflage, 2007

20. Karl Larenz, Grundformen wertorierten Denkens in der Jurisprudenz, Festschrift für Walter Wilburg zum 70, Geburtstag, 1975

21. J. Koch, Münchener Kommentar zum BGB, 5 Auflage, 2008

22. Jauernig, Bürgerliches Gesetzbuch Kommentar, Verlag C. H. Beck, München, 12 Auflage, 2007

23. Baumbach, Hopt, Handelsgesetzbuch, 34 Auflage, 2010

24. Bamberger, Roth, Beck'scher Online-Kommentar BGB, 18 Auflage, 2010

25. Harm Peter Westermann, Erman Bürgerliches Gesetzbuch, 11 Auflage, 2004

26. Palandt, Bürgerliches Gesetzbuch, C. H. Beck, München, 63 Auflage, 2004

27. Rolf Sack, Staudinger, BGB-Neubearbeitung, 2003

28. Stefan Arnold, Zu den Grenzen der Normentheorie: Die Beweislast bei non liquet über das Verstreichen von Anfechtungsfristen, Archiv für die civilistische Praxis 209. Bd. , H. 3/4 (August 2009)

五、英语文献

1. The American Law Institute Restatement of the Law, Second, Torts, Copyright, 1977

2. Bryan A Garner, *Black's Law Dictionary*, 9th ed. , 2009

3. P. S. Atiyah, Stephen A. Smith, *Atiyah's Introduction to the Law*

of Contract，sixth edition，Clarendon Press，2005

4. Richard Allen Epstein，*Cases and Materials on Torts*，9th ed. ，Austin：Wolters Kluwer Law & Business/Aspen Publishers，2008

5. Nicholas J. McBride，Roderick Bagshaw，*Tort Law*，third edition，Pearson Education，2008

6. Jill Poole，*Casebook on Contract Law*，9th ed. ，Blackstone Press，2008

7. Jill Poole，*Textbook on Contract Law*，7th ed. ，Oxford University Press，2004

8. Janet O'Sullivan/Jonathan Hilliard，*The Law of Contract*，2nd ed. ，Oxford University Press，2008

9. Paul Anthony Mcdermott，*Contract Law*，Butterworth（Ireland）Ltd. ，2001

10. Treitel，*The Law of Contract*，10th ed. ，Sweet & Maxwell Ltd. ，1999

11. Furmston & Others，*The Law of Contract*，2nd ed. ，Elsevier（UK）Ltd. ，2003

12. Jürgen Habermas，*The Theory of Communicative Action*，Vol. 2，System and Lifeworld：A Critique of Functionalist Reason，Boston，MA：Beacon Press，1987

13. Robert Elickson，*Order without Law*，*How Neighbors Settle Disputes*，Harvard University Press，1991

14. F. A. Hayek，*Individualism and Economic Order*，Chicago and London：University of Chicago Press，1996

15. Philipp Heck，*The Jurisprudence of Interests*，Magdalena School（translated and edited），Harvard University Press，1948

16. Chris Turner，*Tort Law*，Hodder Stoughton，2003

17. H. G. Beale（general editor），*Chitty on Contracts*，thirtieth edition，Volume I，General Principles，Thomson Reuters（Legal）Limited，2008

18. Christian von Bar & Eric Clive，*Principles*，*Definitions and Model Rules of European Private Law-Draft Common Frame of Reference Sellier*，European Law Publishers GmbH，Munich，2009

附　　录

本书作者在"民法证据规范论"下发表了以下阶段性成果：

1. 王雷. 惩罚性赔偿的证明难题及其缓解. 国家检察官学院学报，2020（4）

2. 王雷.《民法典（草案）》婚姻家庭编夫妻共同债务制度的举证责任配置. 当代法学，2020（3）

3. 王雷. 借款合同纠纷中的举证责任问题. 四川大学学报（哲学社会科学版），2019（1）

4. 王雷.《民法总则》中证据规范的解释与适用. 法学家，2018（6）

5. 王雷. 违约金酌减中的利益动态衡量. 暨南学报（哲学社会科学版），2018（11）

6. 王雷. 民法典中举证责任规范的体系化配置. 中国社会科学报，2018-09-05

7. 王雷. 案件事实形成中的民法学方法论命题. 中国政法大学校报，2018-06-26

8. 王雷. 论《继承法》中的证据方法规范. 法律适用，2017（21）

9. 王雷.《婚姻法》中的夫妻共同债务推定规范. 法律适用，2017（3）

10. 王雷. 论物权推定规范. 比较法研究，2016（6）

11. 王雷. 论合同法中证据规范的配置. 法学家，2016（3）

12. 王雷. 我国民法典中证据规范的配置——以民法证明责任规范为中心. 法商研究，2015（5）

13. 王雷. 民法证据规范论. 环球法律评论，2015（2）

14. 王雷. 多重买卖中物的归属判断规则及其举证责任配置. 广东社会科学，2015（3）

15．王雷．《婚姻法》中的亲子关系推定．中国青年政治学院学报，2014（4）

16．王雷．我国《侵权责任法》中的证据规范．山东大学学报（哲学社会科学版），2014（3）

17．王雷．案件事实形成与民法学方法论体系的完善．光明日报，2013 - 12 - 10

后　记

在 2008 年至 2011 年写作博士学位论文"民法学视野中的情谊行为"过程中，我发现并非所有生活事实都能转化为民事法律事实，并非所有生活事实都能在纠纷解决过程中转化为经审理查明的案件事实：前者本质上是运用情谊行为理论界定民法对现实生活的介入程度，后者本质上是运用举证责任规范等证据规范确定司法三段论的小前提。

在研究情谊行为时，结合利益衡量方法和动态系统论，我还提出利益动态衡量方法，并展现该方法在区分民事法律行为和情谊行为时的解释力。自 2011 年以来，我完成对情谊行为的延伸研究，并同时着力研究民法证据规范、决议行为、参照适用方法论。我心目中的广义民法学方法论包括动态法源观、参照适用方法论、民法证据规范论和利益动态衡量论。

本书聚焦于司法三段论小前提案件事实形成环节中的民法学方法论问题，将广义民法学方法论的视野不局限于对司法三段论大前提的寻找、解释适用和完善，而是对基本理论、基本问题进行再反思。传统民法学方法论基本未考虑事实认定问题，只是针对现成既定案件事实进行规范调整。本书提出"双阶层司法三段论"、"小司法三段论"、"民法证据规范论"、"倒置"的司法三段论、"案件事实的形成与民法学方法论的完善"等，具有原创性、解释力、回应力和穿透力的标识性概念或命题。

作者对民法证据规范论关注和研习长达十年，认识不断发展、完善；对民法证据规范的研究从具体到一般，从特殊到普遍；注重新文科背景下民法与民事诉讼法的关联互动，融合衔接；将这一学术领域的经验上升到一般性的层面，赋予特定方法论以普遍性意义和解释力。

"加快形成完备的法律规范体系"离不开完备的法律规范理论。对民法证据规范的发现、归类、解释适用和完善，是对民法规范论和传统民法学方法论体系的有益扩充。民法规范不简单等同于民事权利、义务、责任规范，略过举证责任规范等证据规范的民法是不完整的。法律思维的核心特征在于规范性、证据性和价值性。欠缺证据思维的法律思维是不完整的。

2016 年 4 月 8 日，我在北京草成小诗一首，录于此，收束本书。

四月八日游海棠花溪

海棠傍花溪，

灼灼绚大都。

亭亭解语花，

嫣嫣望松竹。

东风御杨柳，

落花追逝水。

元都思世祖，

何处觅旧城。

王　雷

2022 年 7 月 24 日于北京市朝阳区